Aktuelle Managementstrategien zur Erweiterung der Erlösbasis von Krankenhäusern

Hans-R. Hartweg · Marcus Proff · Christian Elsner
Rolf Kaestner · Karin Agor · Andreas Beivers
(Hrsg.)

Aktuelle Managementstrategien zur Erweiterung der Erlösbasis von Krankenhäusern

Mit innovativen Versorgungsansätzen zur Erlösoptimierung

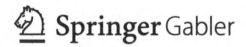

Springer Gabler

Herausgeber
Hans-R. Hartweg
Hochschule RheinMain
Wiesbaden Business School
Wiesbaden, Deutschland

Marcus Proff
die Diözese Münster, Caritasverband
Krankenhäuser und Pflegeausbildung
Münster, Deutschland

Christian Elsner
Lübeck, Schleswig-Holstein
Deutschland

Rolf Kaestner
Projekt Partner
Hamburg, Deutschland

Karin Agor
Knappschaft – Regionaldirektion Nord
Hamburg, Deutschland

Andreas Beivers
Fachbereich Wirtschaft und Medien
Hochschule Fresenius
München, Bayern, Deutschland

ISBN 978-3-658-17349-4   ISBN 978-3-658-17350-0   (eBook)
https://doi.org/10.1007/978-3-658-17350-0

Die Deutsche Nationalbibliothek verzeichnet diese Publikation in der Deutschen Nationalbibliografie; detaillierte bibliografische Daten sind im Internet über http://dnb.d-nb.de abrufbar.

Springer Gabler
© Springer Fachmedien Wiesbaden GmbH 2018

Gedruckt auf säurefreiem und chlorfrei gebleichtem Papier

Springer Gabler ist Teil von Springer Nature
Die eingetragene Gesellschaft ist Springer Fachmedien Wiesbaden GmbH
Die Anschrift der Gesellschaft ist: Abraham-Lincoln-Str. 46, 65189 Wiesbaden, Germany

Geleitwort von Thomas Bublitz

Der Befund ist eindeutig: Nach Einschätzung von Experten sind von den knapp 2.000 Krankenhäusern und den rd. 500.000 Krankenhausbetten eine erhebliche Anzahl überzählig und damit entbehrlich. Die Politik, die Vertreter der Krankenkassen sowie nicht zuletzt Gesundheitsexperten machen kein Hehl daraus, dass die Schließung von bis zu 500 Krankenhäusern keine negativen Auswirkungen auf die medizinische Versorgung der Bevölkerung hätte.

Egal, ob man sich die Annahme zu eigen macht oder nicht: Sehr wahrscheinlich stimmt der Trend und die Anzahl der Krankenhäuser wird sich künftig deutlich reduzieren. Die These der zu erwartenden Klinikschließungen wird zudem von weiteren weitgreifenden Entwicklungen begleitet. So können derzeit mithilfe des von den Krankenkassen entwickelten Kliniksimulators mögliche Auswirkungen einer Krankenhausschließung simuliert werden. Das dann simulierte Ergebnis bestätigt dann nur zu häufig die Auffassung, dass die Einschätzung zur simulierten Schließung der einzelnen Standorte keinerlei negative Auswirkung auf die Versorgung der Bevölkerung vor Ort haben dürfte. Über diese Entwicklung hinaus verpflichtet die Gesundheitspolitik die Krankenkassen zur Verbesserung der Versorgungsstrukturen. 500 Mio. EUR sind dazu aus der Liquiditätsreserve des Gesundheitsfonds zur Verbesserung der Versorgungsstrukturen zur Verfügung zu stellen. Zusammen mit dem Finanzbeitrag der Bundesländer, die nochmals den gleichen Beitrag zu leisten haben, steht damit ein Finanzvolumen in Höhe von maximal 1 Mrd. EUR zur Verfügung, das vorzugsweise dafür verwendet werden soll, Krankenhäuser noch weiter umzustrukturieren oder gar komplett zu schließen.

Hinzu gesellen sich neue, strukturelle Anforderungen, die auf die Krankenhäuser zulaufen. Danach soll sich die Qualität der Krankenhausversorgung deutlich verbessern. Um dieses Ziel zu erreichen, gelten ab dem Jahr 2019 zunächst sowohl für somatische als auch für psychiatrische Krankenhäuser verbindliche Personaluntergrenzen. Zusätzlich entscheidet der Gemeinsame Bundesausschuss (G-BA) über weitere Verschärfungen für die Krankenhäuser. Qualitative Anforderungen, wie bspw. Mindestmengen für bestimmte Operationen, strukturelle Vorhalteverpflichtungen, wie die Anwesenheit von Herzchirurgen während des Einsatzes einer TAVI-Herzklappe, oder die geplante Neuordnung der Notfallversorgung in den Krankenhäusern, hängen die von den Krankenhäusern zu meisternden Hürden immer höher. Auch die seit Jahrzehnten fehlende Investitionskostenfinanzierung gefährdet die Zukunft der Krankenhäuser. Sie führt zu chronischen, organisatorischen und auch wirtschaftlichen Problemen für die Krankenhäuser und gefährden ihren Bestand. Der Fachkräftemangel für ärztliche, therapeutische und pflegerische Berufe macht die Bereitstellung einer qualitativ hochwertigen Patientenversorgung, besonders in ländlichen Regionen, deutlich schwieriger.

Die Einführung des Entgeltsystems gemäß der DRG-Klassifikation hat die Überlebensfähigkeit von Krankenhäusern an die einfache Tatsache geknüpft, dass nur, wer Patienten hat und gut versorgt, seine Kosten mit den Fallpauschaulen wird bestreiten können. Die Krankenhäuser müssen sich deshalb zu einem von den Patienten nachgefragten und in der Region unverzichtbaren Gesundheitsanbieter entwickeln. Eine wichtige Aufgabe für das Krankenhausmanagement besteht deswegen darin, über den normalen Rahmen hinaus Ideen und Umsetzungsstrategien zu entwickeln, damit vor allem kleinere Krankenhäuser die neuen organisatorischen und ökonomischen Herausforderungen meistern können. Was ist dafür zu tun? Welche konkreten Entwicklungen gilt es voranzutreiben, wenn die deutschen Krankenhäuser nicht auf die Gesundheitspolitik werden hoffen können, wenn es um die Zukunftssicherung eines jeden Krankenhausstandortes geht? Der Staat jedenfalls wird die heutige Struktur der Krankenhäuser nicht mit immer mehr Geld „konservieren".

Auch aus diesem Grunde stellt sich die Frage, was das für die Krankenhäuser konkret bedeutet. Im Wesentlichen scheint es bei der Beantwortung dieser Frage auf zwei sehr unterschiedliche Handlungsstrategien hinauszulaufen: Entweder die Flinte resigniert ins Korn zu werfen, oder nach der genauen Analyse der Entwicklung frühzeitig auch in alternative Geschäftsmodelle zu investieren.

Meine klare Empfehlung kann da nur in Richtung der letzteren Variante gehen!

Dringend geboten ist die regionale Vernetzung mit anderen ambulanten und stationären Gesundheitsdienstleistern, den ambulant-niedergelassenen Ärzten, Rehabilitationseinrichtungen und Pflegediensten vor Ort. Patienten benötigen Beratung und Koordination bei besonders komplexen medizinischen Behandlungen. Die Krankenhäuser können als kompetente Anlaufstellen für die Patienten fungieren, sie eignen sich für diese Aufgabe aufgrund ihrer medizinischen Expertise und wegen der vorhandenen Infrastruktur dafür besonders gut.

Der kritische Blick muss sich aber auch auf die Leistungsfähigkeit des eigentlichen Kerngeschäftes – den Krankenhausbetrieb – richten. Was widerfährt den Patienten in der eigenen Notaufnahme? Wie funktionieren die Prozesse im Krankenhaus von der Aufnahme des Patienten bis hin zu der Entlassung? Fühlen sich Patienten medizinisch gut versorgt? Wichtige Stichworte: Wartezeiten, Aufklärungsgespräche. Werden sie professionell und mit Zuwendung gepflegt? Wie zufrieden sind Patienten insgesamt, wenn sie nach einer abgeschlossenen medizinischen Behandlung das Krankenhaus wieder verlassen? Auch diesen Fragen müssen sich Krankenhäuser stellen. Tun sie es nicht, werden sie es in einem wettbewerblich orientierten Gesundheitswesen schwer haben und möglicherweise ihre Daseinsberechtigung verlieren.

An dieser Stelle kommt das vorliegende Buch ins Spiel. Es gibt einen guten Überblick über relevante Experteneinschätzungen, liefert Ideen und gibt praktische Ratschläge für Krankenhausmanager. Diese Ratschläge gehen über das alltägliche Geschäft hinaus und bergen damit neben innovativen Versorgungsansätzen auch wichtige, zusätzliche Erlösquellen. Dass solche Erlösquellen auch jenseits ausgetretener Pfade liegen können, wird besonders gut heraus gearbeitet. Damit sollte das Werk aus meiner Sicht eine Pflichtlektüre für jeden verantwortungsvollen Krankenhausmanager sein!

Thomas Bublitz
Hauptgeschäftsführer des
Bundesverbandes Deutscher Privatkliniken e. V.
Friedrichstr. 60
10117 Berlin

Vorwort

Die Versorgung durch die derzeit etwas mehr als rd. 1.950 zugelassenen, nationalen Krankenhäuser gilt als wichtiger Pfeiler des deutschen Gesundheitssystems und steht weitestgehend unwidersprochen im Zentrum der Versorgungskaskade. Da ist es nicht weiter verwunderlich, dass eines der beharrlich verfolgten Ziele hiesiger Gesundheitspolitik im Allgemeinen und der Krankenhausbehandlung im Besonderen eine qualitativ hochwertige und gut erreichbare Versorgung von Patientinnen und Patienten ist, die es über die Gegenwart hinaus sicherzustellen gilt. Dass die Erlösbudgets der Krankenhäuser nicht zuletzt gesundheitspolitischer Intention folgend in der aktuellen Analyse keineswegs überschussgenerierend bemessen sind, versteht sich vor dem Hintergrund eines solidarisch finanzierten Gesundheitssystems mit seinen unterschiedlichen Anspruchsgruppen. Auch wenn im Kalenderjahr 2015 in keinen anderen Leistungssektor des solidarisch finanzierten, nationalen Gesundheitswesens mit etwas mehr als 70 Mrd. EUR und Versicherungsleistungen der privaten Krankenversicherungsträger für stationäre Leistungen in Höhe von rd. 7,5 Mrd. EUR an die Krankenhäuser flossen, so herrscht vielerorts nicht nur Mittelknappheit, sondern es droht für nicht wenige Standorte eine sich verstetigende, finanzielle Schieflage.

Die damit skizzierte Knappheit drückt sich sowohl aufseiten der Krankenhausfinanzierung wie auch aufseiten der Krankenhausvergütung aus. So trifft einerseits im Rahmen der Krankenhausfinanzierung Errichtungs-, Renovierungs- und/oder Ausstattungsbedarf der Krankenhausträger auf knappe öffentliche Haushaltmittel, die von den Bundesländern aufgrund sich ändernder Rahmenbedingungen, Ansprüche und Verteilungsmodi zu verwalten und verausgaben sind. Im Rahmen der Krankenhausvergütung andererseits sind prospektiv Erlösbudgets mit den gesetzlichen Krankenkassen zu konsentieren, bei denen zum Jahresende genau auf die „Budgettreue" geachtet wird und in den Fällen einer Überschreitung umgehend Mechanismen greifen, die dazu führen, dass die von den Krankenhäusern über die Budgets hinaus abgerechneten Erlöse anteilig an die Kostenträger zurückfließen. Damit droht einigen Trägern selbst innerhalb der Krankenlandschaft der Patientenstatus im Gesundheitssystem. Dabei ist dieser Befund nicht nur versorgungspolitisch zu beurteilen, sondern auch vor einem Hintergrund besonders zu würdigen, in dem Krankenhäuser zu den größeren Arbeitgebern und nicht zuletzt zu bedeutenden Ausbildungsstätten in den Regionen zählen.

Krankenhäuser mussten sich in der Entwicklung dieses Leistungssektors zu zeitgemäßen Dienstleistern entwickeln und sind einem intensiven Wettbewerb ausgesetzt. Über die Jahre sind damit auch immer mehr Anforderungen und Aufgaben auf die Krankenhäuser zugelaufen. Wichtiger Dreh- und Angelpunkt dieser Entwicklung war die Einführung des pauschalierten Vergütungssystems gemäß des Klassifikationssystems der G-DRGs. Mit der Etablierung dieser Klassifikation gelang eine grundlegende Neuausrichtung der Krankenhausvergütung und die endgültige Aufgabe des ehemals vorherrschenden Selbstkostendeckungsprinzips, in dem Krankenhäuser individuelle Ursachen für bestimmte Kostenstrukturen in die Budgetvereinbarungen mit einbringen konnten. Nicht zuletzt bedingt durch diese Entwicklung befindet sich der deutsche Krankenhausmarkt seit einigen Jahren in einem durch den zuvor beschriebenen Wettbewerb geprägten Strukturwandel erheblichen Ausmaßes, der u. a. dazu führte und führt, dass sich Krankenhäuser gänzlich neu ausrichten und aufstellen mussten – und müssen. So können heute nur noch die Träger im Markt bestehen, die – neben einer hochqualitativen medizinisch-fachlichen Ausrichtung – auch über einen ausgeprägtes unternehmerisches Geschick, gerade auch im Bereich der Erlösoptimierung jenseits des gesetzlich hoch regulierten DRG-Budgets, verfügen. Neben einer ganzen Reihe anderer Effekte ist es insbesondere durch die DRG-Einführung zu einer Verkürzung der Verweildauer gekommen, ebenso wie zu einem bemerkenswerten Anstieg der Fallzahlen – ein deutliches Zeichen für die stattgefundene Effizienzsteigerung. Eine der Produktionsbesonderheiten von Krankenhäusern stellt dabei auch der hohe Anteil an Fixkosten (insbesondere Personalkosten) dar. Demzufolge wird versucht, durch eine hohe Kapazitätsauslastung eine Fixkostendegression zu erlangen. In Kombination mit den im Krankenhausmarkt über alle Krankenhäuser hinweg vorhandenen Überkapazitäten führt dies zu intensiven Bemühungen um Patientinnen und Patienten.

Der Wettbewerb wird dabei auf zwei verschiedenen Wegen umgesetzt: Einerseits versuchen Krankenhäuser durch einen sogenannten Innovationswettbewerb, d. h. durch den Aufbau und den Betrieb von Spezialzentren oder durch besonders minimalinvasive Operationsverfahren, welche zur Attraktivität der Leistungsbündel eines Standortes beitragen, eine Steigerung der Patientenfallzahlen zu generieren. Andererseits fusionieren einzelne Krankenhausunternehmen oder werden von größeren, vor allem privaten, gewinnorientierten Krankenhausketten erworben, um Skalen- und Verbundeffekte zu realisieren.

Neben diesen beiden Strategien scheint es aber für eine nachhaltige wirtschaftliche Sicherung für Krankenhäuser auch von zentraler Bedeutung, zusätzliche Einnahmequellen auch jenseits des Fallpauschalensystems zu generieren. Dies wird nicht zuletzt durch das Krankenhausstrukturgesetz (KHSG) nochmals verschärft, da u. a. der beschlossene Fixkostendegressionsabschlag (FDA), als eine „neues (Mengen-)Steuerungsinstrument" versucht, Mehrleistungen im Erlösbudget mit einem Abschlag zu belegen und damit

wirtschaftlich weniger attraktiv zu machen. Neben diesem Instrument der Mengensteuerung werden auch die im KHSG verankerten Absenkungen von Bewertungsrelationen
für „mengenanfällige DRGs", unabhängig von der Kalkulation, bei vielen Kliniken zu
Erlöseinbußen führen. Nicht zuletzt aufgrund der stetig sinkenden dualen Fördermittel,
die für Investitionen dringend benötig werden, müssen Krankenhäuser versuchen, diese
Einbußen durch alternative Erlösquellen zu kompensieren. Nur dies kann ihnen helfen,
langfristig durch innovative und hochqualitative Angebote im Markt zu bestehen.

Zu diesen genannten Effekten kommen auch neue regulatorische Regeln hinzu, die
speziell das externe Rechnungswesen, und damit die Krankenhausbuchführungsverord-
nung (KHBV), betreffen. So erfolgte mit der Einführung und Anwendung des Bilanz-
richtlinien-Umsetzungsgesetzes (BilRUG) ab dem 01.01.2016 bei den Umsatzerlösen
der Krankenhäuser eine Neudefinition beim Ausweis der erbrachten Umsatzerlöse. Mit
dem BilRUG entfällt die bis dahin geläufige Differenzierung von Umsatzerlösen gemäß
„gewöhnlicher Geschäftstätigkeit" bzw. gemäß „des typischen Leistungsangebots".
Danach werden nunmehr auch Erlöse aus Verkauf, Vermietung und/oder Verpachtung
von Erzeugnissen und Waren sowie aus Dienstleistungen einer Kapitalgesellschaft nach
dem erfolgten Abzug von Erlösschmälerungen und der zu berechnenden Umsatzsteuer
zu typischen Umsatzerlösen. Dies dürfte i. a. R. zu einer erheblichen Ausweitung der
Umsatzerlöse führen, die bis dato Teil der sonstigen betrieblichen Erträge waren sowie
teilweise auch als außerordentliche Erträge ausgewiesen wurden.

Dies ist Grund genug, sich mit der Thematik zusätzlicher Erlöse zu beschäftigen. Das
vorliegende Buch soll in den verschiedenen Artikeln unterschiedlichste Ansätze hierzu
aufzeigen und kann damit Krankenhäusern wertvolle Anregungen und Tipps für eine
(erlös-)strategische Ausrichtung liefern. Diese Ausrichtung ist so relevant, da es aus zeit-
gemäßer Sicht schon lange nicht mehr ausreicht, allein auf einen qualitativ hochwertig
organisierten Versorgungsprozess in den Krankenhausabteilungen zu fokussieren und die
Service- und Nebenleistungen – aus Patientensicht möglichst beschwerdefrei – zu organisieren. Krankenhäuser moderner Zeit müssen eine multifokussierende Perspektive einnehmen und weit über die Grenzen ihres Leistungsbereichs hinaus auch auf Hilfs- und
Begleitleistungen, auf aufkeimende Mitbewerber im eigenen aber auch in angrenzenden
Leistungssektoren und nicht zuletzt auf vor- und nachgelagerte Versorgungsstufen und
die damit verbundenen, innewohnenden Erlös- und Kooperationsmöglichkeiten achten.

In diesem Sammelband werden deswegen zunächst die Erlösmöglichkeiten der Krankenhäuser unter Bezug auf die ambulante Versorgung ausgeleuchtet. Dabei werden Themen
der ambulanten Notfallversorgung, der medizinischen Versorgungszentren und der ambulanten Operationen am Krankenhaus mit dem Fokus auf ihre potenziellen Erlöse genau
analysiert. Weitere Erlöspotenziale für die Krankenhäuser werden für die ambulante Versorgung in den Krankenhausambulanzen und in der Zusammenarbeit mit Belegärzten gesehen.
Das Thema der Leistungserbringung durch Portalkliniken rundet diesen Themenbereich ab.

In einem anschließenden Themenblock werden Wahl- und Selbstzahlerleistungen der
Krankenhäuser sowie Erlösoptionen im Rahmen der Versorgung von Patientinnen und

Patienten aus dem Ausland genau beschrieben. Hier liegen besondere Einnahmequellen, die von Krankenhäusern genutzt werden können.

Im Rahmen eines sektorenübergreifenden oder aber interdisziplinär-fachübergreifenden Versorgungsmanagements können sowohl Leistungen im Rahmen der ambulant, spezialfachärztlichen Versorgung nach § 116b SGB V sowie auch Leistungen der besonderen Versorgung nach § 140a SGB V unter Beteiligung der Krankenhäuser erbracht werden und zu erweiterten Erlösen führen. Dabei sind besondere Rahmenbedingungen zu beachten, die ebenfalls in diesem Sammelband beschrieben werden. Die besondere Versorgung wird dabei unter Rückgriff auf ein ausgesuchtes Versorgungsbeispiel beschrieben.

Im nächsten Themenbereich geht es um die Hilfs- und Nebenleistungen, die Krankenhäuser typischerweise nicht nur für den eigenen Träger oder eigenen Betrieb sondern auch für andere Gesundheits- und/oder Pflegerichtungen erbringen. So werden auch im Rahmen der Krankenhauslabormedizin erweiterte Möglichkeiten gesehen, Leistungen der Krankenhäuser zu Erlösen zu führen. Dabei soll auch der tertiäre Sektor nicht ausgespart bleiben.

Der Sammelband wird von Themen abgeschlossen, die sich auf die Einnahmen aus Merchandising, Sponsoring, Werbung und nicht zuletzt durch das Fundraising beziehen. Zu diesen Themen gehört dann auch die Akquise von Drittmitteln für die Krankenhäuser, die in einem abschließenden Übersichtbeitrag ausgeleuchtet werden.

Gerade die letztgenannten, in Deutschland bis dato noch wenig genutzten Finanzierungsquellen weisen zu einem zentralen Punkt, der die Krankenhausversorgung der Zukunft bestimmen wird: Die solidarische Krankenversicherung allein wird es aufgrund des demografischen Wandels nicht mehr schaffen, alle anstehenden Finanzierungsfragen zu lösen. Umso mehr gilt es für Krankenhäuser, sich schon jetzt auf möglichst vielfältige und innovative Finanzierungsalternativen einzustellen, um auch langfristig im Markt bestehen zu können.

Hans-R. Hartweg

Marcus Proff

Christian Elsner

Rolf Kaestner

Karin Agor

Andreas Beivers

Inhaltsverzeichnis

Über die Herausgeber

Prof. Dr. Hans-R. Hartweg (Diplom-Gesundheitsökonom <univ.>), geb. 1970 in Münster, folgte zum Wintersemester 2014/15 einem Ruf in den Fachbereich der „Wiesbaden Business School" der Hochschule RheinMain, um dort die neu etablierten gesundheitsökonomischen Bachelor- und Masterprogramme (B.Sc./M.A.) zu betreuen. Zuvor leitete er ab 2010 am Hamburger Standort der Hochschule Fresenius die gesundheitsökonomischen Studiengänge (B.A./M.A.) und lehrte damit in den gesundheitsökonomischen und betriebswirtschaftlichen Studiengängen. Dieser Tätigkeit ging 2008 ein Engagement als Assistant Manager/Prüfungsleiter für die KPMG AG Wirtschaftsprüfungsgesellschaft und für „Audit Commercial Clients" und für „Advisory" voraus. Zu den Mandanten dieser Zeit gehörten namhafte Unternehmen des deutschen Gesundheitswesens. In den Jahren 2008 bis 2003 arbeitete er für die Verbände der Ersatzkassen (VdAK/AEV, heute: vdek). Dort war er u. a. für die Interessenvertretung der Ersatzkassen infragen selektivvertraglicher Versorgungsformen sowie für das bundeslandübergreifende, selektivvertragliche Projektmanagement zuständig. In den Jahren 2005 bis 2007 promovierte er berufsbegleitend in der Sozial- und Wirtschaftswissenschaftlichen Fakultät der Universität zu Köln über die „Selektivvertragliche Versorgung in Deutschland". Dieser Promotion ging das Studium der Gesundheitsökonomie an der Rechts- und Wirtschaftswissenschaftlichen Fakultät der Universität Bayreuth voraus.

Marcus Proff (Dipl. Kaufmann), geb. 1970 in Münster, leitet das Referat „Krankenhäuser und Pflegeausbildung" beim Caritasverband für die Diözese Münster (DiCV). Der DiCV vertritt die Interessen von insgesamt 2.300 katholischen Einrichtungen mit insgesamt 55.000 hauptamtlichen Mitarbeiter und ebenso vielen Ehrenamtlichen in der Region Münsterland, nördliches Ruhrgebiet und Niederrhein. Das Referat „Krankenhäuser" betraut 55 katholische Krankenhausstandorte, 5 Rehabilitationskliniken sowie 17 Krankenpflegeschulen und 17 Altenhilfefachseminare. Erhalt und Förderung einer qualitativ guten Patientenversorgung gehören zum Auftrag des Referats. Hierzu werden den Krankenhausträgern Beratungs- und Fortbildungsleistungen in den Bereichen Krankenhausplanung und -finanzierung, Personalentwicklung und Arbeitsrecht, Qualitäts- und Prozessmanagement angeboten. Daneben vertritt Marcus Proff die Interessen der

Krankenhäuser in diversen Gremien auf Landes- und Bundesebene. Zuvor war er in Köln in ähnlicher Position tätig. Sein wirtschaftswissenschaftliches Studium schloss er an der Westfälischen Wilhelms-Universität Münster, u. a. mit dem Schwerpunkt Krankenhausmanagement, ab.

Dr. med. Christian Elsner (MBA), geb. 1973 in Dachau, ist Arzt und Betriebswirt. Seit dem Jahr 2010 ist er geschäftsführender Direktor am UKSH (Campus Lübeck) mit Umsatzverantwortung für Kliniken und Institute mit 300 Mio.EURO. Zusätzlich verantwortet er als Prokurist die MVZ/Ambulanzzentrum gGmbH des UKSH und ist stellvertretender Studiengangsleiter des Studiengangs „Hospital-Manager" der Christian Albrechts-Universität zu Kiel. Vor der Tätigkeit war Herr Dr. Elsner in der Funktion des Geschäftsbereichsleiters bei Wieselhuber & Partner für den Bereich „Pharma & Healthcare" zuständig. Dr. Elsner ist Autor von über 100 wissenschaftlicher Publikationen und Veranstalter von Seminaren, Planspielen und Kongressen im Bereich der Telemedizin, des Krankenhausmanagements und der Gesundheitsökonomie.

Rolf Kaestner (Dipl.-Volkswirt), geb. 1952 in Hamburg, hat im Studium im Schwerpunktfach Sozialpolitik bei Prof. Dr. Jens Lübbert bereits über das Marktversagen in der Arzneimittelversorgung gearbeitet und später nach Stationen in der Versicherungswirtschaft, dem Verlagswesen und der internationalen Consultingwirtschaft seine Arbeit in den Schwerpunktsektoren Entwicklungszusammenarbeit, Öffentlicher Sektor und Gesundheitswesen freiberuflich fortgesetzt. Während der Projektentwicklung für ein Managed Care System für eine private Krankenversicherung war er eines der persönlichen Gründungsmitglieder des Bundesverbandes Managed Care (BMC). Neben einer Reihe von Veröffentlichungen mit der Deutschen Gesellschaft für Projektmanagement (GPM) seit 1991 überwiegend zur Qualifizierung und zu Fachthemen für Menschen im Projektmanagement bis hin zur derzeit gültigen ICB 3 (International Competence Baseline) hat er seit 2011 auch einen Lehrauftrag für Informations- und Wissensmanagement an der Fresenius Hochschule im Studiengang „Health Economics" bzw. „Management und Ökonomie im Gesundheitswesen". Im Gesundheitswesen beginnen die Veröffentlichungen mit Band 1 der Schriftenreihe des BMC „Integrierte Versorgung und Medizinische Versorgungszentren" im Jahr 2006 und setzen sich bis heute – aktuell mit Veröffentlichungen auch bei Springer Gabler – fort.

Karin Agor (M.A., M.Sc.), geb. 1965 in Bad Neustadt an der Saale, ist Vertragsreferentin bei der KNAPPSCHAFT und Dozentin in den Studiengängen „Consumer Health Care" bzw. „Management und Ökonomie im Gesundheitswesen". Krankenhausplanung und duale Finanzierung kennt sie aus dem behördlichen Blickwinkel. Geomarketing, Zuweiserbindung und extrabudgetäre Erlöse – vor allem durch Selektivverträge – waren ihre Hauptthemen während der Tätigkeit für ein Beratungsunternehmen. Inzwischen erfolgte der Perspektivenwechsel auf die Kostenträgerseite. Dort verantwortet sie die Kollektiv- und Selektivverträge mehrerer Bundesländer. Da zu ihren Aufgaben auch das Versorgungsmanagement gehört, kennt sie das Spannungsfeld zwischen

Patientenwünschen, Versorgungsqualität und Wirtschaftlichkeitsgebot nur zu gut. Auf derartige Aspekte gilt es auch als Vorstandsmitglied der Deutschen Gesellschaft für Bürgerorientiertes Versorgungsmanagement (DGbV) zu achten. Das Erwirtschaften extrabudgetärer Erlöse, unter Beachtung der gesetzlichen Rahmenbedingungen, ist aus ihrer Sicht unerlässlich, um für Träger des Gesundheitswesens eine solide Finanzierungsbasis herzustellen. Dabei wendet sie den Blick über den Krankenhaussektor hinaus.

Prof. Dr. rer. pol. Andreas Beivers (Dipl.-Volkswirt), geb. 1979 in München, ist Professor für Volkswirtschaftslehre und Studiendekan für Gesundheitsökonomie an der Hochschule Fresenius in München. Zusätzlich ist Prof. Beivers Akademischer Direktor des Ludwig Fresenius Center for Health Care Management and Regulation an der Handelshochschule Leipzig. Er begann nach seinem Studium der Volkswirtschaftslehre an der Ludwig Maximilians Universität seine Laufbahn in der Gesundheitswirtschaft als wissenschaftlicher Mitarbeiter von Prof. Dr. Günter Neubauer am Institut für Gesundheitsökonomik (IfG). Neben verschiedenen Lehraufträgen an der Akademie für Krankenhausmanagement und der Fachhochschule Coburg war Prof. Beivers auch als projektbezogener Senior Berater bei der Unternehmensberatung Dr. Wieselhuber & Partner GmbH im Geschäftsbereich Pharma & Health Care tätig. Nach seiner Tätigkeit als Bereichsleiter für stationäre Versorgung am IfG folgte Prof. Beivers dem Ruf an die Hochschule Fresenius in München. Im Jahr 2011 wurde er vom Land Hessen zum Professor berufen. Zusätzlich ist Prof. Beivers Member des Academic Board der University of Salzburg Business School, hat einen Lehrauftrag an der Technischen Universität München (TUM) und ist Mitglied des Editorial Boards des WIdO-Krankenhausreports. Seine Arbeits- und Forschungsschwerpunkte liegen neben der allgemeinen Sozialpolitik vor allem im Bereich der Krankenhausversorgung, der Finanzierung des Gesundheitswesens sowie der Weiterentwicklung alternativer Vergütungsformen. Prof. Beivers ist Autor zahlreicher Fachartikel und -bücher.

Ambulante Notfallversorgung im Krankenhaus: Lukrative Erlösquelle oder lästiger Kostenfaktor?

1

Jeanine Staber

Inhaltsverzeichnis

J. Staber (✉)
Senatorin für Wissenschaft, Gesundheit und Verbraucherschutz, Bremen, Deutschland
E-Mail: jeanine.staber@gesundheit.bremen.de

© Springer Fachmedien Wiesbaden GmbH 2018
H.-R. Hartweg et al. (Hrsg.), *Aktuelle Managementstrategien zur Erweiterung der
Erlösbasis von Krankenhäusern,* https://doi.org/10.1007/978-3-658-17350-0_1

Zusammenfassung

Erlöse aus der ambulanten Notfallversorgung von Krankenhäusern machen einen vergleichsweise geringen Anteil an den Erlösen eines Krankenhauses aus. Zudem sind sie nicht unbedingt erstrebenswert, da sie in aller Regel unterfinanziert sind. Für einen Notfallpatienten (Im Folgenden wird aus Gründen der besseren Lesbarkeit ausschließlich die männliche Form benutzt. Es können dabei aber sowohl männliche als auch weibliche Personen gemeint sein), der nicht als stationärer Fall abgerechnet werden kann, erhält das Krankenhaus eine Pauschale für die ambulante Versorgung. Insgesamt decken die Erlöse i. d. R. nicht die Kosten, da die ambulanten Vergütungs-pauschalen nicht darauf ausgelegt sind, vorgehaltene ressourcenintensive Kranken-hauskapazitäten zu refinanzieren. Vor dem Hintergrund steigender Fallzahlen in den Notfallaufnahmen der Krankenhäuser, vermehrt durch Patienten, die nicht zwingend einer Behandlung in der Krankenhausambulanz bedürfen, steigt das Defizit und die Arbeitsbelastung in den Notaufnahmen vergrößert sich zudem. Auf der anderen Seite sind die Notfallaufnahmen eines Krankenhauses eine zentrale Eintrittspforte, um stationäre Patienten zu gewinnen, für die ggf. lukrative Vergütungen gemäß der DRG-Klassifikation abgerechnet werden können. Der Beitrag diskutiert Handlungs-optionen für Krankenhäuser, um die festgestellte Diskrepanz zwischen Unterfinanzie-rung und Patientengenerierung in der ambulanten Notfallversorgung zu reduzieren. Unter Berücksichtigung der Neuerungen des Krankenhausstrukturgesetzes (KHSG) werden Erlössteigerung durch ergänzende Regelungen zu den Vergütungen der Not-fallversorgung, Transparenz über die Kosten und Erlöse von ambulant versorgten Patienten sowie potenzielle Kostensenkungen durch die Möglichkeiten der Patienten-steuerung diskutiert.

1.1 Einführung

Die Aufhebung der sektoralen Trennung im deutschen Gesundheitssystem hin zu einer transsektoralen Gesundheitsversorgung ist erklärtes Ziel der Gesundheitspolitik und Leitbild zahlreicher politischer Reformbestrebungen der letzten Jahre (Behar et al. 2016). Die rechtlichen Möglichkeiten dafür wurden in den letzten Jahren sukzessive ausgeweitet. Speziell für Krankenhäuser sind es bspw. das ambulante Operieren und die Beteiligung an Medizinischen Versorgungszentren (Leber und Wasem 2016; Behar et al. 2016). Ganz generell können die Krankenkassen gemeinsam und die Kassenärzt-lichen Vereinigungen (KV) mit den Vertretern der Krankenhausträger auf Landesebene entsprechende dreiseitige Verträge mit dem Ziel abschließen, *„durch enge Zusammenar-beit zwischen Vertragsärzten und zugelassenen Krankenhäusern eine nahtlose ambulante und stationäre Behandlung der Versicherten zu gewährleisten"* (§ 115 Abs. 1 SGB V). Aus Sicht der Krankenkassen wird eine sektorenübergreifende Versorgung als vorteilhaft gesehen: Die Versicherten werden bedarfsgerechter versorgt und unnötige Leistungen wie ressourcenintensive Krankenhausleistungen vermieden, sodass die Versorgungskosten sinken (Behar et al. 2016).

Betrachtet man die Praxis, stellt man fest, dass die Abgrenzung von ambulanten und stationären Versorgungsstrukturen nach wie vor stark ausgeprägt ist. Für Krankenhäuser scheinen die Bemühungen des Gesetzgebers, transsektorale Versorgungsstrukturen zu etablieren, nur punktuell attraktive Angebote darzustellen (Behar et al. 2016). Ein Beispiel sind ambulante Operationen im Krankenhaus, die in 2015 ca. 2 Mio. Mal durchgeführt wurden (Statistisches Bundesamt 2016b). Aber sowohl bei vielen ambulanten Operationen als auch bei den meisten Leistungen, die ein Krankenhaus ambulant oder transsektoral erbringt, wird stets ein Grundproblem genannt: eine unzureichende Finanzierung dieser Leistungen (Behar et al. 2016).

Die Erbringung ambulanter Leistungen durch Krankenhäuser ist insbesondere durch ermächtigte Krankenhausärzte und Notfallambulanzen seit Jahrzehnten fester Bestandteil der Gesundheitsversorgung in Deutschland (Leber und Wasem 2016). Im Laufe der Zeit haben sich eine Vielzahl von Rechtskonstruktionen und Strukturen etabliert, die unter dem Sammelbegriff „ambulante Krankenhausleistungen" zusammengefasst werden können (Niehues und Barbe 2012). Tab. 1.1 zeigt ausgewählte ambulante Krankenhausleistungen.

Tab. 1.1 Ausgewählte ambulante Krankenhausleistungen, deren gesetzliche Verankerung und Vergütung. (Quelle: in Anlehnung an Leber und Wasem 2016)

Ambulante Krankenhausleistung (SGB V)	Gesetzlich verankert seit	Vergütung
Ermächtigte Krankenhausärzte (§ 116)	1955	EBM
Notfallambulanzen (§§ 75 Abs. 1, 76 Abs. 1)	1989	EBM
Ambulantes Operieren im Krankenhaus (§ 115b)	1993	Weitgehend nach EBM
Vor- und nachstationäre Behandlung im Krankenhaus (§ 115a)	1993	In der Regel durch DRG abgegolten, ansonsten anderweitige Pauschale
Besondere Versorgung (Integrierte) Versorgung (§ 140a)	2000	Frei vereinbart
Strukturierte Behandlungsprogramme (DMP) (§ 137f)	2004	Frei vereinbart
Ambulante spezialfachärztliche Versorgung (§ 116b)	2012	Weitgehend nach EBM; ab April 2017 eigene Gebührenordnungspositionen
Medizinische Versorgungszentren (§ 95)	2012	EBM

1.2   Ambulante Notfallversorgung durch Krankenhäuser

Nach Angaben der Deutschen Gesellschaft Interdisziplinäre Notfall- und Akutmedizin (DGINA) suchen derzeit mehr als 25 Mio. Menschen pro Jahr die Notaufnahmen von Krankenhäusern auf. Die DGINA geht von einer jährlichen Steigerung um etwa 5 % aus (DGINA 2016). Ein Teil der Patienten wird stationär aufgenommen; ein Großteil geht nach erfolgter ambulanter Behandlung wieder nach Hause. Die DGINA schätzt, dass ca. 60 % der Patienten, die die Notaufnahme eines Krankenhauses aufsuchen, ausschließlich ambulant versorgt werden (MCK und DGINA 2015) (ähnlich die Kassenärztliche Bundesvereinigung [KBV] mit 50 % (KBV 2016b)).

Seitens der Krankenhäuser wird bemängelt, dass ihre Notfallaufnahmen zunehmend mit Patienten, die keiner Krankenhausbehandlung bedürfen, überlaufen werden (Dräther und Schäfer 2017). Als Gründe werden Bequemlichkeit, schnellere Behandlung (trotz Wartezeit) gegenüber einer Behandlung durch einen niedergelassenen (Fach-)Arzt, gesundheitliche Angst und vermutete bessere medizinische Versorgung sowie eine hohe Erwartungshaltung genannt (Osterloh 2016). Durch die gestiegene Anzahl an Patienten hat sich die Arbeitsbelastung in den Notaufnahmen vergrößert. Wie viele Patienten letztlich wirklich Notfälle sind, bei denen kein Behandlungsaufschub möglich ist, kann nicht beurteilt werden, da es für die Abrechnung der ambulanten Notfallbehandlung irrelevant ist, ob tatsächlich ein medizinischer Notfall vorlag (Dräther und Schäfer 2017).

Wohin Notfallpatienten gehen, wurde anhand von Kassendaten der AOK in 13 KV-Regionen ausgewertet. Im Jahr 2014 wurden 42,3 % der ambulanten Notfälle der untersuchten AOK-Population in einer ambulanten Praxis behandelt. 57,7 % der ambulanten Notfälle wurden im Krankenhaus vorstellig. 2009 waren es noch 50,2 % (Dräther und Schäfer 2017).

Die ambulante Notfallversorgung sowohl durch ambulante (vertragsärztliche) Praxen als auch durch Krankenhausambulanzen wird nach EBM (Gebührenordnungspositionen für die Versorgung im Notfall und im organisierten ärztlichen Not(-fall)dienst) vergütet (Dräther und Schäfer 2017). Die DGNIA schätzt, dass die Krankenhäuser pro ambulanten Notfall für Diagnostik und Behandlung gemäß EBM einen durchschnittlichen Erlös von 32 EUR erhalten (MCK und DGINA 2015). Hinzu kommt ein Investitionskostenabschlag von 10 %, der jedoch im Zuge der Umsetzung des KHSG wegfällt (siehe dazu Abschn. 1.3.2). Abweichende Vereinbarungen zur dargestellten Vergütung haben die Kassenärztlichen Vereinigungen Bremen, Westfalen-Lippe und Rheinland-Pfalz mit den Krankenkassen getroffen (Dräther und Schäfer 2017).

Nach einer gutachterlichen Schätzung betragen die Kosten pro ausschließlich ambulant behandelten Patienten im Krankenhaus 120 EUR, sodass im Durchschnitt jeder ambulante Notfall eine Unterdeckung von 88 EUR mit sich bringt. Insgesamt summiere sich das Defizit auf mehr als 1 Mrd. EUR pro Jahr für alle Krankenhäuser (MCK und DGINA 2015). Die Höhe der Unterdeckung wurde zwar als überschätzt bemängelt (z. B. KBV 2016b); allerdings bleibt unumstritten, dass die Versorgung eines ausschließlichen ambulanten Notfallpatienten nicht kostendeckend ist. Schließlich orientiert sich der

EBM an den Kostenstrukturen einer Arztpraxis im niedergelassenen Bereich und nicht an denen eines Krankenhauses (Behar et al. 2016). Hohe Vorhaltekosten im Krankenhaus sind allerdings aus Sicht des Bundessozialgerichts (BSG) kein Anlass, Krankenhäuser bei der Vergütung von ambulanten Notfallleistungen besserzustellen und damit einen zweiten Versorgungsweg zu eröffnen (Bundessozialgericht 2014).

Die gesamten Kosten der Krankenhäuser (inklusive Ausbildung) beliefen sich in 2015 auf 97,3 Mrd. EUR. Davon betrugen die Kosten für die Ambulanzen 4,8 Mrd. EUR. Das bedeutet, dass bundesweit im Durchschnitt etwa 4,9 % der gesamten Kosten der Krankenhäuser (inklusive Ausbildung) auf die Ambulanz entfallen (Statistisches Bundesamt 2017). Da es keine amtlichen Statistiken über die Erlösstruktur von Krankenhäusern in Deutschland gibt, sollen hier exemplarisch die „Erlöse aus ambulanten Krankenhausleistungen" der vier größten kommunalen Klinikverbünde betrachtet werden, die der jeweiligen Gewinn- und Verlustrechnung zu entnehmen sind und deren Anteil bezogen auf die gesamten Erträge und den Umsatzerlösen (aus Krankenhausleistungen).

Aus der Tab. 1.2 wird ersichtlich, dass die „Erlöse aus ambulanten Krankenhausleistungen" der ausgewählten kommunalen Klinikverbünde zwischen 2,1 % und 4,6 % der gesamten Erträge betragen. Der Anteil an den Umsatzerlösen beträgt 2,3 % bis 5,0 %. Dabei ist zu beachten, dass jegliche Erlöse (z. B. auch von Ermächtigungen), die ein Krankenhaus ambulant erzielt, unter „Erlöse aus ambulanten Krankenhausleistungen"

Tab. 1.2 Anteil Erlöse aus ambulanten Krankenhausleistungen an Gesamterträgen und Umsatzerlösen ausgewählter kommunaler Krankenhausverbünde in 2015. (Quellen: Geschäftsbericht Vivantes 2015, Jahresabschluss 2015 Städtisches Klinikum München GmbH, Geschäftsbericht Gesundheit Nord gGmbH 2015, Geschäftsbericht Klinikum Region Hannover 2015)

Anteil Erlöse aus ambulanten Krankenhausleistungen an Gesamterträgen und Umsatzerlösen ausgewählter kommunaler Krankenhausverbünde in 2015					
Verbund	Erträge gesamt	Erlöse aus Umsatz	Erlöse aus ambulanten Kranken-hausleistungen	Anteil Erlöse aus ambulanten Krankenhaus-leistungen an …	
				…Erträgen gesamt	…Umsatzer-lösen
	in Mio. EUR			in %	
Vivantes – Netzwerk für Gesundheit GmbH (Berlin)	1.174,2	1.084,8	53,7	4,6	5,0
Städtisches Klinikum München GmbH	669,7	595,6	13,8	2,1	2,3
Gesundheit Nord – Klinikverbund Bremen gGmbH	615,8	571,6	21,1	3,4	3,7
Klinikum Region Hannover	571,4	522,4	24,3	4,3	4,7

verbucht werden. Somit sind die Erlöse für die reine ambulante Notfallversorgung niedriger anzusetzen. Verglichen mit den 4,9 % Kosten der Notfallambulanzen an den Gesamtkosten für Krankenhäuser, bleiben die Erlöse unter den Kosten.

Allerdings birgt die Versorgung von Notfallpatienten nicht nur finanzielle Nachteile für ein Krankenhaus. Zum einen muss berücksichtigt werden, dass Krankenhäuser, die nicht an der Notfallversorgung teilnehmen, pro vollstationären Fall einen Abschlag in Höhe 50 EUR auf ihr Erlösbudget hinnehmen müssen (GKV-Spitzenverband 2017). Zum anderen sind die Notfallaufnahmen eines Krankenhauses ein zentrales Eintrittsportal, um stationäre Patienten zu gewinnen. Schließlich nehmen 1785 Krankenhäuser von 1956 bundesweit an der Notfallversorgung teil (KMA-online 2016 und Statistisches Bundesamt 2016b). Im Jahr 2015 war bei 45 % der insgesamt ca. 18,7 Mio. vollstationären Krankenhausfälle der Aufnahmegrund ein Notfall. Notfälle halten sich ungefähr die Waage mit „Einweisung durch einen Arzt" mit 48% als Aufnahmegrund in Krankenhäusern (Statistisches Bundesamt 2016a). Scheint die Behandlung von ausschließlich ambulanten Patienten die „Kröte" zu sein, die Krankenhäuser zu schlucken haben, um lukrative stationäre Notfallpatienten zu gewinnen?

1.3 Maßnahmen des KHSG zur ambulanten Notfallversorgung im Krankenhaus

Im Zuge des KHSG, das am 01.01.2016 in Kraft trat, wurden diverse Neuerungen in Bezug auf die Finanzierung zur ambulanten Notdienstversorgung im Krankenhaus eingeführt, deren Umsetzung derzeit sukzessive erfolgt und die im Folgenden skizziert werden.

1.3.1 Sicherstellung der ambulanten Notdienstversorgung

Bereits mit dem GKV-Versorgungsstärkungsgesetz hatte der Gesetzgeber 2015 die Vorgabe eingeführt, dass die KVen zur Sicherstellung der ambulanten Notdienstversorgung mit zugelassenen Krankenhäusern zu kooperieren haben. Im KHSG wurde diese Vorgabe konkreter gefasst: Die KVen sollen gemäß § 75 Abs. 1b S. 2 SGB V Notdienstpraxen in oder an Krankenhäusern einrichten („Portalpraxen") oder Notfallambulanzen der Krankenhäuser unmittelbar in den Notdienst einbinden (Rau 2015). Entsprechende dreiseitige Verträge, die die Zusammenarbeit bei der Gestaltung und Durchführung eines ständig einsatzbereiten Notdienstes regeln, sollen die Krankenkassen, die KVen und die Verbände der Krankenhäuser auf Landesebene schließen. Das gemeinsame Landesgremium nach § 90a Abs. 1 S. 2 SGB V soll Empfehlungen zu einer sektorenübergreifenden Notfallversorgung abgeben (Rau 2015).

1.3.2 Wegfall des Investitionskostenabschlags

Im Zuge des KHSG entfällt der sogenannte Investitionskostenabschlag, der bei der ambulanten Notfallversorgung von Krankenhäusern erhoben wurde. Die vertragsärztliche Gesamtvergütung, bei der die Leistungen der Notfallversorgung vorab abgezogen werden, wird dementsprechend angehoben, damit kein Ausgleich durch die Nichtnotfallversorgung erfolgen muss (Rau 2015). Hintergrund des Investitionskostenabschlags war, dass bei ambulanten Vergütungen ein Investitionskostenteil berücksichtigt wird und die Krankenhäuser mit einem Vorteil versah, da ihre Investitionen durch die Bundesländer im Zuge der dualen Finanzierung erlösneutral gefördert werden (§ 6 KHG).

1.3.3 Ambulante Vergütung von Notfällen nach Schweregrad

Mit Wegfall des Investitionskostenabschlags wurde gleichzeitig beschlossen, die Vergütung für die ambulante Versorgung durch Krankenhäuser neu zu regeln. Der erweiterte Bewertungsausschuss wurde beauftragt, bis zum 31.12.2016 die Vergütungen für die Notfallversorgung im EBM nach Schweregraden der Fälle zu differenzieren. Nach 2 Jahren soll der Bewertungsausschuss die Entwicklung der Leistungen evaluieren (Rau 2015 und § 87 Abs. 2a).

Der Gemeinsame Bewertungsausschuss ist diesem Auftrag nachgekommen und hat im Dezember 2016 für besonders schwere und aufwändige Fälle eine höhere Vergütung sowie eine Abklärungspauschale definiert, die zum 01.04.2017 in Kraft getreten sind. Zuschläge gibt es für besonders schwere Erkrankungen, die auf einer Liste mit den Behandlungsdiagnosen definiert wurden (z. B. Pneumonie) in Abhängigkeit von der Uhrzeit der Leistungserbringung (aerzteblatt.de 2016 und KBV 2016a).

Zuschläge für aufwändigere Fälle werden z. B. für Patienten mit geriatrischem Versorgungsbedarf sowie bei Säuglingen und Kleinkindern – allerdings nur in der Nacht – gezahlt (KBV 2016a).

Zudem wird eine sogenannte Abklärungspauschale für Patienten, die keine dringende Behandlung benötigen und durch einen Vertragsarzt in den regulären Sprechstunden versorgt werden können, eingeführt. Die Pauschale (tagsüber derzeit 4,74 EUR und nachts bzw. an Wochenenden und Feiertagen derzeit 8,42 EUR) wird von Krankenhäusern als nicht kostendeckend bewertet, um einen Patienten adäquat einzuschätzen (aerzteblatt.de 2016 und KBV 2016a). Insgesamt schätzt die DGINA, dass die Einnahmen für die Notfallversorgung in Krankenhäusern um durchschnittlich 2 bis 4 EUR auf nur noch etwa 28 EUR pro Patient sinken werden (DGINA 2016).

1.3.4 Einführung eines gestuften Systems von Notfallstrukturen in Krankenhäusern

Der Gemeinsame Bundesausschuss (G-BA) wurde beauftragt, ein gestuftes System von Notfallstrukturen in Krankenhäusern (einschließlich einer Stufe für die Nichtteilnahme an der Notfallversorgung) zu beschließen. Für jede Stufe der Notfallversorgung soll er Mindestvorgaben differenziert festlegen, insbesondere zur Art und Anzahl von Fachabteilungen, zur Anzahl und Qualifikation des vorzuhaltenden Fachpersonals sowie zum zeitlichen Umfang der Bereitstellung von Notfallleistungen. Das Konzept sollte Stellungnahmen der betroffenen medizinischen Fachgesellschaften bei der Beschlussfassung berücksichtigen und das Vorhaben bis Ende 2016 beschlossen sein (Rau 2015 und § 136c Abs. 4 SGB V a. F.).

Vorgelegt wurde bisher ein Drei-Stufen-Konzept mit einer Basisnotfallversorgung, erweiterten und maximalen Notfallversorgung. Die Vertreter der Krankenhäuser lehnen die Ausgestaltung des Konzepts jedoch ab, da ein Großteil der Häuser ihre Berechtigung, Notfallleistungen zu erbringen, verlieren würden, da sie die von den Kassen geforderten Mindestvorgaben nicht erfüllten. Daher hatte der Bundesgesundheitsminister Gröhe die Frist zur Vorlage eines Konzepts für gestufte Notfallstrukturen in Krankenhäusern auf den 31.12.2017 verlängert. Zugleich wurde der G-BA zusätzlich verpflichtet, eine valide Folgenabschätzung durchzuführen und deren Ergebnisse im Konzept zu berücksichtigen (kma-online 2016; Paquet 2016 und § 136c Abs. 4 SGB V n. F.).

1.3.5 Zu- und Abschläge für Notfallversorgung bei stationären Leistungen

Derzeit müssen Krankenhäuser, die nicht an der Notfallversorgung teilnehmen, pro vollstationären Fall einen Abschlag in Höhe von 50 EUR auf ihr Erlösbudget hinnehmen. Das KHSG sieht vor, dass dieser Tatbestand verstärkt durch Zu- und Abschläge ausdifferenziert werden soll, damit unterschiedlichen Notfallvorhaltungen Rechnung getragen werde. Daher hat der Gesetzgeber die Vertreter der Krankenkassen und der Krankenhäuser auf Bundesebene beauftragt, auf Basis des gestuften Systems von Notfallstrukturen in Krankenhäusern (siehe Abschn. 1.3.4) entsprechende Zu- und Abschläge für die Teilnahme bzw. Nichtteilnahme an der Notfallversorgung bis 30.06.2018 zu vereinbaren. Bei der Ermittlung der Höhe der Zu- und Abschläge ist eine Unterstützung durch das Institut für das Entgeltsystem im Krankenhaus vorgesehen (Rau 2015). und (§ 9 Abs. 1a Nr. 5 KHEntgG).

1.4 Handlungsoptionen für Krankenhäuser in der ambulanten Notfallversorgung

Die Organisation und Vergütung der ambulanten Notfallversorgung ist derzeit im Fluss und eine Neuausrichtung wird auf gesundheitspolitischer Ebene diskutiert. An dieser Stelle werden Handlungsoptionen aus Sicht eines einzelnen Krankenhauses bzw.

Verbundes aufgezeigt. Ziel soll es sein, die Diskrepanz der Notfallversorgung von Krankenhäusern zwischen Unterfinanzierung und Patientengenerierung zu reduzieren: die Unterfinanzierung senken und die positiven Aspekte der ambulanten Notfallbehandlung von Krankenhäusern, die Generierung von Patienten, beibehalten und ggf. ausbauen.

1.4.1 Erlössteigerung durch ergänzende Regelungen zur Vergütung der Notdienstversorgung

Ganz generell sind die Erlöse, die ein Krankenhaus bei der Versorgung eines ambulanten Notfallpatienten erzielt, durch die Regelungen des EBM determiniert. Sowohl die „alten" Regelungen als auch die „neuen", ab April 2017 geltenden Regelungen lösen das Problem der Unterfinanzierung der ambulanten Notfallversorgung für die Krankenhäuser nicht. Dabei räumt der Gesetzgeber durchaus die Möglichkeit ein, das im Zuge dreiseitiger Verträge ergänzende Regelungen zur Vergütung der Notdienstversorgung vereinbart werden (§ 115 Abs. 2 S. 1 Nr. 3 2. Halbsatz), wie es punktuell in Deutschland auch schon angewendet wird (siehe Abschn. 1.2). Hier stellen sich die Fragen: Welchen Verhandlungsspielraum hat das Krankenhaus (ggf. über seinen Interessenverband) und können im Zuge der dreiseitigen Verträge zwischen Krankenhäusern, Krankenkassen und Kassenärztlichen Vereinigungen Sonderkonditionen bei der Erbringung ambulanter Leistungen erwirkt werden?

1.4.2 Transparenz von Kosten- und Erlös von ambulanten Patienten

Soweit noch nicht geschehen, empfiehlt es sich für das Krankenhaus Transparenz über die Kosten- und Erlössituation von Patienten, die in der Notaufnahme behandelt werden, zu gewinnen. Nach der Krankenhaus-Controlling-Studie aus dem Jahr 2015 nimmt etwa ein Viertel der befragten Häuser keine interne Verrechnung von Erlösen und Kosten vor. 38 % der Geschäftsführungen der befragten Häuser liegen keine Deckungsbeitragsrechnung zur Steuerung vor (Doelfs 2016).

Ziel dieser Transparenz sollte es sein, dass ein Krankenhaus für sich die Frage beantworten kann, ob der Nutzen der stationären Fälle, die durch die Notfallversorgung generiert werden, die Verluste bei der Behandlung von ambulanten Notfällen überwiegt. Dazu muss u. a. ermittelt werden, wie hoch die Anzahl der ausschließlich ambulant behandelten Patienten ist, wie viel ihre Behandlung dem Krankenhaus kostet und wie viel für sie erlöst wird. Dem gegenüber gestellt werden einerseits die Anzahl der Patienten, die nach Vorstellung in der Notaufnahme teil- oder vollstationär aufgenommen werden, und andererseits der Deckungsbeitrag aus der Vergütung gemäß der DRG-Klassifikation, die für die Versorgung abgerechnet werden kann.

Aus diesen Informationen kann das Krankenhaus ableiten, ob es einer gezielten Steuerung bedarf und wo diese sinnvollerweise ansetzt: Lohnt sich eine Ausweitung der Menge, da der überwiegende Teil der Notfallpatienten mit lukrativen Diagnosen stationär aufgenommen wird? Oder sollten die Notfallpatienten dringend umgesteuert werden, da der überwiegende Teil ausschließlich ambulant, ggf. mit Bagatellerkrankungen versorgt wird?

1.4.3 Kostensenkung durch Patientensteuerung

Aus Sicht des Krankenhauses ist die aktive Steuerung des ambulanten Patienten die zentrale Handlungsoption, da die Erlöse pro Fall in der Regel nicht kostendeckend sind und somit eine Erlössteigerung qua Mengenausweitung dieser – zwar nicht-budgetierten Leistungen – dennoch nicht attraktiv ist. Ziel sollte es sein, dass die Fälle, die ambulant versorgt werden können, auch durch niedergelassene Ärzte behandelt und dass die potenziellen stationären Fälle in der Notaufnahme des Krankenhauses vorstellig werden.

Einige Systeme der Gesundheitsversorgung in europäischen Ländern, bspw. in England, Irland und Dänemark, sind dazu übergegangen, Zentren für die ambulante Notfallversorgung in räumlicher Nähe von Krankenhäusern einzurichten. In Irland hat sich derart die Inanspruchnahme der Notaufnahmen in den Krankenhäusern reduziert, nachdem diese alternativen Behandlungsangebote etabliert wurden. Generell gehen diese Neuordnungen mit einer Reduktion von Notaufnahmen und einer Zentralisierung in Notfallzentren sowie mit einer gezielten und teilweise verpflichtenden Patientensteuerung durch telefonische Notleitstellen einher (Augurzky et al. 2016; Geissler et al. 2016).

Diese Idee soll nun im Zuge des KHSG flächendeckend umgesetzt werden (siehe Abschn. 1.3.1). Zentrales Element ist dabei die Einrichtung sogenannter Portalpraxen an oder in Krankenhäusern. Aber auch andere Kooperationsformen zwischen KVen und Notfallambulanzen der Krankenhäuser sind möglich. Auch wenn es über die Ausgestaltung von Portalpraxen verschiedene Konzepte gibt, so ist ihnen gemein, dass sie eine zentrale Anlaufstelle darstellen. Medizinisches Personal schätzt den Behandlungsbedarf des Patienten ein und leitet ihn anschließend in die adäquate Versorgungsstruktur weiter: Ist eine akute Notfallversorgung notwendig? Wenn ja, ambulant oder gar stationär? Oder handelt es sich nicht um einen medizinischen Notfall und der Patient kann die regulären Sprechzeiten der vertragsärztlichen Versorgung verwiesen werden? Nicht zwingend ist für eine Portalpraxis, dass diese zentrale Anlaufstelle auch eine angeschlossene Notdienstpraxis zur Behandlung ambulanter Patienten umfasst (AQUA 2016).

Diese Lotsenfunktion der Portalpraxen klingt zunächst sehr charmant, wird aber für Krankenhäuser nur unter gewissen Bedingungen die gewünschten Steuerungseffekte erzielen. Zunächst muss die Einschätzung der Portalpraxis auch so umgesetzt werden, dass der Nichtnotfallpatient und der ambulante Notfallpatient auch tatsächlich nicht in der Notaufnahme des Krankenhauses landen. Denn bisher hat letztlich der Patient die freie Arzt- und Krankenhauswahl und kann entscheiden, ob er in die (räumlich benachbarte) Notfallpraxis der KV oder in das Krankenhaus (Niehues und Barbe 2012) oder nach Hause geht.

Zudem ist es aus Sicht eines Krankenhauses notwendig, dass der Portalpraxis auch eine Notdienstpraxis angeschlossen ist, in der die ambulanten (Notfall-)Patienten behandelt werden. Schließlich nützt es dem Krankenhaus im Gegensatz zur KV nicht viel, wenn nur die Nichtnotfallpatienten zu den niedergelassenen Ärzten geschickt werden, aber nichtkostendeckende ambulante Notfallpatienten wie gehabt weiterhin im Krankenhaus behandelt werden.

Die Notdienstpraxen können gemäß KHSG als Einrichtung der KV oder als gemeinsame Einrichtung von KV und Krankenhaus betrieben werden. Letzteres empfiehlt das AQUA Institut als ideale Lösung (AQUA 2016). Aus Sicht des Krankenhauses ist die Lösung ideal, wenn sowohl die Portalpraxis als auch die angeschlossene reine kassenärztliche Notdienstpraxis durchgängig geöffnet sind, sodass rund um die Uhr sichergestellt ist, dass nur Patienten mit stationärem Behandlungsbedarf in die Notaufnahme des Krankenhauses gelangen. Notdienstpraxen als gemeinsame Einrichtung mit der Kassenärztlichen Vereinigung zu betreiben, wäre aus Sicht des Krankenhauses auch sinnvoll, hängen jedoch wiederum davon ab, wie diese vertraglich ausgestaltet ist. Im Zuge dreiseitiger Verträge müssten Leistungen der einzelnen Vertragspartner definiert sowie festgelegt werden, welche Kosten und Erlöse wie verteilt werden. Vereinbarungen, dass der vertragsärztliche Notdienst auch Gerätschaften des Krankenhauses (z. B. Röntgengerät, MRT) nutzt, wären in beiden Fällen denkbar.

Allerdings werden die KVen nicht an jedem Krankenhaus, das an der Notfallversorgung teilnimmt, eine Notdienstpraxis anschließen können, die darüber hinaus noch rund um die Uhr betrieben wird, da dies einerseits nicht zu finanzieren und andererseits nicht notwendig sei. Z. B. im KV-Bereich Nordrhein gibt es etwa 170 Krankenhäuser und 80 Notdienstpraxen, von denen bereits 90 % an oder in Krankenhäusern angesiedelt sind (aerzteblatt.de 2017). Hamburg arbeitet daran, die 21 Notaufnahmen auf nur noch 4 Zentren zu reduzieren (Gaede 2016).

Denkbar wäre dann auch, dass ein Krankenhaus seine eigene Notfallpraxis betreibt, die rund um die Uhr besetzt ist und die Patienten in die angemessene Versorgungsstruktur steuert. Das Krankenhaus könnte selbst einen Vertragsarztsitz erwerben oder mit einem Vertragsarzt, der seine Praxis im Krankenhaus ansiedelt, kooperieren. Auch hier könnte der Vertragsarzt dann die Nutzung von Gerätschaften des Krankenhauses wie Röntgengerät und MRT einkaufen; er würde diese Leistungen über EBM nämlich extrabudgetär vergütet bekommen. Krankenhäuser sollten auch hier das Instrument der dreiseitigen Verträge nutzen. Gegenstand der Verhandlung könnten zudem ergänzende Regelungen zur Vergütung der Notdienstversorgung sein (siehe Abschn. 1.4.1). Hilfreich wäre für die Krankenhäuser, wenn die Forderung der Deutschen Krankenhausgesellschaft (DKG), dass die Länder das Recht erhalten, Krankenhäuser dauerhaft zur Teilnahme an der ambulanten Versorgung, einschließlich Notfallversorgung, zu ermächtigen, umgesetzt werden würde (DKG 2017).

1.5   Diskussion

Die Ausweitung der Erbringung ambulanter Notfallleistungen kann derzeit für Krankenhäuser nicht als die Alternative der Wahl gesehen werden. Während die Kosten i. d. R.
Krankenhausniveau aufweisen, werden die Leistungen nur ambulant vergütet. Allerdings
sind Notaufnahmen nicht nur Eintrittspforten für in der Regel nicht kostendeckende
ambulante Patienten, sondern ein zentraler Zugang für Patienten, die stationär aufgenommen werden. Unter den aufgezeigten Bedingungen sowie den Neuerungen des KHSG,
die sukzessive umgesetzt werden, bieten sich Krankenhäusern einige Handlungsoptionen, um die positiven Aspekte der ambulanten Notfallbehandlung von Krankenhäusern
zu nutzen und die negativen Deckungsbeiträge an (vertragsärztliche) Notdienstpraxen zu
externalisieren.

Es empfiehlt sich für Krankenhäuser, sich Transparenz zu verschaffen, ob der Nutzen
der stationären Fälle, die durch die Notfallversorgung generiert werden, die Verluste bei
der Behandlung von ambulanten Notfällen überwiegt. Auch sollte geprüft werden, welchen Verhandlungsspielraum ein Krankenhaus hat, um im Zuge dreiseitiger Verträge mit
den Krankenkassen und den KVen Sonderkonditionen bei der Erbringung ambulanter
Leistungen zu erwirken.

Bei der aktiven Steuerung des ambulanten Patienten, die als zentrale Handlungsoption für Krankenhäuser benannt wurde, stellt sich die Frage, ob ein Krankenhaus tatsächlich auch von der Steuerung der KVen im Zuge der Einführung von Portalpraxen
profitiert oder ob es ihm ggf. im Zuge einer eigenen Notdienstpraxis möglich ist, die
Patienten bei der Auswahl der angemessenen Versorgungsstufe (ambulant oder stationär)
selbst steuern.

1.6   Ausblick

Die Organisation und Vergütung der ambulanten Notfallversorgung ist derzeit generell
in der Diskussion und im Fluss. Ende März 2017 hat die KBV ihre Eckpunkte zur Weiterentwicklung der ambulanten Notfallversorgung vorgestellt (KBV 2017). Die DKG
hat ebenfalls ihre aktualisierten Anforderungen an eine künftige ambulante Notfallversorgung durch Krankenhäuser vorgetragen. U. a. fordert die Spitzenorganisation der
nationalen Krankenhäuser ein eigenständiges Vergütungssystem für ambulante Notfallleistungen der Krankenhäuser, das direkt zwischen Krankenhaus und Krankenkasse ohne
Einbeziehung der KVen abgewickelt wird (DKG 2017).

Abzuwarten ist, ob bei der geplanten Einführung der gestuften Notfallversorgung
durch den G-BA auch die Vergütungen der ambulanten Fälle über die neuen Zuschläge
hinaus gestaffelt werden. Auch die Entwicklung der Zu- und Abschläge bei der DRG-
basierten Vergütung stationärer Patienten für die Teilnahme bzw. Nichtteilnahme von
Krankenhäusern an der Notfallversorgung bleibt abzuwarten (siehe Abschn. 1.3.5).

Der Trend wird zu einer Zentralisierung der Notfallversorgung gehen, bei der eine Umverteilung von Krankenhäusern, die nicht an der Notfallversorgung teilnehmen, zu solchen, die teilnehmen, stattfindet, aber eher nicht mit einer breiteren Finanzierungsbasis zu rechnen ist.

1.7 Gesundheitspolitische Empfehlungen

Die Neuordnung der ambulanten Notfallversorgung durch Krankenhäuser und Vertragsärzte ist eine drängende Herausforderung, derer sich die Gesundheitspolitik aktuell und mittelfristig annehmen muss. Die Notfallversorgung sollte derart sektorenübergreifend organisiert sein, dass Notfallpatientinnen und Notfallpatienten eine bedarfsgerechte Notfallversorgung erhalten. Eine solide Finanzierung ist sowohl für die Krankenhäuser als auch für die Vertragsärzte eine unabdingbare Voraussetzung. Wird der Trend zu einer Zentralisierung der Notfallversorgung gehen, müssen faire Bedingungen definiert werden, nach denen die Versorgungsaufträge verteilt werden. Eine sektorenübergreifend organisierte und solide finanzierte Notfallversorgung könnte als ein gutes Beispiel mit den Weg weisen, die Umsetzung der – nicht nur politisch gewünschten – transsektoralen Gesundheitsversorgung in Deutschland voranzutreiben.

Übersicht über die gesundheitspolitischen Empfehlungen
1. Für die sektorenübergreifende Organisation der Notfallversorgung ist Bedarfsgerechtigkeit zu fordern, die auf einer soliden Finanzierung sowohl für die Krankenhäuser als auch für die Vertragsärzte basiert.
2. Bei einer Zentralisierung der Notfallversorgung müssen für beide Sektoren faire Bedingungen definiert werden, nach denen die Versorgungsaufträge verteilt werden.
3. Diese sektorenübergreifende Organisation könnte zu einer Triebfeder der politisch intendierten, transsektoralen Gesundheitsversorgung werden.

Literatur

aerzteblatt.de. (2016). Notfalldienst: Drei neue Zuschläge vereinbart. https://www.aerzteblatt.de/nachrichten/71907/Notfalldienst-Drei-neue-Zuschlaege-vereinbart. Zugegriffen: 30. März 2017.
aerzteblatt.de. (2017). Neun von zehn Notdienstpraxen im Rheinland an Kliniken angesiedelt. https://www.aerzteblatt.de/nachrichten/73999/Neun-von-zehn-Notdienstpraxen-im-Rheinland-an-Kliniken-angesiedelt. Zugegriffen: 7. Apr. 2017.
AQUA – Institut für angewandte Qualitätsförderung und Forschung im Gesundheitswesen GmbH. (Hrsg.). (2016). *Ambulante Notfallversorgung: Analyse und Handlungsempfehlungen.* Göttingen. https://www.aqua-institut.de/aqua/upload/CONTENT/Projekte/eval_forsch/Gutachten_Notfallversorgung.pdf. Zugegriffen: 3. Apr. 2017.
Augurzky, B., Beivers, A., Giebner, M., Kirstein, A. (2016). Organisation der Notfallversorgung in Dänemark: Lösungsansätze für deutsche Probleme? In J. Klauber, M. Geraedts, J. Friedrich, & J. Wasem (Hrsg.), *Krankenhaus-Report 2016, Schwerpunkt: Ambulant im Krankenhaus* (S. 77–97). Stuttgart: Schattauer.

Behar, B. I., Guth, C., & Salfeld, R. (2016). *Modernes Krankenhausmanagement: Konzepte und Lösungen.* Berlin: Springer Gabler.

Bundessozialgericht. (2014). Urteil vom 02.07.2014 – B 6 KA 30/13. http://juris.bundessozialgericht.de/cgi-bin/rechtsprechung/document.py?Gericht=bsg&Art=en&nr=13501. Zugegriffen: 30. März 2017.

Deutsche Gesellschaft Interdisziplinäre Notfall- und Akutmedizin (DGINA) e. V. (2016). Deutschland schachert um Notfallmedizin. https://www.dgina.de/news/deutschland-schachert-um-notfallmedizin_47. Zugegriffen: 26. März 2017.

Deutsche Krankenhausgesellschaft (DKG). (2017). Patientenwohl und Daseinsvorsorge: Positionen der Deutschen Krankenhausgesellschaft (DKG) für die 19. Legislaturperiode des Deutschen Bundestags. http://www.dkgev.de/media/file/45651.2017-03-29_DKG_Positionen_2017. pdf. Zugegriffen: 5. Apr. 2017.

Doelfs, G. (2016). Krankenhäuser gucken nicht genau genug. *kma – Das Gesundheitswirtschaftsmagazin, 22*(2), 6.

Dräther, H., & Schäfer, T. (2017). Die ambulante Notfallversorgung in Notfallambulanzen und bei Vertragsärzten im Zeitraum 2009 bis 2014. In J. Klauber, M. Geraedts, J. Friedrich, & J. Wasem (Hrsg.), *Krankenhaus-Report 2017, Schwerpunkt: Zukunft gestalten* (S. 25–40). Stuttgart: Schattauer GmbH.

Gaede, K. (2016). Notaufnahmen: Hamburg plant Revolutionäres. *Kma – Das Gesundheitswirtschaftsmagazin, 21*(12), 6.

Geissler, A., Quentin, W., & Busse, R. (2016). Ambulante Leistungen von Krankenhäusern im europäischen Vergleich. In J. Klauber, M. Geraedts, J. Friedrich, & J. Wasem (Hrsg.), *Krankenhaus-Report 2016, Schwerpunkt: Ambulant im Krankenhaus* (S. 29–41). Stuttgart: Schattauer.

GKV-Spitzenverband. (2017). Zu- und Abschläge. https://www.gkv-spitzenverband.de/krankenversicherung/krankenhaeuser/krankenhaeuser_abrechnung/zu_abschlaege/zu_abschlaege.jsp. Zugegriffen: 27. März 2017.

Kassenärztliche Bundesvereinigung (KBV). (2016a). Neue Regelungen im EBM zum Notfall- und Bereitschaftsdienst. http://www.kbv.de/html/1150_25783.php. Zugegriffen: 3. Apr. 2017.

Kassenärztliche Bundesvereinigung (KBV). (2016b). Vorschläge zur Entlastung der Notfallambulanzen. Pressegespräch am 2. Dezember 2016. http://www.kbv.de/media/sp/2016_12_02_PG_ambulante_Notfallversorgung.pdf. Zugegriffen: 27. März 2017.

Kassenärztliche Bundesvereinigung (KBV). (2017). Eckpunkte der Kassenärztlichen Bundesvereinigung und der Kassenärztlichen Vereinigungen zur Weiterentwicklung der ambulanten Notfallversorgung. http://www.kbv.de/media/sp/2017_03_29_Eckpunkte_Weiterentwicklung_ambulante_Notfallversorgung.pdf. Zugegriffen: 5. Apr. 2017.

KMA-online. (2016). Gröhe verschiebt Konzept zur Notfallversorgung: G-BA zur Folgenabschätzung verpflichtet. https://www.kma-online.de/aktuelles/politik/detail/groehe-verschiebt-konzept-zur-notfallversorgung-a-33079. Zugegriffen: 3. Apr. 2017.

Leber, W.-D., & Wasem, J. (2016). Ambulante Krankenhausleistungen – ein Überblick, eine Trendanalyse und einige ordnungspolitische Anmerkungen. In J. Klauber, M. Geraedts, J. Friedrich, & J. Wasem (Hrsg.), *Krankenhaus-Report 2016, Schwerpunkt: Ambulant im Krankenhaus* (S. 3–28). Stuttgart: Schattauer.

Management Consult Kestermann GmbH (MCK) & Deutsche Gesellschaft interdisziplinäre Notfall- und Akutmedizin e. V. (DGINA). (2015). Gutachten zur ambulanten Notfallversorgung im Krankenhaus – Fallkostenkalkulation und Strukturanalyse. http://www.dkgev.de/media/file/19401.2015-02-17_Gutachten_zur_ambulanten_Notfallversorgung_im_Krankenhaus_2015.pdf. Zugegriffen: 30. März 2017.

Niehues, C., & Barbe, W. (2012). *Unzureichende Berücksichtigung der Notfallversorgung im DRG-System.* In: *Das Krankenhaus*, (5), 470–474.

Osterloh, F. (2016). Notfallversorgung: Ambulant oder stationär? *Deutsches Ärzteblatt, 113*(48), A2187–A2188.

Paquet, R. (2016). Krankenhausstrukturgesetz: Die To-do-Liste des G-BA. *Kma- Das Gesundheitswirtschaftsmagazin, 21*(12), 28–33.

Rau, F. (2015). *Das Krankenhausstrukturgesetz in der Gesamtschau.* In: *Das Krankenhaus*, (12), 1121–1139.

Statistisches Bundesamt. (2016a). Fallpauschalenbezogene Krankenhausstatistik (DRG-Statistik) Diagnosen, Prozeduren, Fallpauschalen und Case Mix der vollstationären Patientinnen und Patienten in Krankenhäusern 2015. Wiesbaden. https://www.destatis.de/DE/Publikationen/Thematisch/Gesundheit/Krankenhaeuser/FallpauschalenKrankenhaus2120640157004.pdf?__blob=publicationFile. Zugegriffen: 30. März 2017.

Statistisches Bundesamt. (2016b). Grunddaten der Krankenhäuser 2015. Wiesbaden. https://www.destatis.de/DE/Publikationen/Thematisch/Gesundheit/Krankenhaeuser/GrunddatenKrankenhaeuser2120611157004.pdf?__blob=publicationFile. Zugegriffen: 26. März 2017.

Statistisches Bundesamt. (2017). Kostennachweis der Krankenhäuser 2015. Wiesbaden. https://www.destatis.de/DE/Publikationen/Thematisch/Gesundheit/Krankenhaeuser/Kostennachweis-Krankenhaeuser2120630157004.pdf;jsessionid=61A747F3FAB9318525220500BABD0AB9.cae4?__blob=publicationFile. Zugegriffen: 26. März 2017.

Über die Autorin

Dr. Jeanine Staber, M.A. (Dipl. Gesundheitsökonomin, Dipl.-Verwaltungswirtin <FH>), geb. 1979 in Schwerin, Studium der Allgemeinen Verwaltung im gehobenen nichttechnischen Dienst an der Fachhochschule für öffentliche Verwaltung und Rechtspflege Güstrow, Studium Gesundheitsökonomie und Philosophy & Economics an der Universität Bayreuth, Wissenschaftliche Mitarbeiterin an den Universitäten Bayreuth und Bremen sowie an der APOLLON Hochschule der Gesundheitswirtschaft GmbH, Bremen, seit 2013 Referentin in der Abteilung „Kommunale Kliniken" bei der Senatorin für Wissenschaft, Gesundheit und Verbraucherschutz, Bremen, und nebenberufliche Lehrende an der APOLLON Hochschule der Gesundheitswirtschaft GmbH, Bremen.

Julia Oswald und Elena da Silva Leal

Inhaltsverzeichnis

J. Oswald (✉) · E. da Silva Leal
Hochschule Osnabrück, Fakultät Wirtschafts- und Sozialwissenschaften,
Osnabrück, Deutschland
E-Mail: j.oswald@hs-osnabrueck.de

© Springer Fachmedien Wiesbaden GmbH 2018

17

H.-R. Hartweg et al. (Hrsg.), *Aktuelle Managementstrategien zur Erweiterung der Erlösbasis von Krankenhäusern*, https://doi.org/10.1007/978-3-658-17350-0_2

Zusammenfassung

Mit Medizinischen Versorgungszentren (MVZ) hat der Gesetzgeber im Jahr 2004 ein kooperatives Versorgungskonzept eingeführt, dass Krankenhäusern den Eintritt in den ambulanten Sektor erleichtert. Betreiben Krankenhäuser ein MVZ, sind sie in der Lage, an der vertragsärztlichen Versorgung der gesetzlichen Krankenversicherung teilzunehmen. Zusätzliche Einnahmequellen lassen sich erschließen. Hinzu treten strategische Überlegungen, die aus Sicht eines Krankenhauses für die Gründung eines MVZ sprechen. Der Beitrag systematisiert mögliche Erlösarten eines MVZ und erläutert deren Bedeutung. Zum Einstieg in die Thematik werden Grundlagen und Strukturmerkmale zum Betrieb eines MVZ beschrieben. Da eine reine Erlösbetrachtung aus betriebswirtschaftlicher Sicht zu kurz greifen würde, wird bei der abschließenden Diskussion die Kostenperspektive thematisiert und hier insbesondere auf die Problematik einer adäquaten Kostenverrechnung eingegangen und auf die Notwendigkeit eines sektorenübergreifenden Controllings hingewiesen. (Hinweis: Aus Gründen der Einfachheit wird in der Regel die männliche Form verwendet; es sind aber stets beide Geschlechter gemeint.)

2.1   Einführung

Die grundsätzliche Erlaubnis zur ambulanten Leistungserbringung im Krankenhaus ergibt sich aus § 39 SGB V. Danach kann die Krankenhausbehandlung als Leistung der gesetzlichen Krankenversicherung (GKV) vollstationär, teilstationär, vor- und nachstationär oder aber ambulant erbracht werden. Welche Versorgungsform infrage kommt, ist nach § 39 Abs. 1 Satz 2 SGB V vom Behandlungsziel abhängig zu machen, wobei das Prinzip „ambulant vor stationär" gilt. Eine generelle Öffnung für Krankenhäuser zur ambulanten Behandlung mit einheitlichem Aufgabenbereich und Finanzierungsregeln analog zum niedergelassenen Bereich besteht jedoch nicht. Es existiert eine Vielzahl historisch gewachsener Einzelregelungen im SGB V, aus denen sich der Zugang zur ambulanten Leistungserbringung für Krankenhäuser ergibt und die auch die Regelungen zur Versorgung in einem Medizinischen Versorgungszentrum (MVZ) nach § 95 SGB V umfassen.

Mit der Etablierung von MVZ in Deutschland im Jahr 2004 wurde an eine Organisationsform angeknüpft, die an die ehemaligen DDR-Polikliniken erinnert. Ärzte gleicher oder unterschiedlicher Fachrichtung arbeiten zumeist im Angestelltenverhältnis zusammen. Die kooperative Versorgungsform fördert eine effektive Patientenversorgung und trägt dazu bei, Effizienzreserven im Gesundheitssystem zu erschließen (Lüngen und Büscher 2015, S. 92).

Die Gründe für ein Krankenhaus, ein MVZ zu betreiben, sind breit gefächert. Die Deutsche Krankenhausgesellschaft (2007) sieht folgende Vorteile (DKG 2007, S. 1; vgl. ähnlich Dünnwald 2010):

Gründe für das Betreiben eines MVZ durch ein Krankenhaus
- Positionierung am ambulanten Markt
- Verbesserung der Kooperation stationär/ambulant sowie ambulant/ambulant zur Optimierung der Patientenversorgung
- Möglichkeiten der Kostensenkung durch eine bessere Ressourcenauslastung (z. B. durch gemeinsame Nutzung von OP-Kapazitäten, medizinischen Geräten, etc.)
- Flankierung des Kerngeschäfts
- Ausgleich einer Unterversorgung (z. B. in ländlichen Regionen)

Damit hat das MVZ für ein Krankenhaus eher einen komplementären Charakter. Der originäre Zweck des Krankenhauses ist die akutstationäre Versorgung. Mit einem MVZ wird ein weiteres Geschäftsfeld betreten, das die Möglichkeiten des Einweisungs- und Nachsorgeverhaltens erheblich erweitert – insbesondere auch mit Blick auf andere ambulanten Versorgungsformen des Krankenhauses (Ermächtigung, ambulantes Operieren und stationsersetzende Eingriffe (AOP) u. a.; grdl. zur Abrechnung Löser und München 2017). Das Krankenhaus übernimmt als Organisation die gleiche Funktion wie ein niedergelassener Arzt (Lüngen und Buscher 2015, S. 120).

Die Motive zum Betreiben eines MVZ finden im Zielsystem des Krankenhauses ihren Niederschlag. Danach geht es im Sinne von Eichhorn (1975) bezogen auf das Sachziel um eine bedarfsgerechte, qualitativ hochwertige Patientenversorgung und bezogen auf das Formalziel um die Existenzsicherung, Wachstum oder aber auch um den Ausbau der Marktposition. Dabei kennzeichnet das Maß an Kongruenz von erwarteter und erreichter Zielrealisation den Erfolg als einen Ausdruck dafür, in welchem Maße (Art und Umfang) die vom MVZ angestrebte Zielsetzung realisiert worden ist. Erlöse bewerten im Rahmen dieser Erfolgsrechnung die sachzielbezogene Güterentstehung einer Abrechnungsperiode. Sie sind damit die Entstehungsgröße und sind von der Verbrauchsgröße, den Kosten, abzugrenzen. Grenzt man die Erlöse von den Leistungen ab, stehen Erlöse für die wertmäßige Ausbringung und Leistungen für die mengenmäßige Ausbringung einer Periode (Zapp 2009).

Gegenstand des Beitrags sind die Erlösarten, die die diagnostischen und therapeutischen Leistungen des MVZs vergüten, die in den Sprechstundeneinheiten und medizinischen Institutionen erbracht werden. Synergieerlöse im akutstationären Bereich aufgrund einer möglichen Patientenbindung durch das MVZ-Angebot stehen nicht im Vordergrund des Beitrags. Bevor die MVZ-Erlöse in eine Logik gebracht werden, erfolgt eine Darstellung der Grundlagen und Strukturmerkmale von MVZ.

2.2   Grundlagen und Strukturmerkmale des MVZ

Entscheiden sich Krankenhäuser für die Gründung eines MVZ, muss dieses im Rahmen der rechtlichen Vorgaben geschehen (grdl. Sehy 2016). Weitere zentrale Aspekte eines MVZ unter Krankenhausbeteiligung sind Fragen zur Trägerschaft, zur Rechtsform, zur Zulassung, zur Leitungsstruktur und zum Leistungsspektrum. Zur Darstellung dieser MVZ-Charakteristika wird im Wesentlichen auf die Datenerhebung der Kassenärztlichen Bundesvereinigung (KBV, mit dem Stichtag 31.12.2015) und auf Ausführungen von Gibis et al. (2016) zurückgegriffen.

2.2.1   Definition und Rechtsgrundlage

MVZ sind nach § 95 Abs. 1 Satz 2 SGB V ärztlich geleitete Einrichtungen, die Leistungen der ambulanten Versorgung anbieten. Die Möglichkeit der Gründung besteht seit 2004 auf der Grundlage des Gesetzes zur Modernisierung der gesetzlichen Krankenversicherung (GKV-Modernisierungsgesetz, kurz: GMG). Gründungsberechtigt sind seit Inkrafttreten des Gesetzes zur Verbesserung der Versorgungsstrukturen in der gesetzlichen Krankenversicherung (GKV-VStG) im Jahr 2012 jedoch nicht mehr alle ursprünglich vom Gesetzgeber vorgesehenen Leistungsanbieter, sondern nur noch zugelassene Ärzte, zugelassene Krankenhäuser, Erbringer nichtärztlicher Dialyseleistungen (§ 126 Abs. 3 SGB V) oder ausgewählte gemeinnützige Träger, die aufgrund von Zulassung oder Ermächtigung an der vertragsärztlichen Versorgung teilnehmen (§ 95 Abs. 1a SGB V). Hierdurch soll gewährleistet werden, dass medizinische Entscheidungen nicht von Kapitalinteressen beeinflusst werden. Mit dem Gesetz zur Stärkung der Versorgung in der gesetzlichen Krankenversicherung (GKV-VSG) vom 16.07.2015 wurde ferner der Gründerkreis auf kommunale Träger erweitert, damit die Versorgung in der jeweiligen Region aktiv beeinflusst und verbessert werden kann. Zudem wurde die Verpflichtung einer fächerübergreifenden Versorgung aufgehoben, sodass die Möglichkeit besteht, auch arztgruppengleiche MVZ, wie spezialisierte facharztgruppengleiche MVZ, zu betreiben. Der Zugang für Patienten in ein MVZ zur Behandlung ist identisch mit dem Zugang zum niedergelassenen Vertragsarzt.

2.2.2   Anzahl nach Trägerschaft

Von den rd. 2100 zugelassenen MVZ befinden sich ca. 40 % Einrichtungen in der Trägerschaft eines Krankenhauses (KBV 2015a). Hierbei kann das Krankenhaus Alleingesellschafter des MVZ sein, oder Krankenhausträger und Vertragsärzte können gemeinsam als Gesellschafter des MVZ auftreten (DKG 2007, S. 30). Gründungsberechtigt sind Krankenhäuser im Sinne des § 108 SGB V, d. h.

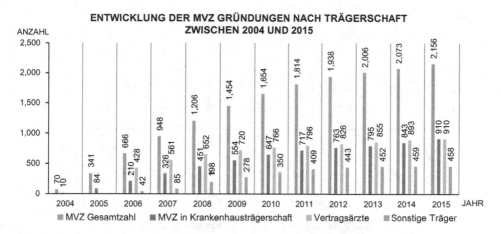

Abb. 2.1   Entwicklung der MVZ Gründungen zwischen 2004 und 2015

- Hochschulkliniken im Sinne des Hochschulbauförderungsgesetzes,
- Krankenhäuser, die in den Krankenhausplan eines Landes aufgenommen sind (Plan-krankenhäuser) oder
- Krankenhäuser, die einen Versorgungsvertrag mit den Landesverbänden der Kranken-kassen und den Verbänden der Ersatzkassen abgeschlossen haben.

Abb. 2.1 zeigt die Entwicklung der MVZ-Gründungen seit 2004, die einen deutlichen Anstieg verzeichnen. Vor allem in den letzten Jahren beteiligen sich Krankenhäuser zunehmend an MVZen. 75 % betreiben dabei nach einer Untersuchung des Deutsches Krankenhausinstitut (DKI) nur eine MVZ-Einrichtung und nicht mehrere (Blum et al. 2010, S. 97).

2.2.3   Größe und regionale Verteilung

Die durchschnittliche Arbeitsgröße eines MVZ hat sich seit der Aufnahme des Versor-gungskonzeptes in das SGB V stetig erhöht. Ende 2015 arbeiteten in einem MVZ durch-schnittlich 6,6 Ärzte. Im Jahr 2004 waren es nur 3,6 Ärzte. Die medizinische Tätigkeit wird in einem Krankenhaus-MVZ nahezu ausschließlich von angestellten Ärzten und nicht von Vertragsärzten wahrgenommen (KBV 2015a, S. 12). In Bezug auf das Geschlecht ziehen dabei (angehende) Ärztinnen häufiger als Ärzte eine Beschäftigung in einem MVZ vor (57 % vs. 46 %, Jacob et al. 2015 S. 46).

Die regionale Verteilung der MVZ in Deutschland ist inhomogen. In der Gesamt-zahl der MVZ sind Bayern, Niedersachsen, Hessen und Nordrhein-Westfalen Vorreiter (Abb. 2.2). Mögliche Gründe hierfür sind die Größe des jeweiligen Bundeslandes, die Bevölkerungsdichte sowie historisch bedingte Entwicklungen (z. B. Zulassungsbe-schränkungen, Landesvorschriften). Dabei sind MVZ stärker in städtischen Gebieten als in ländlichen Regionen anzutreffen (KBV 2015a, S. 6).

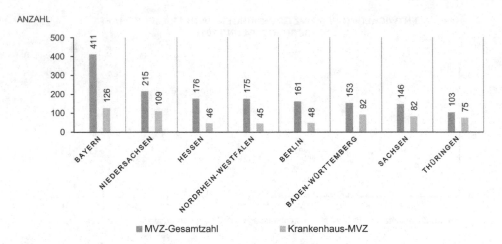

Abb. 2.2 Bundesländer mit den meisten Krankenhaus-MVZ, Jahr 2015

In Bezug auf die Standortwahl wird das Krankenhaus-MVZ entweder in den Räumen des Krankenhauses, auf dem Krankenhausgelände oder außerhalb davon betrieben (DKG 2007). Bei der Entscheidung ist der Einfluss auf die Patientenströme zu berücksichtigen, der von der Lage (unter der Annahme bestimmter Voraussetzungen: wie die Art der Fachrichtungen, die Qualität der Versorgung und die regionale Verteilung der Versicherten) ausgehen kann (Lüngen 2007, S. 105 unter Verweis auf Hotelling 1929). Je nach Marktbedingungen kann auch der Zeitpunkt des Markteintritts neben der Lage des MVZ für den Erfolg eines MVZ wesentlich sein (Lüngen 2007, S. 106).

2.2.4   Rechtsform

Die konstitutive Entscheidung der Rechtsformwahl wird von den Vorgaben des SGB V und den Eigenschaften der einzelnen Rechtsform beeinflusst. Maßgeblich wird die Wahl aus der Sicht eines Krankenhauses von gesellschaftsvertraglichen Gestaltungsfreiheiten, Haftungsfragen, wirtschaftlichen und steuerrechtlichen Aspekten sowie von Mitbestimmungsrechten abhängen (Sonnentag 2017).

Nach der aktuellen Gesetzeslage ist die Gründung eines MVZ in den Rechtsformen einer Personengesellschaft, einer eingetragenen Genossenschaft (eG), einer Gesellschaft mit beschränkter Haftung (GmbH) oder einer öffentlich-rechtlichen Rechtsform möglich (§ 95 Abs. 1a Satz 1 SGB V). Andere Rechtsformen wie z. B. Aktiengesellschaften, GmbH & Co. KG, OHG oder KG sind aufgrund ihrer dominierenden Gewinnerzielungsabsicht nur noch für Einrichtungen zulässig, die bereits vor dem 01.01.2012 zugelassen waren und aufgrund dieser Zulassung weiterhin an der vertragsärztlichen Versorgung teilnehmen (Bestandsschutz).

Als geeignete Rechtsform eines MVZ haben sich in der Praxis die Gesellschaft mit beschränkter Haftung (GmbH) und die Gesellschaft bürgerlichen Rechts (GbR) bewährt. MVZ in Krankenhausträgerschaft werden hauptsächlich als GmbH betrieben (KBV 2015a). Es besteht grundsätzlich auch die Möglichkeit, das MVZ als steuerbegünstigte gGmbH zu gründen, wenn mindestens zwei Drittel der Leistungen den sogenannten „hilfsbedürftigen Personen" zugutekommen (§ 53 AO). Zudem darf nicht gegen das gemeinnützigkeitsrechtliche Begünstigungsverbot (z. B. in Form von Gewinnausschüttungen an Ärzte oder private Krankenhausträger) verstoßen werden (DKG 2007, S. 32).

2.2.5 Zulassung

Ergibt sich bei einer Gemeinschaftspraxis die Zulassung der Praxis aus der Summe der personengebundenen Einzelzulassungen der niedergelassenen Ärzte, ist bei einem MVZ die MVZ-Gesellschaft als Institution zur vertragsärztlichen Versorgung zugelassen.

Die Regelungen des Zulassungsverfahrens sind in der Zulassungsverordnung für Vertragsärzte (§ 1 Abs. 3 Ärzte-ZV) zu finden. Für die Zulassung eines MVZ nach § 95 SGB V und für dessen Betrieb ist die Eintragung der dort beschäftigten Ärzte in das Arztregister nach § 1 Ärzte-ZV sowie die Genehmigung des Zulassungsausschusses der jeweiligen Kassenärztlichen Vereinigung (KV) erforderlich. Wie alle Vertragsärzte unterliegt das MVZ der Bedarfsplanung nach § 103 SGB V. Die Kassenärztlichen Vereinigungen und die Krankenkassen erstellen die Bedarfspläne (§ 99 SGB V) und passen diese regelmäßig an. Die Bedarfspläne beinhalten den jeweiligen Stand und den Bedarf an vertragsärztlicher Versorgung (Arztgruppe und Anzahl) innerhalb festgelegter Planungsbereiche. Daraus folgt, dass die Zulassung eines MVZ und die spätere Anstellung der Ärzte nur dann möglich ist, wenn keine Zulassungsbeschränkungen vorliegen bzw. wenn der Planungsbereich für die jeweiligen Arztgruppen nicht wegen Überversorgung gesperrt ist. Ausnahmen bei Überversorgung bilden folgende Tatbestände:

- bei Zulassungsverzicht zugunsten einer MVZ-Angestelltentätigkeit (vgl. § 103 Abs. 4a SGB V);
- im Falle einer Sonderbedarfsstellung (vgl. § 101 Abs. 1 Nr. 3 SGB V);
- bei Praxisnachfolge (vgl. § 103 Abs. 3a ff. SGB V);
- im Rahmen des Jobsharings (vgl. § 101 Abs. 1 Nr. 4 SGB V).

Eine weitere wesentliche Zulassungsvoraussetzung für ein MVZ in der Rechtsform einer GmbH ist die Vorlage und das Aufrechterhalten einer selbstschuldnerischen Bürgschaftserklärung des Krankenhauses oder einer anderen Sicherheitsleistung nach § 232 BGB für etwaige Forderungen der Kassenärztlichen Vereinigung und/oder Krankenkassen gegen das MVZ. § 95 Abs. 6 SGB V ordnet die Voraussetzungen für eine Zulassungsentziehung an. Diese gelten für alle Formen der Zulassung und Ermächtigung und damit auch für MVZ.

2.2.6 Leitungsstruktur

Als Folge der institutionellen Zulassung des MVZ können sich Strukturen herausbilden, bei denen die Ebene der ärztlichen Leistungserbringung von der administrativen Ebene getrennt ist. Anders stellt es sich bspw. bei Gemeinschaftspraxen dar, denn hier ist eine Identität zwischen der Person des Arztes und der Person des Gesellschafters per Definition vorgegeben (BMVZ 2017).

Zur Gewährleistung der ärztlichen Berufsfreiheit weist der Gesetzgeber daher ausdrücklich in § 95 SGB V darauf hin, dass MVZ von Ärzten geleitet werden müssen. Weisungen von Managern, wie Geschäftsführungen oder Vorständen eines Krankenhausunternehmens, dürfen das ärztliche Handeln nicht tangieren. Zur Leitung des MVZ ist mindestens ein leitender Arzt zu bestimmen, der selbst als Vertragsarzt (mit vollem oder hälftigen Versorgungsauftrag) oder als angestellter Arzt (in einem Anstellungsumfang von mindestens 20 Wochenstunden) tätig sein muss. Der ärztliche Leiter ist für die von den angestellten Ärzten erbrachten medizinischen Leistungen verantwortlich. Des Weiteren übernimmt er die Verantwortung für die Abrechnung, die Einhaltung der Qualitätssicherung und die Einhaltung der vertragsärztlichen Pflichten. Ist das MVZ „multiprofessionell" besetzt, so ist gemäß § 95 Abs. 1 Satz 5 SGB V eine kooperative Leitung des MVZ möglich (z. B. Leitung durch Arzt und Psychotherapeuten). Durch diese Regelung soll die Zusammenarbeit zwischen den Berufsgruppen gefördert werden (DKG 2007, S. 16).

Kommt eine Kapitalgesellschaft, wie die GmbH, als Organisationsform eines MVZ in Betracht, können dem ärztlichen Leiter zusätzlich betriebswirtschaftliche Aufgaben übertragen werden. Alternativ kann für diesen Aufgabenbereich ein kaufmännischer Leiter, ein Verwaltungsangestellter, eine Managementgesellschaft oder ein Geschäftsführer eingesetzt werden, was in einem Krankenhaus-MVZ auch häufig der Fall ist (KBV 2015a, S. 33).

2.2.7 Leistungsspektrum und Kooperation

In Bezug auf das Leistungsspektrum stellt die Allgemeinchirurgie mit rd. 10 % die größte Fachgruppe dar, die in einem Krankenhaus-MVZ betrieben wird, gefolgt von der Allgemeinmedizin, der Strahlentherapie, der Neurologie und der Gynäkologie (Blum et al. 2010, S. 99). Versteht man ein Krankenhaus-MVZ als Ergänzung oder Vervollständigung des stationären Angebots, gibt es nicht „die" Fächerkombination, die ein MVZ erfolgreicher betreiben lässt. Von Bedeutung für das Leistungsportfolio eines MVZ sind

1. die regionalen Marktgegebenheiten und
2. die Effekte, die sich aus der Wechselwirkung mit dem stationären Leistungsangebot des Krankenhauses ergeben können.

Bei den Marktgegebenheiten sind andere Krankenhäuser ebenso zu berücksichtigen, wie die Reputation der Wettbewerber bei den Patienten und die Zahl und der Organisationsgrad der Vertragsärzte, die das MVZ als Bedrohung ihrer Wettbewerbsposition ansehen können (Lüngen 2007, S. 105 ff.).

Die Möglichkeiten der Kooperation zwischen dem MVZ und dem Krankenausträger sind vielfältig (DKG 2007, S. 26):

- Miete von Räumlichkeiten des Krankenhauses durch das MVZ
- gemeinsame Nutzung von medizinischen Einrichtungen und Geräten sowie Personal
- MVZ-Ärzte bieten ihre Dienstleistung dem Krankenhaus als Konsiliarärzte an
- MVZ-Ärzte werden in den Belegabteilungen des Krankenhauses als Belegarzt tätig
- Gründung einer überörtlichen Berufsausübungsgemeinschaft (ÜBAG) (§ 33 Abs. 2 Ärzte-ZV)

2.3 Erlösstruktur des MVZ

Die Erlöse, die ein MVZ erwirtschaften kann, lassen sich nach unterschiedlichen Kriterien systematisieren. Strukturiert man die Erlöse nach dem jeweils zuständigen Vergütungsträger, lassen sich folgende Erlösarten unterscheiden (Abb. 2.3):

- Erlöse aus der vertragsärztlichen Gesamtvergütung mit einer weiteren Unterscheidung in morbiditätsbedingte und extrabudgetäre Erlöse (KV-Erlöse)
- Erlöse für besondere Versorgungsformen (GKV-Erlöse)

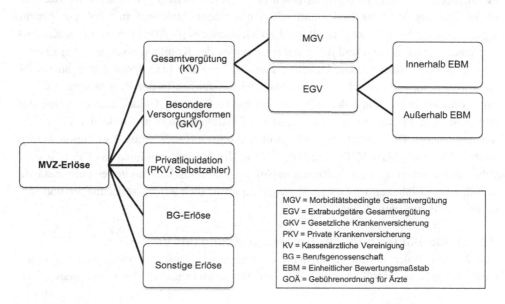

Abb. 2.3 Erlösarten im MVZ

- Erlöse für ambulante Leistungen, die der behandelte Patient entweder selbst zahlt oder mit seiner privaten Krankenversicherung abrechnet (PKV-Erlöse)
- Erlöse für ambulante Leistungen, die von der Berufsgenossenschaft erstattet werden (BG-Erlöse)
- Sonstige Erlöse, z. B. für Gutachtertätigkeiten (Sonstige Erlöse)

Den größten Anteil der Erlöse erwirtschaftet ein MVZ mit den Erlösen aus der vertrags-ärztlichen Gesamtvergütung, gefolgt von Erlösen für besondere Versorgungsformen und Erlösen aus der Privatliquidation. Diese werden nachfolgend näher behandelt.

2.3.1 Erlöse aus der Gesamtvergütung

Mit der Gesamtvergütung werden alle vertragsärztlichen Leistungen und damit verbun-denen Kosten abgedeckt (§ 85 Abs. 2 SGB V). Die Gesamtvergütung gliedert sich in einen

- budgetierten Anteil (= morbiditätsbedingte Gesamtvergütung ‚MGV') und einen
- nicht-budgetierten Anteil (= extrabudgetäre Gesamtvergütung ‚EGV').

Der Einheitliche Bewertungsmaßstab (EBM) als Vergütungssystem des vertragsärztli-chen Bereichs bildet eine wesentliche Grundlage für die Ermittlung der Gesamtvergü-tung. Er bestimmt den Inhalt der abrechnungsfähigen Leistungen und ihr wertmäßiges, in Punkten ausgedrückte Verhältnis zueinander. Zudem soll der EBM soweit möglich Zeitangaben für die Leistungen anführen (§ 87 Abs. 2 SGB V). Das ärztliche Honorar ergibt sich aus der Punktzahl, multipliziert mit einem Punktwert in EUR, der gemäß § 87a Absatz 2 SGB V auf Grundlage des Orientierungs(punkt)wertes von den Kassen-ärztlichen Vereinigungen und den Landesverbänden der Krankenkassen und den Ersatz-kassen zu vereinbaren ist. Die Höhe des Punktwertes kann quartalsweise schwanken, da sie von der Summe der erbrachten ambulanten Leistungen in der Region abhängt. Der Punktwert ergibt sich aus dem Quotienten des verfügbaren Geldes und der Zahl der abgerechneten Punkte im Quartal. Steigt die Leistungsmenge an, sinkt der Punktwert und umgekehrt. Die Abrechnung erfolgt über die jeweilige KV aus dem Gesamtbetrag nach § 85 Abs. 2 SGB V. Für die Abrechnung der Gesamtvergütung lässt der Gesetz-geber mit Festbetrag, Einzelleistungsvergütung, Kopfpauschale und/oder Fallpauschale verschiedene Einheiten zu. Der EBM basiert hauptsächlich auf Einzelleistungen und ver-einzelt auf Pauschalen (EBM 2016).

2.3.1.1 Morbiditätsbedingte Gesamtvergütung (MGV)

Die Mehrzahl der vertragsärztlichen Leistungen wird mit der morbiditätsbedingten Gesamtvergütung (MVG) vergütet. Zur Vermeidung einer übermäßigen und medizinisch

nicht zu begründenden Mengenausweitung und vor dem Hintergrund von Fixkostende-
gressionseffekten unterliegen die Leistungen einer Mengensteuerung. Dafür bekommt
jeder zur vertragsärztlichen Versorgung zugelassene Arzt pro Quartal ein Regelleistungs-
volumen (RLV), ausgewiesen in EUR, das die Behandlung der individuellen Anzahl an
Fällen pro Quartal abdeckt. Zur Ermittlung der Regelleistungsvolumina wird die individuelle Fallzahl des Arztes mit dem arztgruppenspezifischen Fallwert multipliziert. Der
arztgruppenspezifische Fallwert berechnet sich aus dem Vergütungsvolumen einer Fach-
arztgruppe innerhalb der morbiditätsbedingten Gesamtvergütung, dividiert durch die
Fallzahl der Arztgruppe. Der errechnete Betrag für die Leistungen innerhalb des RLV
wird vor Quartalsbeginn durch die zuständige KV mitgeteilt. Weitere Einflussgrößen auf
das RLV sind die Faktoren Altersstruktur, Fallwertabstaffelung und Kooperation (BAG-
Aufschlag).

Ferner hat ein Arzt Anspruch auf ein qualifikationsgebundenes Zusatzvolumen
(QZV), wenn er

- die entsprechende Gebiets- oder Schwerpunktbezeichnung oder
- die erforderliche Genehmigung der zuständigen Kassenärztlichen Vereinigung zur
  Erbringung und Abrechnung spezifischer QZV-Leistungen besitzt.

Das QZV wird wie das RLV arztgruppenspezifisch gebildet mit dem Vorteil, dass Leistungsausweitungen einer Arztgruppe ausschließlich zu deren Lasten gehen und nicht
die Honorarvolumina anderer unbeteiligter Arztgruppen desselben Versorgungsbereichs
belasten. Bei Überschreitung einer bestimmten Leistungsmenge im relevanten Abrech-
nungszeitraum bekommt der Arzt darüber hinausgehende Leistungen nur zu einem abge-
staffelten Preis vergütet.

Ein MVZ rechnet seine gesamten Leistungen wie ein einzelner Leistungserbringer,
für alle Ärzte gemeinsam, unter Angabe einer gemeinsamen Betriebsstättennummer mit
der zuständigen KV ab. Die Berechnungen des RLV und QZV erfolgen arztbezogen und
können im MVZ bzw. für alle im MVZ tätigen Ärzte miteinander verrechnet werden. Sie
bilden somit ein gemeinsames Honorarkontingent, dass die relevante Budgetobergrenze
für das MVZ angibt. Überschreiten Ärzte ihr RLV- und QZV- Honorarkontingent, erfolgt
eine quotierte Vergütung der überschreitenden Leistungen („untere Quote"). Die jährlichen Honorarverhandlungen sollen auf Bundesebene bis spätestens zum 31. August und
auf Landesebene bis spätestens zum 31. Oktober abgeschlossen sein.

2.3.1.2 Extrabudgetäre Gesamtvergütung (EGV)
Die extrabudgetäre Gesamtvergütung (EGV) wird vergütet für

- bundeseinheitliche Leistungen auf der Grundlage des EBM und
- Sondervereinbarungen außerhalb des EBM.

2.3.1.2.1 Extrabudgetäre Leistungen auf der Grundlage des EBM

Schwankt der Preis für budgetierte Leistungen (MGV) aufgrund des begrenzten Ausgabevolumens, wird für extrabudgetäre Leistungen ein Festpreis je Leistung gezahlt. Der Punktwert wird auf regionaler Ebene zwischen KV und GKV verhandelt. Bedeutsame extrabudgetäre EMB-Leistungen sind bspw. ambulante Operationen, belegärztliche Leistungen gemäß Kap. 36 EBM, Dialyse-Sachkosten, Präventionsleistungen (Krebsfrüherkennung, Mutterschaftsvorsorge, u. a.) sowie strahlentherapeutische Leistungen, einschließlich Sachkosten oder Substitutionsbehandlungen (s. z. B. KVRLP 2014).

Erbringen Krankenhäuser als Krankenhausbetrieb in der Ambulanz des Krankenhauses ambulante Operationen und stationsersetzende Eingriffe nach § 115a SGB V im Sinne des § 39 SGB V, erfolgt die Vergütung nicht durch die KV im Rahmen der vertragsärztlichen Versorgung, sondern unmittelbar durch die GKV. Grundsätzlich sind beim Ausgliedern von Leistungen aus der allgemeinen Krankenhausambulanz in das MVZ die Rahmenbedingungen in Bezug auf die Abrechnung, den Zugang zum Patienten und das abrechenbare Leistungsspektrum zu prüfen (Lüngen und Büscher 2015, S. 92).

2.3.1.2.2 Sondervereinbarungen außerhalb des EBM

Extrabudgetäre Leistungen außerhalb des EBM umfassen Sondervereinbarungen, die auf Bundes- oder Landesebene definiert werden. So regelt z. B. die im Jahr 2009 erstmals beschlossene bundeseinheitliche Onkologie-Vereinbarung, dass dem onkologisch qualifizierten Arzt (des MVZ) der besondere Aufwand, der durch die onkologische Patientenbetreuung anfällt, pauschaliert erstattet wird. Zu weiteren wichtigen Sondervereinbarungen auf Bundesebene zählt die Sozialpsychiatrie-Vereinbarung. Auf Landesebene gelten beispielsweise die Schutzimpfvereinbarung und die Wegepauschalen-Vereinbarung (KVRLP 2014).

2.3.2   Erlöse für besondere Versorgungsformen

Die Erlöse für besondere Versorgungsformen ergeben sich

- aus § 140 SGB V, der seit 2015 mit dem Krankenhausstrukturgesetz (KHSG) Regelungen zur „Integrierten Versorgung nach § 140 ff. SGB V (alt)", die „Strukturverträge nach § 73 a SGB V (alt)" und die „Besondere ambulante ärztliche Versorgung nach § 73 c SGB V (alt)" zusammenfasst und
- aus den §§ 137 f-g SGB V, die auf die Möglichkeiten strukturierter Behandlungsprogramme verweisen.
- Ferner besteht die Möglichkeit, sich als MVZ an der ambulanten spezialfachärztlichen Versorgung (ASV) nach § 116 b SGB V zu beteiligen, wenn die Voraussetzungen zur Leistungserbringung erfüllt sind.

2.3.2.1 Besondere Versorgung nach § 140a SGB V

Die besondere Versorgung nach § 140a SGB V umfasst Regelungen zum Abschluss von Selektivverträgen. Diese Direktverträge sind im Gegensatz zu Kollektivverträgen dadurch gekennzeichnet, dass sie ohne eine gesetzliche Verpflichtung und ohne Beteiligung der KV zwischen Krankenkassen und einzelnen Leistungsanbieter geschlossen werden können.

Der MVZ-Betrieb kann nach § 140a Abs. 3 Nr. 1 SGB V von den Krankenkassen im ambulanten Bereich zur Durchführung besonderer Versorgungsformen einbezogen werden. Die Verträge sollen eine verschiedene Leistungssektoren übergreifende oder eine interdisziplinar fachübergreifende Versorgung (integrierte Versorgung) ermöglichen (§ 140 Abs. 1 Satz 2 SGB V). Ziel der sektorenübergreifenden Versorgungsmöglichkeit ist eine Lockerung der starren Aufgabenverteilung zwischen der ambulanten und stationären Versorgung sowie die Eröffnung von Möglichkeiten zur Entwicklung alternativer Versorgungsstrukturen außerhalb der Regelversorgung durch die Krankenkassen (Berchtold et al. 2015).

Die Vergütung ist Gegenstand der Verträge zur besonderen Versorgung. Aus der Vergütung sind sämtliche Leistungen, die von teilnehmenden Versicherten im Rahmen des vertraglichen Versorgungsauftrags in Anspruch genommen werden, zu vergüten.

2.3.2.2 Strukturierte Behandlungsprogramme nach § 137 f-g SGB V

Strukturierte Behandlungsprogramme (Disease-Management-Programme <DMP>), stellen nach dem Konzept des Gesetzgebers einen Organisationsansatz dar, der verbindliche und aufeinander abgestimmte Behandlungs- und Betreuungsprozesse, über Krankheits verläufe und Sektorengrenzen hinweg, basierend auf den Erkenntnissen der evidenzbasierten Medizin, vorgeben soll (Berchtolt et al. 2015, unter Verweis auf BT-Dr. 14/7123, 13). Zweck der Programme ist die Verbesserung der Versorgung von chronisch erkrankten Versicherten. MVZ haben, ebenso wie Krankenhäuser und niedergelassene Ärzte, die Möglichkeit, sich auf der Grundlage eines (Selektiv-)Vertrags mit den Krankenkassen an den Behandlungsprogrammen zu beteiligen. Die Vergütung der ambulanten Leistungen erfolgt direkt über die Krankenkassen. Die Krankenkassen erhalten zur Förderung der DMP Zuweisungen aus dem Gesundheitsfonds für alle eingeschriebenen Versicherten (Programmkostenpauschale).

2.3.2.3 Ambulante spezialfachärztliche Versorgung nach § 116b SGB V

Mit dem GKV-Versorgungsstrukturgesetz wurde im Jahr 2012 die ambulant spezialfachärztliche Versorgung (ASV) nach § 116b SGB V eingeführt, die mit eigenständigem, nicht vertragsärztlichem Charakter neben die ambulante Versorgung durch niedergelassene Vertragsärzte und die stationäre Versorgung durch Krankenhäuser tritt (Berchtold et al. 2015, in Anlehnung an BSG, 15.03.2012, B 3 KR 13/11 R, GesR 2012, 688). Gegenstand der ASV ist die Diagnostik und Behandlung komplexer, schwer therapierbarer Krankheiten, die je nach Krankheit eine spezielle Qualifikation, eine interdisziplinäre Zusammenarbeit und besondere Ausstattungen erfordern. Dies betrifft insbesondere onkologische und rheumatologische Erkrankungen, schwere Formen von bestimmten Erkrankungen mit besonderem Krankheitsverlauf, seltene Erkrankungen und Erkrankungszustände mit entsprechend geringen Fallzahlen sowie hoch spezialisierte Leistungen.

Die Vorläuferregelung dieser sektorenverbindenden Versorgungsform, die aufgrund des Bestandschutzes auch teilweise noch heute greift, ist die „Ambulante Behandlung im Krankenhaus" (§ 116 b SGB V a. F.). Mit dem neuen § 116 b SGB V hat der Gesetzgeber für den vertragsärztlichen Bereich und für die Krankenhausambulanzen einheitliche Rechtsvorschriften für die Versorgung der Patienten geschaffen. Aus der ambulanten spezialärztlichen Versorgung wurde die ambulante spezialfachärztliche Versorgung. Die Zugangsbedingungen sind für die niedergelassenen Vertragsärzte und die Krankenhäuser einheitlich. Alle Vertragsärzte, Krankenhäuser und MVZ, die die leistungs- und indikationsspezifisch vom GBA festgelegten Anforderungen erfüllen, sind grundsätzlich zur Teilnahme an der ambulanten spezialfachärztlichen Versorgung berechtigt. Voraussetzung zur Teilnahme ist der Abschluss einer Kooperationsvereinbarung (ASV-Kooperation), die die Zusammenarbeit mit dem jeweils anderen Versorgungssektor regelt (§ 116 b Absatz 4 Satz 10 SGB V).

Die ASV-Leistungen werden unmittelbar von der zuständigen Krankenkasse vergütet. Für die Vergütung der Leistungen vereinbaren der GKV-Spitzenverband, die DKG und die KBV gemeinsam und einheitlich die Kalkulationssystematik, diagnosebezogene Gebührenpositionen in Euro sowie deren jeweilige verbindliche Einführungszeitpunkte. Die Kalkulation erfolgt auf betriebswirtschaftlicher Grundlage, ausgehend vom einheitlichen Bewertungsmaßstab für ärztliche Leistungen, unter ergänzender Berücksichtigung der nichtärztlichen Leistungen, der Sachkosten sowie der spezifischen Investitionsbedingungen. Bei den seltenen Erkrankungen und Erkrankungszuständen mit entsprechend geringen Fallzahlen sollen die Gebührenpositionen für die Diagnostik und die Behandlung getrennt kalkuliert werden. Bis zum Inkrafttreten einer Vereinbarung erfolgt die Vergütung für ärztliche Leistungen auf der Basis des EBM mit dem Preis der jeweiligen regionalen EUR-Gebührenordnung (§ 116 b Absatz 6 SGB V). Die vom Krankenhaus erbrachten Katalogleistungen werden um einen Investitionskostenabschlag i. H. v. 5 % gekürzt (§ 3 Absatz 4 ASV-AV).

2.3.3   Erlöse aus der Privatliquidation

Für die Erbringung und Abrechnung privatärztlicher Leistungen der im MVZ angestellten Ärzte werden die Zulässigkeit der Rechtsform dieses MVZ und die Heilberufe-Kammergesetze der Länder vorausgesetzt. Das heißt, dass das jeweilige Heilberufe-Kammergesetz die Ausübung der ambulanten Heilbehandlung in der Rechtsform einer juristischen Person des Privatrechts für zulässig erklärt.

Nach § 17 der Muster-Berufsordnung für die in Deutschland tätigen Ärztinnen und Ärzte (MBO) ist die Ausübung ambulanter ärztlicher Tätigkeit außerhalb von Krankenhäusern einschließlich konzessionierter Privatkliniken an die Niederlassung in einer Praxis gebunden, soweit nicht gesetzliche Vorschriften etwas anderes zulassen. Die Vorschrift stellt den Regelfall der ambulanten ärztlichen Tätigkeit dar, von der es zulässige Ausnahmen gibt. Bei einer dieser Ausnahmen handelt es sich um das Medizinische Versorgungszentrum. Da das MVZ die gleichen Merkmale wie der eigentliche „freie" Beruf des niedergelassenen Arztes besitzt – hohe Professionalisierung, Eigenverantwortlichkeit, Unabhängigkeit sowie ein hohes Maß an Selbstbindung – und die dort gewährte Heilbehandlung in jeder Hinsicht den Regeln der ärztlichen Kunst entspricht, umfasst der Versicherungsschutz der privaten Krankenversicherung auch die Leistungen von angestellten Ärzten in einem MVZ (§ 4 Abs. 2 MB/KK ‚Musterbedingungen 2009 für die Krankheitskosten- und Krankenhaustagegeldversicherung der PKV').

Die Abrechnung privatärztlicher Leistungen basiert auf der Gebührenordnung für Ärzte (§ 1 GOÄ), mit Ausnahme der Analogleistungen gemäß § 6 GOÄ. Vergütungen darf der Arzt nach § 1 Absatz 2 GOÄ nur für Leistungen berechnen, die nach den Regeln der ärztlichen Kunst für eine medizinisch notwendige ärztliche Versorgung erforderlich sind. Welche Leistungen darunter fallen, bestimmt der Leistungskatalog der Gesetzlichen Krankenversicherung (GKV), der im SGB V in § 11 als Rahmenrecht vorgegeben ist.

Leistungen, die über das Maß einer medizinisch notwendigen ärztlichen Versorgung hinausgehen (Übermaßbehandlung), darf der Arzt nur berechnen, wenn sie auf Verlangen des Patienten erbracht worden sind. Diese Leistungen werden in Deutschland als Individuelle Gesundheitsleistungen (IGeL-Leistungen) bezeichnet (Lüngen und Buscher 2015, S. 56 f.) und unterliegen, ebenfalls wie bspw. kosmetische Eingriffe, die nicht medizinisch indiziert sind, den Bestimmungen der GOÄ (§ 1 GOÄ). Klassische MVZ-IGEL-Leistungen sind z. B. Beratungsleistungen (z. B. Ernährung, Adipositas) oder Vorsorgeuntersuchungen (bspw. Blutuntersuchungen und Laborleistungen, Krebsfrüherkennung, Schlaganfallrisikoanalyse).

Mit den Gebührensätzen der GOÄ sind, wie auch beim EBM, die Praxiskosten, einschließlich der Kosten für den Sprechstundenbedarf, sowie die Kosten für die Anwendung von Instrumenten und Apparaten abgegolten. Bei den Kosten für den Sprechstundenbedarf handelt es sich um Kleinmaterialien, wie Verbandmaterial und Wattestäbchen, um Reagenzien und Narkosemittel zur Oberflächenanästhesie, Desinfektions- und Reinigungsmittel sowie Einmalartikel, wie Spritzen, Handschuhe, Katheter usw. Hat der Arzt ärztliche Leistungen unter Inanspruchnahme Dritter, die nach dieser Verordnung selbst nicht liquidationsberechtigt sind, erbracht, so sind die hierdurch entstandenen Kosten ebenfalls mit der Gebühr abgegolten (§ 4 GOÄ).

Die Höhe der Gebühr bemisst sich gemäß § 5 GOÄ nach dem 1,0-fachen bis 3,5-fachen des Gebührensatzes. Der Gebührensatz ist der Betrag, der sich ergibt, wenn die Punktzahl der einzelnen Leistung des Gebührenverzeichnisses mit dem Punktwert multipliziert wird. Damit wird durch die GOÄ keine feste Vergütung vorgegeben, sondern ein Gebührenrahmen, innerhalb dessen die Gebühr, unter Berücksichtigung der Schwierigkeit und des Zeitaufwandes der einzelnen Leistung, sowie der Umstände bei der Ausführung nach billigem Ermessen zu bestimmen ist (§ 5 Abs. 2 GOÄ). In der Regel darf eine Gebühr nur zwischen dem 1-fachen und dem 2,3-fachen des Gebührensatzes bemessen werden. Ein Überschreiten des Schwellenwertes ist nur mit besonderer Begründung zulässig.

2.4   Diskussion

Mit einem Krankenhaus-MVZ lassen sich Erlöse erwirtschaften, die sich nicht durch einen klassischen Krankenhausbetrieb erzielen lassen. Das betrifft in erster Linie den vertragsärztlichen Bereich, denn diese Leistungen können durch ein Krankenhaus sonst lediglich begrenzt im Rahmen einer Ermächtigung für ausgewählte Leistungsbereiche abgerechnet werden. Zur Abrechnung von ambulanten Operationen und stationsersetzen-den Maßnahmen (AOP) sowie Leistungen im Bereich der besonderen Versorgungsfor-men (bV, ASV, u. a.) ist die Gründung eines MVZs nicht zwingend erforderlich. Diese Leistungen können unter bestimmten Voraussetzungen auch von der Ambulanz des Krankenhauses erbracht werden, ebenso wie die IGeL-Leistungen, die in Deutschland mittlerweile einen erheblichen Umfang angenommen haben (1,5 Mrd. EUR p. a., Zok 2010) und mit denen auch ein Krankenhausunternehmen beachtenswerte Erlöse erwirt-schaften kann.

Betrachtet man den vertragsärztlichen Bereich genauer, ist das Augenmerk auf den extrabudgetären Bereich zu legen, denn diese Vergütungsform wächst schneller als die morbiditätsbedingte Gesamtvergütung: Stieg die MGV im Jahr 2014 im Vorjahresver-gleich um 2,5 % auf rd. 23 Mrd. EUR an, so erhöhte sich die EGV um 6,3 % auf rd. 11 Mrd. EUR. Der EGV-Anteil entspricht mittlerweile rd. 30 % der Gesamtvergütung. Deutliche Unterschiede bei den Honorarumsätzen sind zwischen den einzelnen KVen vorhanden, was mit der Zusammensetzung der Fachgruppen und der unterschiedlichen Arztdichte in den Regionen zu erklären ist (KBV 2015b, S. 101 ff.).

Generell gilt aber weiterhin, dass der Umsatz aus der ambulanten Leistungs-erbringung im Krankenhaus im internationalen Vergleich mit weniger als 5 % am Gesamtumsatz relativ gering ausfällt (Lüngen und Rath 2010, S. 167). Betrachtet man allerdings die Entwicklung der ambulanten Fallzahl im Krankenhaus, so zeigen bspw. die rd. 2 Mio. ambulanten Operationen, die sich seit 2002 verdreifacht haben, und die rd. 10 Mio. ambulanten Notfallbehandlungen die Relevanz der Krankenhäuser für die ambu-lante Versorgung. Im Vergleich dazu bezifferte das Statistische Bundesamt im Jahr 2015 19,2 Mio. stationäre Behandlungsfälle (Statistisches Bundesamt 2016). Differenzierte Fallzahlstatistiken, die alle möglichen ambulanten Versorgungsformen im Krankenhaus zusammenführen, werden gegenwärtig nicht systematisch erhoben.

Mit dem Ausbau des ambulanten Bereichs im Allgemeinen und der Etablierung eines MVZ im Besonderen geht die Notwendigkeit einher, das Krankenhaus innerhalb seiner Leistungsbeziehungen mit den Kooperationspartnern zu führen und die internen Struk-turveränderungen erfolgreich umzusetzen. Dazu gehört auch die Fähigkeit des Manage-ments, ambulante Strukturen effizient zu betreiben und die Rahmenbedingungen dafür zu schaffen, dass die Leistungserbringer und hier insbesondere die Ärzte die Verände-rungsprozesse tragen.

Der erste Schritt in diese Richtung kann der Aufbau einer aussagefähigen Ambulanz-kostenrechnung als Komplettierung des operativen Controllings des stationären Leis-tungsgeschehens sowie als Voraussetzung eines sektorenübergreifenden Controllings sein. Zielsetzung einer Ambulanzkostenrechnung ist die Ermittlung des Angebotspreises und der Preisuntergrenze sowie die Kontrolle der Wirtschaftlichkeit ambulanter Leistungen sowie des Geschäftsfeldes „Ambulanz" generell. Letztlich geht es um die Planung, Steuerung und Überwachung des ambulanten Leistungsspektrums. Bezüglich der internen Steuerung können damit folgende Fragestellungen beantwortet werden (Schmidt-Rettig 2007, S. 24 f.):

- Sind die Erlöse für ambulante Leistungen kostendeckend?
- Wie hoch/niedrig darf der Angebotspreis sein (Preisuntergrenze) des sektorenübergreifenden Versorgungsangebots sein (z. B. bV)?
- Ist es ökonomisch zielführend, das ambulante Leistungsangebot auszubauen?
- Welche Leistungen sollen mit welchem ökonomischen Ergebnis zukünftig angeboten werden?

Zu hinterfragen ist hierbei, ob die Beziehungen zwischen MVZ und Krankenhaus kostenrechnerisch verursachungsgerecht abgebildet wurden. Nicht selten wird eine fehlende Kostendeckung ambulanter Leistungen allein mit zu niedrigen Preisen begründet, anstatt auch die Verrechnungsmethode selbst auf den Prüfstand zu stellen. So hängt die Höhe des Ausgliederungsbetrages von der Wahl des umfangbezogenen Rechnungssystems ab, das als Voll- oder Teilkostenrechnung zu unterschiedlichen Abgrenzungsergebnissen führt (Oswald 2017; Schmidt-Rettig 2007). Verzerrungen können darüber hinaus entstehen, weil aus kostenrechnungstechnischen Gründen z. B. aufgrund einer schlechten Datenlage (fehlende Leistungsstatistik u. a.) keine genaue Abgrenzung von ambulanten und stationären Kosten möglich ist.

Aufbauend auf der Kostenrechnung sind die Festlegung und der Einsatz von Kennzahlen zu empfehlen, die eine systematische Steuerung des MVZ zulassen. Bei der Darstellung von Kennzahlenarten gibt es eine Vielfalt von Systematisierungsmöglichkeiten (Zapp und Oswald 2009). Häufig wird statistisch argumentiert und zwischen absoluten Kennzahlen (z. B. Fallzahl, Deckungsbeitrag) und relativen Kennzahlen (z. B. Anteil der Personalkosten an den Gesamtkosten, Umsatzentwicklung des MVZ) differenziert. Beide Kennzahlengruppen spielen trotz unterschiedlicher Aussagekraft eine wichtige Rolle für die Beurteilung der Leistungsfähigkeit und der Wirtschaftlichkeit eines MVZ. Bei der anwendungsorientierten Betrachtung von Kennzahlen bietet sich eine Unterscheidung in finanzwirtschaftliche Kennzahlen (z. B. Betriebsergebnis, Kennzahlen zur Liquidität) und erlös-/leistungswirtschaftliche Kennzahlen (z. B. Arztfallzahl, Abrechnungsfallwert, Auszahlungsquote) an. Ergänzend sind Kennzahlen zu definieren, die die Struktur-, Prozess- und Ergebnisqualität der Leistungserstellung abbilden. Im Rahmen der Prozesssteuerung ist sowohl innerhalb der MVZ-Organisation als auch organisationsübergreifend im Sinne eines sektorenübergreifenden Controllings anzusetzen (Zapp 2010; Schmidt-Rettig 2007).

Als wesentliches Werkzeug eines sektorenübergreifenden Controllings ist das MVZ-Reporting anzusehen, dass sich in die Struktur des Berichtswesens des Krankenhauses einfügen muss, damit es auch für (Erfolgs-)Analysen der Konzern- oder Krankenhausleitung nutzbar ist (z. B. für interne Kennzahlenvergleiche). Darüber hinaus müssen geeignete systemtechnische Rahmenbedingungen geschaffen werden, damit die diagnostische und therapeutische Leistung im IT-System simultan mit der Leistungserbringung erfasst und der (sektorenübergreifende) Behandlungsprozess für alle Beteiligten transparent dargestellt werden kann.

2.5   Ausblick

Die ambulante Versorgung, u. a. in einem MVZ, wird zunehmend einen Schwerpunkt im Rahmen der Ausrichtung des Leistungsgeschehens des Krankenhauses darstellen. Angebotspolitische Überlegungen der Krankenhäuser im Hinblick auf eine sektorenübergreifende, integrierte Versorgung und damit ein insgesamt größeres Leistungsangebot sprechen für das Betreiben eines MVZ. Krankenhäuser können durch die Verlagerung von eigenen ambulanten Leistungen sowie Leistungen der vor- und nachstationären Behandlung in ein MVZ ihre Wertschöpfungskette verlängern. Der Patient kann dadurch eine medizinische Versorgung aus einer Hand erfahren. Weitere Argumente für das Betreiben eines MVZ sind die Belegungssicherung und damit die Verhinderung des Marktausschlusses im Bereich der stationären Versorgung, Möglichkeiten zur Fixkostendegression durch die Auslastung ungenutzter diagnostischer und therapeutischer Kapazitäten des Krankenhauses sowie Standardisierungs- und Spezialisierungsvorteile hinsichtlich der Leistungserstellung. Mit Blick auf den Fachkräftemangel und die veränderten Wertevorstellungen bietet ein MVZ attraktive Arbeitsmöglichkeiten für Ärztinnen und für Ärzte in Form von familienfreundlichen Arbeitszeitmodellen, Teamarbeit und Kooperationsmöglichkeiten mit Kollegen. Betriebswirtschaftliche Risiken, die mit dem Betreiben einer eigenen Praxis einhergehen, werden auf den Träger des MVZs verlagert.

Mit dem Ausbau ambulanter Geschäftsfelder ist, ähnlich wie im akutstationären Sektor, die Notwendigkeit verbunden, eine entscheidungsrelevante Ambulanzkostenrechnung auf Kostenstellen- und Kostenträgerbasis aufzubauen, damit das Leistungsspektrum transparent wird und eine adäquate Zurechnung von Kosten bzw. Zuordnung von Investitionsmitteln erfolgen kann. Das ist bisher in der Praxis vernachlässigt worden. Anknüpfend daran sind Controllinginstrumente zu implementieren, die eine Planung, Steuerung und Kontrolle des ambulanten Leistungsgeschehens mit seinen internen und einrichtungsübergreifenden Prozessen durch das verantwortliche Management ermöglichen. Die Steuerungswerkzeuge tragen dazu bei, einen integrativen Managementansatz im Krankenhaus umsetzen (zum Konzept sh. Eichhorn und Oswald 2017). Dieser Ansatz ist die Voraussetzung dafür, dass die auf eine stärkere Vernetzung und Patientenorientierung ausgerichteten Veränderungsprozesse im Krankenhaus bewältigt werden können.

2.6   Gesundheitspolitische Empfehlungen

Erklärtes Ziel aller Bemühungen der Krankenkassen, Krankenhäuser und Ärzte ist es, die Patienten auf der adäquaten Versorgungsebene mit den zur Erreichung des patientenbezogenen Behandlungsziels notwendigen Leistungen zu versorgen und dabei unwirtschaftliche oder nicht bedarfsgerechte Leistungen bei gleichzeitiger Wahrung eines vorgegebenen Qualitätsniveaus zu vermeiden. Das MVZ-Konzept setzt hier an, denn es bietet die Rahmenbedingungen für die Gestaltung einer sektorenübergreifenden Zusammenarbeit und ermöglicht damit die Erschließung von Wirtschaftlichkeitsreserven im Gesundheitssystem, die zweifelsohne vorhanden sind.

Beteiligt sich ein Krankenhaus an einem MVZ, kann es bei den anstehenden strukturellen und personellen Veränderungen im Gesundheitswesen eine aktive Rolle einnehmen und als Ergänzung zum niedergelassenen vertragsärztlichen Bereich die Patientenversorgung sicherstellen – auch und gerade in strukturschwachen Regionen. Der Patient kann von der medizinischen Fachkompetenz der medizinischen Experten im Krankenhaus profitieren. Synergien lassen sich durch die gemeinsame Nutzung der im Krankenhaus vorhandenen Medizintechnik und Infrastruktur erschließen. Die Versorgung des Patienten aus einer Hand kann qualitativ hochwertig und effizient organisiert werden.

Aus diesen Gründen spricht aus gesundheitsökonomischer Sicht einiges dafür, den Ausbau der ambulanten Versorgung durch Krankenhäuser weiter voranzutreiben (s. a. Lüngen und Büscher 2015, S. 118; Sachverständigenrat 2012) und es den Krankenhäusern zu ermöglichen, vermehrt ambulante, fachärztliche Leistungen anzubieten, ggf. verbunden mit weiteren Öffnungsmöglichkeiten von MVZ in unterversorgten Gebieten. Gleichzeitig ist zu gewährleisten, dass monetär getriebene Fehlentwicklungen bei der MVZ-Gründung durch Krankenhäuser zulasten niederlassungswilliger Ärzte vermieden bzw. kontrolliert werden können.

Betroffen wären MVZ auch von der notwendigen Reformierung des ambulanten Systems. Leber und Wasem (2016) machen dazu einen Vorschlag und fordern einen einheitlichen ordnungspolitischen Rahmen für die ambulante fachärztliche Versorgung, unabhängig davon, ob ein Krankenhaus oder niedergelassener Arzt die Leistung erbringt (Leber und Wasem 2016, S. 22). Die Möglichkeiten der ambulanten Versorgung, das Leistungsspektrum und ihre Vergütung – vor allem im Krankenhaus – folgen gegenwärtig keiner Logik. Das Entgeltsystem ist so komplex und differenziert geregelt, dass die Finanzierungsströme kaum noch nachvollzogen werden können. Ähnlich verhält es sich mit den Regelungen zur Qualitätssicherung, die für die ambulanten Versorgungsbereiche sehr unterschiedlich vorgegeben werden und von der stationären Qualitätssicherung abgespalten sind. Damit verbunden ist die Klärung der Frage, wie eine sektorenübergreifende Berichterstattung umgesetzt werden kann. Sinnvoll ist darüber hinaus eine Datenstelle auf Bundesebene, die regelmäßig Statistiken zur ambulanten Versorgung differenziert nach Versorgungsformen und Institutionen zur Verfügung stellt.

Übersicht über die gesundheitspolitischen Empfehlungen
1. Gerade für unterversorgte Regionen sind erweiterte Möglichkeiten der Etablierung und des Betriebs eines MVZ zu fordern.
2. Es sollten Mechanismen zur Kontrolle der konkreten Leistungserstellung eines MVZ implementiert werden.
3. Hinsichtlich
   a. der Zulassung und der Bedarfsplanung,
   b. des Leistungsspektrums,
   c. des Entgeltsystems und
   d. der Qualitätssicherung
   sind einheitliche ordnungspolitische Regeln für die ambulante fachärztliche Versorgung zu fordern.
4. Zudem sollte für die ambulante Versorgung eine Datenbank differenziert nach Versorgungsformen und Institutionen (Krankenhaus, MVZ, niedergelassener Bereich) aufgebaut werden.

Literatur

Berchtold, J., Huster, S., & Rehborn, M. (2015). *Gesundheitsrecht.* Baden-Baden: Nomos. (SGB V, SGB XI).

Blum, K., Löffert, S., Offermanns, M., et al. (2010). *Krankenhausbarometer Umfrage 2010.* Düsseldorf: DKI.

Bundesverband Medizinische Versorgungszentren – Gesundheitszentren – integrierte Versorgung e. V. (BMVZ). (2017). Medizinische Versorgungszentren (MVZ). Berlin: BMVZ.

Deutsche Krankenhausgesellschaft (DKG). (2007). *Hinweise zur Gründung Medizinischer Versorgungszentren* (3. Aufl.). Düsseldorf: Deutsche Krankenhausverlagsgesellschaft mbH.

Dünnwald, F. (2010). MVZ – Versorgungsqualität mit Zukunft. In U. Janßen & K. Blum (Hrsg.), *DKI-Barometer Krankenhaus 2010/2011* (S. 43–50). Düsseldorf: Deutsches Krankenhaus Institut.

Eichhorn, S. (1975). *Krankenhausbetriebslehre – Theorie und Praxis des Krankenhausbetriebes* (3. überarbeitete und erweiterte Aufl., Bd. I). Stuttgart: Kohlhammer.

Eichhorn, S., & Oswald, J. (2017). Entwicklung der Krankenhausmanagement-Lehre. In J. Oswald, B. Schmidt-Rettig, & S. Eichhorn (Hrsg.), *Krankenhaus-Managementlehre. Theorie und Praxis eines integrierten Konzepts* (2. Aufl.). Stuttgart: Kohlhammer.

Gibis, B., Hofmann, M., & Armbruster, S. (2016). MVZ im Krankenhaus. In J. Klauber, M. Geraedts, J. Friedrich, & J. Wasem (Hrsg.), *Krankenhaus-Report 2016* (S. 116–126). Stuttgart: Schattauer.

Jacob, R., Kopp, J., & Schultz, S. (2015). *Berufsmonitoring Medizinstudenten 2014. Ergebnisse einer bundesweiten Befragung.* Berlin: Kassenärztliche Bundesvereinigung.

Kassenärztliche Bundesvereinigung (KBV). (2015a). Medizinische Versorgungszentren aktuell zum Stichtag 31.12.2015. Berlin.

Kassenärztliche Bundesvereinigung (KBV). (2015b). Honorarbericht für das vierte Quartal 2014. Berlin.

Kassenärztliche Vereinigung Rheinland-Pfalz (KVRLP). (2014). Honorarbericht 2015. Entwicklung der GKV-Umsätze in Rheinland-Pfalz. Mainz: KVRLP.

Löser, F., & München, F. (2017). *Abrechnung ambulanter Krankenhausleistungen – Leitfaden für alle Leistungsbereiche* (2. Aufl.). Düsseldorf: Deutsche Krankenhausverlagsgesellschaft mbH.

Leber, W.-D., & Wasem, J. (2016). Ambulante Krankenhausleistungen – ein Überblick, eine Trendanalyse und einige ordnungspolitische Anmerkungen. In J. Klauber, M. Geraedts, J. Friedrich,

& J. Wasem (Hrsg.), *Krankenhaus-Report 2016. Schwerpunkt: Ambulant im Krankenhaus* (S. 3–28). Stuttgart: Schattauer-Verlag.

Lüngen, M. (2007). *Ambulante Behandlung im Krankenhaus. Zugang, Finanzierung, Umsetzung.* Berlin: LIT-Verlag.

Lüngen, M., & Rath, T. (2010). Ambulante Öffnung der Krankenhäuser: Welchen Anteil können Krankenhäuser in der onkologischen Versorgung abdecken? In J. Klauber, M. Geraedts, J. Friedrich, & J. Wasem (Hrsg.), *Krankenhaus-Report 2010. Krankenhausversorgung in der Krise* (S. 167–180). Stuttgart: Schattauer.

Lüngen, M., & Büscher, G. (2015). *Gesundheitsökonomie.* Stuttgart: Kohlhammer.

Oswald, J. (2017). Ambulanzen. Krankenhaus-Managementlehre. In J. Oswald, B. Schmidt-Rettig, & S. Eichhorn (Hrsg.), *Krankenhaus-Managementlehre* (2. Aufl.). Stuttgart: Kohlhammer.

Sachverständigenrat zur Begutachtung der Entwicklung im Gesundheitswesen. (2012). Sondergutachten 2012: Wettbewerb an der Schnittstelle zwischen ambulanter und stationärer Gesundheitsversorgung. Berlin.

Schmidt-Rettig, B. (2007). Erster Schritt zu einem Cross-Controlling – Ambulanzkostenrechnung und patientenintegrale Versorgungsstrukturen. In *KU-Special Nummer 43: Controlling -Erfolgreich sein im Wandel* (S. 24–29). Kulmbach: Mediengruppe Oberfranken – Fachverlage.

Sehy, H. (2016). Rechtliche Rahmenbedingungen. In A. Goepfert, R. Bühn, & C. B. Conrad (Hrsg.), *Das Krankenhaus-MVZ. Planung, Aufbau, Betrieb* (S. 36). Berlin: MWV Medizinisch Wissenschaftliche Verlagsgesellschaft.

Sonnentag, A. (2017). Trägerstrukturen und Rechtsformen. In J. Oswald, B. Schmidt-Rettig, & S. Eichhorn (Hrsg.), *Krankenhaus-Managementlehre* (2. Aufl.). Stuttgart: Kohlhammer.

Sozialgesetzbuch – Fünftes Buch (SGB V) (2016). Gesetzliche Krankenversicherung – (Artikel 1 des Gesetzes v. 20. Dezember 1988, BGBl. I S. 2477), zuletzt geändert durch Artikel 2 des Gesetzes vom 11. Oktober 2016 (BGBl. I S. 2233).

Statistisches Bundesamt. (2016). Gesundheit. Grunddaten der Krankenhäuser. Fachserie 12 Reihe, 6.1.1., Kap. 2.5.3.1, Wiesbaden.

Vertrag nach § 115 b Abs. 1 SGB V (2014). Ambulantes Operieren und stationsersetzende Eingriffe im Krankenhaus – (AOP-Vertrag) zuletzt geändert am 08. April 2014, in Kraft getreten am 16. Mai 2014.

Zapp, W. (2009). *Kosten-, Leistungs-, Erlös- und Ergebnisrechnung im Krankenhaus. (KLEE-Rechnung).* Kulmbach: Baumann Fachverlag.

Zapp, W. (2010). *Prozessgestaltung in Gesundheitseinrichtungen. Von der Analyse zum Controlling* (2. Aufl.). Heidelberg: Economica.

Zapp, W., & Oswald, J. (2009). *Controlling-Instrumente für Krankenhäuser.* Stuttgart: Kohlhammer.

Zok, K. (2010). Private Zusatzleistungen in der Arztpraxis. Ergebnisse einer Repräsentativ-Umfrage. *WIdO-monitor, 7*(2), 1–8.

Über die Autoren

Prof. Dr. Julia Oswald, Dipl.-Kffr. (FH), seit 2014 Professorin für Krankenhausfinanzierung und -management an der Fakultät Wirtschafts- und Sozialwissenschaften der Hochschule Osnabrück. Zuvor leitete sie von 2010 bis 2014 das Konzerncontrolling der Paracelsus Kliniken Deutschland in Osnabrück. Das Rüstzeug erwarb sie bei der Hochschule Osnabrück sowie bei der Universität Osnabrück. Ihren Abschluss erlangte sie 2005. Dem Abschluss ging eine jahrelange Tätigkeit bei einer Krankenkasse voraus.

Elena da Silva Leal, Dipl.-Kffr. (FH), ist seit 2016 wissenschaftliche Mitarbeiterin an der Hochschule Osnabrück im Forschungsprojekt „Kulturentwicklung im Krankenhaus" unter der Leitung von Professor Dr. Julia Oswald. Zudem ist sie seit 2015 als Gastdozentin im einschlägigen Bereich an der Hochschule Osnabrück tätig. Zuvor arbeitete Elena da Silva Leal in verschiedenen Krankenhäusern im Bereich Controlling und Projektmanagement. Studiert hat sie an der Hochschule Osnabrück Betriebswirtschaft in Einrichtungen des Gesundheitswesens. Ihren Abschluss erlangte sie 2008.

Ambulante Operationen am Krankenhaus

3

Betriebswirtschaftliche Potenziale und Versorgungsrelevanz

Jan-Marc Hodek

Inhaltsverzeichnis

Zusammenfassung

Medizinisch-technische Fortschritte machen eine Verlagerung ehemals stationär erbrachter Leistungen in die ambulante Versorgung möglich. Betriebswirtschaftlich ergeben sich hieraus große Veränderungsbedarfe, aber auch neue Marktpotenziale für die Kliniken. Der aktuelle Versorgungsanteil von Krankenhäusern an ambulanten Operationen kann auf rund ein Viertel aller Fälle und Umsätze dieses Bereichs geschätzt werden. Auch wenn der finanzwirtschaftliche Stellenwert für ein einzelnes Krankenhaus derzeit oft noch gering ist, bestehen große betriebswirtschaftliche Potenziale in Bezug

J.-M. Hodek (✉)
Fakultät Soziale Arbeit, Gesundheit und Pflege, Hochschule Ravensburg-Weingarten,
Weingarten, Deutschland
E-Mail: jan-marc.hodek@hs-weingarten.de

© Springer Fachmedien Wiesbaden GmbH 2018
H.-R. Hartweg et al. (Hrsg.), *Aktuelle Managementstrategien zur Erweiterung der Erlösbasis von Krankenhäusern*, https://doi.org/10.1007/978-3-658-17350-0_3

39

auf die Auslastung von vorhandenen Kapazitäten und die Erzielung von Deckungs-
beiträgen. Hierfür ist es allerdings nötig, diese i. d. R. leichteren ambulanten Fälle in
schlankeren Strukturen zu versorgen, als es im stationären Betrieb üblich ist. Der Vergleich von DRG- und EBM-Erlösen zeigt, dass die gleiche Leistung im vollstationären Rahmen heute oftmals deutlich höher vergütet wird als in Form einer ambulanten
Operation. Aufgabe der Politik ist es hier, einen für alle potenziellen Marktteilnehmer
einheitlichen Ordnungsrahmen zu erschaffen. Dies umfasst auch ein einheitliches Pauschalvergütungssystem, in welchem nur die Fallschwere und nicht der Ort einer Leistungserbringung oder der Ursprungssektor des Durchführenden die Vergütungshöhe
bestimmt. Krankenhäuser werden die Potenziale ambulanter Leistungserbringung
heben, sofern ihnen dieser Weg erstens erlaubt ist und zweitens betriebswirtschaftlich
lukrativ erscheint. Hierfür müssen die erzielbaren Deckungsbeiträge aus ambulanter
Operation mindestens denen vergleichbarer stationärer Behandlungen entsprechen.

3.1   Einführung

Verkürzte Verweildauern im akutstationären Bereich, eine vom Gesetzgeber intendierte
Öffnung der Krankenhäuser sowie veränderte Patientenpräferenzen (sichtbar bspw. in
teils überfüllten Notaufnahmen) lassen Krankenhäuser über das Angebot eigener ambulanter Leistungen nachdenken. Fortschritte im Bereich der minimalinvasiven Chirurgie,
Anästhesie oder Pharmakotherapie machen eine Verlagerung ehemals stationär erbrachter Leistungen in die ambulante Versorgung überhaupt erst möglich. Insgesamt hat die
Schnittstelle zwischen ambulantem und stationärem Sektor zuletzt deutlich an Bedeutung
gewonnen. Vormals stationär behandlungsbedürftige Patienten[1] benötigen diese Form der
Versorgung teilweise nur noch wenige Tage oder teils gar nicht mehr. Betriebswirtschaftlich ergeben sich hieraus große Veränderungsbedarfe, aber auch neue Marktpotenziale für
die Kliniken. Volkswirtschaftlich vermag eine Verlagerung in den ambulanten Bereich
das Spannungsfeld einer steigenden Nachfrage nach Gesundheitsleistungen bei weiterhin
begrenzten Ressourcen zumindest teilweise zu mindern (SVR 2012, S. 237).

    Schon heute bestehen zahlreiche Optionen zur ambulanten Leistungserbringung für
Krankenhäuser. Das Gesamtvolumen aller ambulanten Krankenhausleistungen wurde
bereits vor einigen Jahren auf rund 4 Mrd. EUR jährlich geschätzt (Hitpaß und Leber
2012, S. 205 ff.). Zu nennen sind an dieser Stelle insbesondere die ambulante Notfallbehandlung, vor- und nachstationäre Versorgung, Ermächtigungen von Krankenhausärzten,
die relative neue ambulante spezialfachärztliche Versorgung, Medizinische Versorgungszentren sowie die im Fokus dieses Beitrags stehenden ambulanten Operationen und stati-
onsersetzenden Eingriffe gemäß § 115b SGB V.

---

[1]Die weibliche Form ist der männlichen Form in diesem Beitrag gleichgestellt; lediglich aus Gründen der leichteren Lesbarkeit wurde in Teilen dieser Ausarbeitung die männliche Form gewählt.

Gemäß des Prinzips „ambulant vor stationär" besteht dabei seit 1993 für Krankenhäuser die Möglichkeit, entsprechende Prozeduren durchzuführen und abzurechnen. Regelungen zur Zulassung zu ambulanten Operationen, zum Leistungsumfang und zur Vergütung haben die Deutsche Krankenhausgesellschaft, der GKV-Spitzenverband und die Kassenärztliche Bundesvereinigung im sogenannten AOP-Vertrag und einem dazugehörigen OPS-Katalog festgehalten, der die ambulant durchführbaren Operationen und Eingriffe konkret und abschließend benennt. Da sich die Operationsprozeduren und deren Abrechnung jährlich ändern, wird der Katalog stetig angepasst (von Eiff und Haking 2016, S. 10). Die Vereinbarung regelt außerdem alle räumlich-technischen, personellen, organisatorischen und instrumentellen Voraussetzungen, die vollständig erfüllt sein müssen, damit die Leistungen erbracht werden dürfen. Im Detail wird dabei unterschieden zwischen

1. Leistungen, die i. d. R. ambulant zu erbringen sind (sogenannte Sternchen-Leistungen) sowie
2. Leistungen, die ambulant oder stationär durchgeführt werden können (SVR 2012, S. 281; AOP-Vertrag 2014).

Die Zulassung eines Krankenhauses zum ambulanten Operieren erfolgt dabei durch einfache Mitteilung und Benennung der konkreten Operationen. Aus qualitätssichernden und wirtschaftlichen Gründen dürfen Krankenhäuser ambulante Operationen dabei grundsätzlich nur in jenen Bereichen durchführen, in denen sie bereits stationäre Leistungen erbringen. Die Abrechnung erfolgt (einheitlich für Krankenhäuser und Vertragsärzte) auf Basis des Einheitlichen Bewertungsmaßstabs (EBM). Zusätzlich können auch noch weitere Abrechnungspositionen des EBM herangezogen werden, wenn diese Leistungen im Zusammenhang mit einem Eingriff nach § 115b SGB V notwendig sind. Benötigte Verbrauchs- und Verbandmaterialien sowie Arznei- und Hilfsmittel sind demzufolge zusätzlich abrechnungsfähig. Das gesamte Gebiet der ambulanten Operationen ist dabei für Krankenhäuser nicht budgetiert, also frei von Mengenbegrenzungen und auch kein Thema der Bedarfsplanung. Die Leistungen werden von den Krankenkassen außerhalb der vertragsärztlichen Gesamtvergütung bezahlt (SVR 2012, S. 281; Orlowski 2016, S. 346 f.).

Ambulantes Operieren kann dabei im Vergleich zu einem vollstationären Aufenthalt nicht nur aus wirtschaftlichen Gründen, sondern auch aus medizinischer Perspektive vorteilhaft sein. Es existieren Hinweise auf mindestens gleichwertige Patientenzufriedenheit, kontinuierlichere Kommunikation, reduzierte postoperative kognitive Dysfunktionen sowie verbesserte Mobilisierung. Eine frühzeitige Rückkehr in die eigene Häuslichkeit entspricht zudem häufig dem Wunsch des Patienten (Hofer 2016, S. 6; von Eiff und Haking 2016, S. 15). Zusammengefasst sind für Deutschland große ambulante Substitutionseffekte, mit damit einhergehenden medizinischen, patientenbezogenen und ökonomischen Potenzialen, zu vermuten, die derzeit jedoch bei weitem noch nicht ausgeschöpft sind (SVR 2012, S. 238).

In der Folge soll zunächst dargestellt werden, welche Relevanz das ambulante Operieren für Krankenhäuser schon heute hat und in welchem Ausmaß weitere Wachstumspotenziale zu erwarten sind. Auch soll diskutiert werden, welche Anreize derzeit für Krankenhäuser existieren und welche betriebswirtschaftlichen Abwägungen für die Klinik damit einhergehen. Zuletzt sollen einige gesundheitspolitische Empfehlungen zur Verbesserung des Verbreitungsgrads ambulanter Operationen abgeleitet werden.

3.2 Versorgungspotenziale von Krankenhäusern im Bereich des ambulanten Operierens

3.2.1 Marktsituation und Marktpotenziale

Im Jahr 2013 fanden von den insgesamt ca. 8,2 Mio. ambulanten Operationen knapp 2 Mio. Operationen in deutschen Krankenhäusern statt. Dieser Anteil von ca. ¼ der Fälle bestätigt sich auch beim Blick auf die GKV-Leistungsausgaben. Demnach flossen im Jahr 2014 rd. 610 Mio. EUR der insgesamt knapp 2,4 Mrd. EUR Leistungsausgaben für ambulante Operationen den deutschen Krankenhäusern als Umsätze zu. Die übrigen ca. drei Viertel der Fälle und des Umsatzes werden durch ambulante Vertragsärzte sowie die an der Sicherstellung beteiligten, ermächtigten Ärzte und Einrichtungen realisiert (Geldner 2016; S. V, DKG 2015; Statistisches Bundesamt 2016). Abb. 3.1 veranschaulicht diese Entwicklungen aus GKV-Ausgabenperspektive.

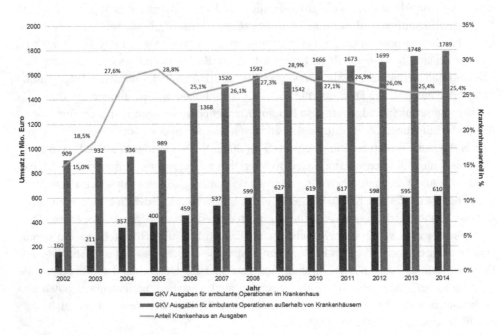

Abb. 3.1 GKV-Ausgaben für ambulante Operationen (Jahre 2002–2014). (Eigene Darstellung auf Basis von Daten DKG 2015 und BMG 2016 [KJ1-Statistiken])

Im Vergleich zum Jahr 2002 hat sich die Anzahl der im Krankenhaus durchgeführten ambulanten Operationen annähernd vervierfacht, wenngleich das Wachstum insbesondere in den letzten Jahren abgenommen hat. Betriebswirtschaftlich ist dabei zu bemerken, dass die derzeitige Umsatzrelevanz für ein durchschnittliches Krankenhaus recht gering ausfällt. So machen die Erlöse derzeit im Mittel weniger als 1 % des Gesamtumsatzes eines Krankenhauses aus. Der Umsatz niedergelassener Ärzte in diesem Feld beträgt hingegen mit knapp 1,8 Mrd. EUR deutlich mehr. Bei diesen liegt der Umsatzanteil bei immerhin rund 5 %, ist für den betriebswirtschaftlichen Erfolg hier also absolut und relativ bedeutsamer (Statistisches Bundesamt 2016; Friedrich und Tillmanns 2016, S. 129 ff.). Laut Daten des Statistischen Bundesamtes haben im Jahr 2014 insgesamt 1190 Krankenhäuser ambulante Operationen gem. § 115b SGB V durchgeführt. Im Durchschnitt waren dies 1642 Fälle pro Jahr und Krankenhaus, was einem geschätzten Umsatz von etwa 0,6 Mio. EUR entspricht. Je größer ein Krankenhaus, desto höher ist auch die Wahrscheinlichkeit, dass es ambulante Operationen anbietet und desto höher sind die durchschnittlich in diesem Haus erbrachten ambulanten OP-Fallzahlen (Statistisches Bundesamt 2016). Auch wenn der finanzwirtschaftliche Stellenwert für ein einzelnes Krankenhaus damit oftmals noch relativ gering ist, soll in der Folge gezeigt werden, dass insbesondere die Größe des Deckungsbeitrags hier von Relevanz ist: Fälle sind dort häufig, wo bereits entsprechende Fachabteilungen vorzufinden sind, es geht also primär um eine bessere Auslastung der ohnehin vorhandenen Kapazitäten, d. h. um sog. Fixkostendegression (hierzu mehr in Abschn. 3.3).

Nach Friedrich und Tillmanns (2016), die auf Basis der anonymisierten Abrechnungsdaten von ca. 24 Mio. AOK-Versicherten die Diagnoseverschlüsselung untersuchten, war im Jahr 2014 die mit Abstand häufigste ambulante Operation im Krankenhaus die diagnostische Koloskopie, gefolgt von der extrakapsulären Extraktion der Linse. Neben Eingriffen am Verdauungstrakt und der Augenheilkunde bilden Eingriffe am Bewegungsapparat, Gynäkologie, Hauterkrankungen und der HNO-Bereich inhaltliche Schwerpunkte. Die Fälle wurden durchschnittlich mit 369,- EUR vergütet, darunter ca. 31,- EUR für Sachmittel. Größtenteils handelt es sich dabei um planbare Leistungen, die zu 98,6 % unter der Woche stattfinden (Friedrich und Tillmanns 2016, S. 133 ff.).

3.2.2 Internationaler Vergleich

Ein internationaler Vergleichbezüglich des ambulanten Operierens ist durch unterschiedliche Versorgungs- und Anreizstrukturen der jeweiligen Gesundheitssysteme erschwert. Subsummarisch bestehen für Deutschland im internationalen Vergleich jedoch recht sicher – insbesondere im Vergleich zu skandinavischen Ländern, USA oder Kanada – deutliche Ausbaupotenziale (Geissler et al. 2016, S. 29 ff.; Hofer 2016, S. 4). So ist bspw. der in Deutschland vorherrschende Marktanteil der Krankenhäuser an den Ausgaben für ambulante Leistungen insgesamt (Achtung: dies umfasst nicht nur ambulante Operationen) mit 2,8 % äußerst gering und liegt deutlich hinter anderen Staaten, wie bspw. Portugal oder skandinavischen Ländern (mit 30 % oder mehr) (Geissler et al. 2016, S. 31 f.). Unterschiede im Verbreitungsgrad ambulanter Leistungserbringung der Krankenhäuser lassen sich dabei auch strukturbedingt erklären. In Bezug auf die fachärztliche Versorgung existiert europaweit ein sehr breites Spektrum an Einrichtungen der Leistungserbringung, welches von Einzelpraxen über Gemeinschaftspraxen bis hin zu Krankenhausambulanzen reicht. Vielerorts spielt dabei die Krankenhausambulanz eine deutliche wichtigere Rolle als im von Einzelpraxen dominierten deutschen System. Zum Beispiel gibt es in vielen Ländern mit nationalem Gesundheitsdienst, wie England oder Italien, eher wenig fachärztliche Versorgung außerhalb des Krankenhauses. In Ländern mit Sozialversicherungssystemen (wie bspw. Deutschland oder Österreich) sind hingegen Einzelpraxen in der fachärztlichen Versorgung häufiger anzutreffen. Auch hier geht die Entwicklung allerdings in Richtung größerer Einheiten, wie Gemeinschaftspraxen oder Versorgungszentren (Geissler et al. 2016, S. 36).

In Bezug auf den Verbreitungsgrad ambulanter Operationen zeigt der internationale Vergleich, dass Deutschland auch hier noch einiges Potenzial vergibt (Oberender und Partner 2010, S. 14; SVR 2012, S. 286). So kommt eine viel zitierte Studie von Toftgaard und Parmentier (2006, S. 35 ff.) zum Ergebnis, dass in Deutschland unterdurchschnittliche 60,7 % aller (von den Autoren als ambulant durchführbar deklarierten) Operationen auch tatsächlich ambulant vorgenommen werden. Diese Daten zeigen abermals, dass Länder wie USA, Kanada und wiederum die skandinavischen Staaten Deutschland weit voraus sind. Diese Zahlen werden auch in neueren Studien bestätigt: So berichtet die OECD, dass in Deutschland im Jahr 2013 rund 81 % der Kataraktoperationen ambulant durchgeführt wurden. Deutschland liegt damit knapp unter dem OECD-Durchschnitt von 83 %. Länder wie Kanada oder das Vereinigte Königreich haben einen Anteil an ambulanten Kataraktoperationen von 100 %, Schweden und Finnland von jeweils 98 %. Dieses Bild bestätigt sich auch bei der Tonsillektomie. Der OECD-Durchschnitt für den Anteil an ambulanten Operationen bei dieser Prozedur liegt bei 34 %. Deutschland erreicht 4 %, Belgien, Finnland und Kanada hingegen über 70 % (OECD 2015, S. 117). Leistenbrüche oder Knieendoskopien sind weitere Beispiele, bei denen die deutschen Werte weit hinter dem internationalen Vergleich zurückbleiben. Die differierenden Anteile zwischen den Ländern sind die Folge unterschiedlicher geografischer Gegebenheiten, Vergütungen, Kapazitätsvorhaltungen und Eigenbeteiligungen (SVR 2012, S. 287 f.; Bröckelmann 2007, S. 2 ff.).

3.3   Betriebswirtschaftliche Motivation der Krankenhäuser

Im Durchschnitt haben ambulante Operationen für Krankenhäuser derzeit nur eine geringe ökonomische Bedeutung. Es existieren jedoch Kliniken, bei denen der Umsatzanteil schon heute über 10 % liegt. Dabei handelt es sich meist um spezialisierte Fachkliniken, z. B. der Augenheilkunde. Die stationäre Leistungsmenge ist bei diesen vergleichsweise klein und die Vergütung der dort durchgeführten ambulanten Operationen überdurchschnittlich hoch (Friedrich und Tillmanns 2016, S. 138 f).

Entschließt sich ein Krankenhaus dazu, künftig verstärkt auch ambulante Leistungen anzubieten, so kann dies auch als sog. Verlängerung der Wertschöpfungskette verstanden werden. In der ökonomischen Theorie wird dieser Prozess auch als vertikale Integration bezeichnet. Dies kann eine verbesserte Leistungssteuerung ermöglichen, da das Krankenhaus nun mehrere (mitunter aufeinander folgende) Leistungen anbietet und Patientenströme entsprechend nutzen kann. In der Folge ergeben sich also größere Leistungsanbieter, die aus betriebswirtschaftlicher Sicht mit entsprechenden Größen- und Verbundeffekten einhergehen. Zu diesen auch als „economies of scale" und „economies of scope" bezeichneten Effekten zählen bspw. die höhere Nachfragemacht beim Einkauf von Betriebsmitteln oder Geräten, Standardisierungs- und Spezialisierungsvorteile, die Streuung von Risiken und Erfolgspotenzialen auf mehrere Unternehmenssäulen, verbesserte Möglichkeiten zum Markenaufbau, Transaktionskostenvorteile (i. S. einer verbesserten Kommunikation zwischen ambulant und stationär) sowie ein insgesamt größeres Leistungsangebot aus einer Hand. Das Krankenhaus kann sich als Versorger mit umfassendem Produktportfolio positionieren (Hodek 2016, S. 856 ff.; Volkmer 2008, S. 20): Die Analysen im Rahmen des Krankenhausreports 2016 (Basis sind wiederum die AOK-Versicherten in 2014) bestätigen dies, zeigen sie doch, dass bei gut ein Drittel der Fälle der ambulant im Krankenhaus operierten Patienten, zusätzlich mindestens eine vollstationäre Behandlung in einer somatischen Fachabteilung erfolgte. Ca. 6 % der ambulanten Operationsfälle waren sogar innerhalb von 30 Tagen vor der ambulanten Operation in vollstationärer Behandlung; bei weiteren 6 % fand eine stationäre Behandlung innerhalb von 30 Tagen nach der ambulanten Operation statt. Die behandelnde Einrichtung war dabei überwiegend dieselbe wie bei der ambulanten Operation (Friedrich und Tillmanns 2016, S. 140). Auch könnten spezifische Motive zur Gründung einer ambulanten Operationseinheit darin gesehen werden, dass eine verlässliche Abrechnungsmöglichkeit für (vom MDK als solche deklarierte und wiederholt überprüfte) leichte Operationsfälle erschaffen wird und zudem ärztlichen Mitarbeitern ambulante Ausbildungs- und Tätigkeitsoptionen ermöglicht werden. Besonders hervorzuheben ist zuletzt das große betriebswirtschaftliche Potenzial einer möglichen Fixkostendegression, wenn sowohl der stationäre als auch der ambulante Versorgungsbereich auf gemeinsame Ressourcen, wie Räumlichkeiten, Geräte oder Personal, zurückgreifen kann. Insbesondere auf diesen Aspekt soll in der Folge noch ausführlicher eingegangen werden.

3.4 Wirtschaftlichkeitsbeurteilung des ambulanten Operierens

3.4.1 Erlösvergleich EBM vs. DRG

Der Vergleich der Erlöse gemäß der Klassifikation per Diagnosis Related Groups (DRG) bzw. auf Basis des Einheitlichen Bewertungsmaßstabs (EBM) zeigt, dass die gleiche Leistung im vollstationären Rahmen oftmals deutlich höher vergütet wird als in Form einer ambulanten Operation. So zeigte bspw. die Auswertung der AOK-Patientendaten aus dem Jahr 2014, dass für die 20 häufigsten Operationen und Prozedurenschlüssel (OPS) die Erlöse von stationären Behandlungen mit bis zu einer Übernachtung durchschnittlich 4,3-fach höher ausfielen, als dies für die Erlöse der gleichen Leistung in Form einer ambulanten Operation der Fall war (Friedrich und Tillmanns 2016, S. 137). Als Beispiel sei die arthroskopische Operation am Gelenkknorpel und an den Menisken genannt. Im Jahr 2014 lag hier die Vergütung von einem ambulanten Operationsfall bei 629 EUR. Wurde diese Leistung stationär erbracht, betrug der Erlös dagegen 1580 EUR. Bezogen auf die gesamte Fallzahl dieser OPS liegt der Anteil der ambulanten Operationen in Deutschland derzeit bei rund 35 % (Friedrich und Tillmanns 2016, S. 134). Der genannte Vergütungsunterschied wäre dann gerechtfertigt, wenn im stationären Setting die deutlich schwereren Fälle behandelt würden, die nur in ebendieser Behandlungsvariante adäquat zu versorgen wären. Ein solcher Fallschwereunterschied zwischen ambulanten und stationären Fällen ist jedoch mit Blick auf andere Länder nicht sehr wahrscheinlich. In anderen Ländern werden i. d. R. deutlich höhere Versorgungsanteile dieser Indikation ambulant operiert. So betrug der Anteil in den USA schon im Jahr 2003 96,7 %, in Schweden 93 % und in den Niederlanden 92 % (Toftgaard und Parmentier 2006, S. 42 ff.).

Auch eine Studie von Oberender und Partner (2010) untersuchte die Unterschiede der beiden Erlösarten (DRG und EBM), um so das volkswirtschaftliche Einsparpotenzial durch vermehrte ambulante Operationen zu ermitteln. Die Studie unternimmt eine ökonomische Gegenüberstellung des ambulanten Operierens mit der vollstationären Erbringung derselben Leistung. Hierfür wurden 25 Eingriffe verschiedenster Indikationen bei Patienten zwischen 25 und 60 Jahren ausgewählt, die für ambulantes Operieren infrage kommen und denen mit ausreichender Wahrscheinlichkeit eine DRG-Fallpauschale zugeordnet werden konnte. Verglichen wurden die den Eingriffen am wahrscheinlichsten zuzuordnenden DRGs (ohne Komplikationszuschläge o. ä.) mit der Vergütung in Form einer ambulanten Operation (inkl. aller Sach- und Materialkosten etc.). Für das Beispiel „arthroskopische Operation am Gelenkknorpel und an den Menisken" wurde hier eine DRG-Vergütung von 1.160,72 EUR (mit einer Verweildauer in Höhe von 1 Tag) bzw. 1.667,44 EUR (mit einer Verweildauer von 2 Tagen) ermittelt. Über EBM konnten je nach Patientenalter entweder 867,69 EUR oder aber 875,39 EUR abgerechnet werden. Je nach Annahme darüber, in welchem Maß ein Ersatz der stationären durch ambulante Operationen stattfinden kann, ergibt sich hieraus ein Gesamt-Einsparpotenzial von 5,4 Mio. EUR bis 38,9 Mio. EUR allein in dieser Indikation. In der Summe zeigte sich über fast alle untersuchten Operationen hinweg eine deutlich höhere Vergütung für den Fall einer Leistungserbringung im stationären Bereich. Das jährliche, bundesweite Einsparpotenzial aus Perspektive der Krankenkassen beträgt (je nach Szenario) zwischen 25 Mio. EUR und 515 Mio. EUR, wenn bislang stationär durchgeführte Behandlungen von nun an im Rahmen der Leistungserbringung nach § 115b SGB V erbracht würden. Die große Spannweite ergibt sich dabei aus den Annahmen bzgl. der Anzahl von Patienten, die potenziell ambulant operierbar wären. Durch Ausweitung der berücksichtigten

Altersgrenzen und Hinzunahme weiterer Indikationen wären weitere Kosteneinsparungen möglich (Oberender und Partner 2010, S. 112 ff.; SVR 2012, S. 286).

Auf Basis dieser Erkenntnisse stellt sich nun die Frage, warum diese Potenziale aktuell nicht gehoben werden. Zur Beantwortung muss auf die betriebswirtschaftliche Rationalität der Kliniken verwiesen werden. Diese werden das Potenzial heben und den Schritt in Richtung vermehrter ambulanter Leistungserbringung gehen, sofern ihnen dieser Weg erstens erlaubt ist und zweitens auch betriebswirtschaftlich lukrativ erscheint. Aus diesem Grund greift es zu kurz, allein auf die Preis- bzw. Erlösseite zu blicken, sondern es bedarf der zusätzlichen Betrachtung der Kostenseite (zudem im Vergleich zu den stationären Fallerlösen und -kosten – selbstverständlich sind nämlich auch die Kosten einer stationären Behandlung anders als die einer ambulanten Operation), um auf dieser Basis Gewinnspannen bzw. Deckungsbeiträge zu analysieren.

3.4.2 Gewinn-/Deckungsbeitragsvergleich

Die Analyse muss berücksichtigen, ob das Krankenhaus ein ambulantes Operationszentrum (AOZ) separat (und ggf. ganz unabhängig) von bisherigen Strukturen errichtet oder – und dies ist der oftmals realistischere Einstiegsfall – ob die ambulanten Operationen stark in die schon existierenden Ressourcen eingebettet werden. In diesem Fall würde es im Vergleich zu ersterer Variante zu einer deutlicheren Fixkostendegression kommen können, indem vorhandene Räume, Geräte oder Personal gemeinsam genutzt werden. Die Ergebnisse der nun folgenden Deckungsbeitragsrechnung sind in großem Maße von dieser Art der Separierung oder Einbettung des AOZ abhängig. Der sog. Deckungsbeitrag I (DB I) ergibt sich dabei aus dem Erlös pro Fall (Preis) abzgl. der variablen Kosten. Die erwirtschafteten Deckungsbeiträge dienen der Deckung der ohnehin und zumindest kurzfristig, unveränderlich anfallenden Fixkosten (Volkmer 2008, S. 48 f, 52).

Da Krankenhäuser keinen Einfluss auf die Vergütungshöhe der ambulanten Operationen haben, ist es (im Sinne eines „Target Costing") erforderlich, eine kosteneffiziente Organisationsform zu finden und das Leistungsangebot sowie Prozessabläufe hieran auszurichten. Eine Variante der Organisation ist dabei die Vollintegration. Dies bedeutet, dass die ambulanten Operationen vollständig in das sonstige (stationäre) Leistungsgeschehen eingebettet werden. Der ambulante OP-Bereich könnte jedoch auch (teil-)separiert werden, in Form eines AOZ, welches neben der eigentlichen stationären Versorgung existiert. Hier werden bestehende Strukturen, wie bspw. vorhandenes Personal, nur teilweise gemeinsam genutzt (Volkmer 2008, S. 52). Je nach Organisationsform muss die Kalkulation von Erlösen und Kosten unterschiedliche Teilelemente ganz oder teilweise berücksichtigen oder herauslassen. Während bei vollintegrierten Organisationsformen die Fixkosten z. B. für Geräte sowohl auf die stationären als auch die ambulanten Fällen umgelegt werden können, ist dies bei separierten AOZ nicht möglich, da die separierten Einheiten eigene Profitcenter bilden. Das AOZ wäre in dieser Variante eine vollständig eigene Einheit, die sich eigenständig tragen muss, ohne z. B. Gerätekosten mit anderen Einheiten teilen zu können (Volkmer 2008,

S. 74). Ein mehrstufiges Kalkulationsschema der Deckungsbeiträge für ambulante Operationen am Krankenhaus könnte wie in Abb. 3.2 dargestellt aussehen.

So ist der Deckungsbeitrag ambulanter Operationen (Erlös abzgl. variabler Kosten) vergleichsweise hoch, wenn bspw. die Gerätekosten als fix und krankenhausübergreifend definiert werden. Diese Kosten würden also auch ohne ambulante Operationen anfallen und sind damit nicht Gegenstand kurzfristiger Abwägungsprozesse bzgl. der Vorteilhaftigkeit des ambulanten Operierens. In diesem Fall könnte der Deckungsbeitrag aus ambulanter Operation einen Beitrag zur Auslastung und Kostendeckung eines ohnehin vorhandenen Gerätes leisten.

Bei den separierten Organisationsformen werden hingegen häufig nur Operationssäle oder Verwalungspersonal gemeinsam genutzt. Daher müssen hier zusätzlich bspw. Personalkosten für den ausschließlich dem AOZ zugeordneten ärztlichen und nicht-ärztlichen Dienst sowie die Kosten für sämtliche Geräte und Flächen als spezifische AOZ-Produktfixkosten berücksichtigt und allein von dieser Einheit getragen werden (Deckungsbeitrag II). Würde das AOZ aufgelöst, so fielen diese Produktfixkosten nicht mehr an. In diesem AOZ-Konzept gilt es, sämtliche Betriebs- und Investitionskosten sebstständig zu decken, wohingegen im anderen Fall einer Vollintegration zunächst nur die zusätzlichen variablen Kosten zu decken sind (Deckungsbeitrag I), um auf dieser Basis anschließend gemeinsam mit anderen Unternehmenseinheiten die übergreifenden Fixkosten des gesamten Krankenhauses zu decken.

Summe Erlöse aus ambulanter Operation (AOP) inkl. abrechnungsfähiger Sachmittel

abzgl. direkt **zurechenbarer variabler Kosten**
   – direkt zurechenbare Sachkosten, z.B. Medikamente, Verbrauchsmaterialien
   – ggf. Honorararzt-Stundenvergütung
= Deckungsbeitrag I

abzgl. Kosten für **direkt zurechenbare AOP-Produktfixkosten (Personal, kalkulatorische Raummiete, Instandhaltung, Abschreibungen auf Anlagegüter)**
   – direkt zurechenbare Personalkosten: Stationspersonal (z.B. Ärzte, Pflege- oder Funktionsdienst), sofern dieses nur für AOP-Patienten zuständig ist
   – Räume und Geräte (inkl. Betriebskosten), die nur für AOP-Patienten verwendet werden
= Deckungsbeitrag II

abzgl. Kostenumlage für **nicht-direkt zurechenbare Krankenhausfixkosten (Personal, kalkulatorische Raummiete, Instandhaltung, Abschreibungen auf Anlagegüter)**
   – nicht-direkt zurechenbare Personalkosten: z.B. Verwaltungspersonal und Ärzte, Pflege- oder Funktionsdienst, sofern diese nicht nur für Patienten der AOP zuständig sind
   – Räume und Geräte (inkl. Betriebskosten), die nicht nur für Patienten der AOP verwendet werden
= Betriebsgewinn

Abb. 3.2 Mehrstufige Deckungsbeitragsrechnung für ambulantes Operieren am Krankenhaus. (Eigene Darstellung)

Insbesondere die Anzahl, die Vergütung sowie die Effizienz des vorgehaltenen Personals stellt dabei einen entscheidenden Erfolgs-, aber auch Kostenfaktor dar. Um ambulantes Operieren kostendeckend durchführen zu können, ist es notwendig, diese i. d. R. leichteren Fälle mit einem schlankeren Personalschlüssel zu betreuen, als es im stationären Betrieb üblich ist. Oftmals sind hierfür gesonderte Räumlichkeiten nötig, um so bspw. die Raumkosten und Wegezeiten pro Fall zu minimieren (Weberus 2016, S. 62). Im Falle einer zunehmenden Zahl ambulanter Operationsfälle im Krankenhaus könnte es deswegen sinnvoll sein, diese vom stationären Bereich zu trennen, um in separaten Strukturen die Voraussetzungen einer wirtschaftlichen Leistungserbringung zu schaffen (Schwarz und Kurscheid-Reich 2016, S. 91).

3.5 Diskussion

Für Krankenhäuser zählt aus betriebswirtschaftlichen Gründen also nicht der direkte Erlösvergleich, sondern der erzielbare (Stück-)Gewinn oder Deckungsbeitrag. Um Anreize zum ambulanten Operieren zu geben, müsste dieser Wert folglich größer als bei einem vergleichbaren stationären Fall sein. Ein gutes Beispiel dafür ist die Adenotomie. Während die Höhe der ambulanten Vergütung bei durchschnittlich 235,- EUR liegt, können für einen vollstationären Fall mit einer Verweildauer von 1 Tag über die Vergütung gemäß DRG rd. 1352,- EUR abgerechnet werden (Friedrich und Tillmanns 2016, S. 134). Auf der Kostenseite sind keine allgemeingültigen Durchschnittswerte bekannt, vielmehr müssen Daten des internen Rechnungswesens einer Einrichtung gegenübergestellt werden. Recht sicher werden jedoch die Selbstkosten einer stationären Unterbringung höher als die eines ambulanten Falls sein. So fallen bei ambulanter Leistungserbringung bspw. keine Übernachtungskosten an und es ergeben sich Einsparungen durch weniger oder nicht erforderliche Überwachung (SVR 2012, S. 290).

Eine Möglichkeit der Steuerung an dieser Stelle wäre, die ambulanten Erlöse derart zu erhöhen oder die stationären Erlöse derart zu senken, dass für das Krankenhaus durch die ambulante Operation höhere Margen generiert werden als durch eine stationäre Aufnahme desselben Falls. Sofern dabei gleichzeitig gewährleistet ist, dass die Ausgaben der Krankenkassen in der ambulanten Variante geringer ausfallen als die der stationären Variante, bleiben auch aus volkswirtschaftlicher Sicht die Potenziale einer ambulanten Leistungserbringung bestehen. Die große Kunst des Gesetzgebers ist es hier nun, die richtige Vergütungshöhe zu finden, da die internen Selbstkosten eines Leistungserbringers im Falle einer ambulanten Leistungserbringung nicht öffentlich bekannt sind. Zudem kommen auch nur diejenigen Fälle infrage, die aus medizinisch-pflegerischer Perspektive leicht genug sind, nicht zwingend stationär aufgenommen zu werden. Wenn die beiden in Abb. 3.3 dargestellten Fälle tatsächlich gleich sind, so muss die Vergütung unabhängig davon, ob die Behandlung als ambulanter Fall oder als stationärer Fall erbracht wird und unabhängig davon, ob von einem Krankenhaus, einem AOZ oder einem niedergelassenen Facharzt vollzogen, auch identisch sein. Ggf. bedeutet dies, dass die Option, die Behandlung

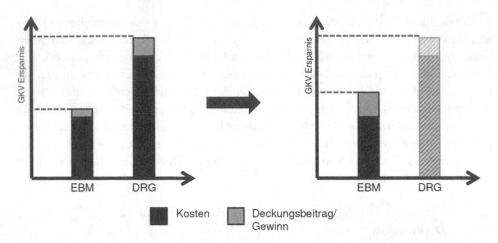

Abb. 3.3 Schematische Darstellung zum betriebswirtschaftlichen Zusammenhang von Erlös, Kosten und Gewinn. (Eigene Darstellung)

über die DRG-Klassifikation abzurechnen, ganz abgeschafft wird bzw. auf das ambulante Kostenniveau heruntergesetzt wird. Bei nachgewiesener hoher Fallschwere, die eine stationäre Aufnahme erfordert, sollte der Preis ggf. sogar höher als das heutige Niveau der Vergütung gemäß DRG-Klassifikation sein, da in dieser nun rein stationären Fallgruppe lediglich die schweren Fälle verbleiben. Eine Neukalkulation der Vergütungssätze auf Ist-Kostenbasis ist dabei die Grundlage, um Gleiches gleich und Ungleiches ungleich zu vergüten. Kriterium darf dabei allerdings nur die Fallschwere und nicht der Ort oder die Art der Leistungserbringung oder der Ursprungssektor des Durchführenden sein. Abb. 3.3 veranschaulicht diese Zusammenhänge von Erlös, Kosten und Gewinn.

Verschiedene sektorale Unterschiede erschweren die Ermittlung dieser idealen Vergütung zusätzlich. So erhalten bspw. nur (zugelassene) Krankenhäuser Investitionsfördermittel. Diese sind per Gesetz zwar ausschließlich für Investitionen im stationären Bereich gedacht, jedoch lässt sich eine gemeinsame Nutzung von Ressourcen mitunter nicht trennscharf ermitteln (Volkmer 2008, S. 27 f). Unterschiede ergeben sich zudem daraus, dass in verschiedenen Versorgungssettings höchst unterschiedliche Kostenstrukturen vorherrschen. So ist davon auszugehen, dass die heutige Vergütung durch den EBM nicht ausreicht, um innerhalb ansonsten rein stationärer Strukturen kostendeckend ambulant operieren zu können (Schwarz und Kurscheid-Reich 2016, S. 91; Volkmer 2008, S. 16).

3.6 Ausblick

Krankenhäuser sollten von einer fortschreitenden Verlagerung des Leistungsgeschehens in Richtung einer Ambulantisierung ausgehen. Dem deutschen Gesundheitswesen bietet die Förderung des ambulanten Operierens dabei einige ökonomische Vorteile und auch der Patientenwunsch steht dem nicht entgegen. Die Kosteneffizienz kann durch eine gezielte Substitution der Leistungserbringung vom stationären hin zum ambulanten Sektor erhöht werden. Die Herausforderung für Krankenhäuser besteht nun darin, die ehemals stationär durchgeführten Fälle auch in Form einer ambulanten Behandlung in der eigenen Einrichtung zu halten und dabei mindestens kostendeckend zu arbeiten. Ambulante Operationen am Krankenhaus werden voraussichtlich außerdem aus juristischen Gründen zukünftig noch an strategischer Bedeutung gewinnen: Durch die im Jahr 2016 in Kraft getretenen Regelungen des Gesetz zur Bekämpfung von Korruption im Gesundheitswesen (insb. §§ 299a und 299b StGB) herrscht in vielen Bereichen Unsicherheit über die zukünftige Form der Zusammenarbeit sowie über bereits eingegangene Kooperationen mit z. B. ambulanten Partnern. Auch aus diesem Grund ist davon auszugehen, dass Krankenhäuser künftig vermehrt vor- und nachstationäre Behandlungen (nach § 115a SGB V) oder ambulantes Operieren selbst erbringen.

Betriebswirtschaftliche Größeneffekte wirken auch im Gesundheitswesen und ganz besonders auf die Anbieter, die ihre Leistungen auf andere Versorgungsbereiche ausdehnen wollen. Insbesondere bestehen große Potenziale bei der örtlichen Bündelung spezifischer personeller, struktureller und organisatorischer Ressourcen im Sinne einer Fixkostendegression. Krankenhäuser oder spezialisierte AOZ sind Beispiele hierfür (SVR 2012, S. 291). Im Unternehmen muss dabei die Bereitschaft vorhanden sein, das ambulante Operieren nicht nur als Anhängsel zu verstehen, sondern diesem Bereich einen entsprechenden Stellenwert zuzuschreiben sowie die Organisation und Prozesse an die besonderen Anforderungen des ambulanten Operierens anzupassen. Für Krankenhäuser ergibt sich darüber hinaus die Chance, aus eben dieser ambulanten Behandlung Patienten zu binden und für den vollstationären Bereich zu akquirieren (Schwarz und Kurscheid-Reich 2016, S. 93).

3.7   Gesundheitspolitische Empfehlungen

Erklärtes Ziel der Krankenkassen und der Gesundheitspolitik ist eine Leistungsverlagerung zumindest eines Teils der heutigen stationärer Kurzzeitfälle in die ambulante Leistungserbringung. Hierbei sollte es idealerweise unerheblich sein, ob die ambulante Leistung dann von einem niedergelassenen Facharzt oder einem Krankenhaus erbracht wird. Dabei ist festzuhalten, dass Konkurrenz zwischen Krankenhäusern untereinander sowie zwischen Krankenhäusern und Niedergelassenen einheitliche Wettbewerbsbedingungen erfordert, sodass im Sinne eines fairen Wettbewerbs ergebnisoffene Such- und Entdeckungsprozesse initiieren werden. Diese einheitlichen Rahmenbedingungen für Niedergelassene und Krankenhäuser sind durch die Regelungen des AOP-Vertrags bereits weitgehend hergestellt. Eine wichtige Forderung liegt allerdings in der noch ausstehenden Vergütungsangleichung im Vergleich zu einer vollstationären Behandlung. Derzeit kann dieselbe Operation in unterschiedlichen Teilsystemen erbracht werden, sodass in der Folge gänzlich andere Abrechnungsmechanismen ausgelöst werden.

Die Vergütung stationärer Kurzzeitfälle liegt derzeit deutlich über der ambulanten Vergütung des gleichen Falles, wodurch Krankenhäusern der Anreiz erwächst, ihre stationären Kapazitäten zu erhalten und auszulasten. Zukünftig sollte ein an der Fallschwere orientiertes, einheitliches Pauschalvergütungssystem entwickelt werden, in welchem die erzielbaren Deckungsbeiträge aus ambulanter Operation mindestens mit denen ähnlicher stationärer Behandlungen vergleichbar sind (SVR 2012, S. 302).

Übersicht über die gesundheitspolitischen Empfehlungen
1. Krankenhäuser werden die Potenziale ambulanter Leistungserbringung heben, sofern ihnen dieser Weg erstens erlaubt ist und zweitens betriebswirtschaftlich lukrativ erscheint.
2. Aufgabe der Gesundheitspolitik ist es, ein einheitliches Pauschalvergütungssystem zu entwickeln, in welchem nur die Fallschwere und nicht der Ort einer Leistungserbringung oder der Ursprungssektor des Durchführenden die Vergütung bestimmt.
3. Die für ein Krankenhaus erzielbaren Deckungsbeiträge aus ambulanter Operation müssen mindestens denen vergleichbarer stationärer Behandlungen entsprechen.

Literatur

AOP-Vertrag. (2014). Vertrag nach § 115b Abs. 1 SGB V: Ambulantes Operieren und sonstige stationsersetzende Eingriffe im Krankenhaus, zuletzt geändert am 08.04.2014 und In-Kraft getreten am 16.05.2014, Berlin.

Bröckelmann, J. (2007). Entwicklung und Bedeutung ambulanter Eingriffe im internationalen Vergleich. In J. Busse & T. Standl (Hrsg.), *Ambulantes Operieren* (S. 2–7). Heidelberg: Springer.

Bundesministerium für Gesundheit (BMG). (2016). Endgültige Rechnungsergebnisse der gesetzlichen Krankenversicherung. Berlin: KJ1-Statistiken.

Deutsche Krankenhausgesellschaft (DKG). (2015). Krankenhausstatistik. http://www.dkgev.de/media/file/22436.Foliensatz_Krankenhausstatistik_Stand_2015-12-14.pdf. Zugegriffen: 27. Feb. 2017.

Eiff, W. von, & Haking, D. (2016). Politische Rahmenbedingungen und gesetzliche Grundlagen. In T. Standl & C. Lussi (Hrsg.), *Ambulantes Operieren in Klinik, Praxis und MVZ: Rahmenbedingungen – Organisation – Patientenversorgung* (S. 9–19). Berlin: Springer.

Friedrich, J., & Tillmanns, H. (2016). Ambulante Operationen im Krankenhaus. In J. Klauber, M. Geraedts, J. Friedrich, & J. Wasem (Hrsg.), *Krankenhausreport 2016* (S. 127–147). Stuttgart: Schattauer.

Geissler, A., Quentin, W., & Busse, R. (2016). Ambulante Leistungen von europäischen Krankenhäusern im Vergleich. In J. Klauber, M. Geraedts, J. Friedrich, & J. Wasem (Hrsg.), *Krankenhausreport 2016* (S. 29–41). Stuttgart: Schattauer.

Geldner, G. (2016). Geleitwort. In T. Standl & C. Lussi (Hrsg.), *Ambulantes Operieren in Klinik, Praxis und MVZ: Rahmenbedingungen – Organisation – Patientenversorgung*. Berlin: Springer.

Hitpaß, U., & Leber, W.-D. (2012). Spezialärztliche Versorgung: Plädoyer für eine Neuordnung. In J. Klauber, M. Geraedts, J. Friedrich, & J. Wasem (Hrsg.), *Krankenhaus-Report 2012* (S. 205–236). Stuttgart: Schattauer.

Hodek, J.-M. (2016). Ambulante Leistungen am Krankenhaus: Betriebswirtschaftliche Anreize und Versorgungsrelevant am Beispiel MVZ. *Das Krankenhaus, 108,* 856–860.

Hofer, H. (2016). Entwicklung und Bedeutung des ambulanten Operierens. In T. Standl & C. Lussi (Hrsg.), *Ambulantes Operieren in Klinik, Praxis und MVZ: Rahmenbedingungen – Organisation – Patientenversorgung* (S. 3–7). Berlin: Springer.

Oberender und Partner. (2010). Ökonomische Betrachtung des ambulanten Operierens: Gutachten für den Bundesverband für Ambulantes Operieren e. V. Resource document. Bundesverband für Ambulantes Operieren e. V., Oberender und Partner. https://www.kvb.de/fileadmin/kvb/dokumente/Praxis/Alternative-Versorgungsformen/Weitere/KVB-Amb-OP-Studie-Oberlaender100401.pdf. Zugegriffen: 3. Feb. 2017.

Organisation for Economic Co-operation and Development (OECD). (2015). Health at a Glance 2015: OECD Indicators. Resource document. OECD. http://apps.who.int/medicinedocs/documents/s22177en/s22177en.pdf. Zugegriffen: 27. Feb. 2017.

Orlowski, U. (2016). *Checkliste ambulantes Krankenhaus*. Melsungen: Bibliomed (*f&w – führen und wirtschaften im krankenhaus, 33*(4–2016), 345–351).

Sachverständigenrat zur Begutachtung der Entwicklung im Gesundheitswesen <SVR>. (2012). *Wettbewerb an der Schnittstelle zwischen ambulanter und stationärer Gesundheitsversorgung*. Bern: Huber.

Schwarz, H.-J., & Kurscheid-Reich, D. (2016). Kosten und Erlöse, QM und Patientenzufriedenheit. In T. Standl & C. Lussi (Hrsg.), *Ambulantes Operieren in Klinik, Praxis und MVZ: Rahmenbedingungen – Organisation – Patientenversorgung* (S. 79–100). Berlin: Springer.

Statistisches Bundesamt. (2016). *Grunddaten der Krankenhäuser, Fachserie 12, Reihe 6.1*. Wiesbaden: Statistisches Bundesamt.

Toftgaard, C., & Parmentier, G. (2006). International terminology in ambulatory surgery and its worldwide practice. In P. Lemos, P. Jarrett, & B. Philip (Hrsg.), *Day Surgery: Development and Practice* (S. 35–59). London: International Association of Ambulatory Surgery.

Volkmer, F. (2008). *Das ambulante Operieren im Krankenhaus: Grundlagen, Entscheidungsfaktoren, Kalkulation, Planung*. Hamburg: Diplomica Verlag.

Weberus, C. (2016). Personalwesen. In T. Standl & C. Lussi (Hrsg.), *Ambulantes Operieren in Klinik, Praxis und MVZ: Rahmenbedingungen – Organisation – Patientenversorgung* (S. 61–63). Berlin: Springer.

Über den Autor

Prof. Dr. Jan-Marc Hodek, (Dipl.-Ökonom), geb. 1979 in Hameln, ist seit 2014 Professor für den Bereich „Finanzwirtschaft im Gesundheitswesen" an der Fakultät für Soziale Arbeit, Gesundheit und Pflege der Hochschule Ravensburg-Weingarten.

Von 2010 bis 2014 war er als Referent für den Bereich Gesundheitsökonomie beim Bundesministerium für Gesundheit in der Geschäftsstelle des Sachverständigenrates zur Begutachtung der Entwicklung im Gesundheitswesen tätig. Zuvor war er als Wissenschaftlicher Mitarbeiter am Lehrstuhl Gesundheitsökonomie und Gesundheitsmanagement der Fakultät für Gesundheitswissenschaften in Bielefeld beschäftigt.

Seine Arbeitsschwerpunkte liegen in der betriebswirtschaftlichen Analyse von Einrichtungen des Gesundheitswesens sowie der dahinterstehenden gesundheitspolitischen Entscheidungen. Darüber hinaus beschäftigt er sich mit gesundheitsökonomischen Analysen des Krankenversicherungsmarktes, des stationären Sektors sowie des Arzneimittelbereichs.

Strategien für Ambulanzen – ambulante Versorgung im Krankenhaus als Erlöselement

Erfahrungsbericht über die Steuerung der ambulanten Versorgung zu einer neuen Erlösquelle

Christian Elsner, Corinna Wriedt, Viola Ketz, Nils Breuer und Peter Pansegrau

Inhaltsverzeichnis

C. Elsner (✉)
Universitätsklinikum Schleswig-Holstein, Campus Lübeck, Lübeck, Deutschland
E-Mail: christian.elsner@uksh.de

C. Wriedt
Lübeck, Deutschland
E-Mail: corinna.wriedt@uksh.de

V. Ketz
KPMG AG Wirtschaftsprüfungsgesellschaft, Beratung Gesundheitswirtschaft, Hamburg, Deutschland
E-Mail: vketz@kpmg.com

N. Breuer
KPMG AG Wirtschaftsprüfungsgesellschaft, Beratung Gesundheitswirtschaft, Berlin, Deutschland
E-Mail: nilsbreuer@kpmg.com

P. Pansegrau
Kaufmännischer Vorstand, Universitätsklinikum Schleswig-Holstein, Kiel, Deutschland
E-Mail: peter.pansegrau@uksh.de

© Springer Fachmedien Wiesbaden GmbH 2018
H.-R. Hartweg et al. (Hrsg.), *Aktuelle Managementstrategien zur Erweiterung der Erlösbasis von Krankenhäusern*, https://doi.org/10.1007/978-3-658-17350-0_4

Zusammenfassung

Ineffiziente Prozesse, Sprechstunden- oder Raumfehlbelegungen, lange Wartezeiten, überlastetes Personal bei hohem Durchsatz an Patienten, stetig zu schulende Neuerungen im Bereich der Abrechnung sowie fehlende Steuerungskompetenz der ambulanten Leistungserbringung sind die charakteristischen Merkmale einer Ambulanz, wie sie im deutschen Krankenhauswesen anzutreffen ist. Mit Blick auf die gegenwärtigen Herausforderungen für diese Ambulanzen liegen die Effizienzreserven auf der Hand. Ein Schema mit fünf verschiedenen Blickwinkeln soll helfen, eine Ambulanz strukturiert neu aufzubauen und diesen speziellen Bereich eines Krankenhauses zu einer Erlösquelle und einem wichtigen Steuerungselement für die akutstationäre Versorgung machen.

4.1   Einführung

Gesetzgeberische Änderungen in den letzten Jahren haben zunehmend dazu beigetragen, die Trennung der ambulanten und stationären Sektorengrenzen sukzessiv aufzubrechen. Der Grundsatz „ambulant vor stationär" bildet sich dabei nicht nur in der Fülle möglicher ambulanter Behandlungsformen ab. Der Umfang der ambulanten Leistungen an der Gesamtleistung eines Krankenhauses nimmt ebenso stetig zu. Die Zahl der ambulanten Fälle im Krankenhaus übersteigt die stationären Fälle bisweilen um ein Vielfaches (Wissenschaftsrat 2010).

Die Hochschulambulanzen der Universitätskliniken nehmen eine wichtige Rolle ein: Sie bieten Patienten[1] einen ambulanten Zugang zu medizinischer Spitzenmedizin eines Krankenhauses der Maximalversorgung, für Einweiser sind sie ein wesentlicher Interaktionspunkt und nicht zuletzt bilden sie die Visitenkarte eines Krankenhauses, da sie maßgeblich zur Meinungsbildung des Patienten beitragen.

Trotz der Attraktivität für eine Universitätsklinik, seine ambulanten Leistungen auszubauen, generieren die Hochschulambulanzen regelmäßig immense wirtschaftliche Verluste. Vordergründig scheint dies in der mangelnden Erlösdeckung der ambulanten Abrechnungsarten begründet. So erhält bspw. das Krankenhaus für die Behandlung eines Patienten in der Hochschulambulanz den gleichen Erlös unabhängig von der Anzahl seiner Besuche im Quartal. Gleichzeitig ist der Leistungserbringer dazu verpflichtet, alle zur Behandlung notwendigen Leistungen in jenem Bereich zu erbringen (Lüngen et al. 2004; Lüngen 2007; Gieselmann et al. 2007).

---

[1]Die weibliche Form ist der männlichen Form gleichgestellt; lediglich aus Gründen der leichteren Lesbarkeit wurde die männliche Form gewählt.

Neben der mangelnden Erlösdeckung ist zu beobachten, dass in den letzten Jahren wirtschaftliche Optimierungsbemühungen in vielen Ambulanzen eher als „Verlängerung des stationären Betriebs" Berücksichtigung fanden. Maßnahmen zur Effizienzsteigerung galten primär dem stationären Versorgungsgeschehen des Krankenhauses. Dennoch bzw. gerade aufgrund dieser vermeintlichen Vernachlässigung bietet der Bereich der Ambulanzen insbesondere für größere Krankenhäuser, wie die der Universitätskliniken, ein interessantes Optimierungspotenzial und kann durch passende Patientensteuerung zum indirekten Erlösbringer sowie durch effiziente Steuerung zum direkten Erlösbringer werden, sodass die Effekte eines solchen Ambulanzprojektes wie Effizienzsteigerungen, Spezialisierung, Standardisierung und erhöhte Menge der Behandlungen auch oftmals ein Kriterium für Qualität werden, wie exemplarische Untersuchungen zeigen (AWMF 2011; Bozic et al. 2010; Unger et al. 2016).

Die Autoren berichten daher hier über verschiedene Umsetzungs- und Piloterfahrungen im Bereich der „Transformation" eines Ambulanzbereichs.

4.2   Optimierungsansätze für Ambulanzen

Durch eine angespannte wirtschaftliche Situation verbunden mit seit Jahren gewachsenen, nicht immer optimalen Strukturen ist gerade in Hochschulambulanzen oftmals eine Vielzahl von Sprechstunden gewachsen und hat dabei viele Schnittstellen und teils unabgestimmte Prozesse generiert. Eine Überarbeitung muss daher umso strukturierter und ganzheitlich verzahnt mit den – im Kern anders ablaufenden stationären Prozessen – ablaufen (Roeder 2009). Während es im stationären Prozess um die ärztliche Behandlung entlang eines Patientenpfades im Aufenthalt und um die „Pflege" von Patienten geht, ist die ambulante Versorgung anders ausgerichtet. Hier sind punktuelle Vorbereitungen, gezielte Diagnostikprogramme und die Organisation rund um einen rein ärztlichen Prozess mehr gefragt.

Für das typische Hochschulambulanzprojekt bieten sich für Bearbeitung, Strukturierung und Reporting fünf typische Optimierungsansätze bei den Themen „Räume", „Personal", „Prozesse", „Abrechnung" und „Kommunikation" an, siehe Abb. 4.1.

Alle fünf Bereiche hängen eng zusammen, ergänzen und beeinflussen sich.

4.2.1   Räumliche Optimierungsansätze

Der Leitsatz lautet „Die Form folgt der Funktion." Die Maßgabe ist die Betrachtung der Räume als interdisziplinäre Funktionsressource, die am medizinischen Mengenbedarf orientiert disponiert werden kann und zentral verwaltet wird. Für einen optimierten Patientenablauf in der Ambulanz bilden drei Raumtypen die Grundlage.

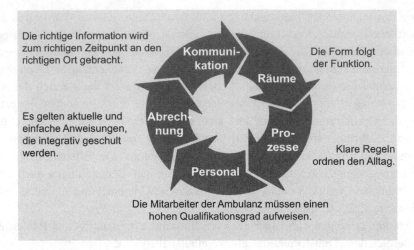

Abb. 4.1 Optimierungsansätze für Ambulanzen. (Universitätsklinikum Schleswig-Holstein)

a) Die Leitstelle der Ambulanz ist die erste Anlaufstelle für den Patienten. Die Mitarbeiter übernehmen koordinierende, steuernde und administrative Aufgaben beim direkten Patientenkontakt.

b) Die Untersuchungs- und Behandlungsräume (kurz UB-Räume) sind räumlich in der Ambulanz gebündelt; sie werden interdisziplinär genutzt, sind nicht namentlich zugeordnet und unterliegen einer einheitlichen und zusammenhängenden Raumbenennung. Alle Räume verfügen über eine Standardausstattung, um die frei disponierbare Verwendung zuzulassen. Die UB-Räume werden durch Räume mit fachspezifischer Ausstattung (z. B. Gynäkologie-Untersuchungsliege) ergänzt.

c) Das Backoffice ist für das interne wie externe Terminmanagement (Terminplanung und -koordination) verantwortlich. Es kann in den Räumlichkeiten der Ambulanz angesiedelt sein, die Mitarbeiter an diesen Arbeitsplätzen haben jedoch keinen persönlichen Patientenkontakt. Der Bereich hat das Potenzial, in Rand- und Überlaufzeiten auch teils über einen Pool an Personal gesteuert zu werden.

Raumstrukturen und -funktionen in den Ambulanzen sind – wie ausgeführt – gerade im Hochschulbereich oft als „Anhängsel" des akutstationären Betriebs vielfach inhaltlich baulich-historisch entstanden und wurden wenig effizient genutzt. Wenig patientenfreundlich gestaltete Aufnahmebereiche, weit verstreute UB-Räume und fehlende Anbindungen an die Informationstechnologien (IT-Anbindung) sind nur drei Beispiele für typische bauliche Herausforderungen in älteren Bauten und gewachsenen Strukturen.

Teils lassen sich diese Mängel durch Neustrukturierung und einfache bauliche Mittel beheben. Zumeist zeigt sich aber, dass nur eine bauliche Neustrukturierung alle Optionen einer modernen Ambulanzbaustruktur heben kann. Vor allem gepoolte Funktionen, Aufnahmebereiche und interdisziplinär nutzbare Bereiche sind in älteren Baustrukturen oftmals nicht vorgesehen gewesen und müssen baulich neu aufgesetzt werden (Andree 2011; Ludes 2013).

4.2.2   Prozessuale Optimierungsansätze

Eine Ambulanz benötigt ähnlich wie bei den Prozessen rund um die operative Versorgung (OP) in einem Krankenhaus klare Regelvorgaben. Durch gelebte Prozessstandards, eine klare Rollen- und Kompetenzzuschreibung über ein Ambulanzstatut sowie ein funktionierendes Ambulanz-Controlling muss die tägliche Arbeit in einer Ambulanz unterstützt werden.

Die Neukonzeption von effizienten Prozessen geht dabei Hand in Hand mit der Neuorganisation der Raumplanung (s. Abschn. 4.2.1). Der Patient meldet sich telefonisch im Backoffice an und erhält einen Termin sowie Informationen zu den benötigten Unterlagen, die mitzubringen sind. Standardisierte Checklisten unterstützen die Mitarbeiter bei der Bearbeitung der Patientenaufnahme- und Patientenverlaufsplanung. Bei Ankunft in der Ambulanz gelangt der Patient über die Leitstelle in den Ambulanzprozess. Er wird über zentral wie dezentral angesiedelte Wartebereiche den standardisierten UB-Räume zugewiesen. Der Arzt betritt erst den UB-Raum, wenn alle arztfremden Tätigkeiten durch eine Sprechstundenassistenz abgeschlossen sind. Die Zeit des Arztes am Patienten wird hierdurch effizient genutzt. Die Dokumentation aller erbrachten Leistungen erfolgt zeitnah von dem erbringenden Mitarbeiter (Ärztlicher Dienst und Funktionsdienst) in das IT-System, was wiederum die Grundlage für eine optimierte Abrechnung bildet (Abschn. 4.2.4).

Unterstützt wird dieser Prozess durch ein modernes Patientenaufrufsystem, welches dem Patienten für den Tag seines ambulanten Aufenthalts eine eindeutige Identifikationsnummer zuordnet und die Patientensteuerung integriert über das Ambulanzsystem erlaubt. Eine moderne Terminambulanz vereint darüber hinaus nicht nur zielgerichtete Prozesse, sondern weist auch aufeinander abgestimmte Sprechstundenzeiten auf. Die Sprechstunden sind so organisiert, dass die Ressourcenvorhaltung dem zeitlichen Bedarf folgt. Ärztliches und Funktionsdienstpersonal wird effizienter eingesetzt und kann so ausreichend Zeit am Patienten verbringen – die Abb. 4.2 illustriert die dazu erfolgende typische Aufgabenverteilung. Diese bedarfsorientierte Konzeption der Sprechstunden nach medizinischen Kriterien mündet dann in einem Terminplanungsprogramm, auf das das Backoffice als zentraler Terminkoordinationspunkt Zugriff hat.

Ein wichtiges Instrument ist der Einsatz eines abgestimmten Ambulanz-Controllingsystems. Das Ziel ist die Vorlage eines Controlling-Berichts je Sprechstunde, der die Auslastung der Sprechstunde und die Generierung von akutstationären Patienten aus dieser Sprechstunde aufzeigt. Übergreifend ist zusätzlich auch eine integrierte Übersicht der Erlös- und Kostensituation sinnvoll. Entsprechende Kennzahlen (z. B. Auslastung pro Sprechstunde nach Uhrzeiten, durchschnittliche Behandlungsdauer pro Sprechstunde, Deckungsbeitrag pro Ambulanz) sollten regelhaft analysiert werden und dienen der Ambulanzleitung und dem Klinikmanagement als Entscheidungshilfe für die weitere Entwicklung der Sprechstunde bzw. der Ambulanz in Richtung einer eigenständig erfolgreichen betriebswirtschaftlichen Einheit mit essentiellen Patientensteuerungsaufgaben. Ein sogenanntes „Kennzahlen-Dashboard" in Abb. 4.3 kann dabei definierte Kennzahlen pro Ambulanz und Sprechstunde ausweisen. Diese Kennzahlen haben den Vorteil, dass

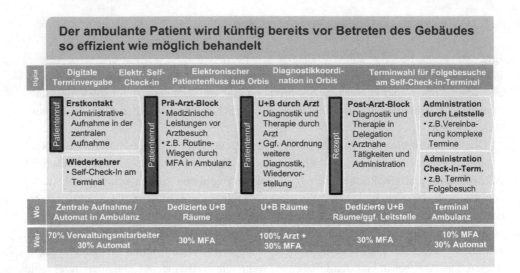

Abb. 4.2 Prozesse in Ambulanzen. (Universitätsklinikum Schleswig-Holstein)

die relevanten Entscheidungsträger des Klinikums routinemäßig einen systematischen Überblick über die wirtschaftliche Situation der jeweiligen Ambulanz erhalten. Entsprechende Handlungsvorschläge können sich daraus unmittelbar ableiten und zur Effizienzsteigerung in einzelnen Sprechstunden und Ambulanzen beitragen (Lachmann und Wenger 2011).

Die Grundsätze zur Ambulanzsteuerung, der Ablauforganisation und Ambulanzplanung sowie der Qualitätssicherung und Dokumentation für den Ambulanzbetrieb werden in einem Ambulanzstatut niedergeschrieben und gelten verbindlich für die Mitarbeiter aller Berufsgruppen in diesem Organisationsbereich. Wichtig scheint hier vor allen Dingen die klare Kompetenzzuordnung – ein Ambulanzmanager muss bei der Disposition von Ressourcen und bezüglich der Einhaltung von „Spielregeln" den „Hut" aufhaben und Durchgriffsrechte besitzen, bei Nichterfüllung von Festlegungen auch Anpassungen vorzunehmen (Schlüter 2015).

4.2.3 Personelle Optimierungsansätze

Der für den Bereich gewählte Leitsatz „Die Mitarbeiter der Ambulanz müssen einen überdurchschnittlich hohen Qualifikationsgrad aufweisen." macht deutlich, dass die in den Ambulanzen tätigen Mitarbeiter ein wichtiger Erfolgsfaktor für die Umsetzung der neuen Prozesse sind.

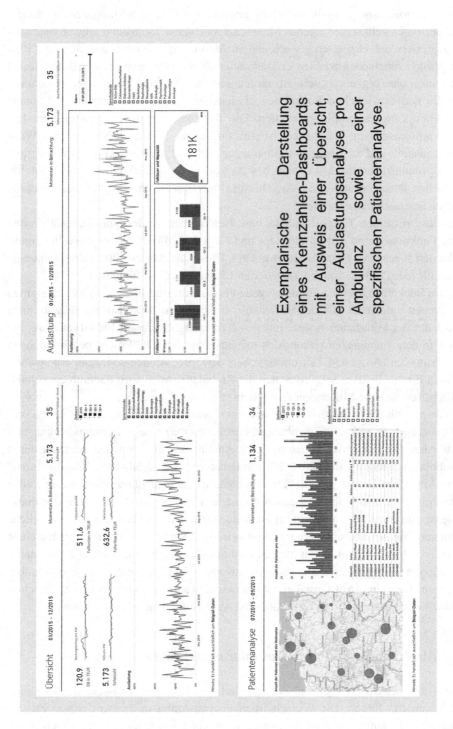

Abb. 4.3 Kennzahlen-Dashboard. (Universitätsklinikum Schleswig-Holstein)

In Ambulanzen sind oftmals historisch gewachsene Mitarbeiterstrukturen zu finden. Jeder Fachbereich stellt seinen eigenen Mitarbeiterpool, deren Tätigkeiten schwer voneinander abzugrenzen sind. Historisch gewachsene Strukturen zeigen oftmals außerdem das Phänomen zeitlich verschieden arbeitender Dienstarten in disziplinarisch verschiedenen Teams nebeneinander ohne organisatorische Abstimmungen und ohne eine gesamthafte Steuerung.

Für die neu entwickelten Funktionen „Leitstelle", „Backoffice" und „UB-Räume" werden klare Tätigkeitsprofile geschaffen. Die Trennung von patientennahen und -fernen, also administrativen Tätigkeiten, ist ein Leitgedanke bei dieser Neuordnung. Während die Leitstelle und die Sprechstundenassistenz im direkten Kontakt mit den Patienten stehen, kommunizieren die Mitarbeiter des Backoffice nur per eMail, Fax oder Telefon mit z. B. den Patienten und deren Angehörigen, niedergelassenen Ärzten oder anderen Fachbereichen des Krankenhauses.

Die verschriftlichten Tätigkeitsinhalte bzw. Beschreibungen der typischen Tätigkeiten der drei Funktionen sind zentral abgelegt und für jeden Mitarbeiter zugänglich. Ergänzend werden sogenannte Checklisten erarbeitet. Diese Checklisten sollen als Handlungsleitfaden für jede Position und die assoziierten Einzeltätigkeiten fungieren.

Für das Backoffice, das die Terminvergabe übernimmt, sind hier bspw. alle relevanten Informationen aufgelistet, die der Patient für die jeweilige Sprechstunde mitzubringen hat. So kann der Mitarbeiter bereits mit der Terminvergabe darauf hinwirken, dass die Prozesse in den Ambulanzen reibungslos ineinandergreifen. Die Prozessbeschreibungen je Sprechstunden (Abschn. 4.2.2) ermöglichen der Sprechstundenassistenz einen übergreifenden Einsatz in allen Sprechstunden der Ambulanz. Auch wird dadurch ein schnelles Einarbeiten für neue Mitarbeiter ermöglicht.

Mit dem Aufbrechen historisch gewachsener Teamstrukturen wird eine übergeordnete Steuerung notwendig. Pro Ambulanzbereich muss eine neue Leitungsstruktur etabliert werden. Die operative Steuerung jeder Ambulanz wird im neuen Konzept durch die Ambulanzfachleitung für den Funktionsdienst und die „Ambulanz Koordinatoren" für den Ärztlichen Dienst gestellt. Die Fachleitung der Ambulanz trägt die operative Verantwortung für den Ambulanzbetrieb. Sie steuert den Personaleinsatz für den Funktionsdienst und organisiert wie informiert Mitarbeiter und Fachbereiche über mögliche Änderungen, die die Ambulanzorganisation betreffen. Sie initiiert darüber hinaus einen regelmäßigen Jour Fixe mit den ärztlichen Ambulanzkoordinatoren, welche die primären Ansprechpartner je Fachbereich in allen organisatorischen Fragen für die in der Ambulanz tätigen Ärzte sind. Auf Grundlage eines neu entwickelten Berichtswesens entscheiden beide Leitungen paritätisch bspw. über die Ausweitung von Sprechstunden.

4.2.4 Abrechnungsbedingte Optimierungsansätze

Hier soll der Leitsatz „Es gelten aktuelle und einfache Anweisungen, die integrativ geschult werden." führen. Die Wirtschaftlichkeit von Ambulanzen steht eng in Zusammenhang mit der ambulanten Abrechnung. Auch wenn gesetzgeberische Vorgaben den

Handlungsspielraum für den Leistungserbringer beschränken, so gilt es doch, innerhalb der gesetzlichen Möglichkeiten möglichst effiziente Abrechnungsprozesse zu etablieren. Dies beginnt mit der konsequenten Verfolgung des Grundsatzes, dass alle Leistungen, die erbracht wurden, zeitnah und umfassend durch denjenigen zu dokumentieren sind, der sie erbracht hat.

Das durchgängig papierlose Arbeiten ist Grundvoraussetzung für eine moderne und stringente Abrechnung. Bereits mit der Aufnahme des Patienten in der Leitstelle werden die mitgebrachten Unterlagen digitalisiert und der elektronischen Patientenakte zugeführt.

Indessen sollte die Entscheidung, ob eine Abrechnungsform bzw. Patientengruppe für die Ambulanz gesamthaft mit der Abbildung in der aktuellen Form sinnhaft ist, fortwährend geprüft werden. Mit Hilfe von definierten Kennzahlen werden auf der Ebene von Sprechstunden nicht nur Erlöse und Kosten gegenübergestellt, sondern wie zuvor beschrieben in definierten Berichtszyklen auch relevante Kennzahlen wie die Qualität der Dokumentation, die Konversionsrate und Auslastung erhoben und ausgewertet. Die Erkenntnisse werden regelmäßig zwischen der Ambulanzfachleitung und den ärztlichen Klinikkoordinatoren besprochen. Etwaige organisatorische Änderungen, wie die Anpassung von Sprechstunden oder der Ausbau von Schulungsangeboten, können sich daraus ableiten.

Die hoch komplexe ambulante Abrechnung, die vielfach Neuerungen unterstellt ist, sollte in einem „Fallartlotsen" zusammengefasst werden. Hier finden sich einfach und prägnant für jede Abrechnungsart eine Beschreibung und etwaige „Fallstricke", mit dem der Mitarbeiter im Ambulanzalltag konfrontiert werden könnte. In regelmäßig stattfindenden Schulungen müssen die Ambulanzmitarbeiter – Ärzte und Funktionsdienst gemeinsam – auf die Dokumentations- und Abrechnungsinhalte ihrer Ambulanz sensibilisiert werden (Döring 2016; Klinger-Schindler 2015).

4.2.5 Kommunikationsbedingte Optimierungsansätze

„Die richtige Information wird zum richtigen Zeitpunkt an den richtigen Ort gebracht." lautet der Leitsatz. Dieser dient dem Optimierungsansatz Kommunikation als Grundlage. Bei der Kommunikation in der Ambulanz soll zwischen interner und externer Kommunikation unterschieden werden (Abb. 4.4).

Die interne Kommunikation bezieht sich auf alle Bereiche im Universitätsklinikum, zum einen in der Ambulanz selbst, zum anderen zu kooperierenden Fachbereichen, wie der Radiologie, dem OP, dem Labor und der Notaufnahme. Hier sorgen einfache, aber klar definierte Standards der Aufgabenverteilungen, wie in Abb. 4.2 illustriert für einen reibungsloseren Ablauf.

Die externe Kommunikation richtet sich an die kooperierenden Arztpraxen, externe Bereiche und andere externe Partner wie bpsw. die externe Physiotherapie, andere Krankenhäuser oder den ambulanten Pflegedienst außerhalb des Klinikums. Besonders die

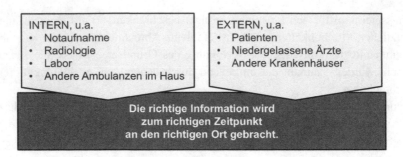

Abb. 4.4 Kommunikation in Ambulanzen. (Universitätsklinikum Schleswig-Holstein)

zentrale elektive Patientenplanung zur Schnittstellenkoordination zwischen ambulanter und prästationärer Patientenplanung für interne wie externe Ärzte erweist sich dabei
oftmals als sehr hilfreich und effizienzsteigernd. Ein – nicht nur elektronisches – sondern auch über persönliche Ansprechpartner definiertes Netzwerk mit den Facharzt- und
Hausarztpraxen sollte hier der Schlüssel sein. Neben dem Aufbau eines elektronischen
Netzwerks für den Austausch von Befunddokumenten an sich, waren vor allem die
erwähnte Einrichtung eines exklusiv für die externe „Kunden"-Kommunikation zuständigen Ambulanz-Mitarbeiters sowie die Integration von „einfachen" Kommunikations-
wegen per Email und der in Praxissysteme integrierten Kommunikation von besonderer
Bedeutung (Lee et al. 2016).

4.3 Diskussion

Die genannten Optimierungsansätze helfen dabei, Restrukturierungsprojekte und
Erfolgs-/Misserfolgsberichte über einzelne Aspekte übersichtlich zu strukturieren.
Gerade bei größeren und ineinandergreifenden Ambulanzprojekten oder in Neubau-
phasen mit kompletten Bereichsneudefinitionen oder Prozessumgestaltungen kann dies
sehr hilfreich sein. Ineffiziente Prozesse, Sprechstunden- oder Raumfehlbelegungen,
lange Wartezeiten, überlastetes Personal bei hohem Durchsatz an Patienten, mangelndes
Abrechnungswissen sowie fehlende Steuerung von Ambulanzen resultiert zumeist aus
einem „historischen" Verständnis der Rolle der ambulanten Medizin in einem modernen
Krankenhaus.

Die moderne Ambulanz – gerade im Kontext der Universitätsmedizin – ist eben
wesentlich mehr als eine „fortgesetzte Werkbank der akutstationären Medizin", die prä-
stationär ausgelagerte Abklärungen wahrnimmt und poststationär im Kontext des stationären Aufenthalts nachversorgt. Die moderne Ambulanz ist vielmehr ein eigenständiger
Bereich, der wichtige Lücken in der sonstigen flächendeckenden ambulanten Medizin
abdeckt und wichtiger Weichensteller für den Behandlungspfad von Patienten ist. Grund-

lage dafür sind valide und systematische Informationen über Standards und aktuelle Kennzahlen sowie gut geschulte und qualifizierte Mitarbeiter.

In einer solch umfassenden Betrachtung werden Effizienzpotenziale durch die Bildung größerer Ambulanzstrukturen und durch ein Pooling von Raum- und Personalressourcen gehoben. Die Kosten für den Umbau von Ambulanzräumen als für jede Bereichssprechstunde tauglichen Raum refinanzieren sich dabei aus der Projekterfahrung sehr schnell. Indessen bieten die Ambulanzen nun ein an Patientenbedürfnisse und bestehende Personalressourcen angepasste Organisation. Eine konstantere Auslastung der UB-Räume ergibt sich hierdurch automatisch und kann über das etablierte Kennzahlenmonitoring auch beobachtet und nachgesteuert werden.

Die Einrichtung eines Backoffices pro Ambulanz, das ausgestattet mit einer neuen Telefonanlage ausschließlich die Terminkoordination wahrnimmt, hat die Erreichbarkeit der Ambulanzen wesentlich verbessert. Neue Tätigkeitsprofile machen dies möglich. Checklisten und der ambulante Fallartlotse geben den Mitarbeitern Sicherheit in der täglichen Arbeit. Entscheidend hat sich im Projekt auch die Einführung einer Stelle für die zentrale Koordination – ähnlich einem OP-Manager bewährt.

Zuletzt kann klar herausgestellt werden, dass eine qualitativ, betriebswirtschaftlich und medizinisch gut gesteuerte Ambulanz durch besseren Ressourceneinsatz entscheidend die Erlössituation verbessern kann. Es gibt genügend Leistungen, die auf dem ambulanten Markt derzeit nicht adäquat erbracht werden – gerade wenn es um Spezialdiagnostik z. B. im Bereich der Schwindeldiagnostik, die Diagnose von seltenen Erkrankungen oder um interdisziplinäre onkologische Begutachtungen geht.

Perspektivisch muss hier natürlich auch die grundsätzliche Adäquatheit der Vergütung in manchen ambulanten Vergütungssegmenten angegangen werden.

4.4 Ausblick und gesundheitspolitische Empfehlung

Die Hochschulambulanzen erfahren durch die weitreichende Ambulantisierung der modernen Medizin eine starke neue Rolle: Auf der einen Seite werden sie immer wichtiger für die eigentliche Krankenhausmedizin, auf der anderen Seite kann nur durch eine gut und strukturiert organisierte ambulante Medizin der Effizienzdruck im stationären Geschäft bewältigt werden und die Weichen für die Behandlung richtig stellen.

Ein großer Aspekt ist bei aller Optimierung damit allerdings aktuell nicht geheilt: Trotz gehobener Effizienzreserven zeigt sich nach wie vor eine deutliche Unterfinanzierung von Hochschulambulanzen in Deutschland. Die Erlössteigerungen sind der neuen Rolle der ambulanten Krankenhausmedizin bisher nicht gerecht geworden. Aktuell kämpfen so z. B. die Hochschulambulanzen:

- mit Fallzahldeckeln, sprich begrenzt finanzierten Fallzahlen,
- mit seltenen und komplexen Krankheitsbildern, die eine zeitintensive, spezielle und damit kostenintensive Diagnostik erfordern,

- mit Patienten, die oft über eine lange Zeit betreut werden müssen und einer interdisziplinären Betreuung bedürften, sowie
- mit Fallwechseln aus der akutstationären in die ambulante Versorgung.

Die Konsequenzen dieser Entwicklung sind klar zu erkennen. Es werden nur die mit den Krankenkassen vereinbarten Fälle durch eine Pauschale je Patient je Quartal vergütet. Die Mehrleistungen der Hochschulambulanzen sind damit aber deutlich unterfinanziert. Dadurch dass insbesondere Hochschulambulanzen im Vergleich zu anderen Krankenhäusern oft wesentlich schwerere Fälle versorgen und eine besondere und damit auch teurere Infrastruktur vorhalten müssen, steigen die Behandlungskosten überproportional an. Die Krankenhausambulanzen müssen ihre Strukturen an diese neue Situation anzupassen, um aufseiten der Kosten die Prozesse so effizient wie möglich zu gestalten. Im nächsten Zug sind nun Politik und Krankenkassen an der Reihe, mit einem veränderten Erlösmodus auf diese neue Rollenverteilung zu reagieren.

Übersicht über die gesundheitspolitischen Empfehlungen

1. Der Mehraufwand, der durch die zwangsläufige Fallselektion in der ambulanten Krankenhausmedizin gegenüber der restlichen ambulanten Medizin entsteht, muss politisch und damit erlösseitig anerkannt werden.
2. Das Segment der seltenen Erkrankungen und deren Behandlung und gebündelte Abbildung in der ambulanten Medizin muss politisch anerkannt und abgebildet werden.
3. Die Kontinuität zwischen ambulanter und stationärer Medizin, die auch prozessual immer besser abgebildet wird, muss auch durch einfachere Budgetmodelle und Anreizsysteme für die ambulante Krankenhausmedizin unterstützt werden.

Literatur

Andree, F., & Dreher, S. (2011). Lohnt sich die „Investition in Steine"? In A. J. W. Goldschmidt & J. Hilbert (Hrsg.), *Krankenhausmanagement mit Zukunft: Orientierungswissen und Anregungen von Experten*. Stuttgart: Thieme.

AWMF Arbeitsgemeinschaft der Wissenschaftlichen Medizinischen Fachgesellschaften. (2011). Hochschulambulanzen heutiger Stand und zukünftige Perspektiven. http://www.awmf.org/fileadmin/user_upload/Stellungnahmen/Aus-_und_Weiterbildung/AWMF-Stellungnahme_Hochschulambulanzen_2011-10.pdf. Zugegriffen: 21. Mai 2017.

Bozic, K. J. et al. (2010). The influence of procedure volumes and standardization of care on quality and efficiency in total joint replacement surgery. *Journal of Bone and Joint Surgery. American Volume, 92*(16), 2643–2652 (Wolters Kluwer Health, Philadelphia, Pennsylvania, Vereinigte Staaten).

Döring, S., Dittmann, H.-M., & Reith, D. (2016). Abrechnung von ambulanten und stationären Behandlungen. In G. Schmola & Boris R (Hrsg.), *Compliance, Governance und Risikomanagement im Krankenhaus: Rechtliche Anforderungen – Praktische Umsetzung – Nachhaltige Organisation* (S. 117–162). Wiesbaden: Springer Gabler.

Gieselmann, G., Brandes, I., Diener, H.-C., et al. (2007). Leistungsorientierte Budgetierung der Ambulanzen des Universitätsklinikums Halle. *Zeitschrift für ärztliche Fortbildung und Qualität im Gesundheitswesen, 101*, 564–576. (Elsevier Verlag Berlin).

Klinger-Schindler, U. (2015). *Der Krankenhaus-EBM: Kommentar für die ambulante Abrechnung – ambulantes Operieren nach § 115b SGB V, ASV nach § 116b SGB V, Notfallambulanz und Krankenhaus-MVZ* (2. Aufl.). Berlin: Medizinisch Wissenschaftliche Verlagsgesellschaft.

Lachmann, M., & Wenger, F. (2011). Dashboards im Gesundheitswesen – Integrierende Analyseinstrumente für das Krankenhaus-Controlling. *ZfCM | Controlling & Management, 55*(4), 224–227. (Springer Verlag Berlin).

Lee, W. W., et al. (2016). Patient perceptions of electronic medical record use by faculty and resident physicians: A mixed methods study. *Journal of general internal medicine, 31*(11), 1315–1322 (Springer Verlag, Berlin).

Ludes, M. (2013). Architektur und Technik. In J. F. Debatin, A. Ekkernkamp, B. Schulte, & A. Tecklenburg (Hrsg.), *Krankenhausmanagement: Strategien, Konzepte, Methoden* (2. Aufl., S. 473–484). Berlin: Medizinisch Wissenschaftliche Verlagsgesellschaft.

Lüngen, M. (2007). *Ambulante Behandlung im Krankenhaus: Zugang, Finanzierung, Umsetzung* (Bd. 3). Münster: LIT.

Lüngen, M., et al. (2004). Leistungen und Kosten der Hochschulambulanzen, in: Forschung, Lehre und Versorgung. *DMW-Deutsche Medizinische Wochenschrift, 129*(45), 2399–2404. (Thieme Verlag Stuttgart).

Roeder, N., & Hensen, P. (2009). *Gesundheitsökonomie, Gesundheitssystem und öffentliche Gesundheitspflege*. Köln: Deutscher Ärzteverlag.

Schlüter, A. (2015). Mit Dashboards navigieren. In U. Schäffer & J. Weber (Hrsg.), *Controlling & Management Review Sonderheft 3-2015: Gesundheitswesen Bewährungsprobe für Controller* (S. 30–35). Wiesbaden: Springer Gabler.

Unger, O., et al. (2016). *The cost, quality and spillover effects of specialization strategies in hospitals–An analysis of the patient's value chain*. Berlin: Elsevier.

Wissenschaftsrat. (2010). Empfehlungen zur Weiterentwicklung der ambulanten Universitätsmedizin in Deutschland, Berlin (Drs. 10052-10).

Über die Autoren

Dr. Christian Elsner, geb. 1973 in Dachau, ist Arzt und Betriebswirt. Seit dem Jahr 2010 ist er geschäftsführender Direktor am UKSH (Campus Lübeck) mit Umsatzverantwortung für Kliniken und Institute mit 300 Mio. EUR. Zusätzlich verantwortet er als Prokurist die MVZ/Ambulanzzentrum gGmbH des UKSH und ist stellvertretender Studiengangsleiter des Studiengangs „Hospital-Manager" der Christian Albrechts-Universität zu Kiel. Vor der Tätigkeit war Herr Dr. Elsner in der Funktion des Geschäftsbereichsleiters bei Wieselhuber&Partner für den Bereich „Pharma & Healthcare" zuständig. Dr. Elsner ist Autor von über 100 wissenschaftlicher Publikationen und Veranstalter von Seminaren, Planspielen und Kongressen im Bereich der Telemedizin, des Krankenhausmanagements und der Gesundheitsökonomie.

Corinna Wriedt (Dipl.-Kauffrau, univ.), geb. 1979 in Berlin, ist Klinikmanagerin und stellvertretende geschäftsführende Direktorin am Universitätsklinikum Schleswig-Holstein, Campus Lübeck. Zuvor war Frau Wriedt Beraterin im Bereich Pharma & Healthcare bei der Strategieberatung Dr. Wieselhuber & Partner in München. Frau Wriedt hat breite Projekterfahrung in den Bereichen der Ambulanzreorganisation und der Klinikrestrukturierung.

Viola Ketz (geb. 1984 in Münster) ist Diplom-Gesundheitsökonomin und langjährige Mitarbeiterin bei KPMG im Bereich der Beratung Gesundheitswirtschaft. Durch ihre umfangreichen

Projekttätigkeiten mit ausgewiesenem Krankenhausschwerpunkt verfügt sie über einen breiten Erfahrungsschatz bei der Beratung von Kliniken aller Versorgungsstufen. Die fachliche Spezialisierung von Frau Ketz liegt in der betriebswirtschaftlichen Optimierung von Krankenhäusern.

Prof. Dr. Nils Breuer (Arzt), geb. 1977 in Freiburg im Breisgau, ist Senior Manager im Bereich Consulting Health Care und seit 2014 für KPMG tätig. Er verfügt über mehr als 10 Jahre Beratungserfahrung im Gesundheits-, Krankenhaus- und Sozialwesen. Schwerpunkte von Herrn Prof. Dr. Breuer sind insbesondere die Projektleitung über die Struktur- und Prozessoptimierung sowie die Reorganisation und Digitalisierung in Krankenhäusern.

Peter Pansegrau, geb. 1970 in Kiel, ist seit April 2010 Vorstand für Finanzen am Universitätsklinikum Schleswig-Holstein (UKSH). Er war zuvor Bereichsvorstand Finanzen der Damp-Gruppe. Herr Pansegrau begann seine berufliche Laufbahn als Revisionsassistent bei der BDO Deutsche Warentreuhand AG, Kiel. Danach wechselte er als Controller in die Konzern-Betriebssteuerung des Verwaltungsdienstleisters der Marseille-Kliniken AG, Hamburg. Anschließend übernahm er das Konzerncontrolling der Damp-Gruppe. Nach einem Wechsel als Verwaltungsleiter zum Lubinus-Clinicum, Kiel, setzte er seine Arbeit als Leiter Finanzen und Prokurist der Damp-Gruppe fort. Peter Pansegrau studierte Betriebswirtschaft an der Christian-Albrechts-Universität zu Kiel mit den Schwerpunkten Finanzwirtschaft, Organisation und Statistik.

Erlösoptimierung bei gleichzeitiger Kostenflexibilisierung durch kooperierende Vertrags- und Belegärzte mittels vernetzter Online-OP- und Kapazitätensteuerung

Alexander Alscher, Jörg-Tilmann Götzner und Marion Moosburger

Inhaltsverzeichnis

A. Alscher (✉)
Department für BWL, BSP Business School Berlin — Hochschule für Management, Berlin, Deutschland
E-Mail: alexander.alscher@businessschool-berlin.de

J.-T. Götzner
Frauenklinik Dr. Geisenhofer GmbH, München, Deutschland

M. Moosburger
Samedi GmbH, Berlin, Deutschland
E-Mail: marion.moosburger@samedi.de

© Springer Fachmedien Wiesbaden GmbH 2018
H.-R. Hartweg et al. (Hrsg.), *Aktuelle Managementstrategien zur Erweiterung der Erlösbasis von Krankenhäusern*, https://doi.org/10.1007/978-3-658-17350-0_5

Zusammenfassung

Kostendruck und steigender Wettbewerb fordern eine elementare Neugestaltung von Prozessabläufen in Gesundheitseinrichtungen. Durch ein komplett online-vernetztes Belegmanagement reduziert die Münchener Frauenklinik Dr. Geisenhofer den Administrationsaufwand der Patientenaufnahme bis hin zur effizienten und verlässlichen Betten- und OP-Planung. Nach Ablösung der aufwendigen Anmeldung zur Operation per Fax durch eine standortübergreifende, jederzeit verfügbare Online-Ressourcenplanung spart das Krankenhaus nicht nur über 5500 Blatt Papier, sondern darüber hinaus auch ca. 600 Arbeitsstunden p. a. Hinzu tritt der wichtige Effekt der Fehlerreduzierung durch eine nun vollständige Datenhaltung sowie durch integrierte Plausibilitätschecks. Freie OP-Saalzeiten werden durch die Online-Vernetzung nicht mehr nur manuell im aufwändigen „Push-Prinzip" verteilt, sondern können online im „Pull-Prinzip" autonom von den Operateuren gebucht werden. Dies erhöht und optimiert die Auslastung. Damit wird ein Modell skizziert, wie auch in der belegärztlichen Versorgung Wirtschaftlichkeitsreserven gehoben werden können und zeitgleich durch diese IT-Vernetzung die Einnahmesituation deutlich verbessert werden kann.

5.1   Einführung

5.1.1   Rahmenbedingungen

Der Kostendruck aufgrund des medizinischen Fortschritts und dem demografischen Wandel sowie dem daraus folgenden steigenden Wettbewerb im Gesundheitswesen erfordert eine stetige Anpassung und elementare Neugestaltung von Prozessabläufen in Gesundheitseinrichtungen auf die neuen medizinischen und wirtschaftlichen Anforderungen. Dies erscheint aufgrund der Tatsache, dass ca. 20–40 % der Arbeitsleistungen im Gesundheitswesen, also durchschnittlich rd. ein Drittel der Arbeitszeit, allein für Datenerfassung und Kommunikation aufgewendet werden, besonders wichtig. In einer Studie von Porsche Consulting aus 50 Krankenhäusern wurden sogar 72 % der Arbeitszeit von Stationsärzten als Nebenaufgaben (Dokumentation, Telefon, Besprechungen, Weg- und Wartezeiten) attestiert. Im Gegensatz dazu dient nur 28 % der Arbeitsleistung der reinen Wertschöpfung rund um die Patientenbetreuung (Porsche Consulting 2009). Der verstärkte Einsatz von IT-gestützter Infra- und Datenstruktur soll die Prozesse und Workflows beschleunigen, Datenerfassung erleichtern und die Kommunikation verbessern. Daraus resultieren dann nicht nur Prozessoptimierungen und -strukturierungen, sondern auch erhebliche Kosteneinsparungen, die alles in allem die Wettbewerbsfähigkeit der jeweiligen Einrichtung aufrechterhalten und/oder (sogar) stärken (Güldner 2009).

Aktuelle Informations- und Kommunikationstechnologie unterstützt Einrichtungen nicht mehr nur in der reinen „hausinternen" (intramuralen) Dokumentation und Administration, sondern übernimmt zunehmend auch vorgelagerte „hausexterne" (extramurale)

Prozesse in der Patientenkommunikation sowie in der intersektoralen Arzt- und Zuweiserkoordination[1]. Die Informations- und Kommunikationslösungen führen dabei einerseits zu höherer Effizienz, d. h. mehr Output bei weniger arbeitsintensivem Input, als auch zu mehr Transparenz, Kontrolle und Qualität in den Prozessen.

Eine enge Vernetzung zwischen einzelnen Sektoren des Gesundheitswesens ist vor allem im Bereich der OP-Planung von elementarer Bedeutung. Im Falle einer Operation müssen dem Operateur relevante Gesundheitsinformationen wie Diagnosen, Vorerkrankungen, Medikationen oder Allergien sowie jegliche Gesundheitswerte bereits vorab zum OP-Termin zur Verfügung stehen. Andernfalls kann die Operation erst gar nicht erfolgen oder muss verschoben werden, was in jedem Fall erhebliche Mehraufwendungen und Kosten rund um das Einholen der fehlenden Informationen bedeutet. Ganz zu schweigen vom erhöhten Risiko, das die Verzögerung der Operation für die Gesundheit und Genesung des Patienten selbst bedeutet. Die Herausforderung liegt daher in der Umsetzung einer effektiven Prozesssteuerung und intersektoralen Behandlungskoordination vorab. So soll bei begrenzten finanziellen Mitteln eine bedarfsgerechte und qualitativ hochwertige Versorgung rund um die Operation gelingen (Lohmann 2012).

5.1.2　Versorgungsangebote zur Geburtshilfe

Die Frauenklinik Dr. Geisenhofer gehört im Bereich der Geburtshilfe mit 2500 Geburten p. a. zu den größten Einrichtungen in Deutschland (Milupa Geburtenliste 2016) und in den Bereichen der Mamma-Chirurgie sowie der operativen Gynäkologie zu den führenden Einrichtungen in der Metropolregion München und deren Umgebung. Aufgrund der hohen Versorgungsqualität, der fachlichen Kompetenz sowie des zuvorkommenden Umgangs mit den Patienten wurde die Frauenklinik in der Umfrage der Techniker Krankenkasse zur Patientenzufriedenheit unter die besten Krankenhäuser Deutschlands gewählt (TK 2014).

Mit über 40 Belegärzten und über 100 zuweisenden Arztpraxen verfügt die Frauenklinik über eine hohe Anzahl an krankenhausinternen und -externen Ressourcen. Um die kompletten Patientenplanungsprozesse zu optimieren, Arbeitsschritte zu automatisieren und eine Echtzeit-Zusammenarbeit mit den niedergelassenen Ärzten zu ermöglichen, setzt die Klinik seit 2014 ein umfassendes Online-Projekt mit dem Ziel um, den Einweisungsprozess per Faxanmeldung abzulösen und diesen darüber hinaus effizienter und fehlerfreier als bisher abzuwickeln.

Die folgenden Ausführungen dieser Publikation behandeln in Abschn. 5.2 zunächst die Hintergründe und Herausforderungen, die der steigende Konkurrenzkampf und

---

[1]Soweit im Folgenden Berufs-, Gruppen- und/oder Personenbezeichnungen Verwendung finden, so ist die weibliche Form der männlichen Form gleichgestellt. Aus Gründen der Lesbarkeit wird auf eine genderneutrale Ausdrucksweise verzichtet.

Wettbewerb der Krankenhäuser in Deutschland sowohl um Patienten als auch um Ärzte hervorruft. Hierauf aufbauend wird in Abschn. 5.3 näher auf das Dilemma von Erlösoptimierung vs. Kosten- und Marketingfokus sowie mögliche Lösungsstrategien eingegangen, wie Gesundheitseinrichtungen ihre Leistungen vermarkten können, ohne dabei auf einen erhöhten finanziellen oder personellen Aufwand angewiesen zu sein. Abschn. 5.4 zeigt schließlich anhand des Beispiels der Frauenklink Dr. Geisenhofer die Ergebnisse einer Lösungsumsetzung über eine enge intersektorale Vernetzung in der digital-vernetzten OP-Planung. Nachfolgend werden die Ergebnisse in Abschn. 5.5 auf allgemeine Managementmodelle von Krankenhäusern übertragen und diskutiert sowie in Abschn. 5.6 ein Ausblick gegeben und in Abschn. 5.7 hieraus gesundheitspolitische Empfehlungen abgeleitet.

5.2   Zunehmende Wettbewerbsintensität

Gerade in Deutschland verschärft sich der Wettbewerb im akutstationären Krankenhausmarkt zunehmend. Stehen in Frankreich auf 1000 Einwohner gerechnet ca. 3,8 Betten und in den USA ca. 2,8 Betten zur Verfügung, so sind es Deutschland trotz des Rückgangs in den vergangenen Jahrzehnten immer noch 6,2 Betten gerechnet auf 1000 Einwohner (Gesundheitsberichterstattung des Bundes 2015). Der Gesetzgeber reagiert auf diese nationalen Unterschiede in zweierlei Hinsicht.

So sollen zum einen Kostendämpfungsgesetze aus Sicht der Kostenträger einen regulierenden Effekt auf die Versorgung ausüben. Bei einer parallel steigenden Kostenentwicklung aus Sicht der Krankenhausträger (bspw. Tariferhöhungen wie zuletzt im ärztlichen Dienst von 2,9 %, Flintrop 2012) geraten jedoch die Gewinnmargen der Krankenhäuser deutlich unter Druck (Schereneffekt). Zum anderen knüpft der Gesetzgeber den Wettbewerb im Gesundheitswesen unmittelbar an neue Versorgungsformen: Modellvorhaben (§ 63 ff. SGB V), Hausarztzentrierte Versorgung (§ 73b SGB V), ambulantes Operieren im Krankenhaus (§ 115b SGB V), ambulante und spezialfachärztliche Behandlung im Krankenhaus (§ 116b SGB V), strukturierte Behandlungsprogramme für chronische Erkrankungen (§ 137 f. und g SGB V), Besondere Versorgung (§ 140a SGB V), Medizinische Versorgungszentren (§ 95 SGB V), Berufsausübungsgemeinschaften (Vertragsarztrechtänderungsgesetz [VÄndG]). Dies hat wiederum zu neuen Kooperations- als auch Wettbewerbsformen in der Zusammenarbeit zwischen Krankenhäusern und niedergelassenen Ärzten geführt. „Die gesundheitspolitische Hinwendung zu ,mehr Markt', als Lösungsansatz für mehr Qualität und Wirtschaftlichkeit, lässt sich über unterschiedliche Regierungskoalitionen hinweg verfolgen, die ab 1998 schrittweise mehr Wettbewerb im System zulassen" (Bialas und Schmidt 2008). Oberreuter fasste prägnant die veränderten Rahmenbedingungen für Krankenhäuser in Deutschland, die vor allem den steigenden Vernetzungsgrad und die Verschmelzung zwischen den vormals getrennten Bereichen ambulant und stationär thematisieren, wie folgt zusammen (Oberreuter 2010):

- fachübergreifende Ärztenetze
- Medizinische Versorgungszentren
- intersektoraler Wettbewerb
- institutsübergreifende Zertifizierungen
- klinische Kompetenzen niedergelassener Ärzte
- Teilzeitstellen
- sektorenübergreifende Versorgungsmodelle

Neben diesen neuen Varianten der Leistungserbringung sorgten Direktverträge für einen spürbaren Konkurrenzdruck, der mit dafür verantwortlich war, dass die Überkapazitäten im akutstationären Bereich abgebaut wurden bzw. die vertragsärztlichen Vergütungen zunehmend knapper wurden (Bialas und Schmidt 2008). 71 % der Krankenhäuser schätzen die Konkurrenz- und Wettbewerbssituation laut einer Studie der contec-Gesellschaft für Organisationsentwicklung mbH als hoch oder sogar als sehr hoch ein (Schmidt et al. 2008). Das steigende Konfliktpotenzial dürfte mittlerweile als noch gravierender wahrgenommen werden. Um im Wettbewerb bestehen zu können, sind interne Prozessverbesserung als auch neue Ansätze im Patienten- und Zuweisermarketing unverzichtbar geworden. Derart soll es gelingen, dem stets kompetitiver werdenden Wettbewerbsumfeld gerecht zu werden und langfristig den Fortbestand und Erfolg der Einrichtungen sicherzustellen.

5.3   Erlösoptimierung vs. Kosten-/Marketingfokus

Aufgrund der starken Wettbewerbsintensivierung lassen sich entlang der Wertschöpfungskette drei Stellhebel als Strategiefelder (Abb. 5.1) ableiten, um die Erlöse lukrativ zu gestalten und dem Hamsterrad einer reinen Wirtschaftlichkeitsbetrachtung zu entgehen:

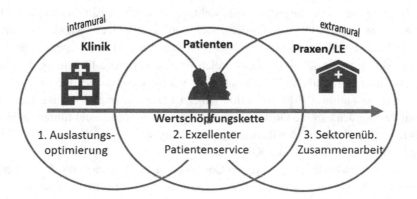

Abb. 5.1   Strategien. (Samedi GmbH)

1. Optimierte Auslastung und Erlös-Controlling
2. Exzellenter Patientenservice
3. Sektorenübergreifende Zusammenarbeit

Durch moderne, vernetzte IT-Technologien können diese drei Felder nicht nur einzeln optimiert werden, sondern auch integriert im Rahmen einer vernetzten Ressourcenplanung und Ablaufsteuerung. Terminbuchungen und Einweisungen können automatisiert online abgewickelt und dezentral ohne analogen Kommunikationsoverhead verwaltet werden. Somit werden bei weniger Administrationsaufwand ein hochwertigeres Serviceangebot und eine effizientere Koordination der Behandlungspfade erreicht. Im Folgenden werden hierfür diese drei Strategien im Detail ausgeführt.

5.3.1 Optimierte Auslastung und Erlös-Controlling

Der erste strategische Stellhebel betrifft die klinikinterne Organisation bzw. die Auslastungsoptimierung. Im Rahmen der nachhaltigen Prozessoptimierung sollten dabei nicht nur die benötigten, vorhandenen und kritischen Ressourcen erfasst und analysiert, sondern auch in einem IT-System hinterlegt und gemanagt werden. Mit einer intelligenten Ressourcenplanung lassen sich damit die Prozesse innerhalb einer Klinik umfassender und zugleich effizienter umsetzen. Voraussetzung ist ein komplexes Regelwerk, das es ermöglicht, alle beteiligten Personen, Räume und Geräte exakt für den Zeitraum einzuplanen, in dem sie tatsächlich aktiv am Behandlungsablauf beteiligt sind. So kann Leerlauf wirksam reduziert und eine Auslastungssteigerung der verfügbaren Ressourcen erzielt werden. Im Falle einer reibungslosen OP-Planung lassen sich Vor- und Nachbereitungen zentral organisieren sowie alle benötigten Ressourcen wie OP-Säle, Ärzte und Geräte können in den Ablauf eingeplant werden, unabhängig davon, ob diese krankenhausintern oder -extern zur Verfügung stehen.

Durch individuell vorgegebenen Buchungsregeln wie z. B. exklusiv hinterlegte OP-Zeiten, Kontingente sowie Regeln für die Nichtausnutzung von Kontingenten, wird eine optimale Auslastung der OP-Säle erreicht. Viele, oft auch kleinere Krankenhäuser, stellen ihre OP-Säle zur Verbesserung der Auslastung auch ambulanten Operateuren/Belegärzten zur Verfügung. Auch in diesem Bereich ist eine vernetzte IT-Lösung dazu in der Lage, zeitliche und räumliche Restriktionen zu überwinden, da der Fax- und Telefondienst durch die Online-OP-Koordination nahezu komplett ersetzt werden kann. Über Schnittstellen werden externe Operateure problemlos angebunden und führen online über das OP-Buchungssystem verbindlich OP-Saalbuchungen, -verschiebungen und -absagen nach den individuellen Regeln der Klinik durch.

Für ein umfassendes und transparentes Controlling ist es hilfreich, die Auslastung von Ressourcen (z. B. Geräte, Betten, OP-Säle, Zimmer) zu beobachten. Eine farbkodierte Ansicht ermöglicht eine unmittelbare Visualisierung akuter Engpässe und Überhänge, für eine umfassendere Auswertung und Beobachtung aktueller Entwicklungen und

Tendenzen werden Business-Intelligence-Anwendungen („BI-Tools") eingesetzt, die laufend Statistiken zu Termin- und Ressourcendaten einer Klinik errechnen. Das BI-Tool ermöglicht einen deutlich verbesserten Überblick über strategische und operative Entscheidungen und hilft bei deren Findung im Hinblick auf die definierten Unternehmensziele (Dedić und Stanier 2016). Ein Reporting-Client macht diese ständige Auswertung und Beobachtung noch weitaus einfacher handhabbar, indem er zur automatischen Ablage, Archivierung, Generierung von Statistiken und Auswertungen sowie zum Controlling der zugrunde liegenden Termin- und Formulardaten nach Microsoft Excel, Access oder Word dient.

Der integrierte Workflow garantiert bereits bei der Anmeldung, dass die erlösrelevanten Diagnose- und Prozedurencodes übermittelt werden. Aufgrund der hohen Anzahl von elektiven Eingriffen in der Frauenklinik Dr. Geisenhofer GmbH, verbunden mit der Tatsache, dass auch erlösrelevante Vor- und Begleiterkrankungen den Belegärzten bekannt sind, liegen somit die wesentlichen Abrechnungsgrundlagen bei der Aufnahme bereits vor. Auch hier unterstützt die IT-Lösung mit der Definition von Pflichtfeldern und der Vorgabe der hausindividuellen Kataloge die sachgerechten Eingaben. Im Laufe des stationären Aufenthaltes müssen dann nur noch die evtl. zu verschlüsselnden hinzukommenden Prozeduren und Diagnosen erfasst werden. Im Ergebnis stehen damit mit Entlassung alle zur Fakturierung notwendigen Daten sofort zur Verfügung. Der Fakturierungsprozess konnte damit noch einmal deutlich optimiert werden (sowohl in der Verkürzung der Laufzeit als auch in der Qualität der Verschlüsselung) und somit ergibt sich daraus eine signifikante wirtschaftliche Verbesserung.

5.3.2 Exzellenter Patientenservice

Im zweiten Strategiefeld des Patientenmarkts betonen aktuelle Arztstudien die Bedeutung von Weiterempfehlungsmarketing bzw. Mund-zu-Mund-Werbung auch und gerade für die Vertrauensgüter, die für das Gesundheitswesen so elementar sind. Schon lange ist bekannt, dass Patienten schlechte Erfahrungen beim Arzt bis zu 11 mal an Freunde und Bekannte kommunizieren, während sie positive Erlebnisse noch immerhin 4 mal berichten (Thill 1999). Diese persönlichen Weiterempfehlungen wirken sich also erheblich auf das Renommee des Krankenhauses und dieses wiederum auf die Entwicklung der Fallzahlen aus. Dabei ist es erst einmal unerheblich, ob diese Weiterempfehlungen persönlich im Freundes- und Bekanntenkreis weitergetragen oder online auf Arztbewertungsportalen publiziert werden. Arztbewertungsportale im Internet können jedoch aufgrund der temporär und lokal nahezu unbegrenzten Verfügbarkeit sogar weitreichendere und länger anhaltende Konsequenzen mit sich ziehen. Die daraus resultierende Forderung nach einer herausragenden Behandlungsqualität und individuellen Betreuung jedes Patienten steht jedoch in Konflikt mit den zunehmend begrenzteren Zeitkontingenten, die den jeweiligen Behandlern zur persönlichen Patientenbetreuung zur Verfügung stehen. Daher müssen Wege gefunden werden, die Patientenbeziehung zu stärken, ohne sich einen zeitlichen Mehraufwand aufzubürden und die persönliche Betreuung stattdessen über intelligente Vernetzungsformen und neue Medien zu intensivieren (Merten 2005).

Um Patienten direkt ein positives Gefühl der Erreichbarkeit ohne lästige Wartezeit zu geben, gibt es bereits online Anmelde- und Anamnesesysteme, die dem Patienten schon vor dem Eintreffen und zur direkten, jederzeit verfügbaren Kontaktaufnahme zur Verfügung stehen. Als besonderen Service und für optimal aufgeklärte Patienten können Ärzte zudem wichtige, terminspezifische Informationen automatisiert per E-Mail zusenden und Patienten im ambulanten (OP-)Bereich sogar nochmals per SMS an den Termin erinnern oder kurzfristige Informationen (wie ein „nüchternes" Eintreffen) hervorheben. Durch automatische behandlungsspezifische Terminbestätigungen (inkl. angepasstem Informationsmaterial bzw. Anamnesebogen als Anhang im .pdf-Format), Terminerinnerungen und -verzögerungsnachrichten sind Patienten umfassender informiert und vorbereitet. Im Rahmen der Qualitätssicherung können Krankenhäuser über Follow-up-Benachrichtigungen zum Termin bzw. zur Behandlung auch automatisierte Qualitäts- und Zufriedenheitsumfragen im Netzwerk durchführen sowie individuelle Patientengruppen selektieren, direkt ansprechen und somit eine zielgerichtete Informationsvermittlung realisieren (Keller 2015).

Eine Online-Vernetzung ist heutzutage auch zur Vermarktung des eigenen Leistungsspektrums unumgänglich. Als Online-Marketing können dabei alle Maßnahmen des Marketings verstanden werden, die online, also über Internetfunktionalitäten, an die Zielgruppe herangetragen werden. Im Vergleich zum klassischen Marketing, das laut Bellingrath (amerikanischer Marketingspezialist; zitiert nach Krause 1998) mit einem Wasserschlauch verglichen werden kann, mit dem man versucht, möglichst viele Passanten nass zu spritzen, können Online-Marketingmaßnahmen weitaus individueller gesteuert werden. Bellingrath bietet hier die Metapher des Pools, bei dem Passanten selbst entscheiden können, ob und inwiefern das Angebot angenommen wird. Zum Online-Marketing zählt ein weit gefächertes Spektrum an Maßnahmen, wie bspw. Suchmaschinenwerbung, Suchmaschinenoptimierung, Contentmarketing, Email-Marketing, Social-Media-Marketing und vieles mehr.

Auch wenn Online-Marketingmaßnahmen im Gesundheitswesen noch immer eine untergeordnete Rolle spielen, sollte jede Einrichtung zumindest ihre Alleinstellungsmerkmale und besondere Serviceangebote nach außen kommunizieren. Gerade „in Zeiten des Wettbewerbsdrucks müssen Krankenhäuser mehr denn je unternehmerisch denken, um wirtschaftlich erfolgreich zu sein" (Köhler und Gründer 2017). Eine eigene Webseite kann dabei als erste Anlaufstelle für Informationen über die Klinik dienen und stellt für viele Patienten einen ersten Schritt der Recherche dar. Wie die EPatient Umfrage 2016 zeigt, recherchiert mit 40 Mio. Deutschen etwa die Hälfte der Bevölkerung online über Gesundheitsthemen, 51 % der Befragten wünschen sich dabei eine Bereitstellung weiterführender, hochwertiger Online-Informationen von ihrem Arzt (EPatient Survey 2016). Eine eigene Klinikwebseite scheint die perfekte erste Anlaufstelle.

Die Einbindung des Online-Terminbuchungsangebots direkt auf der eigenen Webseite kann in diesem Zusammenhang einen zweiten wichtigen Schritt der Kontaktaufnahme darstellen. Gerade wenn Webdesigner die Patienten-Buchungsmaske komplett an die Corporate Identity und nach individuellen Kriterien der Klinik anpassen, erweckt dies eine hohe Kontaktbereitschaft und verringert die Terminbuchungshürden um ein Vielfaches. Zudem kann die Buchungstechnologie in weiteren Online-Profilen eingebettet werden, wie bspw. in den Arzt- und Zahnarztsuchen jameda.de (2017), aerzte.de (2017), arzt-auskunft.de (2017), vgl. letzte Seite oder arzttermine.de (2017). Der Zusatzservice trägt schließlich dazu bei, dass sich die jeweilige Institution im Wettbewerb abhebt.

5.3.3 Sektorenübergreifende Kooperation und Kommunikation

Der letzte Optimierungshebel entlang der Wertschöpfungskette bezieht sich auf den Verbund zwischen Krankenhaus und Arztpraxen, Therapeuten, anderen Kliniken und weiteren Akteuren im Gesundheitswesen, um ein optimiertes Behandlungsnetzwerk aufzubauen. Sehr wichtig ist es dabei, u. a. die Hürden für Netzwerkpartner sowohl finanziell als auch logistisch möglichst gering zu halten. So soll es für Partner möglich sein, sich kostenlos und ohne Mehraufwand mit dem Krankenhaus zu vernetzen. Die Zusammenarbeit soll nicht nur für Kliniken, sondern für jegliche Beteiligte erleichtert und langfristig effizienter gestaltet werden.

5.3.3.1 Mindestanforderungen

Der Einsatz von Online-Tools, die ohne Installation in jedem Web-Browser verfügbar sind, sogenannte Software-as-a-Service (SaaS)-Lösungen, scheinen dabei geeignete Alternativen darzustellen. Alles, was die Gesundheitsinstitution für den Einsatz einer derartigen Weblösung benötigt, ist ein funktionierender Rechner und eine stabile Internetverbindung. Diese technische Anforderung scheint in vielen Fällen bereits erfüllt zu sein und damit keine Hürde mehr darzustellen. Laut einer Studie der Obermann et al. aus dem Jahr 2015 nutzen 99 % der Ärzte Computer für ihre tägliche Arbeit, immerhin 84 % der Arztpraxen sind demnach auch mit Internetzugriff ausgestattet, wobei dieser Anteil in den vergangenen Jahren überproportional angestiegen ist (Stiftung Gesundheit 2015). Neben einer jederzeitigen Verfügbarkeit ohne notwendige Zusatzinstallationen und Applikationen ergibt sich ein weiterer entscheidender Vorteil: Die Tatsache, dass alle Beteiligten jederzeit und ortsunabhängig vom verwendeten Endgerät auf Daten und aktuelle Versionen (ohne Kompatibilitätsprobleme) zugreifen können, ebnet den Weg zu einer effizienteren Zusammenarbeit im Gesundheitswesen. Eine erfolgreiche sektorenübergreifende Zusammenarbeit spiegelt sich sowohl in einem effizienten Customer Relationship Management ("CRM") rund um die einweisenden Ärzte und in gleicher Weise im Entlassmanagement wider. Derart kann zudem auch eine medienbruchfreie Kommunikation und eine fehlerfreie Informationsweitergabe gewährleistet werden.

Größtenteils findet heutzutage die Kommunikation noch immer über das Medium "Arztbrief" statt. Nicht selten kommt es dabei zu Übertragungsfehlern oder fehlerhaften Informationsweitergaben, wenn bspw. Diagnosen unkommentiert bleiben, offene

Fragen nicht beantwortet werden, Begründungen für Medikationen fehlen, es insgesamt an Transparenz über die bereits eingeschlagene Versorgung mangelt oder die Informationsweitergabe stark verzögert erfolgt (Heckl 1990). In solchen Fällen drohen Rücküberweisungen, die insofern als äußerst kritisch anzusehen sind, da negative Erlebnisse des Behandelten beim Übergang in den Alltag vorhergehende Erfolge des Krankenhauses in ein schlechtes Licht stellen (Raab und Drissner 2011). Ein zielgerichtet aufgebautes, klinikspezifisches Netzwerk an Einweisern und Partnerärzten legt den Grundstein für eine strukturierte Organisation und Dokumentation der Zusammenarbeit mit Ein- bzw. Zuweisern und mit niedergelassenen Ärzten im Entlassmanagement.

5.3.3.2 Online-Terminbuchung und Online-Zuweisung

Online-Terminbuchung ist im Bereich der Patientenservices und des Praxismarketings von niedergelassenen Ärzten ein mittlerweile weit verbreitetes Konzept. Immerhin 21 % der im Rahmen der Stiftung Gesundheit befragten Ärzte geben an, ihren Patienten bereits den Service der Online-Terminvereinbarung anzubieten, ein knappes Drittel der Befragten kann es sich zudem vorstellen, diese Option zukünftig einzuführen (Obermann et al. 2015).

Dieses Konzept lässt sich nun auch auf den Bereich des Einweisermanagements übertragen. Auf diese Weise haben nicht nur Patienten die Möglichkeit, rund um die Uhr verbindlich Termine bei ihren Haus- und Fachärzten online zu buchen, sondern auch Einweiser profitieren von dem Serviceangebot der Online-Zuweisung, indem sie mit wenigen Klicks Vorstellungs- und Aufnahmetermine im Krankenhaus vereinbaren können. Die begrenzte telefonische Erreichbarkeit über die täglichen Arbeitsstunden entfällt und der Verwaltungsaufwand kann spürbar reduziert werden. Da sich die Anforderungen zuweisender Ärzte von denen der Patienten unterscheiden, weichen auch die Anforderungen an die SaaS-Lösung je nach Organisation deutlich voneinander ab. Webgestützte Software muss also flexibel genug sein, um die umfassenden krankenhausinternen (Abschn. 5.3.1) und krankenhausübergreifenden Abläufe und Vorlaufzeiten abbilden zu können. Zudem ist ein deziertes Regelwerk obligatorisch, mit dessen Hilfe die jeweilige Organisation Buchungsrechte einzelner Partner individuell bestimmt und verwaltet.

5.3.3.3 Online-Case-Management

Auf Basis eines individuell anpassbaren Online-Terminbuchungssystems kann zudem eine komfortable Koordination sektorenübergreifender Versorgungsketten gewährleistet werden. Mittels weniger Klicks werden Patiententermine bei unterschiedlichsten Institutionen, Abteilungen und Praxen unabhängig vom Standort aufeinander abgestimmt. Das erspart dem Casemanagement bzw. dem Entlassungsmanagement bei der Planung der Anschlussbehandlungen wie bspw. der Rehabilitation oder der Rückführung in die haus- und/oder fachärztliche Betreuung viele Telefonate, Faxe und Briefe.

Durch die automatische Übertragung der Patientenstammdaten im Rahmen des Online-Buchungsvorgangs entfallen zeitaufwändige weitere Arbeitsschritte und die Gefahr von Übertragungsfehlern wird gebannt. Zusätzliche Pflichtfelder bei der Eingabe sorgen zudem dafür, dass alle behandlungsrelevanten Informationen zum Patienten vom Einweiser jederzeit und schon zum Zeitpunkt der Terminbuchung vorliegen.

Neben der medienbruchfreien Datenweitergabe im Falle einer Zuweisung zählt auch die behandlungsspezifische Kommunikation zu den Vorteilen einer engeren Vernetzung im Ärztenetzwerk. Durch datenschutzkonforme SaaS-Tools, die auch die ärztliche Schweigepflicht nach § 203 StGB einhalten, können bspw. Arztbriefe und Formulare entsprechend individueller Anforderungen problemlos online erstellt, verwaltet und im Versorgungsnetzwerk freigegeben werden. Zuständigkeiten und Kommunikationswege werden eindeutig im System definiert und ermöglichen eine gezielte, medienbruchfreie Kommunikation aller Behandlungspartner. Auch eine strukturierte Freigabe von Arztbriefen sowie eine sichere, vollständig digitale Leistungsdokumentation, auch im Rahmen der ambulanten spezialfachärztlichen Versorgung (ASV), ist auf Basis eines Online-Formularwesens möglich. Durch eine vollständig digitale Kommunikation werden Telefonate, Faxe, Post und E-Mails reduziert. Dadurch entstehen weniger Kosten, höhere Datenqualität sowie die direkte Verfügbarkeit aller Informationen.

5.4   Vernetzung als Lösung des Erlös-/Kosten-Dilemma

Die Frauenklinik Dr. Geisenhofer setzt seit 2014 eine SaaS-Lösung ein, um die kompletten Patientenplanungsprozesse zu optimieren, Arbeitsschritte zu automatisieren und eine Echtzeit-Zusammenarbeit mit den niedergelassenen Ärzten zu ermöglichen. Mit über 40 Belegärzten und über 100 zuweisenden Arztpraxen verfügt die Frauenklinik über eine hohe Anzahl an krankenhausinternen und -externen Ressourcen.

Noch bis Ende 2013 wurden alle Patienten mittels Faxanmeldung in die Klinik eingewiesen, die Informationen mussten dann von Hand erfasst und mehrfach sowohl in das Aufnahmebuch als auch den internen Excel-OP-Plan übertragen werden, ohne dass dafür IT zur Verfügung stand. In vielen Fällen waren zusätzliche Rückrufe und Kontaktaufnahmen mit den einweisenden Arztpraxen nötig, da nicht alle Felder im Anmeldeformular vollständig ausgefüllt wurden und wichtige, OP- und behandlungsrelevante Informationen fehlten. Pro Patient und Fax musste mit einer Bearbeitungszeit von 5–10 min gerechnet werden, insgesamt wurden also allein 104 h p. a. für die vorgelagerte Erstaufnahme der Patienten aufgewendet. Um diesen Administrationsaufwand zu reduzieren und die gesamte Patientenaufnahme, die Betten- und OP-Planung effizienter und verlässlicher zu gestalten, führte die Frauenklinik die hier dargestellte, standortübergreifende Online-Ressourcenplanung und prozessgesteuerte OP-Planung ein.

Im Vorfeld der Umsetzung des Projektes wurden strukturiert folgende IST-Prozesse analysiert, darauf aufbauende SOLL-Prozesse dargestellt und die resultierenden Vorteile abgeleitet (Tab. 5.1).

Die analoge Einweisung und OP-Planung bis 2014 gestaltete sich zeitaufwändig und behinderte den Workflow. Als ersten Schritt mussten einweisende Ärzte das Patienten- Anmeldeformular der Klinik ausdrucken, ausfüllen und der Klinik zufaxen.

Tab. 5.1 Analyse der analogen *vs.* digital-vernetzen Prozesse bei der OP-Planung

Nr	Schritt	ALT (analog)	NEU (digital vernetzt)	Vorteil
1	Praxis meldet Patient für OP an	„Anmeldeformular" faxen	OP-Buchung von Praxis online (inkl. Arztsystem-Schnittstelle)	Kein Abtippen mehr sowie Aufnahme & OP-Planung in einem Schritt
2	Klinik erstellt Aufnahmeliste/-buch	„Aufnahmebuch" eintragen	Terminliste mit Vorlage „Aufnahmeliste" automatisch generiert	Wegfall des Abtippens
3	Klinik gibt Zugangszettel an Station	„Zugangszettel" ausfüllen	Terminliste mit Vorlage „Zugangszettel"	Wegfall des händischen Eintippens
4	Klinik erstellt Aufnahmejournal	„Aufnahmejournal" händisch befüllen	Reporting-Client generiert „Aufnahmejournal" automatisch	Felder automatisch vorbefüllt
5	Klinik macht OP-Planung	„OP-Liste"	Terminliste mit Vorlage „OP-Liste"	Schnellere Sortierung, kein Versionskonflikt, überall zugreifbar
6	Abrechnung	Übertragung der OPS- und ICD-Codes, teilweise in Klarschrift	Integrierte Erfassung und Übertragung mit entsprechenden Pflichtfeldern und Katalogen	Sichere und richtige Erfassung, Just-in-time
7	Realisierung der Forderung	Zeitlich abhängig von Übertragung	Just-in-time	Schnellere Fakturierung inkl. verbesserter Kodierung

Patientenstammdaten, geplante Behandlungen und Einweisungsdiagnosen wurden händisch übertragen. Lücken in der Informationsweitergabe und nicht eindeutig entzifferbare Handschriften behinderten die Einweisung und machten häufig zusätzliche Kontaktaufnahmen notwendig. Ausgehend vom eingehenden Anmeldeformular wurden dann sowohl Aufnahmelisten als auch Zugangszettel erstellt, die dann an die jeweilige Station weitergegeben wurden. In der Station wurden die erhaltenen Daten wiederum händisch in ein Aufnahmejournal übertragen, auf dessen Grundlage schließlich die OP-Belegung geplant wurde. Für die OP-Planung hatte die Frauenklinik das Tabellenprogramm Microsoft Excel im Einsatz. Dadurch, dass diese Software eine lokale Installation und Speicherung erfordert, war die OP-Planung an den jeweiligen Arbeitsplatz gebunden und konnte nicht einfach standortübergreifend oder endgerätunabhängig eingesehen oder bearbeitet werden. Zudem wurde kein zeitgleiches Öffnen einzelner Tabellen auf mehreren Endgeräten unterstützt, sodass die OP-Planung nicht von mehreren Rechnern aus bearbeitet werden konnte, Versionskonflikte waren demnach vorprogrammiert.

Nach Einführung der digitalen Vernetzung können zuweisende Arztpraxen ihre Patienten in die Dr. Geisenhofer Frauenklinik mit wenigen Klicks verbindlich für eine OP direkt aus dem Praxissystem heraus anmelden. Die Patientendaten werden dabei dank Schnittstelle automatisch und direkt aus dem jeweiligen Praxissystem übertragen. Falls das Krankenhaus oder die Praxis bei der Buchung Veränderung vornimmt (bspw. Reihenfolge, Uhrzeit, Anästhesie, o. ä.), werden die anderen involvierten Parteien automatisch darüber informiert, sodass jeder Leistungserbringer zu jedem Zeitpunkt einen Überblick über den OP-Planungsprozess des Patienten hat.

Durch die Freigabe von OP-Saal-Exklusivzeiten und individuellen Zuweisungsrechten für die Operateure wird zudem sichergestellt, dass die krankenhausinternen Abläufe bereits vorgelagert in den Praxen korrekt abgebildet werden. Das digitale Regelwerk sorgt für eine optimale Auslastung der verfügbaren Ressourcen und schließt Doppelbelegungen aus. Die Abfrage von Pflichtfeldern bei der Anmeldung garantiert, dass zuweisende Ärzte bzw. Operateure alle relevanten Daten wie bspw. vorgehende Diagnosen, Allergien, Medikationen oder Vorerkrankungen angeben. Für die Klinik ist dies auch eine Absicherung, dass alle Belegärzte ihre Patienten über die Operation und mögliche Risiken informiert haben. Alle gebuchten Termine werden in einen klinikweiten Kalender mit allen relevanten Ressourcen eingetragen. Dadurch ist jederzeit eine Übersicht der aktuellen Auslastung vorhanden. Auch die Planung und Koordination von Geburtsterminen kann mit dem neuen Kalender einfach und übersichtlich durchgeführt werden. So gibt es eine separate Spalte für alle geplanten Geburten. Sobald feststeht, wann die Entbindung stattfinden wird, kann der Termin ganz einfach per „Drag & Drop" in die Spalte des Kreissaals übertragen werden (Abb. 5.2).

Mittlerweile werden in der Frauenklinik über 90 % aller OP-Anmeldungen auf diese Weise online abgewickelt. Die Folge ist eine enorme Entlastung der Patientenaufnahme. Das Medizincontrolling der Dr. Geisenhofer Klinik spart durch den Wegfall der Faxanmeldung pro Jahr nicht nur über 5500 Blatt Papier, sondern auch ca. 600 Arbeitsstunden

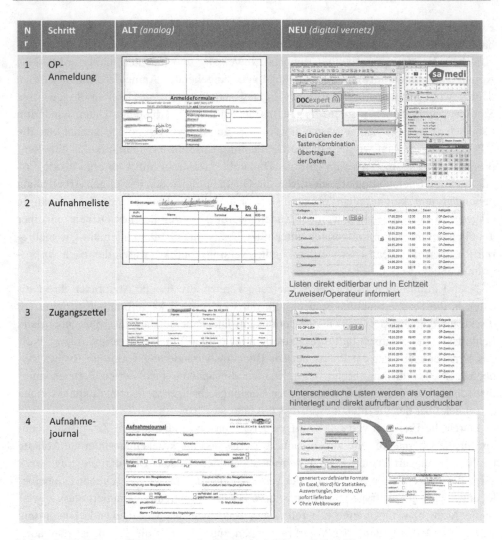

Abb. 5.2 Einführung IT-Vernetzung im OP-Bereich. (Samedi GmbH)

Zeit. Neben dem bereits dargestellten wichtigen Effekt der Fehlerreduzierung, der Daten-vollständigkeit und der besseren Ressourcenkontrolle schlägt damit auch eine deutlich verbesserte Auslastung zu Buche. Der Kalender und die Patientenlisten verraten auf einen Blick, wo und wann noch Kapazitäten frei sind und wie der OP-Plan für einen bestimmten Tag aussieht.

Daneben ermöglicht die vernetzte OP-Planung eine deutliche Optimierung der OP-Auslastung. Über die Online-Anbindung der Ärzte wird es ermöglicht, auch kurzfristig Slots zu füllen und damit die Fallzahlen zu erhöhen. Somit steigen die Erlöse, verbunden mit einer Kostenoptimierung durch die Vermeidung von Leerständen der OP-Ressourcen.

5.5   Diskussion

Im Ergebnis konnte auf empirischer Basis gezeigt werden, dass die Umsetzung der unter Abschn. 5.3 vorgestellten Strategien nicht nur der Theorie entspringt, sondern auch in der Praxis effizient vonstattengeht. Die damit einhergehende IT-Vernetzung ist fester Bestandteil des Krankenhausmanagements. Das interessante an diesem Ansatz ist die zeitgleiche Einnahmegenerierung bei Auslastungsoptimierung mit den innewohnenden Potenzialen der Kostenoptimierung durch belegärztliche Strukturen. Die Versorgung ist dabei nach dem sogenannten „Pull-Prinzip" organisiert, sodass alle Leistungserbringer jederzeit und von jedem Ort aus auf die aktuellen OP-Verfügbarkeiten zugreifen können. Derart gelingt die Entwicklung zu einem Krankenhaus, das man mit Blick auf die intra- und extramural vernetzte IT-Infrastruktur auch als „Krankenhaus 2.0" bezeichnen könnte. Wie die Abb. 5.3 zeigt, lassen sich gerade die Faktoren als „discretionary" (also durch das Management gestaltbar und veränderbar, vgl. klassische Controlling-Unterteilung nach Horngren et al. 2013) klassifizieren, die mit dem belegärztlichen und IT-Vernetzten Ansatz deutlich optimiert werden können.

Die Erlös- und Kostenoptimierung im Belegkrankenhaus wird durch das flexible Kooperationsverhältnis mit den Ärzten erreicht, die nicht mehr als Fixkostenanteil die Erfolgsrechnung belasten, sondern variabel vergütet werden. Im Vergleich der Basisfallwertkosten von 2790 EUR sind davon 51 % Personalkosten (d. h. Ärzte, Pflege und andere Dienste) (Baumann et al. 2008), die sich durch eine Variabilisierung des Personalaufwands entsprechend optimieren lassen. Auch auf der Einnahmenseite gibt es Einnahmeeffekte, da die Belegärzte durch ihre Praxistätigkeit motiviert sind, die Krankenhauseinweisungen bzw. Krankenhausfälle für ihre Belegklinik zu gewinnen bzw. dort zu behandeln.

Kostenart	Klassifikation	Mittel-wert	KH 1.0 Klassisches KH	KH 1.5 Belegklinik	KH 2.0 Vernetzte Beleg-klinik
Ärztlicher Dienst	discretionary	460 €	Vollkosten	Teilkosten	Teilkosten
Pflegedienst	discretionary	620 €	Vollkosten	Teilkosten	Teilkosten
Medizinisch-technischer Dienst und Funktionsdienst	discretionary	350 €	Vollkosten	Teilkosten	Teilkosten
Arzneimittel	committed	120 €	x	x	x
Implantate	committed	110 €	x	x	x
Übriger medizinischer Bedarf	committed	260 €	x	x	x
Medizinische Infrastruktur	committed	160 €	x	x	x
Nicht medizinische Infrastruktur	discretionary	710 €			
Basisfallwert		2790 €			
Einnahmenart	Klassifikation	Quelle	Klassisches KH	Belegklinik	Vernetzte Beleg-klinik
Mehr Patienten über Direktmarketing	discretionary	45 %	x	x	Online-Marketing / Online-Buchung
Mehr Patienten über Zuweisung	discretionary	30 %	x	Motivation / Marketing über Beleger gestärkt	Auslastung optimieren: Vernetztes „Pull-Prinzip"
Notfälle	committed	15 %	x	x	x
Konsile	committed	10 %	x	x	Online-Zuweisung

Abb. 5.3 Krankenhaus-Management-Model 1.0, 1.5, 2.0. (Alexander Alscher)

Allerdings gibt es noch den größeren Hebel in der Einnahmensteigerung durch den Einsatz einer vernetzten Ressourcen- und OP-Planung, über die die Zuweiser und Patienten online mit dem Krankenhaus vernetzt werden. Nach Behar und Wichels (2009, S. 350) kommen drei Viertel aller Krankenhausfälle über die direkte Entscheidung und Suche des Patienten (45 %) als auch über die Entscheidung des jeweiligen Zuweisers (30 %) zustande, d. h. gerade über die Kanäle, die ein Krankenhaus mit einer online vernetzten IT-Infrastruktur auch extramural an sich binden und damit optimieren kann. Die anderen beiden Quellen, Notfälle (15 %) und Konsile (10 %) lassen sich weniger gut langfristig planen und optimieren, wobei diese aber auch auf die Struktur elektiver Fallzahlen, wie sie typischerweise in einem Belegkrankenhaus anzutreffen sind, kaum einwirken.

Zusammenfassend lässt sich mit dem Ansatz eines belegärztlich-vernetzten Krankenhauses ein neues Management-Modell skizzieren, das einnahmesteigernd gemanagt werden kann und dabei parallel Kostensenkungspotenziale deutlich heben kann. Daraus resultiert ein nachhaltig strategischer Vorteil in dem sich stark intensivierenden Wettbewerb der Krankenhauslandschaft.

5.6 Ausblick

Die in den Abschn. 5.3 und 5.4 vorgestellte vernetzte IT-Infrastruktur zeigt die gegenwärtige Diskussion rund um das Thema „Industrie 4.0", also der Vernetzung und Digitalisierung kompletter Industrienetzwerke und Wertschöpfungsketten. Industrie 4.0 wird vom BMWi als vierte industrielle Revolution nach der Dampfmaschine (Mechanisierung), Fließband (Elektrisierung) und Computer (Informatisierung) bezeichnet (BMWi 2016). Es lässt sich am besten unter dem Schlagwort „Vernetzung" umfassen und beinhaltet die Selbstkonfigurierbarkeit, das Selbstständige Lernen und Anpassen von Computersystemen, das sich derzeit in den aktuellen Treibern der Cyber-Physische-Systeme (CPS), Internet-of-Things (u. a. RFID-Chips), Big Data und Cloud Computing niederschlägt (Industrie 4.0 2013; BMBF 2017).

Im vorliegenden Beitrag wurden die Bereiche des Internet of Things und des Cloud Computing tangiert. Das vernetzte IT-System zur OP-/Ressourcenplanung als SaaS-Lösung ist eine Ausprägung des Cloud Computing und die extramurale Vernetzung in Richtung Arztpraxen und Patienten zeigt ansatzweise den großen Einflussbereich des Internet of Things auf. Im Unterschied zu den anderen Industrien zeichnet sich dabei das Gesundheitswesen durch zwei stark unterscheidende Merkmale auf: Erstens steht im Fokus der Wertschöpfung kein sachliches Produkt, sondern ein individueller Mensch. Zweitens bestehen die Wertschöpfungsaktivitäten weitestgehend aus menschlichen Dienstleistungen im Gesundheitswesen (u. a. Labor ausgenommen) und nicht aus mechanischen, produktiven Arbeitsschritten. Dennoch wird auch im Gesundheitswesen die „Industrie 4.0" Einzug halten, die genauso wie in klassischen Industriebetrieben zu einer höheren Effizienz, zu einem Mehr an Service und besserer Qualität führen wird. Dieses Potenzial und die Effekte werden dabei nicht beim Krankenhaus stehen bleiben, sondern allumfassend auch das ganze Netzwerk aus anderen Krankenhäusern, Arztpraxen, weiteren medizinischen Dienstleistern, Patienten und Kostenträger betreffen. Eine Vision kann dabei sein, dass in 10−15 Jahren die persönliche Gesundheits-App des Patienten aufgrund seiner automatisch gemessenen Vitaldaten genau analysiert, wann der Patient zum Arzt bzw. ins Krankenhaus gehen sollte, daraufhin automatisch einen Arzt-/Krankenhaustermin bucht und ihn durch direkte Kostenträger-Validierung dank Echtzeit-Praxis/Klinik-Steuerung ohne Wartezeit direkt ins Behandlungszimmer des jeweiligen Spezialisten hinführt.

5.7 Gesundheitspolitische Empfehlungen

Zwei wichtige Erkenntnisse sollten aus den dargestellten Ansätzen zur sektorenübergreifenden Vernetzung und zum Einsatz von übergreifender IT-/Online-Infrastruktur für die zukünftige Gestaltung der Gesundheitspolitik mitgenommen werden:

So wird erstens eine Vernetzung der ambulanten bzw. (akut-)stationären Versorgungsstrukturen ein wichtiges Anliegen, das zu einer besseren Versorgung für den Patienten als auch zu effizienteren Prozessen führen wird. Der Gesetzgeber hat dies in den letzten Jahren immer wieder aufgenommen, ob in der Einführung der sektorenübergreifenden Versorgungsansätze (seit 1998), Versorgungsstrukturgesetz (GKV-VStG, seit 2012), Versorgungsstärkungsgesetz (GKV-VSG seit 2015) und auch mit der Aufsetzung des Innovationsfonds (seit 2016). Neben den zusätzlichen Förderungen und Vergütungen wäre es erstrebenswert, auch in der grundlegenden Versorgung diese Zusammenarbeit zu vergüten und damit die gesamte Patientenversorgungswegstrecke einer Honorierung zuzuführen. Mit der Einführung des Fallpauschalengesetzes (Vergütung gemäß der DRG-Klassifikation) im Krankenhausbereich in 2002 (Raab und Drissner 2011) wurde zwar schon ein Schritt in eine komplette Fallbetrachtung gegangen, wobei der Fall aber nur die Welt im Krankenhaus umfasst. Die vorhergehenden und nachgehenden Patientenbetrachtungen bleiben stattdessen weitestgehend unberücksichtigt. In dem Sinne wäre eine erweiterte Fallabrechnung erstrebenswert, aber auch ein komplexes, umfangreiches Unterfangen.

Zweitens zeigt der richtige Einsatz von IT-/Online-Struktur nicht nur deutliche Effizienzpotentiale auf, sondern führt letztendlich auch zu einer besseren Patientenversorgung durch gesteigerte Qualität, bessere Kontrolle und größerer Therapie-Adhärenz. Der Gesetzgeber kann nun nicht konkrete Software-Empfehlungen ausschreiben, geschweige denn vorschreiben, aber er kann die richtigen Weichen dafür bereitstellen. Ob es dafür um eine Subventionierung, wie in den USA in der Amtszeit von Ex-Präsident Barack Obama, handelt, in der die Einführung von elektronischen Patientenakten bis zu 30.000 EUR pro Arzt gefördert wurde (Bruce 2010), ist national zu diskutieren. Ein alternativer Ansatz wäre die Bereitstellung eines IT-Innovationskredits, der bspw. 80 % des Aufwands fördert oder alternativ ein zinsloses Darlehen vergibt, um die Digitalisierung und Online-Vernetzung nachhaltig zu unterstützen (vgl. die Kostenträger-Förderungen Barmer/ICW in 2008 zur Online-Patientenakte, TK/samedi seit 2011 zur Online-Terminvergabe und TK/Patientus seit 2016 zur Online-Video-Sprechstunde). In diesem Zusammenhang ist es allerdings unverzichtbar, dass auch eine Zertifizierungs- oder Akkreditierungsstelle einberufen wird, sodass die Finanzmittel nicht für undurchsichtige IT-Entwicklungsprojekte, kritische Software-Anwendungen oder unausgereifte Lösungen Verwendung finden. Dies ist insofern besonders wichtig, da in vielen Krankenhäusern oft das benötigte Spezialistenwissen rund um die IT fehlt oder entsprechende Abteilungen nur unzureichend besetzt sind. Hier könnte und sollte der Gesetzgeber durch eine Zertifizierungsstelle zur Orientierung und Aufklärung beitragen.

Zusammenfassend lässt sich festhalten, dass Deutschland bereits auf einem guten und richtigen Weg in eine vernetze, digitalisierte Gesundheitswelt ist, aber dennoch viel Verbesserungspotenzial am Wegesrand zu erkennen ist. So sollte die Gesundheitsversorgung der Zukunft mit einer patientenzentrierten Vergütung, mit geförderten IT-Innovationsprojekten sowie mit einer IT-Zertifizierungsstelle ausgestattet werden, um zu zielgerichteten Versorgungsansätzen zu gelangen.

Übersicht über die gesundheitspolitischen Empfehlungen

1. Eine grundlegende sektorenübergreifende Vergütung sollte im Rahmen einer holistischen, patientenzentrierten Fallvergütung geschaffen werden.
2. IT-Innovationsprojekte von Krankenhäusern sollten durch eine direkte Beteiligung oder durch zinslose Darlehen gefördert werden.
3. eine Zertifizierungs- oder Akkreditierungstelle zur Überprüfung von Software und zur Orientierung sowie Aufklärung sollte eingerichtet werden.

Literatur

Aerzte.de. (2017). Arztsuche mit Aerzte.de. www.aerzte.de. Zugegriffen: 18. Mai 2017.

Arzt-Auskunft.de. (2017). Die Arztsuche. Die Arzt-Auskunft der Stiftung Gesundheit. www.arzt-auskunft.de. Zugegriffen: 18. Mai 2017.

Arzttermine.de. (2017). Buchen Sie jetzt Ihren Arzttermin. www.arzttermine.de. Zugegriffen: 18. Mai 2017.

Baumann, B., Reehe, H., Schmied, D., & Ullrich, T. (2008). Bayerischer Kommunaler Prüfungsverband- Geschäftsbericht 2008. Personaleinsatz und Personal- und Sachkosten im Krankenhaus. Ermittlung, Finanzierung und Nachkalkulation von Fallpauschalen. http://www.bkpv.de/ver/pdf/gb2008/baumann_reehe_schmied_ullrich.pdf. Zugegriffen: 18. Mai 2017.

Behar, B., & Wichels, R. (2009). Einweisermanagement in Gesundheitsnetzwerken – ein schmaler Grat zwischen Kooperation und Wettbewerb. In V. Amelung, J. Sydow, & A. Windeler (Hrsg), *Vernetzung im Gesundheitswesen. Wettbewerb und Kooperation* (S. 349–358). Stuttgart: Kohlhammer.

Bialas, E., & Schmidt, E. (2008). Gesundheitsmarkt. In W. Hellmann, H. Baumann, M. Bienert, & D. Wichelhaus (Hrsg), *Krankenhausmanagement für Leitende Ärzte* (S. 1–31). Heidelberg: medhochzwei.

BMBF. (2017). Plattform Industrie 4.0. http://www.plattform-i40.de/I40/Navigation/DE/Industrie40/ChancenIndustrie40/chancen-durch-industrie-40.html. Zugegriffen: 19. Jan. 2017.

BMWi. (2016). Bundesministerium für Wirtschaft und Energie. http://www.bmwi.de/DE/Themen/Industrie/Industriepolitik/moderne-industriepolitik,did=338430.html. Zugegriffen: 19. Jan. 2017.

Bruce, S. (2010). US doctors paid € 30,000 to use EHR. https://www.digitalhealth.net/2010/01/us-doctors-paid-e30000-to-use-ehr/. Zugegriffen: 18. Mai 2017.

Dedić, N., & Stanier, C. (2016). Measuring the success of changes to existing business intelligence solutions to improve business intelligence reporting. *Lecture Notes in Business Information Processing, 268*, 225–236 (New York City: Springer International Publishing).

EPatient RSD GmbH. (2016). 5. EPatient Survey 2016. Die jährliche Online-Befragung unter 50 Mio. Gesundheits-Surfern und Patienten im Internet. Berlin. www.epatient-survey.de. Zugegriffen: 8. März 2017.

Flintrop, J. (2012). Tarifkonflikt kommunale Krankenhäuser: Einigung ohne einen Sieger. *Deutsches Ärzteblatt 2012, 109*(4), A-127/B-119/C-119. https://www.aerzteblatt.de/archiv/119898/Tarif-konflikt-kommunale-Krankenhaeuser-Einigung-ohne-einen-Sieger. Zugegriffen: 18. Mai 2017.

Heckl, R. (1990). *Der Arztbrief. Eine Anleitung zum klinischen Denken* (2. Aufl.). Stuttgart: Thieme.

Herrmann, P., & Güldner, K. (2009). Herausforderungen eHealth. In P. Uwe & L. Heinz (Hrsg.), *Kollege Computer. Moderne Medizin durch Telematik* (1. Aufl., S. 45–57). Hamburg: Economia.

Horngren, C., Sundem, G., Stratton, W., Burgstahler, D., & Schatzberg, J. (2013). *Introduction to management accounting* (16. Aufl.). New Jersey: Pearson.

Industrie 4.0. (2013). Behörden Spiegel. http://www.behoerden-spiegel.de/icc/Internet/sub/ab7/ab7496d9-a8b3-2413-597d-6147b988f2ee,,,aaaaaaaa-aaaa-aaaa-bbbb-000000000011&uMen=f6810068-1671-1111-be59-264f59a5fb42&page=419&pagesize=10&all=true.htm. Zugegriffen: 17. Mai 2017.

Jameda.de. (2017). Deutschlands größte Arztempfehlung. www.jameda.de. Zugegriffen: 18. Mai 2017.

Keller, K. (2015). Arzt-Vernetzung – Zusammenarbeit im Zuweiser-Netzwerk. http://videos.cme-kurs.de/pdf/Handout_Arzt-Vernetzung.pdf. Zugegriffen: 18. Mai 2017.

Klaus-Dieter, T (1999). *Kundenorientierung und Dienstleistungsmarketing für Krankenhäuser. Theoretische Grundlagen und praktische Fallbeispiele* (1. Aufl.). Stuttgart: Kohlhammer.

Köhler, A., & Gründer, M. (2017). *Online-Marketing für das erfolgreiche Krankenhaus. Website, SEO, Social Media, Werberecht* (2., vollständig überarbeitete und aktualisierte Aufl.). Berlin: Springer.

Krause, J. (1998). *E-Commerce und Online-Marketing. Chancen, Risiken und Strategien.* München: Hanser.

Lohmann, H. (2012). Patientensouveränität treibt Wandel. Chancen für innovative Pflege. In P. Bechtel & I. Smerdka-Arhelger (Hrsg.), *Pflege im Wandel gestalten – Eine Führungsaufgabe. Lösungsansätze, Strategien, Chancen* (S. 144–149). Heidelberg: Springer.

Merten, M. (2005). Patientenzufriedenheit: Nicht genug geredet. *Deutsches Ärzteblatt, 102*(49), A-3389/B-2865/C-2683. https://www.aerzteblatt.de/archiv/49427. Zugegriffen: 17. Mai 2017.

Milupa. (2016). Geburtenliste 2016. http://www.presseportal.de/pm/53080/3532442. Zugegriffen: 18. Mai 2017.

Obermann, K., Müller, P., & Woerns, S. (2015). Stiftung Gesundheit 2015. Ärzte im Zukunfts-markt Gesundheit 2015: Die eHealth-Studie – Die Digitalisierung der ambulanten Medizin. Hamburg. https://www.stiftung-gesundheit.de/pdf/studien/Aerzte_im_Zukunftsmarkt_Gesund-heit-2015_eHealth-Studie.pdf. Zugegriffen: 8. März 2017.

Oberreuter, P. (2010). Einweisermanagement und –marketing. In J. Debatin, A. Ekkernkamp, & B. Schulte (Hrsg.), *Krankenhausmanagement – Strategien, Konzepte, Methoden* (S. 161–165). Berlin: Medizinisch Wissenschaftliche Verlagsgesellschaft.

Porsche Consulting. (2009). Kürzere Klinikaufenthalte durch bessere Koordination. https://www.porsche-consulting.com/it/stampa/comunicati-stampa/detail/kuerzere-klinikaufenthalte-durch-bessere-koordination/. Zugegriffen: 18. Mai 2017.

Raab, A., & Drissner, A. (2011). *Einweiserbeziehungsmanagement. Wie Krankenhäuser erfolg-reich Win-Win–Beziehungen zu niedergelassenen Ärzten aufbauen.* Stuttgart: Kohlhammer.

Schmidt, E.-M., Walter, T., & Messner, T. (2008). *Aktuelle Lage des Zuweisermanagements in Deutschland. Repräsentative Erhebung zur Zusammenarbeit mit ärztlichen Zuweisern aus Krankenhausperspektive: Bd. 9. Schriftenreihe zur Gesundheits- und Sozialwirtschaft.* Bochum: contec.

Statistisches Bundesamt: Gesundheitsberichterstattung des Bundes. (2015). Betten in Krankenhäusern und Vorsorge- oder Rehabilitationseinrichtungen. http://www.gbe-bund.de/oowa921-install/servlet/oowa/aw92/dboowasys921.xwdevkit/xwd_init?gbe.isgbetol/xs_start_neu/&p_aid=3&p_aid=98188550&nummer=529&p_sprache=D&p_indsp=-&p_aid=476737. Zugegriffen: 18. Mai 2017.

TK. (2014). TK-Patientenzufriedenheit. https://m.tk.de/klinikfuehrer/K1351N7/muenchen/frauenklinik-dr-geisenhofer/patientenzufriedenheit/. Zugegriffen: 6. März 2017.

Über die Autoren

Prof. Dr. Alexander Alscher, geb. 1980 in Heidelberg, studierte an der Universität St. Gallen Volkswirtschaftslehre sowie an der Marshall School of Business (University of Southern California, LA). Anschließend promovierte er bei Prof. Dr. G. Müller-Stewens an der Universität St. Gallen sowie bei Prof. Dr. B. McKelvey an der UCLA Anderson School of Management. Seine Forschung lag im Bereich der Strategieprozessforschung, wie große Konzerne ihre Geschäftsportfolios umstrukturieren, auf Basis von ökonometrischen Zeitreihenanalysen und Top-Management-Interviews. Neben praktischen Erfahrungen bei Siemens (Elektrotechnik), Dresdner Kleinwort Wasserstein (M&A), Franz Haniel & Cie. (Controlling), World Economic Forum (Medien), McKinsey & Co. (Beratung), Barclays Capital (Investmentbanking) entwickelte er im Jahr 2000 bereits eines der ersten Online-Recruiting-Portale (FORUM HSG) in Europa. Im Jahr 2008 gründete er mit Katrin Keller die samedi GmbH mit der gleichnamigen SaaS (Software-as-a-Service) Lösung samedi® zur hochsicheren Online-Patientenkoordination. Nach einem Lehrauftrag an der Universität Ulm in 2012 erhielt Herr Alscher den Ruf an die BSP Business School Berlin in 2015. Neben internationalen Themen im Bereich des Strategischen Management und Portfolio Management liegt der Praxisschwerpunkt von Herrn Alscher in E-Health bzw. in der digitalen Vernetzung im Gesundheitswesen.

Jörg Tilmann Götzner (Dipl.-Kaufmann), geb. 1964 in München, ist seit 2014 Geschäftsführer der Klinik Dr. Wolfart (Gräfeling) sowie der Frauenklinik Dr. Geisenhofer GmbH (München). Seit 2001 ist er zudem Geschäftsführer und Gesellschafter der FuturaMed GmbH, die in München-Unterföhring ansässig ist und als Klinikberatung Budgetverhandlungen, Controlling, Finanzen, Marketing und IT-Leistungen übernimmt. Vor diesen Tätigkeiten leitete er in diesen Kliniken ab 1995 die Ressorts „Finanzen" bzw. „Controlling". Diesen Engagements gingen eine Beratungstätigkeit bei der PLAUT AG bzw. eine stellvertretender Verwaltungsleiter-Position in der Privatklinik Josephinum voraus. Davor absolvierte er das Studium der Betriebswirtschaftslehre an der Münchener Ludwig-Maximilians-Universität (LMU) als Diplom-Kaufmann.

Marion Moosburger (M.A.), geb. 1990 in Deggendorf, studierte Medien und Kommunikation an der Universität Passau und befasste sich wissenschaftlich mit der Digitalisierung, digitalen Vernetzungsmethoden und der Herstellung von Öffentlichkeit im digitalen Zeitalter. Als Marketing Managerin bei der samedi GmbH in Berlin verantwortet sie die Koordination und Durchführung von sämtlichen Marketingmaßnahmen. Ihr Tätigkeitsbereich umfasst sowohl den Online-Bereich als zertifizierte „Google Adwords Individual" das Suchmaschinenmarketing, Contentmarketing und E-Mail-Marketing als auch den Offline-Bereich in Form von Events und Kooperationen. Ihr Ziel ist dabei, die Vorteile der Digitalisierung für die Gesundheitsbranche zu nutzen, um eine verbesserte intersektorale Kommunikation und Vernetzung im Gesundheitswesen zu erreichen.

Portalkliniken als optionale Zugänge der Krankenhäuser zu kollektiv- und selektivvertraglichen Versorgungsformen

6

Mit ausgesuchten Sicherstellungsstrategien zu zusätzlichen Erlösen

Thomas M. Bahr, Patrick Walberer und Katrin Albert

Inhaltsverzeichnis

T. M. Bahr (✉) · K. Albert
Unternehmung Gesundheit Management und Service UGMaS GmbH, Nürnberg, Deutschland
E-Mail: ugmas@ugmas.de

K. Albert
E-Mail: albert.katrin@outlook.com

P. Walberer
Furth im Wald, Deutschland
E-Mail: pawalberer@gmail.com

© Springer Fachmedien Wiesbaden GmbH 2018
H.-R. Hartweg et al. (Hrsg.), *Aktuelle Managementstrategien zur Erweiterung der Erlösbasis von Krankenhäusern*, https://doi.org/10.1007/978-3-658-17350-0_6

Zusammenfassung

Im vorliegenden Buchbeitrag soll vorgestellt werden, wie Portalkliniken als Ein-
trittsoption für Krankenhäuser in vertragsärztliche und selektivvertragliche Versorgungsformen genutzt werden können. Neben einem Überblick über die allgemeinen
Versorgungsstrukturen, soll dabei ermittelt werden, wie mittels des Einsatzes von
Portalkliniken Herausforderungen in der Gesundheitsversorgung gemeistert werden können. Ein weiterer wichtiger Aspekt ist es, welche Folgen sich aus neuen Versorgungsformen, den Strategien der Portalklinken und Selektivverträgen ergeben.
Abschließend wird durch die Vorstellung gesundheitspolitischer Empfehlungen ein
Ausblick gegeben, welche Anpassungen in Zukunft zur Optimierung der Gesund-
heitsversorgung vorgenommen werden müssen.

6.1   Einführung

Krankenhäuser sind im Sinne des Fünften Sozialgesetzbuches (SGB V) Einrichtungen,
die der Krankenhausbehandlung und Geburtshilfe dienen sowie fachlich-medizinisch
unter ständiger ärztlicher Leitung stehen. Des Weiteren müssen sie über „ausreichende,
ihrem Versorgungsauftrag entsprechende diagnostische und therapeutische Möglichkeiten verfügen […]. […] [Hierfür müssen] Patienten[1] untergebracht und verpflegt
werden können (§ 107 Abs. 1 SGB V)." Außerdem wird die Behandlung im Krankenhaus

---

[1]Die weibliche Form ist der männlichen Form in diesem Textbeitrag gleichgestellt; lediglich aus
Gründen der Vereinfachung wurde die männliche Form gewählt.

ausschließlich „[...] vollstationär, teilstationär, vor- und nachstationär sowie ambulant erbracht (§ 39 Abs. 1 SGB V)." Aus dieser Definition wird deutlich, dass Krankenhäuser originär auf eine stationäre Patientenversorgung ausgerichtet sind. Nicht zuletzt die Novellierung der Vergütung gemäß Klassifikation der „diagnosis related groups" (DRG) führte zu einem starken ökonomischen Druck auf die Träger der Einrichtungen. Umso wichtiger erscheint es daher, das Leistungsportfolio von Krankenhäusern im Spannungsfeld zwischen medizinischem Versorgungsauftrag und ökonomischen Zwängen möglichst optimal aufzustellen. Darüber hinaus ist darauf zu achten, die verfügbaren Ressourcen der Krankenhäuser effizient zu nutzen. Eine Variante betriebsinterner Managemententscheidungen, die das Ziel verfolgt, sich diesen Herausforderungen des Kostendrucks einerseits zu stellen und andererseits den Anspruch verkörpert, eine adäquate medizinische Leistung zu gewährleisten, kommt in der Strategie, sogenannte „Portalkliniken" zu etablieren, zum Ausdruck. Ziel dieses Beitrags ist es, Handlungsoptionen im Rahmen der rechtlichen Möglichkeiten für Krankenhäuser vor- und darzustellen, die einen Eintritt in die vertragsärztliche und selektivvertragliche Versorgung ermöglichen.

6.2   Versorgungsstrukturen und Herausforderungen im Überblick

6.2.1   Ambulante Versorgung

Im Jahr 2016 waren ca. 71 Mio. Deutsche in der gesetzlichen Krankenversicherung (GKV) versichert, rund 9 Mio. in der privaten Krankenversicherung (PKV) (Statista 2017). Ähnlich der relativen Aufteilung auf GKV und PKV verhält es sich mit der jeweiligen Ausgabenverteilung für Leistungen im deutschen Gesundheitswesen: 83 % der Gesamtausgaben im Krankenhausbereich 2015 fielen für GKV-Versicherte an, 10 % für PKV-Versicherte. Im ambulant-ärztlichen Bereich waren es 73 % für GKV-Versicherte und 12 % für PKV-Versicherte (IAQ 2017). Aufgrund des stark überwiegenden Anteils an GKV-Versicherten und -Ausgaben fokussiert dieser Beitrag auf die Potenziale der Krankenhäuser, die vordergründig die Versorgung der Versicherten der GKV sicherstellen.

Historisch gewachsen besteht die medizinische Versorgungsstruktur in Deutschland aus mindestens zwei großen Teilbereichen – dem ambulanten und dem stationären Leistungssektor. Nicht zuletzt das Kassenarztrecht aus dem Jahr 1955 sorgte für die rigide Trennung zwischen beiden Sektoren. Innerhalb der letzten drei Jahrzehnte sind zwar immer wieder Bestrebungen des Gesetzgebers zu erkennen, diese Mauern sukzessive einzureißen, eine übergeordnete Strategie scheint dabei jedoch zu fehlen. Bis 1989 bestand die sektorale Trennung noch in Reinform. Die Konvergenz begann erst mit dem Gesundheitsreformgesetz (GRG), welches Angebotsmöglichkeiten ambulanter Krankenhausleistungen neben der originären vertragsärztlichen Versorgung schuf. Seitdem entstanden über 20 Rechtsformen für Krankenhäuser, um ambulant-medizinische Leistungen erbringen zu dürfen. Diese Fülle unterschiedlicher Lösungsansätze – zumeist an den Sektorengrenzen – führte bspw. zu einer unterschiedlichen Vergütung identischer Leistungen abhängig vom jeweiligen Regelungskreis.

6.2.2   Vergütung für die ambulante Versorgung

Die Grundsätze der Vergütung der Leistungserbringung beider Sektoren – ambulant und stationär – zulasten der GKV unterscheiden sich tief greifend. Während im ambulanten Sektor Leistungen auf Basis der Gesamtvergütung[2] nach dem Einheitlichen Bewertungsmaßstab (EBM) abgerechnet wird, treten im stationären Bereich Vergütungen gemäß der DRG-Klassifikation an diese Stelle.

Um einen Vergütungsanspruch auf erbrachte Leistungen gegenüber der GKV zu erlangen, müssen ambulant-niedergelassene Ärzte bzw. stationäre Einrichtungen gemäß den Bestimmungen des SGB V zur Versorgung zugelassen sein. Krankenhäuser müssen hierfür entweder nach den landesrechtlichen Vorschriften als Hochschulklinik anerkannt, in den Krankenhausplan eines Landes als Plankrankenhäuser aufgenommen sein oder aber einen Versorgungsvertrag mit den Landesverbänden der Krankenkassen abgeschlossen haben (§ 108 SGB V). Für den ambulant-niedergelassenen Bereich bedarf es einer Zulassung als Vertragsarzt, um Leistungen auf Rechnung der GKV erbringen zu können. An der vertragsärztlichen Versorgung können nur „zugelassene Ärzte und zugelassene medizinische Versorgungszentren sowie ermächtigte Ärzte und ermächtigte Einrichtungen teilnehmen. Die Zulassung unterliegt [dabei] einer räumlichen Begrenzung auf den Ort der Niederlassung als Arzt bzw. als medizinisches Versorgungszentrum [MVZ] und wird als Vertragsarztsitz bezeichnet" (§ 95 Abs. 1 S. 1 SGB V sowie §§ 95 ff. SGB V). In Folge der Zulassung als Vertragsarzt wird der Arzt Mitglied der für seinen Kassenarztsitz zuständigen Kassenärztlichen Vereinigung (KV). Die 17 einzelnen KVen der Länder sind unter deren Dachverband, der Kassenärztlichen Bundesvereinigung (KBV), organisiert.

---

[2]Im Rahmen der Gesamtvergütung leiten Krankenkassen je Quartal eine Zahlung an die kassenärztliche Vereinigung, da diese für die Verteilung der Finanzmittel aus der Gesamtvergütung an die ambulant-medizinisch tätigen Vertragsärzte zuständig ist. Diese Zahlung der Krankenkassen hat befreiende Wirkung; das bedeutet ein direkter Vergütungsanspruch der Leistungserbringer gegenüber den Krankenkassen für vertragsärztlich erbrachte Leistungen besteht nicht mehr.

6.2.3 Sicherstellung

Diese Kassenärztlichen Vereinigungen tragen Verantwortung für die Aufstellung und regelmäßige Anpassung des Bedarfsplans zur Sicherstellung der vertragsärztlichen Versorgung auf Landesebene. Ebenfalls daran beteiligt sind die Landesverbände der Kranken- und Ersatzkassen, deren Einvernehmen die Aufstellung des Bedarfsplans erfordert. Dem Bedarfsplan zugrunde liegen dabei entsprechende Richtlinien des Gemeinsamen Bundesausschusses (GBA). Er schließt dabei sämtliche allgemein und fachärztliche Professionen im niedergelassenen Bereich mit ein (§ 99 SGB V). Der Sicherstellungsauftrag der vertragsärztlichen Versorgung der KV inkludiert auch Zeiten außerhalb der regulären Praxisöffnungszeiten (§ 75 Abs. 1a SGB V). Insbesondere in ländlichen Regionen mit einer geringen Arztdichte gestaltet sich die Organisation dieses Sicherstellungsauftrags sowie des ärztlichen Not- bzw. Bereitschaftsdienstes zunehmend schwieriger. Um Fehl- und/oder Unterversorgung in diesen Regionen zu vermeiden, können die Strategien, Leistungen über Portalkliniken anzubieten, zum Einsatz kommen.

6.2.4 Notfallversorgung

Der Sicherstellungsauftrag zur ambulant-medizinischen Notfallversorgung liegt bei den KVen. Die KVen bedienen sich zur Organisation der Notfallversorgung der Vertragsärzte. Nur wenn kein Vertragsarzt für die unmittelbare Behandlung des Patienten verfügbar ist, soll die ambulante Notfallbehandlung durch die Krankenhäuser sowie die im Krankenhaus beschäftigten Ärzte erfolgen. Die Versorgungsrealität gestaltet sich aber häufig fernab von diesem Grundsatz, sodass sich die Notaufnahmen in den Krankenhäusern mit einer Vielzahl von Bagatellfällen auseinandersetzen müssen, obwohl viele dieser Fälle nicht den Notaufnahmen zuzuführen waren. Besser aufgehoben wäre die Behandlung dieser Fälle in den ambulanten Notfallpraxen.

Mit der Neufassung des § 75 Abs. 1b SGB V, der den Inhalt und Umfang der Sicherstellung ambulant-ärztlicher Versorgung regelt, wurden diese Regeln teilweise reformiert. Fortan soll die entsprechende KV die Sicherstellung des ärztlichen Notdienstes außerhalb der regulären Praxisöffnungszeiten „durch Kooperationen und eine organisatorische Verknüpfung mit zugelassenen Krankenhäusern [...] [präferieren]; hierzu sollen sie entweder Notdienstpraxen in oder an Krankenhäusern einrichten oder Notfallambulanzen der Krankenhäuser unmittelbar in den Notdienst einbinden" (§ 75 Abs. 1b SGB V). Sofern eine solche Kooperation zwischen KV und Krankenhaus zustande kommt, gilt das entsprechende Krankenhaus als Teilnehmer an der vertragsärztlichen Versorgung und damit einhergehend sind auch alle entsprechenden Regelwerke hinsichtlich der Vergütung und der Qualitätsanforderungen zu beachten.

6.3   Ambulante Leistungserbringung durch Krankenhäuser

Wie eingangs erklärt, obliegt den Krankenhäusern in erster Linie die akutstationäre Versorgung von Patienten. Um die Versorgungsdichte zu optimieren und Zusatzerlöse zu erwirtschaften, können Krankenhäuser auch als ambulanter Leistungserbringer fungieren. Welche Formen zur Umsetzung kommen, welche Strukturen in der Praxis gängig und welche rechtlichen Rahmenbedingungen zu beachten sind, werden im folgenden Abschnitt beschrieben.

6.3.1   Ermächtigungen zur vertragsärztlichen Versorgung

Wie bereits in vorherigen Ausführungen dargestellt, unterliegt die vertragsärztliche Versorgung je (Fach-)Arztgruppe einer Zulassungsbeschränkung in Form einer regionalen Bedarfsplanung. Diese Bedarfsplanung spiegelt den Grad der vertragsärztlichen Versorgung an Hand der regionalen Versorgungssituation wider. Dabei kann es sowohl zu Überversorgungs- wie auch zu Unterversorgungstendenzen kommen. Sobald der Landesausschuss der Ärzte und Krankenkassen für ein Fachgebiet in einem Planungsbereich Unterversorgung feststellt, dürfen entsprechende Fachabteilungen bzw. (Fach-)Arztgruppen eines im Planungsbereich liegenden Krankenhauses auf Antrag diese Versorgungslücke als ambulant-medizinischer Leistungserbringer schließen.[3] Da es sich um eine Muss-Regelung des Gesetzgebers handelt, besteht ein Rechtsanspruch jedes Krankenhauses auf die Zulassung zu einer derartigen Leistungserbringung, sofern dies beantragt wird (§ 116 a SGB V). Der GBA erlässt Richtlinien, welche Leistungen von Krankenhäusern ambulant erbracht werden dürfen und welche Qualifikationsanforderungen hierbei gegeben sein müssen. Diese Ermächtigung gilt, soweit und solange die Unterversorgung besteht. In ihrer Funktion als ermächtigte Krankenhäuser agieren diese niedergelassenen ambulanten Leistungserbringern gleichgestellt. Sobald die Sicherstellung wieder durch niedergelassene Ärzte geleistet werden kann, erlischt die Ermächtigung des Krankenhauses. Eine Überprüfung der Versorgungssituation muss dabei mindestens nach 2 Jahren erfolgen (§ 116a SGB V).

Sofern ein Krankenhaus bzw. die im Krankenhaus tätigen Ärzte bestimmter Fachrichtungen zur vertragsärztlich ambulanten Versorgung ermächtigt sind, stellt sich die Frage nach der Abrechenbarkeit dieser Leistungen. Da ermächtigte, ärztlich geleitete Einrichtungen sowie ermächtigte Krankenhausärzte qua Gesetz an der vertragsärztlichen Versorgung teilnehmen, gelten für sie die gleichen Regularien der Vergütung wie für ihre ambulant-niedergelassenen Kollegen. Die Vergütungsverpflichtung für Leistungen, die von ermächtigten Krankenhäusern bzw. im Krankenhaus beschäftigten und ermächtigten Ärzten erbracht werden, geht damit auf die jeweilige KV über. In der Konsequenz bildet

---

[3]Hierbei wird der Fachterminus „Ermächtigung" des Krankenhauses gebraucht.

der EBM in der jeweils gültigen Fassung die Abrechnungsgrundlage. Die Brisanz steckt dabei allerdings in der Bedarfsplanung, die zunehmend zu strategischen Wettbewerbsszenarien zwischen stationären und ambulanten Einrichtungen führen kann.

6.3.2 Ambulant-niedergelassene Praxen mit Anbindung an Krankenhäuser

Sofern das Krankenhaus nicht selbst ambulante Leistungen anbieten will oder kann, besteht die Möglichkeit, mit niedergelassenen Partnern zusammenzuarbeiten. Hierfür können Räumlichkeiten für Praxen am oder im Krankenhaus eingerichtet werden. I. a. R. zieht dazu eine bereits bestehende Praxis in die vom Krankenhaus zur Verfügung gestellten Räumlichkeiten um. Entscheidend ist, dass bei diesem Modell die jeweiligen Leistungsbereiche getrennt bleiben. Die Leistung des Krankenhauses beschränkt sich auf die Vermietung der entsprechenden Räumlichkeiten sowie benötigter Infrastruktur.

Die Zielsetzung dieser Einbindung von Krankenhäusern in die vertragsärztliche Versorgung besteht insbesondere darin, Synergien zu nutzen und unnötige bzw. teure Doppelstrukturen zu vermeiden oder aber abzubauen. Strukturen wie im folgenden Praxisbeispiel bieten für Portalkliniken sehr gute Anknüpfungspunkte. Ebenso ermöglichen auch Portalkliniken für regional vernetzte Strukturen die Möglichkeit, die Versorgung verbessern können.

> **Unternehmung Gesundheit Franken**
>
> In der Unternehmung Gesundheit Franken, kurz UGeF GmbH & Co KG, kooperieren aktuell mehr als 28 Ärzte, sowie zwei Kliniken und ein Medizinisches Versorgungszentrum. Ziel des Netzwerkes ist die Sicherstellung und Verbesserung der medizinischen Qualität im Großraum Forchheim/Erlangen. Fester Bestandteil der UGEF ist eine ärztliche Bereitschaftspraxis, die sich am Klinikum Forchheim befindet. Außerhalb der regulären Praxisöffnungszeiten sowie an Wochenenden und Feiertagen werden hier Notfallbehandlungen durchgeführt. Das Praxispersonal setzt sich aus niedergelassenen Ärzten aus der Region und Medizinischen Fachangestellten der UGeF zusammen. Durch den Bereitschaftsdienst wird die Versorgung der Patienten durch eine zentrale Anlaufstelle sichergestellt (UGEF 2017).

6.3.3 Medizinische Versorgungszentren mit Anbindung an Krankenhäuser

Einen ersten wesentlichen Schritt hin zur Öffnung des ambulanten Sektors für Krankenhäuser vollzog der Gesetzgeber im Rahmen des Gesetzes zur Modernisierung der Gesetzlichen Krankenversicherung (GMG) im Jahr 2004, indem es nun auch Krankenhäusern gestattet wurde, Medizinische Versorgungszentren (MVZ) eröffnen zu dürfen.

Da MVZ große Gestaltungsoptionen für Krankenhäuser bieten, gelten sie als eine innovative Versorgungsform und sollen in diesem Abschnitt näher vorgestellt werden.

Durch die rechtliche Grundlage des GMG können MVZ fortan als gleichberechtigte Leistungserbringer neben den zugelassenen Vertragsärzten etabliert werden. Per Definition können MVZ „[...] von zugelassenen Ärzten [und] von zugelassenen Krankenhäusern [...] gegründet werden" (vgl. § 95 Abs. 1a SGB V). Alle im zugelassenen MVZ tätigen Ärzte werden Mitglieder der KV, welche für den Vertragsarztsitz verantwortlich ist und sind damit zur Teilnahme an der vertragsärztlichen Versorgung berechtigt. MVZ sind also ein exklusiv ambulanter – kein stationärer Leistungserbringer. Die zunehmende Zahl von MVZ-Gründungen gibt dem Erfolg dieser Organisationsform recht: So stieg die Gesamtzahl in Deutschland bestehender MVZ im Jahr 2004 von 70, davon 10 Krankenhaus-MVZ, auf über 2000, davon ungefähr die Hälfte Krankenhaus-MVZ, zu Jahresbeginn 2016 (KBV 2016). Durchschnittlich sind 4 bis 5 Ärzte im MVZ tätig, in einzelnen Fällen sind dies bis zu 100 Ärzte.

Die Zielsetzung von MVZ besteht darin, die Sektorengrenzen zwischen ambulanter und stationärer Versorgung enger zu verzahnen. Aufgrund von bspw. unnötiger Doppeluntersuchungen wird angenommen, dass an der Schnittstelle zwischen ambulanter Medizin und stationärer Versorgung große Einsparpotenziale zu heben sind. Durch die Vernetzung unterschiedlicher ärztlicher Fachrichtungen an einem Ort soll eine optimale Abstimmung diagnostischer und therapeutischer Maßnahmen sichergestellt werden. Dadurch kann auch insbesondere älteren und multimorbiden Patienten mit komplexen Krankheitsbildern eine abgestimmte Versorgung ermöglicht werden.

Das vom jeweiligen MVZ angebotene Leistungsspektrum ist insbesondere abhängig von den darin tätigen (fach-)ärztlichen Professionen. Für die strategische Ausrichtung eines MVZ stehen Krankenhäusern grundsätzlich zwei Optionen zur Wahl: Zum einen kann darauf abgezielt werden, Synergiepotenziale zu nutzen, um Kostenvorteile realisieren zu können. Zum anderen kann versucht werden, durch eine Geschäftsfelderweiterung auf den ambulanten Sektor mehr Fälle zu kreieren und dabei Erlössteigerungen zu erreichen. Welche der beiden Strategien für das jeweilige Krankenhaus besser geeignet ist, hängt insbesondere vom gewählten Standort (Metropole oder Land), von den verfügbaren Ressourcen der jeweiligen Fachdisziplinen sowie von der grundsätzlichen medizinischen Ausrichtung ab.

Aufgrund der ambulanten Tätigkeit eines MVZ sowie aufgrund der Zulassung zur vertragsärztlichen Versorgung werden erbrachte Leistungen mit der KV über den EBM abgerechnet. Nun stellt sich bei in oder am Krankenhaus angesiedelten MVZ die Frage, ob diese Vergütungsregelung auch gilt, wenn Patienten von Krankenhaus-MVZ in stationäre Krankenhausbehandlung überwiesen werden. Durch die medizinische Leistungserbringung in krankenhauseigenen MVZ können sich die entsprechenden Krankenhäuser zumindest teilweise diagnostische Leistungen aus dem Budget des ambulanten Sektors finanzieren lassen. Dieses Handeln ermöglicht ihnen gleichzeitig ihren Gewinn durch die pauschalierte Vergütung gemäß der DRG-Klassifikation des entsprechenden stationären Falls zu erhöhen. Interprofessional bzw. -sektoral optimal abgestimmte Prozesse können dazu beitragen, die Informationslage rund um den Patienten zu verbessern, Abläufe damit zu koordinieren und unter Umständen die Verweildauer von stationären Krankenhausaufenthalten zu verkürzen. Eine besondere Finesse entsteht hier für Portalkliniken, da Patienten diese optimierten Strukturen in Anspruch nehmen können. Es wird eine „schnittstellenlose" Versorgung ermöglicht, wodurch sich positive Effekte auf die Patientenzufriedenheit erzielen lassen. Außerdem kann die post-stationäre Versorgung wieder im Krankenhaus-MVZ stattfinden. Die im MVZ tätigen Ärzte können demnach also relativ sicher mit Re-Überweisungen bzw. anschließenden Behandlungsfällen rechnen.

Für die an die Krankenhäuser angebundenen MVZ besteht ein hoher Grad an gestalterischer Freiheit im Bereich des Managements und der betrieblichen Organisation. Jedoch können durch die Trägerschaft auch Fallstricke entstehen, welche bspw. durch Vorgaben der kommunalen Politik für ambulante und stationäre Leistungserbringung oder finanzielle Gegebenheiten noch verstärkt werden.

6.3.4 Ambulante Versorgung in Krankenhäusern

Ambulanzen sind Einrichtungen, die im Krankenhaus bzw. in den Kliniken mit ihren Fachabteilungen direkt von Patienten besucht werden können, ohne jedoch stationär aufgenommen zu werden (Doccheck 2017). Die Festlegung, welche Patientengruppen bzw. bei welchen Indikationsstellungen die Behandlung in Krankenhaus- und Klinikambulanzen erfolgen kann, obliegt entsprechenden Vereinbarungen zwischen dem Spitzenverband Bund der Krankenkassen, der KBV sowie der Deutschen Krankenhausgesellschaft. Derzeit sieht der rechtliche Rahmen die Möglichkeit zur Eröffnung von Ambulanzen für folgende Fachgebiete in Kliniken vor:

- Hochschulambulanzen (§ 117 SGB V)
- Sozialpädiatrische Ambulanzen (§ 119 SGB V)
- Psychologische Ambulanzen (§ 118 SGB V)
- Geriatrische Institutsambulanzen (§ 118a SGB V)

6.3.4.1 Hochschulambulanzen
Dem Begriff nach steht die Option der Eröffnung einer Ambulanz ausschließlich Hochschul- und Universitätsklinika offen. Die Zielsetzung ist hierbei, komplexen Erkrankungen mit dem spezifischen Fachwissen von Hochschulklinika auch in der ambulanten Versorgung begegnen zu können, um derart teure akutstationäre Aufenthalte obsolet zu machen. Die Möglichkeit ambulante Leistungen in Hochschulambulanzen zu erbringen, besteht im Kern seit dem Jahr 1989 mit Inkrafttreten des Gesetzes zur Strukturreform im Gesundheitswesen (Gesundheitsreformgesetz, GRG). Grundsätzlich sind alle Ambulanzen, Institute und Abteilungen der Hochschulkliniken zur ambulant-ärztlichen Behandlung von GKV-Versicherten zugelassen. Da die Zielgruppe für Behandlungen an der Hochschulambulanz aus Patienten besteht, deren Erkrankungen nach Art, Schwere oder

Komplexität eine Untersuchung oder Behandlung das hochschulmedizinische Wissen bedürfen, bedarf es grundsätzlich einer Überweisung eines zuvor behandelnden Arztes. Die Vergütung von Hochschulambulanzen erfolgt unmittelbar durch die Krankenkassen, da deren Landesverbände die entsprechende Höhe der (ggf. pauschalen) Vergütung vorab gemeinsam und einheitlich mit den jeweiligen Einrichtungen vereinbart haben (§ 120 Abs. 3 SGB V).

6.3.4.2 Sozialpädiatrische Zentren

In Sozialpädiatrischen Zentren (SPZ) arbeiten Teams, bestehend aus Ärzten, klinischen Psychologen, Heilpädagogen und Therapeuten zusammen. Die Zielsetzung der SPZ besteht darin, Kinder mit verschiedensten Erkrankungen und Entwicklungsstörungen, wie bspw. Koordinationsstörungen, Sprachentwicklungsstörungen, Ernährungsstörungen, psychosomatische Erkrankungen, Erkrankungen des Nervensystems und Stoffwechselerkrankungen fachübergreifend ambulant zu versorgen. Die Ermächtigung zur ambulant sozialpädiatrischen Behandlung von Kindern nimmt der Zulassungsausschuss gemäß § 96 SGB V vor (§ 119 SGB V). Die (ggf. pauschale) Vergütung von SPZ findet – ähnlich wie die Vergütung der Hochschulambulanzen – unmittelbar durch die Krankenkassen statt, da deren Landesverbände die entsprechende Höhe der Vergütung vorab gemeinsam und einheitlich mit den jeweiligen Einrichtungen vereinbart haben (§ 120 Abs. 3 SGB V).

6.3.4.3 Psychiatrische Institutsambulanzen

Allgemeinkrankenhäuser mit selbstständigen, fachärztlich geleiteten, psychiatrischen Abteilungen sowie Fachkrankenhäuser haben Anspruch, dass deren Institutsambulanzen für die ambulante Versorgung ermächtigt werden. Diese Ambulanzen werden folglich als Psychiatrische Institutsambulanzen (PIA) bezeichnet. Die Zielsetzung von PIA besteht darin, durch enge Vernetzung mit dem niedergelassenen Sektor, stationäre Krankenhausaufnahmen zu vermeiden bzw. stationäre Behandlungszeiten zu verkürzen ebenso wie Behandlungsabläufe zu optimieren. Der Fokus liegt dabei auf einer ambulanten außerklinischen Versorgung. PIA dürfen sämtliche fachgebundenen Leistungen, wie bspw. psychiatrische, psychotherapeutische Leistungen, Soziotherapie, psychiatrische häusliche Krankenpflege, Laborleistungen etc. erbringen, die von einem Gremium, bestehend aus GKV-Spitzenverband, der Deutschen Krankenhausgesellschaft (DKG) und der KBV festgelegt werden. Die Vergütung von in PIA erbrachten Leistungen zu vereinbaren, obliegt auch hier „[…] den Landesverbänden der Krankenkassen und den Ersatzkassen gemeinsam und einheitlich mit den Hochschulen oder Hochschulkliniken, den Krankenhäusern […]" (§ 120 Abs. 2 SGB V).

6.3.4.4 Geriatrische Institutsambulanzen

Allgemeinkrankenhäuser mit selbstständigen geriatrischen Abteilungen, geriatrische Rehabilitationskliniken sowie geriatrische Fachkrankenhäuser können für die Versorgung zugelassen werden. Es ist auch möglich, dass dort angestellte Ärzte eine entsprechende

Zulassung erhalten können. Diese Zulassung gilt insbesondere so lange diese notwendig ist, um eine sinnvolle ambulante geriatrische Versorgung gewährleisten zu können. Die Zielsetzung von Geriatrischen Institutsambulanzen besteht darin, den Patienten einen strukturierten und koordinierenden Geriatrischen Versorgungsansatz bieten zu können. Damit Einrichtungen als Geriatrische Institutsambulanzen zugelassen werden können, müssen diese unter fachärztlich geriatrischer Leitung stehen. Inhalt und Umfang der strukturierten und koordinierten Versorgung geriatrischer Patienten wird durch ein Gremium, bestehend aus Spitzenverband Bund der Krankenkassen, der KBV sowie der DKG einvernehmlich vereinbart. Des Weiteren legen sie sächliche und personelle Voraussetzungen sowie sonstige Anforderungen an die Qualitätssicherung fest, um als Leistungserbringer zugelassen zu werden (§ 118a SGB V). Dieses Gremium bestimmt ebenso die Indikationsstellungen und Gruppen geriatrischer Patienten, für die eine Behandlung in geriatrischen Institutsambulanzen vorgesehen ist. Die Vergütung von Geriatrischen Institutsambulanzen erfolgt unmittelbar durch die Krankenkassen, da deren Landesverbände die entsprechende Höhe der Vergütung vorab gemeinsam und einheitlich mit den jeweiligen Einrichtungen Krankenhäusern und Kliniken vereinbart haben. Es ist möglich, Pauschalen zur Abrechnung anzuwenden (§ 120 Abs. 3 SGB V).

6.4   Portalkliniken

6.4.1   Definition

Portalkliniken werden als Einrichtungen, die bei reduzierter oder fehlender akutstationärer Kapazität leistungsfähiges medizinisch-technisches „Know-how" durch Kooperation mit Schwerpunktkliniken auf der Basis moderner Telematik-Anwendungen anbieten, beschrieben. Ziel solcher Strukturen ist es, die Zusammenarbeit zwischen Krankenhäusern der Grund- und Regelversorgung mit Schwerpunkt- und Fachkliniken sowie zwischen Krankenhäusern mit ambulanten Leistungsbereichen und weiteren komplementären Versorgungsangeboten zu verbessern. „Durch diese Maßnahmen soll eine stärkere Verzahnung stationärer, ambulanter und rehabilitativer Anbieter erreicht werden, um eine qualitätsgesicherte, wohnortnahe Patientenversorgung zu gewährleisten" (Behrendt et al. 2009).

Diesem Definitionsansatz für Portalkliniken sind drei Strategien zu entnehmen. Durch den Einsatz von Telematik-Anwendungen wird die Kooperation zwischen Krankenhäusern der Grundversorgung und Spezialkliniken ermöglicht. Darüber hinaus werden bereits bestehende Standorte von Kliniken beibehalten und durch Umstrukturierung in ihrer Rentabilität gesteigert, um wohnortnahe Versorgung der Patienten zu gewährleisten. Zusätzlich wird die Zusammenarbeit zwischen dem ambulanten und stationären Sektor optimiert.

6.4.2   Angebotsstrategien einer Portalklinik

Krankenhäuser der Grund- und Regelversorgung, die für ein breites Versorgungsspektrum der Bevölkerung einstehen, sind gerade in ländlichen Regionen in vielen Fällen im Vergleich zu anderen Krankenhäusern mit günstigeren Standortfaktoren nicht rentabel. Für Krankenhäuser dieser Art bietet die Umstrukturierung zu einer Portalklinik die Möglichkeit, die Wirtschaftlichkeit durch den Abbau nicht-rentabler Behandlungsstrukturen sowie durch ein höheres Maß an Spezialisierung zu erhöhen (Münch und Scheytt 2014). Durch diese Strategie der Portalkliniken wird damit auch kleineren Krankenhäusern die Möglichkeit geboten, sich auf wenige Indikationsbereiche zu spezialisieren. Behandlungsfälle, die fachübergreifend behandelt werden müssen oder gar einer fachfremden Behandlung bedürfen, können dennoch einer Therapie zugeführt werden, wenn diese in Kooperationen mit ausgesuchten anderen Leistungserbringern behandelt werden (Oberender 2004). Solche Kooperationen können bspw. durch telemedizinische Konsultationen oder durch eine Zweitmeinung von Spezialisten in einem anderen Krankenhaus einholen (Meder und Hain 2003). Den Patienten in der Portalklinik kann damit zu jeder Tageszeit eine wohnortnahe medizinische Versorgung angeboten werden. Die Patienten können in einem solchen Setting Auskunft von hoch qualifiziertem medizinischem Fachpersonal erhalten, ohne dass sie eine Spezialklinik aufsuchen müssen. Im Falle von Patienten, die aufgrund ihres Gesundheitszustandes keiner akutmedizinischen Behandlung im Krankenhaus bedürfen, kann durch die enge Zusammenarbeit zwischen ambulanten und stationären Leistungserbringern, eine Rücküberweisung in die ärztliche Versorgung eines niedergelassenen Arztes erfolgen.

Durch Spezialisierung auf einzelne Fachbereiche und die Möglichkeit, nicht akutbehandlungsbedürftige Patienten in den ambulant-niedergelassenen Sektor zurückzuführen, kann eine Steigerung der Wirtschaftlichkeit erzielt werden. Die Strategie der Portalkliniken kann damit einen Beitrag leisten, eine qualitativ hochwertige, wohnortnahe Versorgung für Patienten in ländlichen Regionen, die über das fachliche Maß der Grundversorgung hinaus reicht, sicherzustellen.

6.4.3   Geriatrisches Versorgungsangebot

Da es sich bei zuvor beschriebenen, geriatrischen Patienten um eine besondere Patientengruppe handelt, sind bei der Versorgung viele Aspekte zu berücksichtigen. Aufgrund ihrer Multimorbidität bewegen sich ältere Patienten häufig zwischen den Sektoren. Dadurch besteht gerade hier eine Chance, aus der Portalklinikstrategie den optimalen Nutzen für Patienten und Klinken zu ziehen. Durch den Einsatz einer Portalklinik kann ein dynamisches Leistungsangebot geschaffen werden, dass flexibel auf die Bedürfnisse der Patienten reagieren kann.

| Unternehmung Gesundheit Oberpfalz Mitte |

Die Unternehmung Gesundheit Oberpfalz Mitte, kurz UGOM GmbH & Co KG, ist ein regionales Gesundheitsnetzwerk, dass die Versorgung im Landkreis Amberg-Sulzbach sicherstellt. Dem Netzwerk gehören knapp 100 niedergelassene Ärzte, drei Kliniken und zwei Medizinische Versorgungszentren an. In einer der Kliniken des Netzes, dem St. Johannes Krankenhaus in Auerbach, ein geriatrisches Schwerpunktkrankenhaus mit 80 Betten und einer geriatrischen Rehabilitationsabteilung, gab es konkrete Pläne zur Umsetzung eines sogenannten „Satellitenfachzentrums". Dabei stand die wohnortnahe fachärztliche Versorgung dieser „Randregion" im Zentrum der Betrachtung, speziell für Netzpatienten einen Benefit zu erzielen, indem einmal pro Woche Fachärzte der UGOM aus verschiedenen Fachbereichen, Patienten vor Ort in eigens dafür vorgehaltenen Praxisräumen ambulant versorgen. Vorteile dieses Versorgungskonzepts sind neben der Sicherstellung der wohnortnahen Versorgung der Bevölkerung auch eine mögliche Optimierung des Krankenhausbetriebs, da die Auslastung der Räumlichkeiten und die Mieteinahmen erhöht werden. Zusätzlich wird die Versorgung an der Schnittstelle ambulant/stationär optimiert (UGOM 2017).

Da im Gesundheitsnetzwerk UGOM die größte Patientengruppe aus älteren Patienten besteht, bot es sich an, eine neue Form der Versorgung für diese zu generieren. Das Satellitenfachzentrum ist vergleichbar mit Strategien der Portalkliniken, da auch hierdurch die wohnortnahe Versorgung für jedermann sichergestellt und gleichzeitig optimiert wird. Durch diesen „strukturellen Unterbau" („Satellitenfachzentrum") ist es möglich eine Portalklinik aufzubauen. In dieser Variante besteht dann durchaus Potenzial die Weiterentwicklung einer wohnortnahen, z. B. geriatrischen Fachärztlichen Versorgung, bzw. einem Netzwerk an Versorgung für spezielle Versorgungsnischen zu gewährleisten und auszubauen. Ebenso wäre dauerhaft eine Lösung möglich, ein größeres Versorgungsspektrum (Ansiedlung weiterer Versorgungsangebote) abzudecken.

Durch die Versorgungsstrukturen im deutschen Gesundheitswesen ergeben sich einige Herausforderungen. Neben der Sicherstellung der medizinischen Versorgung rückt eine effiziente Organisation des Leistungsgeschehens nebst der damit einhergehenden wirtschaftlichen Nutzung vorhandener Ressourcen immer mehr in den Fokus. Nicht zuletzt durch eine straffe Prozessorganisation und -planung soll aus Sicht der Anbieter eine Steigerung der Erlöse gelingen.

6.4.4 Tele-Portal-Kliniken in der ländlichen Versorgung

Um die erfolgversprechende Strategie einer Portalklinik näher zu beleuchten, wird nachfolgend ein Praxisbeispiel vorgestellt. Dieses setzt sich mit den Handlungsansätzen der Portalkliniken, der Erhöhung der Behandlungsqualität sowie Kosteneinsparungen im stationären und Zusatzerlösen im ambulanten Behandlungsbereich sowie der Sicherstellung der Versorgung in ländlichen Regionen auseinander.

Tele-Portal-Klinik in Wittingen (2008–2013 Rhön AG, danach Verkauf an Helios)

Die Rhön AG bzw. später die Helios AG praktiziert nun schon seit mehreren Jahren den Einsatz von Portalkliniken bzw. von Tele-Portal-Kliniken in Kombination mit Medizinischen Versorgungszentren. Im Zentrum dieses Ansatzes stehen „kleinere Krankenhäuser der Grund- und Regelversorgung, die es schwer hatten, wirtschaftlich zu agieren, die aber für die wohnortnahe Versorgung der Bevölkerung großes Engagement zeigten". Diese Krankenhäuser wurden durch telematische Anbindungen an Schwerpunkt- oder Spezialkliniken zu Tele-Portal-Kliniken umfunktioniert. Die Diagnostik, bspw. bei bildgebenden Verfahren wie Röntgenaufnahmen, etc., wird in der Klinik durch allgemein ausgebildetes Personal durchgeführt. Die Befundung der Aufnahmen erfolgt hingegen über die telematische Onlineverbindung durch Spezialisten in den kooperierenden Fachkliniken. Die gleiche Form der Konsultation kann auch für dringliche Therapieentscheidungen bspw. im Falle eines Schlaganfalls in Anspruch genommen werden, Anschließend kann gemeinsam entschieden werden, ob eine Verlegung in eine Spezialklinik notwendig ist, der Patient im Krankenhaus der Grundversorgung aufgenommen wird oder die weitere Behandlung durch niedergelassenen Ärzte erbracht wird. Der Grundsatz „Diagnose vor Therapie" und die telematische Anbindung an Spezialkliniken führt dazu, dass „die Tele-Portal-Klinik (…) zum qualifizierten One-Stop-Diagnosezentrum und zum Angelpunkt von sich neu bildenden Rationalisierungsnetzwerken" wird (Münch und Scheytt 2014).

Welche Konsequenzen die Klinikschließung in der Region Wittingen haben würde, lässt sich mithilfe des Kliniksimulators des GKV Spitzenverbandes darstellen. Im simulierten Schließungsfall der Klinik in Wittingen erhöht sich die durchschnittliche Fahrzeit zum nächsten Grundversorger von knapp 18 auf knapp 40 min (GKV Kliniksimulator 2017). Es wird deutlich, dass der Erhalt der Klinik als Grundversorger für die rund 35.800 Einwohner für eine wohnortnahe, medizinische Versorgung von großer Bedeutung ist.

6.5   Zwischenfazit

6.5.1   Möglicher Beitrag einer Portalklinik zur Sicherstellung

Die an das Krankenhaus angegliederte ambulant-niedergelassene Praxis trägt vor allem zur Sicherstellung der Versorgung bei, da die involvierten niedergelassenen Vertragsärzte außerhalb der gewöhnlichen Sprechzeiten Notdienste an den angegliederten Krankenhäusern organisieren. Bedarf es einer speziellen Weiterbehandlung durch Fachärzte, ist das Krankenhaus bereits in direkter Nähe. Patienten, die nicht zwingend einer akutstationären Krankenhausbehandlung bedürfen, können hier adäquat ambulant behandelt werden und verbrauchen somit keine Krankenhausressourcen. Das sogenannte „Substitutionspotenzial" (Münch und Scheytt 2014) der Patienten kann ausgeschöpft werden. Hier kann jedoch nicht von einem direkten Zusatzerlös, sondern eher vom Heben einer Wirtschaftlichkeitsreserve durch ambulante Leistungen gesprochen werden, die allerdings wiederum dazu beiträgt, die Erlössituation im Krankenhaus zu beeinflussen.

6.5.2 Portalklinische Angebote als MVZ oder Ambulanz

Ein MVZ in Krankenhausträgerschaft stellt ein unternehmerisch flexibles, jedoch durchaus auch kontrovers zu diskutierendes Versorgungsmodell dar. So tritt ein Krankenhaus-MVZ in einen Wettbewerb zu niedergelassenen Vertragsärzten, welche jedoch gleichzeitig als Einweiser für das Krankenhaus tätig sind. Das Geschäftsmodell „Krankenhaus-MVZ" konkurriert zudem direkt mit der vertragsärztlichen Versorgung. Diese Versorgungsoptionen gilt es einerseits mit ihren innewohnenden Chancen und Risiken genau zu bewerten. Andererseits sind jedoch auch Fallkonstellationen – insbesondere in ländlich geprägten Regionen – denkbar, in denen Krankenhäuser zur Gründung eines MVZ ermutigt werden, um die vertragsärztliche Versorgung aufrechterhalten zu können. Die Nutzung von Synergiepotenzialen zur Leistungserbringung zwischen Krankenhaus und Krankenhaus-MVZ, bspw. durch gemeinschaftliche Nutzung von Räumlichkeiten, teure medizinische Großgeräte und Personal trägt zweifelsfrei mit dazu bei, Wirtschaftlichkeitsreserven zu heben und eine Verbesserung der Versorgungsqualität herbeizuführen.

Die Ambulanzen sind in gleicher Weise ein probates Mittel, um Wirtschaftlichkeitsreserven zu heben, da Patienten für die Behandlung nicht zwingend akutstationär aufgenommen werden müssen. Die Ambulanzen können demnach auch als Geschäftsmodell zur Erschließung des ambulanten Leistungsmarktes bezeichnet werden. Jedoch sind diese Versorgungsansätze aufgrund ihres hohen Spezialisierungsgrades nicht für die Sicherstellung der Grundversorgung der Bevölkerung geeignet. Im Gegensatz dazu können tragen Portalkliniken dazu beitragen, durch telemedizinische Kooperation von Krankenhäusern der Grundversorgung mit Spezialkliniken, eine wohnortnahe Versorgung auf einem hohen Qualitätsniveau zu ermöglichen. Durch die eingesetzten Strategien können sowohl Wirtschaftlichkeitsreserven durch das Substitutionspotenzial der Patienten wie auch Zusatzerlöse in Form der Vergütung für die ambulante Leistungserbringung erwirtschaftet werden.

Als erstes Zwischenfazit lässt sich demnach festhalten, dass sich vor allem durch MVZ, Ambulanzen und Portalkliniken Chancen für die Krankenhäuser ergeben, ihre Leitungsangebote zu erweitern und somit Zusatzerlöse durch ambulante Leistungen zu erzielen. Dass solche Strategien den Wettbewerb auch zwischen den Akteuren beflügeln, ist denkbar und damit nicht von der Hand zu weisen. Die angesprochenen Konflikte können durch gemeinsamen Strategien (wie bspw. in einer Gesellschaftsstruktur) in der

Krankenhäuser wie Vertragsärzte als Teilhaber auftreten, lassen sich auch solche Herausforderungen meistern.

6.5.3   Kooperative Versorgungsstrategien

Darüber hinaus sind weitere Versorgungsansätze zu nennen, die zur Sicherstellung der ländlichen Versorgung beitragen können und in der Etablierung von Praxisnetzen oder regionalen Versorgungsnetzen bestehen. Das Ziel von Praxisnetzen ist es u. a., durch koordinierte Behandlungspfade Redundanzen in der Therapie, bspw. zu kostenintensive Doppeluntersuchungen, zu vermeiden und somit neben einer Kosteneinsparung auch eine effizientere medizinische Versorgung sicherzustellen. Hierdurch ergeben sich Vorteile für Leistungserbringer und Kostenträger, die an der Versorgung beteiligt sind (Abb. 6.1).

Regionale Versorgungsstrukturen unter Führung oder Mitgestaltung eines Krankenhauses können durch die Einbindung weiterer Leistungspartner eine Erweiterung im Versorgungsgrad eines regional organisierten Versorgungsmanagements bieten, weil nicht nur niedergelassene Praxen, sondern auch bspw. weitere Krankenhäuser, Apotheken oder Heilmittelerbringer (z. B. Physiotherapeuten) teilnehmen können (UGOM 2017; Q&E 2017).

Strategische Vorteile eines „Netzkrankenhauses" hinsichtlich regionaler Kooperationen und Selektivverträgen (am Beispiel UGOM)

- Vermeidung regionalpolitischer Konflikte bei gleichzeitiger Wachstumsstrategie
- Aufbau einer Gesundheitsmarke
- Kostensparende Expansion der eigenen Wertschöpfungskette durch unternehmerisches Joint Venture mit dem niedergelassenen Sektor
- „Virtuelles MVZ", in Abstimmung mit niedergelassenen Fachärzten („sinnvolle Ergänzung des Angebotes"
- Flexibilität durch Teilnahme an Selektivverträgen (Add-on-Budget)
- Reputation und gestalterischer Einfluss auf medizinische Prozesse (z.B. Pharmakotherapie, Behandlungspfade, etc.)
- Gestaltungsspielraum bei betriebswirtschaftlichen Prozessen (z.B. Netz-Bereitschaftspraxis)

Abb. 6.1 Strategische Vorteile eines Netzkrankenhauses hinsichtlich regionaler Kooperationen und Selektivverträgen

6.6   Kooperationen im Rahmen neuer Versorgungsformen

Im Gesundheitswesen unterliegen Möglichkeiten und Grenzen von Kooperationen stets dem Einfluss gesetzlicher Rahmenbedingungen siehe aktuelle Diskussion zur Diskrepanz Kooperation versus Korruption (vgl. StGB §§ 299a ff.). Der Vertragsgegenstand kann in der besonderen Versorgung weitgehend frei zwischen den Beteiligten vereinbart werden. Voraussetzung ist, dass die Versorgung „wirksam, ausreichend, zweckmäßig wirtschaftlich und qualitätsgesichert" (§ 1 SGB V) sein muss. Im Folgenden sollen zuerst Möglichkeiten für Krankenhäuser an der ambulant-spezialärztlichen Versorgung teilzunehmen, vorgestellt werden. Anschließend werden die sich für Krankenhäuser ergebenden Potenziale genauer beleuchtet.

6.6.1   Selektivvertragliche Versorgungen für Krankenhäuser

Die sektorale Trennung gilt – wie eingangs beschrieben – seit Jahrzehnten als einer der wesentlichen Schwachpunkte des deutschen Gesundheitswesens. Unter dem Stichwort selektivvertragliche Versorgungsformen gibt es seit über einem Jahrzehnt eine Reihe von Gesetzesänderungen, deren Ziel es ist, die Sektorengrenzen schrittweise zu überwinden und neue Organisationsformen in der Versorgung zuzulassen bzw. zu erproben. Aus Krankenhausperspektive wird die besondere (zuvor: integrierte) Versorgung als weiterer wichtiger Baustein zur engeren Verzahnung des ambulanten, des akutstationären und/oder des rehabilitativen Sektors oder aber einer interdisziplinär-fachübergreifenden Versorgung innerhalb der Sektoren erachtet.

Leistungen aus dem Leistungskatalog der GKV, die von jedem Vertragsarzt oder ermächtigtem Krankenhaus auf Rechnung jeder Krankenkasse erbracht werden können, unterliegen i. d. R. kollektivvertraglichen Vereinbarungen. Das Pendant zu kollektivvertraglichen Vereinbarungen bilden Selektivverträge. Hierbei schließen Krankenkassen oder deren Verbände Verträge mit einzelnen Leistungserbringern oder Gruppen von Leistungserbringern über eine spezielle Leistung ab. Die Vertragspartner müssen nach fachlichen und ökonomischen Gesichtspunkten in der Lage sein, die Leistung auch tatsächlich zu erbringen. Entscheidend ist, dass Selektivverträge im Rahmen der „bV" immer als Konstrukte fungieren, die die Regelversorgung häufig in ausgesuchten Teilen ergänzen.

Dabei können unter selektivvertraglichen Versorgungsformen populations- und indikationsbezogene Verträge subsumiert werden. Dabei gelten populationsbezogene Verträge in der Umsetzung als sehr anspruchsvoll, da sie tief in die innerbetrieblichen Prozesse eingreifen. Andererseits bieten diese Verträge lukrative Einnahmemöglichkeiten an, wie Beispiele von Verträgen zwischen UGOM und der AOK Bayern in den Jahren 2008–2011 gezeigt haben. Letztere werden für besondere Erkrankungen mit großen Fallzahlen und hohen Schnittstellenkosten abgeschlossen. Sie zielen darauf ab, die Anwendung von Behandlungspfaden zu sichern. Populationsorientierte Verträge sind darauf ausgelegt, unabhängig von der Indikation die komplette Versorgung einer regionalen

Versichertenpopulation zu gewährleisten (Gesundes Kinzigtal 2017). Die weit überwiegende Anzahl von Selektivverträgen sind bislang indikationsbezogen (ADA 2017).

Die Möglichkeiten zum Abschluss dieser Selektivverträge für Krankenhäuser bestehen im Wesentlichen in Modellvorhaben (§§63 ff. SGB V), in strukturierten Behandlungsprogrammen für chronische Erkrankungen, den sogenannten Disease-Management-Programmen (§ 137 f. SGB V) bzw. in den Verträgen der sogenannten „besonderen Versorgung" (§ 140a SGB V). Wie Praxisbeispiele zeigen, bieten sich Portalkliniken hervorragen für selektivvertragliche Lösungen an, da sie durch ihre sektorenübergreifende dynamische Struktur die gesamte Versorgung einer Patientenkarriere ohne Schnittstellenproblematiken gewährleisten kann (Abb. 6.2).

6.6.2 Disease-Management-Programm

Die Möglichkeit, Krankenhäuser in die Disease-Management-Programme[4] (DMP) auf selektivvertraglicher Basis einzubinden, bestehen seit 2004. Die Behandlung im Zuge von DMP findet im Krankenhaus ambulant statt. Die Vergütung von Leistungen im DMP-Programm eingeschriebener Patienten erfolgt nach Maßgabe des EBM über die

Chancen für eine stationäre Versorgung durch Teilnahme an einem regionalen Versorgungsnetz

Krankenhaus

- Regionalitätsprinzip (Zuweisungsring)
- Höhere Planungssicherheit
- Regionales Image/ Patientenbindung
- Zusätzliche Einnahme durch Teilnahme an Selektivverträgen
- Mehr Flexibilität im Overhead vom stationär-ambulanten Schnittstellenmanagement

Facharzt

- Wachstum der Fallzahlen (Zuweiser)
- Markenbildung
- Kompetenzgewinn
- Verbesserung der Deckungsbeiträge
- Schulung und Einfluss auf Hausarzt durch Behandlungspfade

Hausarzt

- Patientenbindung
- Funktionsgewinn: Betruungsarzt/ Gatekeeper

Abb. 6.2 Chancen für stationäre Versorgung durch Teilnahme an einem regionalen Versorgungnetz (UG MaS)

---

[4]Disease-Management-Programme sind strukturierte Behandlungsprogramme für chronisch kranke Menschen basierend auf den Erkenntnissen evidenzbasierter Medizin.

Vergütung vertragsärztlicher Leistungen. Diese Vergütungsbestandteile werden außerhalb der morbiditätsorientierten Gesamtvergütung gezahlt und sind deswegen attraktiv. Für folgende Indikationen stehen derzeit DMPs zur Verfügung (in Klammern ausgewiesen das Einführungsjahr):

- Diabetes mellitus Typ 2 (2003)
- Brustkrebs (2003)
- Koronare Herzkrankheit (2004)
- Diabetes mellitus Typ 1 (2005)
- Asthma bronchiale (2006)
- chronisch-obstruktive Lungenerkrankungen (2006)
- zusätzliches Modul: chronischer Herzinsuffizienz als verpflichtender Bestandteil des DMP Koronare Herzkrankheit (2009)
- weitere Behandlungsprogramme – für Depression und Rückenschmerzen – befinden sich derzeit in der Vorbereitung.

Die Umsetzung von DMP durch Krankenhäuser erscheint auf den ersten Blick lukrativ, da die Leistungserbringung ambulant erfolgen kann und somit keine Kosten im stationären Bereich durch die Patienten entstehen. Da es sich bei den oben genannten Indikationen mit Diabetes Typ 1 und 2 sowie Mammakarzinom und KHK um Krankheitsbilder mit einer hohen Prävalenzrate in der heutigen Gesellschaft handelt, kann bezüglich der Fallzahlen eine positive Prognose getroffen werden (RKI 2015).

Grundsätzlich sind DMP in Bezug auf Portalkliniken als strategisches Element der Versorgungskette fraglich. Bewertet man diese jedoch gesondert, unter der Annahme, dass die Klinik über einen hausärztlichen Fachbereich verfügt, ergeben sich daraus sowohl sozialpolitisch als auch finanziell positive Auswirkungen. Bei über das DMP betreuten Patienten können schwerwiegende Erkrankungen wie Schlaganfälle oder Herzinfarkte früher durch regelmäßige Kontrolltermine beim Arzt erkannt werden. Durch eine kurzfristige Überweisung in den adäquaten Fachbereich der Portalklinik können hier die Erlöse gesteigert werden. Gleichzeitig kann es zu einer Kosteneinsparung kommen, da durch eine frühzeitige Behandlung auch das Risiko kostenintensiver Folgeerkrankungen reduziert wird.

6.7   Diskussion

Im folgenden Abschnitt sollen die Maßnahmen, die zur Erzielung von Zusatzerlösen durch ambulante Leistungserbringung im Krankenhaus führen, in einer Zusammenfassung diskutiert werden.

Die selektivvertraglichen Versorgungsformen bieten gute Möglichkeiten zur Generierung von Zusatzerlösen, welche auch in den Strukturen einer Portalklinik implementiert werden können. Allerdings ist hierbei der Vertragstyp (indikationsbezogene oder populationsbezogene Verträge), die Ausgestaltung der vertraglichen Vereinbarungen (wer macht was?, für wie viel?, für wen?) sowie die Verbindlichkeit der Vertragsteilnehmer zu berücksichtigen. Rein ökonomische Vorteile sind nicht immer kurzfristig zu betrachten, sondern bergen ihre Vorteile in einer mittelfristigen Betrachtung, durch gewonnene, innerbetriebliche Synergieeffekte, im Sinne eines Entlassmanagements sowie in Prozessoptimierungen bei der Arzneimittelversorgung, der Kommunikation und des übergeordneten ambulant wie stationär zu definierenden Behandlungspfads. Die Potenziale können dann sowohl monetär als auch durch Einsparungen und Kostensenkungen indirekt erzielt werden. Neben einer Steigerung der Versorgungsqualität können außerdem, durch die Abstimmung des Angebotes auf die Nachfrage in der Region, auch Marketingeffekte generiert werden.

Da die DMP auf Erkrankungen mit einer hohen Prävalenzrate ausgelegt sind, lässt sich eine positive Prognose für die Anzahl der teilnehmenden Patienten treffen. Da die Programme durch den hausärztlichen Fachbereich der Portalklinik erbracht, die Patienten jedoch in der Regel keiner stationären Aufnahme bedürfen, ergibt sich hier Potenzial für das Krankenhaus Zusatzerlöse durch ambulante Leistungen im Rahmen der DMP zu erwirtschaften. Ist eine stationäre Behandlung aus medizinischen Gründen doch einmal notwendig, kann die Portalklinik die Leistungen selbst erbringen und somit weitere Einnahmen erzielen. Wie bereits erwähnt ist neben Zusatzerlösen auch das Kosteneinsparungspotenzial durch die Früherkennung von Krankheiten nicht zu vernachlässigen.

Portalklinische Versorgungsansätze müssen sich den wettbewerblichen Versorgungsangeboten stellen, insbesondere regionale ambulante Strukturen der neuen Versorgungsformen, wie z. B. Arztnetze sehen in Portalkliniken eher einen Wettbewerber als einen Kooperationspartner. Hier zeigen diverse Beispiele einen Verdrängungswettbewerb im Bereich der regionalen Versorgungsprozesse und Behandlungsketten in der primärärztlichen und sekundär-fachmedizinischen Versorgungsebene.

6.8   Ausblick

Die vorgestellten Modelle lassen sich dahin gehend gegenüberstellen, als einerseits ambulante Leistungsanbieter, wie MVZ mit Anbindung an ein Krankenhaus durch ihre Implementierung zusätzliche Potenziale für die Wertschöpfung innerhalb der Versorgungsstruktur des Krankenhauses ermöglichen. Dies könnte als additive Strategie bezeichnet werden (UG MaS 2017). Hierbei handelt es sich um Einrichtungen, die ihre Rolle als Leistungserbringer nicht im Wesentlichen zu verändern gedenken. So sollen die bestehenden theoretischen, sozialrechtlichen Vorgaben auch in der Praxis beibehalten werden. Lediglich eine veränderte Organisation der Leistungserbringung bspw. durch engere Verknüpfung unterschiedlicher Fachrichtungen durch telemedizinische Methoden wird vorgenommen. Sie sind jedoch im Bereich der gesetzlichen Krankenversicherung immer noch Teil der Regelversorgung, damit auch den Budgetregeln unterworfen. Überdies gelten normativ einschränkende Handlungsoptionen, die es einem Management schwer machen, zusätzliche Einnahmemöglichkeiten zu verfolgen. In Anbetracht der verschiedenen Möglichkeiten für Krankenhäuser in die ambulante Leistungserbringung einzutreten, erscheinen eher MVZ mit Anbindung an das Krankenhaus und Ambulanzen als Modelle mit wirtschaftlichem Potenzial.

Andererseits stehen einzelvertragliche Versorgungsstrukturen wie bV und DMP als Wachstumsstrategien zur Verfügung. Die selektivvertraglichen Gestaltungsoptionen zwischen Krankenhäusern und Krankenkassen erlauben es, Zusatzerlöse erwirtschaften zu können. Dabei scheinen besondere Versorgung und DMP große Potenziale zu versprechen (Dandorfer 2011). Eine Portalklinik ist damit ein mögliches Instrument, um als Krankenhaus strategische Vorteile zu generieren. Dabei muss aber sorgfältig analysiert werden, wie die jeweiligen medizinischen, rechtlichen, politischen und regionalen Gegebenheiten sind. Portalkliniklösungen können Mehreinnahmen für ein Krankenhaus generieren, sie verlangen aber auch ein Feingefühl für die ambulant-stationären Schnittstellen. Ein reines Mehr an Leistungen führt in die Sackgasse, Substitutionsstrategien hingegen können regional-politische Folgen mit sich bringen, insbesondere, wenn sich diese gegen niedergelassene Strukturen richten, wie Praxisbeispiele zeigen.

6.9   Gesundheitspolitische Empfehlungen

Um die medizinische Versorgung weiter optimieren zu können und den Herausforderungen für die Teilnehmer, insbesondere die stationären Versorger positiv zu begegnen, bedarf es weiterer Anpassungen der Gesetzgebung. Die Rahmenbedingungen müssen so ausgestaltet werden, dass sie in Zukunft den sozialpolitischen, medizinischen Herausforderungen gewachsen sind. Dabei wäre es wünschenswert, wenn nicht, wie in der Vergangenheit geschehen, die Realität die Gesundheitspolitik einholt, sondern vorausschauende Weichen für eine verbesserte Versorgung gestellt werden. Dazu zählt die Ausgestaltung der „flexibleren Sicherstellung von regionalen Versorgungskonzepten", bei denen stationäre, wie auch ambulante Versorgungsangebote abgestimmt und in übergreifenden Prozessen abgebildet werden können. Dazu zählt neben einer medizinischen auch eine ökonomische Gestaltung, z. B. bei der Honorarbemessung und der Vergütung, über die heutigen engen Grenzen der DRG und des EBM hinaus. Ziel sollte darüber hinaus auch sein, eine stärkere Synergie in den Gesetzbüchern bspw. durch die Herstellung eines stärkeren Bezuges zwischen Gesundheit und Pflege zu schaffen. Somit könnte die gesamte Wertschöpfung von Prävention über medizinische Versorgung bis zur Rehabilitation und Pflege für den Patienten optimal gewährleistet und genutzt werden. Damit entstünde ein Spielraum auch für Krankenhäuser und damit eine Flexibilität in der Finanzplanung, die durch Portalklinikstrukturen noch begünstigt werden können sowie es beispielsweise regionale Versorgungsnetze wie Kinzigtal und UGOM gezeigt haben.

Damit einhergehend sollten die rechtlichen Gestaltungsspielräume der Leitungserbringung innerhalb und außerhalb der kollektivvertraglichen Regelungen insgesamt erweitert werden. Das Ziel sollte sein, ausreichend Handlungsfreiheiten einzuräumen, um zu gewährleisten, dass je nach Patient und zugehörigem Krankheitsfall entschieden werden kann, welche Leistungserbringer und welche Form der Zusammenarbeit in diesem Fall der optimalen medizinischen Versorgung dient, ein quasi Wettbewerb des Angebots, aus dem der Patient wählen darf. D. h. ein Kostenträger sollte in die Lage versetzt werden, Direktverträge unter Umgehung der Selbstverwaltung mit Leistungsanbietern auszuhandeln, das entsprechende Budget der Population aus dem KV-Budget rausgeschnitten werden, mit entsprechender Berücksichtigung des m-RSA. Dies bedeutet im Umkehrschluss, die Einschränkung der freien Arztwahl in diesen konkreten Verträgen. Dafür wählt der Patient durch diesen Managed-Care-Ansatz die Option für mögliche Selbstbehalte, Beitragsrückerstattungen. Im Beispiel von UGOM in Amberg wurde dies im Ansatz versucht, allerdings gingen die Maßnahmen nicht über die Ersparnis der Praxisgebühr hinaus, deshalb scheiterte dieser Ansatz z. B. in 2012, weil die Arztwahl in diesem Modell nicht faktisch eingeschränkt werden konnte und ein regionaler Ansatz nicht eine überregionale Inanspruchnahme ärztlicher Leistungen (in diesem Beispiel durch die budgetüberschreitende Inanspruchnahme psychiatrischer Notfälle im Bezirksklinikum Regensburg) verhindern konnte. So kam die Norm-Ist-Kostenabrechnung der UGOM-Population in Bezug auf die mRSA Betrachtung in Schieflage (Nopper 2013).

Die Sicherstellung der medizinischen Versorgung in ländlichen Regionen könnte durch finanzielle Anreize für ländliche Krankenhäuser so im Sinne der demografischen und gesundheitsökonomischen Herausforderungen effektiver gestaltet werden, wenn eine entsprechende Hebelwirkung im SGB V erzeugt würde, durch etwa Novellierungen im Bereich der Selektivverträge. Ziel dieser Anreizstrukturen könnte es sein, nicht wirtschaftliche Einheiten und Krankenhäuser in Transfer zu bringen, unnötige und qualitativ zu hinterfragende Angebote zu reduzieren und dadurch nicht nur einen höheren Grad an Spezialisierung zu schaffen, sondern gleichzeitig neue Gestaltungsspielräume zu ermöglichen.

Zusammenfassend lässt sich sagen, dass die medizinische Versorgung in Anbetracht ihrer divergierenden Rahmenbedingungen (Überangebot in urbanen Metropolen und Unterversorgung in ländlichen Regionen) durch flexiblere Strukturen der Leistungserbringung und Kooperation sichergestellt werden kann und gleichzeitig Erlöse erzielt werden könnten, die unternehmerisches Handeln ermöglichen. In Anbetracht der „Sicherstellung" in einem zukünftigen Versorgungsgeschehen ist letztendlich nicht relevant, wer die Leistung erbringt, sondern dass sie überhaupt erbracht wird.

Übersicht über die gesundheitspolitischen Empfehlungen

1. Wie Erfahrungen mit Strukturen im Schnittstellenbereich (u. a. Portalkliniken) zeigen, müssen die sozialrechtlichen Rahmenbedingungen ausgebaut werden, um eine bessere, adäquate Versorgung zu ermöglichen.
2. Zur Verbesserung der Wertschöpfung in der Gesundheitsversorgung sollten durch engere Verzahnung der Sozialgesetzbücher Sollbruchstellen abgeschafft werden, damit Gesundheit, Prävention sowie Reha und Pflege besser koordiniert werden können. Hierzu können Portalkliniken einen Beitrag leisten.

3. Es bedarf struktureller Anpassungen der Krankenhauslandschaft, da hier aktuelle Gestaltungsinstrumente zu wenig Spielraum lassen und Flexibilität im Schnittstellenmanagement fehlt. Diese Flexibilität ist aber notwendig, um eine effiziente und effektive Versorgung auf dem Land sowie in den Metropolen zu gewährleisten.
4. Zur Verbesserung der Versorgung bedarf es mehr Instrumente der Leistungsanbieter, um mehr Wettbewerb zu ermöglichen.

Literatur

ADA <Agentur deutscher Arztnetze e. V.>. (2017). Willkommen auf den Internetseiten. http://deutsche-aerztenetze.de/. Zugegriffen: 24. Mai. 2017.

Behrendt, I., König, H.-J., & Krystek, U. (Hrsg.). (2009). *Zukunftsorientierter Wandel im Krankenhausmanagement. Outsourcing, IT-Nutzenpotenziale, Kooperationsformen, Changemanagement.* Berlin: Springer.

Dandorfer, H. (2011). Aus der Rede vor der Gesellschafterjahresversammlung der UGOM 2011.

Doccheck. (2017). Definition: Ambulanz. http://flexikon.doccheck.com/de/Ambulanz. Zugegriffen: 24. Mai. 2017.

Gesundes Kinzigtal. (2017). Überblick. http://www.gesundes-kinzigtal.de/gesundes-kinzigtal-im-ueberblick/. Zugegriffen: 24. Mai. 2017.

GKV Kliniksimulator. (2017). Simulation für Städtische Krankenhaus Wittingen GmbH. https://www.gkv-kliniksimulator.de/downloads/simulation1/Kurzbericht_2016_216400.pdf. Zugegriffen: 24. Mai. 2017.

IAQ <Institut Arbeit und Qualifikation der Universität Duisburg-Essen>. (2017). Ausgabenentwicklung je Versicherten. GKV und PKV im Vergleich 2006-2016 http://www.sozialpolitik aktuell.de/tl_files/sozialpolitik-aktuell/_Politikfelder/Gesundheitswesen/Datensammlung/PDF-Dateien/abbVI30.pdf. Zugegriffen: 24. Mai. 2017.

Koch-Institut, R. (Hrsg.). (2015). *Gesundheit in Deutschland. Gesundheitsberichterstattung des Bundes.* Berlin: RKI.

Meder, G., & Hain, H. (2003). Die Teleportalklinik verbessert die Qualität und schützt die kleinen Krankenhäuser. *f&w – Führen und Wirtschaften im Krankenhaus, 4,* 336–337.

Münch, E., & Scheytt, S. (2014). *Netzwerkmedizin. Ein unternehmerisches Konzept für die altersdominierte Gesundheitsversorgung.* Wiesbaden: Springer.

Nopper, W. (2013). AOK Bayern. *Statement* Gesundheitsversorgung UGOM 2013.

Oberender, P. (2004). *Wettbewerb in der Versorgungswirtschaft.* Berlin: Duncker & Humblot.

Q&E <Qualität und Effizienz eG, Nürnberg>. (2017). Kooperationspartner. http://deutsche-aerztenetze.de/ueber_netze/kooperationsformen.php. Zugegriffen: 24. Mai. 2017.

UG MaS <Unternehmung Gesundheit Management & Service GMBH>. (2017). Netzmanagement. http://www.ugmas.de/netzmanagement.html. Zugegriffen: 24. Mai. 2017.

UGEF <Unternehmung Gesundheit Franken UGeF GmbH & CO KG>. (2017). Über UGeF. http://www.ugef.com/ueber-ugef/. Zugegriffen: 24. Mai. 2017.

UGOM <Unternehmen Gesundheit Oberpfalz Mitte>. (2017). Wir engagieren uns für ihre Gesundheit. http://www.ugom.de/Aktuelles.vertrauen.0.html. Zugegriffen: 24. Mai. 2017.

Über die Autoren

Dr. Thomas Maximilian Bahr, geb. 1966 in Koblenz, seit 2012 Mitgründer, Gesellschafter und Managing Partner in der Unternehmung Gesundheit Management und Services UGMaS GmbH in Nürnberg. Er studierte von 1990 bis 1997 zunächst Medizin (ohne Approbation), dann Politik- und Sozialwirtschaftswissenschaften (MA) in Münster, er promovierte zum Thema „Vertragsärztliche Funktionsfelder im Wandel". Von 1996 bis 1999 war Herr Bahr als persönlicher Referent Gesundheitspolitik, später als Leiter des Bundestagsbüros für Minister a. D. Jürgen W. Möllemann tätigt. Von 2000 bis 2005 bekleidete er verschiedene Führungsfunktionen in der Gesundheitswirtschaft, u. a. Pharma, Biotech und Medizintechnikbranche. Zwischen 2005 und 2013 war er Mitglied der Geschäftsführung, ab 2007 alleiniger Geschäftsführer, des Unternehmen Gesundheit UGOM GmbH & Co KG. Initiator und Gründer diverser vergleichbarer regionaler Versorgungsnetzwerke. In 2013/2014 war Herr Bahr Lehrbeauftragter am Lehrstuhl für Gesundheitsmanagement an der Hochschule Rosenheim. Seit 2011 Mitglied des Vorstandes bei Forum MedTech Pharma der Bayern Innovativ e. V und Mitbegründer der Agentur Deutscher Arztnetze e. V. in Berlin.

Katrin Albert, geb. 1992 in Nürnberg, absolvierte im März 2017 ein Bachelorstudium im Studiengang „Management im Gesundheits- und Sozialmarkt" mit dem akademischen Grad „Bachelor of Arts" an der Wilhelm-Löhe-Hochschule in Fürth. Neben ihrem Studium arbeitete sie in einer orthopädischen Gemeinschaftspraxis sowie in der UG MaS GmbH. Zuvor konnte sie 2013 nach verkürzter Ausbildungsdauer ihre Berufsausbildung zur Medizinischen Fachangestellten abschließen.

Patrick Walberer, geb. 1988 in Regensburg, absolvierte eine Ausbildung zum Sozialversicherungsfachangestellten und das Studium der Gesundheitsökonomie an der Universität Bayreuth sowie der University of Southern Denmark in Odense. Zusätzlich zu der generalistisch-wirtschaftswissenschaftlichen Ausrichtung lagen seine Studienschwerpunkte im Krankenhausmanagement und -controlling, der Versorgungsstrukturforschung sowie der Digitalisierung im Gesundheitswesen. Neben dem Studium arbeitete Walberer bei diversen Unternehmen mit Bezug zum Gesundheitswesen, darunter der Krankenhausgruppe Sana AG, den Consulting-Unternehmen Oberender & Partner sowie UG-MaS, dem Medizintechnik-Cluster Medical Valley EMN und dem Ärztenetzwerk GO-IN.

Wahl- und Selbstzahlerleistungen als außerbudgetäre Erlösquelle

7

Rechtliche Rahmenbedingungen, Abrechnung und Potenziale

Gerald Schmola

Inhaltsverzeichnis

Zusammenfassung

Die Generierung zusätzlicher Erlöse im budgetierten Bereich gestaltet sich für Krankenhäuser schwierig und ist zumeist nur mittel- bis langfristig möglich. Es besteht daher die Notwendigkeit sich mit den Perspektiven außerbudgetärer Erlöse auseinanderzusetzen. Potenziale bieten insbesondere die Wahl- und Selbstzahlerleistungen. Auch für diese Leistungsbereiche bestehen zahlreiche rechtliche Regelungen, die es zu berücksichtigen gilt. Ansonsten besteht die Gefahr von straf- und haftungsrechtlichen Konsequenzen sowie betriebswirtschaftlichen Fehlentwicklungen. Die Bandbreite von Wahl- und Selbstzahlerleistungen ist sehr groß. Es gilt daher

G. Schmola (✉)
Hochschule für Angewandte Wissenschaften, Hof, Deutschland
E-Mail: gerald.schmola@hof-university.de

© Springer Fachmedien Wiesbaden GmbH 2018
H.-R. Hartweg et al. (Hrsg.), *Aktuelle Managementstrategien zur Erweiterung der Erlösbasis von Krankenhäusern*, https://doi.org/10.1007/978-3-658-17350-0_7

genau zu prüfen, welche Leistungen in einer Klinik überhaupt eingeführt werden sollen. Sozioökonomische Daten der Patienten (Die weibliche Form ist der männlichen Form in diesem Beitrag gleichgestellt; lediglich aus Gründen der leichteren Lesbarkeit wurde in Teilen dieser Ausarbeitung die männliche Form gewählt.) sowie die Wettbewerbssituation im Umfeld geben Hinweise, mit welchen Leistungen sich Krankenhäuser näher auseinandersetzen sollten. Die so identifizierten Angebote müssen dann auf deren Wirtschaftlichkeit hin geprüft werden. Nur so kann sichergestellt werden, dass sich die wirtschaftliche Situation eines Krankenhauses durch die Leistungen verbessert. Eine alleinige Erlösbetrachtung kann zu falschen Einschätzungen führen.

7.1   Einführung

Angesichts des auf das notwendige Maß beschränkten Leistungsspektrums der gesetzlichen Krankenversicherung spielen Angebote von individuellen Wunsch- bzw. Zusatzleistungen, die der Patient selbst bezahlt, eine zunehmende Rolle. Auch im Krankenhausbereich finden diese Leistungen immer mehr Verbreitung, da Krankenhäuser im Wettbewerb langfristig nur bestehen können, wenn sie ihre Leistungsprozesse effizient gestalten und ihre Erlöse steigern. Die Erschließung und Nutzung neuer erlösträchtiger Geschäftsfelder ist eine entscheidende strategische Herausforderung (Borges et al. 2006).

Bislang versuchten Kliniken durch einen höheren Spezialisierungsgrad und eine hohe Behandlungsqualität die Fallzahlen zu steigern. Eine Erhöhung der Fallzahl führt jedoch zumindest kurzfristig nicht zu einer nachhaltigen Verbesserung des Betriebsergebnisses, da die abzuführenden Mehrerlösausgleiche einen spürbaren Anteil der Erlöse wieder an die Kostenträger zurückführen. Allenfalls mittel- bis langfristig kann eine solche Strategie erfolgreich sein, indem generell höhere Budgets mit den Kostenträgern vereinbart werden können. Unmittelbare Konsequenz ist, dass nach Erlösquellen Ausschau gehalten wird, die außerhalb der Budgets der gesetzlichen Krankenversicherung liegen. Besondere Bedeutung haben daher die privaten voll- oder teilversicherten Personen sowie Selbstzahler.

Bei dem Angebot und der Inanspruchnahme von Wunsch- und Zusatzleistungen durch den Patienten sind rechtliche und ökonomische Aspekte zu beachten. Rechtliche Verfehlungen können zu strafrechtlichen Konsequenzen führen und zudem wirtschaftlichen Schaden erzeugen. Ökonomisch ist ferner zu berücksichtigen, dass nicht für jedes Krankenhaus sämtliche Optionen von Extra- oder Andersleistungen sinnvoll sind. Vorab müssen diese deshalb auf den Prüfstand der Wirtschaftlichkeit gestellt werden.

7.2   Abgrenzung Wahlleistungen und Selbstzahlerleistungen

Selbstzahlerleistungen umfassen alle Leistungen, die der Patient komplett selbst übernehmen muss. Hinter den Wahlleistungen verbirgt sich dagegen der Sammelbegriff für Leistungen, die Personen unter Rückgriff auf privaten Voll- oder Zusatzkrankenversicherungsschutz über die allgemeinen Krankenhausleistungen hinaus in Anspruch nehmen. Man unterscheidet zwischen ärztlichen und nicht-ärztlichen Wahlleistungen. Nehmen Versicherte der gesetzlichen Krankenversicherung (GKV) solche Leistungen ohne Bestehen einer Zusatzversicherung in Anspruch, handelt es sich um Selbstzahlerleistungen. Nehmen sie hingegen solche Leistungen mit bestehender Zusatzversicherung in Anspruch, handelt es sich um Wahlleistungen. Das Leistungsangebot eines Krankenhauses kann auch über das Leistungsspektrum von privaten Krankenversicherungen (PKV) hinausgehen, sodass auch für diesen Personenkreis Selbstzahlerleistungen angeboten werden können. Letztendlich entscheidet die Attraktivität der Angebote über die Nachfrage solcher Leistungen.

7.3   Rechtlicher Rahmen

Neben den allgemeinen Krankenhausleistungen, die von der GKV beziehungsweise von der PKV bezahlt werden, gehören auch die Wahlleistungen zu den Krankenhausleistungen. Diese lassen sich in ärztliche Wahlleistungen und nicht ärztliche Wahlleistungen differenzieren. Die Wahlleistungen müssen hinsichtlich des Leistungsumfangs nicht zwingend über die allgemeinen Krankenhausleistungen hinausgehen, sondern lediglich in einer anderen Ausprägung erbracht werden. Die Behandlung durch einen liquidationsberechtigten Arzt und die Wahlleistung Unterkunft sind die beiden in der Praxis am häufigsten vorkommenden Wahlleistungen. Zugleich werden diese Leistungen teilweise auch als Selbstzahlerleistungen in Anspruch genommen.

§ 17 Abs. 2 KHEntgG fordert, dass Wahlleistungen vor ihrer Erbringung schriftlich mit dem Patienten vereinbart werden müssen; der Patient ist ferner vor Abschluss der Vereinbarung schriftlich über die Art und die Höhe der Entgelte und deren Inhalt im Einzelnen zu unterrichten. Zudem dürfen die allgemeinen Krankenhausleistungen die Wahlleistungen nicht beeinträchtigten (§ 17 Abs. 1 Satz 2 KHEntgG). Die Entgelte für die Wahlleistungen dürfen in keinem unangemessenen Verhältnis zur Leistung stehen (§ 17 Abs. 1 Satz 3 KHEntgG). Bei den ärztlichen Wahlleistungen ist die sogenannte „Wahlarztkette" zu beachten. Eine Vereinbarung über wahlärztliche Tätigkeit erstreckt sich automatisch auf alle Ärzte eines Krankenhauses, soweit diese berechtigt sind, ihre Leistungen im Rahmen der stationären Versorgung gesondert zu berechnen. Dem Patienten ist es daher nicht möglich, einzelne Behandlungsbausteine mit Wahlarztleistungen zu hinterlegen (z. B. nur den Operateur), sondern ein Abschluss der Vereinbarung kann nur umfassend erfolgen, sodass auch alle weiteren liquidationsberechtigen Ärzte mit

„eingekauft" werden. Die Wahlarztkette erstreckt sich ferner auf die von den liquidationsberechtigten Ärzten veranlassten Leistungen außerhalb der Klinik wie pathologische Untersuchungen.

7.3.1 Ärztliche Wahlleistungen

Für die Abrechnung von ärztlichen Wahlleistungen gilt die Gebührenordnung für Ärzte (GOÄ). Die GOÄ regelt die Abrechnung aller medizinischen Leistungen außerhalb der Gesetzlichen Krankenversicherung. In der GOÄ sind die abrechnungsfähigen Leistungen sowie ein jeweils zugehöriger Abrechnungswert in Punkten angegeben. Multipliziert man die Punktzahl mit dem aktuell gültigen Punktwert, so erhält man das Honorar in EUR. Darüber hinaus ist der Ansatz von „Steigerungsfaktoren" möglich, was nachfolgendes Beispiel zeigt.

Übersicht über die Hebesätze

Einfachsatz (auch „1,0faches")
Dies ist der Betrag, der sich aus der Multiplikation der Punktzahl der Leistungen mit dem Punktwert der GOÄ ergibt. Am Beispiel der Nr. 3200 GOÄ (Appendektomie): 1480 Punkte × 5,82873 Cent = 86,27 EUR.

Schwellenwert (auch „Regelsatz" oder „Schwellensatz")
Hierunter ist der Betrag zu verstehen, der sich nach Multiplikation des Einfachsatzes mit der „Gebührenschwelle" ergibt. „Gebührenschwellen" sind die Faktoren, bis zu denen gesteigert werden kann, ohne eine Begründung geben zu müssen. Beispiel: 86,27 EUR × 2,3 = 198,41 EUR. Für sogenannte „technische Leistungen" liegt die Gebührenschwelle beim 1,8-fachen, für Laborleistungen beim 1,15-fachen Satz.

Höchstwert (auch „Höchstsatz")
Darunter fällt der Betrag, der sich nach Multiplikation des Einfachsatzes mit dem zu der Leistung höchstmöglichen Multiplikator ergibt. Beispiel: 86,27 EUR × 3,5 = 301,93 EUR. Für sogenannte „technische Leistungen" liegt der Höchstwert beim 2,5-fachen, für Laborleistungen beim 1,3-fachen Satz. Der Höchstsatz kann nur mit Begründung abgerechnet werden.

Dabei ist zu beachten, dass bei vollstationären, teilstationären sowie vor- und nachstationären privatärztlichen Leistungen die Gebühren um 25 % zu mindern sind; bei Belegärzten beträgt der Minderungssatz 15 % (§ 6a GOÄ).

Der Wahlarzt wird von Patienten als ein „besonderer" Arzt mit spezieller Qualifikation wahrgenommen. Er ist berechtigt, außerhalb und neben den Entgelten, die nach dem KHEntgG vereinbart werden, individuell nach der GOÄ abzurechnen. Voraussetzung ist eine gesonderte schriftliche Vereinbarung zwischen Wahlarzt und Patient („Wahlleistungsvereinbarung"). Der Patient erwartet eine persönliche Leistungserbringung und hat darauf auch, bis auf in wenigen begrenzten Ausnahmefällen, Anspruch. Der in der Wahlleistungsvereinbarung aufgeführte liquidationsberechtigte Arzt muss die Wahlleistung **persönlich** erbringen. Dieser Grundsatz gilt aber nur für den Kernbereich der Wahlleistung wie die Durchführung eines operativen Eingriffs durch den Chirurgen. Ob es sich um „eigene Leistungen" des Wahlarztes handelt, bestimmt sich außerdem nach § 4 Abs. 2 S. 3 GOÄ. Es ist zulässig z. B. Laborkosten, die vom liquidationsberechtigten Arzt im Rahmen der Wahlleistung veranlasst worden sind, als dessen Wahlleistung abzurechnen. Der Wahlarzt kann zudem die ärztlichen Leistungen außerhalb des Kernbereiches an andere Ärzte delegieren. Der Umfang des Kernbereichs der Wahlleistung bestimmt sich im Einzelfall nach dem Fachgebiet und dem Therapieprogramm und kann daher nicht pauschal festgelegt werden.

In unvorhergesehenen Fällen persönlicher Verhinderung kann ein anderer Arzt, der sogenannte Vertreter, eingesetzt werden. Zulässig sind nur Ärzte, die eine dem liquidationsberechtigten Arzt vergleichbare Qualifikation aufweisen. Niederschlag findet dies in der GOÄ. Nach § 4 Absatz 2 Satz 1 GOÄ kann er Leistungen abrechnen, die er selbst oder die von einem anderen Arzt unter seiner Aufsicht nach fachlicher Weisung erbracht wurden. Es darf auch nur für den Fall unvorhergesehener Verhinderung des Wahlarztes eine Vertretung durch eben diesen Arzt vorgesehen sein. Zudem muss der Patient vor Abschluss der Wahlleistungsvereinbarung darauf hingewiesen werden, dass er so früh wie möglich über eine vorhersehbare Verhinderung des Wahlarztes unterrichtet wird. Es muss ihm das Angebot unterbreitet werden, dass an dessen Stelle ein bestimmter Vertreter zu den vereinbarten Bedingungen die wahlärztlichen Leistungen erbringt oder auf die Inanspruchnahme wahlärztlicher Leistungen verzichtet werden kann, sodass eine Behandlung ohne Zuzahlung von einem geeigneten Arzt durchgeführt wird. Ist die jeweilige Maßnahme bis zum Ende der Verhinderung des Wahlarztes verschiebbar, so ist dem Patienten auch dies zur Wahl zu stellen.

Besonders strenge Anforderungen gelten in dem Fall, in dem die Abwesenheit des liquidationsberechtigten Arztes bereits bei Abschluss der Wahlleistungsvereinbarung bekannt ist. Es fehlt dann an einer wirksamen Stellvertretervereinbarung, wenn die Wahlleistungs- und die Stellvertretervereinbarung auf vorgefertigten, standardisierten Formularen am gleichen Tag geschlossen wurden. Eine Stellvertretervereinbarung kann im Fall einer vorhersehbaren Verhinderung nur wirksam durch eine Individualabrede getroffen werden.

Die Erlöse für wahlärztliche Leistungen verbleiben im Regelfall nicht komplett beim Krankenhaus, vielmehr erhält der liquidationsberechtigte Arzt daran einen Anteil. Für die Ausgestaltung des Liquidationsrechts des Arztes sind zwei Konstellationen denkbar: Entweder kann ein eigenes Liquidationsrecht zugunsten des Arztes oder ein Beteiligungsrecht an den Wahlleistungserlösen vereinbart werden. Das Liquidationsrecht ist die dem Arzt arbeitsvertraglich vom Krankenhausträger eingeräumte Befugnis, als Nebentätigkeit wahlärztliche Leistungen anzubieten und selbstständig gegenüber dem Patienten abrechnen zu dürfen. Besitzt der Arzt das Liquidationsrecht (und nicht lediglich ein Beteiligungsrecht), so muss er für stationäre, teilstationäre sowie vor- und nachstationäre wahlärztliche Leistungen an das Krankenhaus von den erhaltenen Honoraren ein

Nutzungsentgelt abführen. Diese Kostenerstattung ist in § 19 Abs. 2 KHEntgG gesetzlich festgelegt. Die Kostenerstattung beträgt 40 % der Gebühr für technische Leistungen
(z. B. Laborleistungen, Strahlenmedizin sowie Magnetresonanztomografie) und 20 % für
die übrigen Leistungen. Berechnungsgrundlage ist die Gebühr nach der GOÄ vor Abzug
der 25 % aufgrund von § 6a GOÄ. Die Kostenerstattung kann des Weiteren einen sogenannten Vorteilsausgleich umfassen. Dieser ist nicht gesetzlich vorgesehen, sondern wird
vertraglich vereinbart. In der Praxis findet man regelmäßig Sätze in Höhe von 10 bis
20 %. Nachfolgendes Beispiel dient zur Veranschaulichung (Schmola und Rapp 2014).

Verteilung der Vergütungen zwischen den Beteiligten
Ungeminderte Gebühren gem. GOÄ 150.000 EUR
– 25 % Gebührenminderung gem. § 6a GOÄ 37.500 EUR
– Kostenerstattung gem. § 19 Abs. 2 KHEntgG
  40 % für technische Leistungen (Annahme: 50.000 EUR) 20.000 EUR
  20 % für sonstige Leistungen (Annahme: 100.000 EUR) 20.000 EUR
– Vorteilsausgleich
  (Annahme: 15 % der Liquidationseinnahmen nach Kostenerstattung) 10.875 EUR
= Verbleibende Erlöse des liquidationsberechtigten Arztes 61.625 EUR

Chefärzte beteiligen zudem regelmäßig nachgeordnete Mitarbeiter an ihren Liquidations-
erlösen (sogenannte „Poolbeteiligung"). Dies stellt einen Ausgleich dafür dar, dass die
nachgeordneten Ärzte den Chefarzt bei der Ausübung seiner Tätigkeit unterstützen, aber
selbst kein Liquidationsrecht haben. Ob und in welchem Umfang eine gesetzliche Pflicht
dazu besteht, regelt sich nach Landesrecht. Einige Bundesländer wie Baden-Württemberg
sehen eine entsprechende Verpflichtung vor, andere nicht. Die Poolregelungen sind
überdies in den Ländern unterschiedlich hinsichtlich der Höhe der Beteiligung sowie der
zu beteiligenden Mitarbeitern ausgestaltet. Auch wenn keine Verpflichtung nach Landesrecht besteht, so ergibt sich aus dem Standesrecht der Ärzte eine Pflicht zur Beteiligung
der nachgeordneten Ärzte (§ 29 Abs. 3 MBO-Ä). Diese beinhaltet, dass Ärzte mit aus
einem Liquidationsrecht resultierenden oder anderweitigen Einkünften aus ärztlicher
Tätigkeit (z. B. Beteiligungsvergütung) dazu verpflichtet sind, den von ihnen dazu her-
angezogenen Kollegen eine angemessene Vergütung zu gewähren bzw. sich dafür einzu-
setzen, dass die Mitarbeit angemessen vergütet wird. Werden in obiger Rechnung bspw.
weitere 20 % der Liquidationseinnahmen nach Kostenerstattung der Poolbeteiligung
zugeführt (14.500 EUR), so verbleiben dem liquidationsberechtigten Arzt letztendlich
47.125 EUR an Einnahmen. Beim Beteiligungsrecht wird die Erbringung wahlärztlicher
Leistungen zur Dienstaufgabe erklärt. Der Arzt erhält dann regelmäßig nur ein Beteiligungsrecht an den erzielten Erlösen aus den wahlärztlichen Behandlungen, deren Höhe
vertraglich fixiert wird.

7.3.2 Nicht-ärztliche Wahlleistungen

Für nicht-ärztliche Wahlleistungen gibt es keine gesetzlich definierte Gebührenordnung. Unangemessen hohe Entgelte sind nach § 17 Abs. 1 Satz 3 KHEntgG nicht zulässig. Werden überhöhte Entgelte verlangt, kann der Verband der Privaten Krankenversicherung die Herabsetzung auf eine angemessene Höhe verlangen und bei Ablehnung der Herabsetzung den Zivilrechtsweg gehen (§ 17 Abs. 1 Satz 5 KHEntgG). Um Transparenz darüber herzustellen, was im Bereich Unterkunft ein angemessenes Entgelt ist, nutzen die Deutsche Krankenhausgesellschaft (DKG) und der Verband der Privaten Krankenversicherung die Option des § 17 Abs. 1 Satz 4 und haben eine Empfehlung zur Bemessung der Entgelte für nicht-ärztliche Wahlleistungen vereinbart. Der mögliche Preis für die Wahlleistung Unterkunft setzt sich aus einer Basiskomponente (Grundzuschlag für Zweitbett- oder Einbettzimmer) sowie diversen Komfortelementen (z. B. Sanitärzone, Größe und Ausstattung des Zimmers) zusammen.

Im Basisbereich ist zu beachten, dass Zuschläge nur abgerechnet werden können, wenn die Leistung keine Regelleistung des Krankenhauses darstellt. Ist bspw. im Krankenhaus ein Zweibettzimmer Standard, können hierfür keine Zuschläge berechnet werden. Lediglich das Einbettzimmer stellt dann eine Wahlleistung dar. Der Basispreis kommt zur Abrechnung für das Alleinliegen im Einzelzimmer bzw. das Zu-Zweit-Liegen im Zweibettzimmer. Treten weitere Komfortelemente hinzu, können diese als Komfortzuschläge zusätzlich in Rechnung gestellt werden. Das Krankenhaus hat zunächst aufgrund einer Selbstprüfung abzugrenzen, welche Komfortelemente überhaupt abrechenbar sind und sich dann innerhalb der Komfortblöcke durch wirklichkeitsnahe Schätzung gemäß den in der Vereinbarung genannten Anhaltspunkten einzustufen. Bei der Einstufung ist auch der Aspekt der Qualität der Komfortelemente angemessen zu berücksichtigen. Können keine Komfortelemente dieser Kategorie berechnet werden, ergibt die Einstufung 0 EUR. Liegen alle Komfortelemente in hoher Qualität vor, kann der Höchstbetrag dieser Kategorie in Ansatz gebracht werden. Die Vereinbarungspartner gehen davon aus, dass im Regelfall ein mittleres Preisniveau angemessen ist. Auf Anforderung des Verbandes der Privaten Krankenversicherung hat das Krankenhaus geeignete Nachweise für die gemachten Angaben zu erbringen. Die Leistungslegende der Vereinbarung ist abschließend und definiert einen Standard, den die PKV bereit ist, in ihren Tarifen "Unterkunft" zu finanzieren. Darüber hinausgehende Leistungen können nur nach Zustimmung des Verbandes der Privaten Krankenversicherung über den Unterkunftszuschlag abgerechnet werden. Liegt diese nicht vor, kommt nur eine Abrechnung als Selbstzahlerleistung gegenüber dem Patienten in Betracht. Ein Komfortelement kann grundsätzlich nur dann in die Bewertung einfließen, wenn es sich bei diesem Komfortelement um andere als die allgemeinen Krankenhausleistungen handelt. Ausschlaggebend ist dabei die entsprechende bettenführende Fachabteilung. Stellt das Zweibettzimmer den Regelleistungsstandard in einer bettenführenden Fachabteilung dar, ist eine isolierte Abrechnung ausschließlich von Komfortelementen als Komfortzuschlag möglich.

Dieser ist in den Wahlleistungsvereinbarungen und den Abrechnungen ausdrücklich als Komfortzuschlag zu bezeichnen, eine Berechnung des Basispreises ist nicht möglich. Eine Reservierung bzw. das Freihalten eines Einbettzimmers (z. B. bei Aufenthalt auf der Intensivstation) ist nur dann berechenbar, wenn dies ausdrücklich mit dem Patienten vereinbart wurde und ein Zeitraum von vier Tagen nicht überschritten wird. In dieser Zeit darf das Zimmer nicht anderweitig belegt werden. Für die Tage des Freihaltens ist der Gesamtpreis des Zimmers um 25 % zu mindern; wobei der Basispreis nicht unterschritten werden darf. Eine gesonderte Berechnung der Reservierung bzw. des Freihaltens eines Zweibettzimmers ist nicht möglich. Der Entlassungstag kann nicht berechnet werden (Gemeinsame Empfehlung gemäß § 22 Absatz 1 BPflV/§ 17 Absatz 1 KHEntgG zur Bemessung der Entgelte für eine Wahlleistung Unterkunft).

Zusätzlich in Rechnung zu stellende Leistungen im Krankenhaus

Abschn. 1 der Vereinbarung beinhaltet Komfortelemente für den Bereich „Sanitärzone". Folgende Aspekte werden als mögliche zusätzlich in Rechnung stellbare Leistungen definiert:

- **Separates WC:** WC ist in einer direkt oder nur vom Krankenzimmer erreichbaren separaten sanitären Anlage oder über den Flur erreichbares separates WC, welches nur dem konkreten Wahlleistungspatienten zugeordnet ist.
- **Separate Dusche:** Dusche ist in einer direkt oder nur vom Krankenzimmer erreichbaren separaten sanitären Anlage oder über den Flur erreichbare separate Duschanlage, welche nur dem konkreten Wahlleistungspatienten zur Verfügung steht.
- **Besondere Größe der Sanitärzone:** Größe über 4 m^2.
- **Sonstige Sanitärausstattung:** Besondere Ausstattung, z. B. mit Spiegel, gefälliger Beleuchtung, Waschtischen, Stauräumen, Ablagen und Sitzgelegenheiten etc. je Patient.
- **Zusatzartikel Sanitär:** Vorhandensein von Bademänteln, Frotteehandtüchern, Fön, Dusch- und Waschsets.

Die Preisspanne reicht im Jahr 2017 von 0 bis 11,67 EUR im Doppelzimmer und 15,57 EUR im Einzelzimmer.

7.3.3   Selbstzahlerleistungen

Fehlt es an einer medizinischen Indikation, also an einer Erkrankung, die eine Behandlung notwendig macht, hat der Patient für diese Leistung keinen Anspruch auf Bezahlung bzw. Erstattung durch seine Krankenversicherung. Dementsprechend handelt es sich nicht um allgemeine Krankenhausleistungen, sondern um eine medizinische Selbstzahlerleistung. Dies betrifft bspw. Schönheitsoperationen (Nasenkorrekturen, Brustvergrößerungen etc.), Fettabsaugungen, medizinisch nicht-indizierte Sterilisationen oder auch eine medizinisch nicht-indizierte verlängerte Verweildauer im Krankenhaus auf Wunsch des Patienten. Solche Leistungen unterscheiden sich von den klassischen Wahlleistungen durch das völlige Fehlen eines Zusammenhanges mit einer allgemeinen Krankenhausleistung.

Die Vergütung derartiger Leistungen kann frei vereinbart werden, z. B. in Anlehnung an GOÄ oder nach einem sonstigen Haustarif. Grenze für die Vereinbarung der Entgelte ist ein offensichtliches Missverhältnis bei selbst definierten Pauschalen gegenüber der Vergütung vergleichbarer Leistungen. Die Möglichkeit einer freien Preisvereinbarung gilt auch für die anlässlich einer Krankenhausbehandlung auf Wunsch des Patienten erbrachten medizinischen Wahlleistungen (z. B. erweiterte Labordiagnostik). Auch diese Leistungen würden nämlich außerhalb des Versorgungsauftrages des Krankenhauses erbracht, sodass sie nicht den Abrechnungsbestimmungen des KHEntgG unterliegen, gemäß § 17 Abs. 1 S. 3 KHEntgG aber angemessen sein müssen.

Für nicht-medizinische Wahlleistungen, die nicht über eine Versicherung erstattet werden, sind die gleichen Bedingungen anzunehmen, wie wenn diese als Wahlleistung durch eine Versicherung erstattungsfähig sind. Ist eine Erstattung durch eine Versicherung generell nicht möglich, ist eine Vereinbarung im Sinne eines frei auszuhandelnden Vertrags anzunehmen.

Einen besonderen Bereich der Selbstzahler stellen ausländische Patienten dar. Spitzenmedizin in Verbindung mit angemessenem Komfort im Bereich Unterkunft und Verpflegung bieten Potenzial für die Gewinnung zahlungskräftiger Patienten aus dem Ausland. Der erfolgreiche Aufbau dieses Geschäftsfeldes erfordert ein systematisches und methodisches Vorgehen, das die kulturellen und gesellschaftlichen Gewohnheiten ausländischer Patienten gleichermaßen, wie bspw. abrechnungstechnische und rechtliche Aspekte, berücksichtigt. Um Patienten im Ausland erreichen zu können, müssen diese sich problemlos über das Leistungsangebot der Klinik informieren können, hierfür ist etwa eine Internetseite in der Sprache der Zielländer erforderlich. Ferner sind Serviceleistungen wie Flughafentransfer sinnvoll. Auch das Personal muss sich mit dem Patienten ausreichend verständigen können. Bislang ist das Potenzial ausländischer Patienten noch unzureichend genutzt, sodass Erlöspotenziale für geeignete Krankenhäuser anzunehmen sind (KPMG 2011).

7.4   Diskussion

Erlöse aus Wahl- und Selbstzahlerleistungen machen aktuell noch einen kleinen Anteil an den Erlösen eines Krankenhauses aus. Im Mittel werden pro Krankenhaus 2166 Fälle pro Jahr mit gesondert berechneter Unterkunft abgerechnet, die durchschnittlichen Erlöse liegen bei 340 EUR je Fall (DKI 2011). Etwas höher liegt die Zahl der stationären Fälle mit wahlärztlichen Leistungen (2281), wobei je Fall 918 EUR netto erlöst wurden (DKI 2011). Netto bedeutet hier, dass es sich um die Erlöse handelt, die dem Krankenhaus aus wahlärztlicher Leistung verbleiben. Abzüge, etwa für die Honorare an Ärzte, sind daher bereits berücksichtigt.

Im Jahr 2015 verfügten etwas weniger als 6 Mio. Personen über einen Zusatztarif für Wahlleistungen im Krankenhaus und etwas mehr als 7 Mio. Personen weisen eine private Vollversicherung auf, die die Unterbringung in Ein- und Zweibettzimmer sowie die Chefarztbehandlung im Krankenhaus umfasst (Verband der Privaten Krankenversicherung 2016). Bei diesen knapp 13 Mio. Personen ist eine Inanspruchnahme der gemäß Versicherungsbedingungen abgesicherten Leistungen sehr wahrscheinlich. Nur wenige werden auf die Leistungen verzichten, wenn in ihrem Versichertenvertrag eine entgeltliche Kompensation vorgesehen ist und diese ihnen wertiger erscheint, als die durch das Krankenhaus angebotene Leistung. Überdurchschnittliche Leistungen bieten insbesondere dann erhebliche Zusatzerlöspotenziale, wenn Elektivpatienten gerade wegen des besonderen Angebots ein Krankenhaus wählen. Um attraktiv für diese Patientengruppe zu sein, richten immer mehr Kliniken sogenannte Komfortstationen ein. Das Angebot ist oftmals mit einem 4 oder 5 Sterne-Standard eines Hotels vergleichbar. Die Stationen befinden sich in eigenen Bereichen, sodass sie einen zusätzlichen Mehrwert zu Wahlleistungszimmern bieten, die in die normalen Stationen integriert sind. Das Angebot ist zudem auch für Patienten ohne Zusatzversicherung interessant, die sich einen angenehmen Krankenhausaufenthalt leisten möchten. Da die nicht-medizinischen Leistungen unabhängig von den medizinischen Wahlleistungen gebucht werden können, lässt sich die finanzielle Belastung für den Patienten reduzieren.

Wahl- und Selbstzahlerleistungen stellen aus Managementsicht sogenannte „Cross-Selling"-Potenziale sowie „Up-Selling"-Potenziale dar. Up-Selling bezeichnet das Bestreben, dem Patienten mit allgemeinen Krankenhausleistungen eine höherwertige Dienstleistung anzubieten. Dabei wird versucht dem Patienten die Vorzüge der höheren Dienstleistungskategorie aufzuzeigen, wie z. B. der größere Komfort eines Einzelzimmers gegenüber einem Standardzimmer. Ein zu extremes Anpreisen im Krankenhaus kann jedoch zu einer Verärgerung von Patienten führen. Häufig wird Up-Selling mit Cross-Selling gleichgesetzt. Dort sollen allerdings keine höherwertigen Leistungen verkauft werden, sondern einfach Zusatzverkäufe an denselben Patienten getätigt werden. Eine trennscharfe Abgrenzung ist in der Praxis eines Krankenhauses oftmals nicht möglich. Cross-Selling-Potenziale ergeben sich regelmäßig im Bereich von Zusatzleistungen (sogenannte Value Added Services). Der vom Patienten wahrgenommene Wert ist direkt vom Zusatznutzen und dem von ihm zu entrichtenden Preis abhängig. Die Zusatzleistungen sind für Patienten oftmals deutlich greifbarer als die medizinisch-pflegerisch-therapeutische Kernleistung, sodass diese länger in Erinnerung bleiben und daher insbesondere für die Weiterempfehlung eines Krankenhauses durch den Patienten eine wichtige Rolle spielen (Schreier 1998).

Um Potenziale von Wahl- und Selbstleistungen realisieren zu können, müssen Krankenhäuser sich in einem ersten Schritt Gedanken über mögliche Angebote machen und im zweiten Schritt prüfen, ob diese wirtschaftlich angeboten werden können. Die Wirtschaftlichkeit hängt einerseits von dem Interesse der Patienten an einer Leistung ab, andererseits davon, ob ein Preis verlangt werden kann, der über die Kosten hinaus eine Gewinnmarge ermöglicht. Eine pauschale Aussage über sinnhafte Dienstleistungen kann nicht getroffen werden, sodass nachfolgende mögliche Angebote dargestellt werden, die im Einzelfall auf Basis der individuellen Gegebenheiten vor Ort hinsichtlich Akzeptanz und Wirtschaftlichkeit zu prüfen sind.

Denkbare Angebote sind (Mergenschröer 2011; Tab. 7.1).

Diese Beispiele zeigen, dass es eine große Bandbreite an möglichen Angeboten gibt. Zunächst sind die Angebote zu identifizieren, für die sich eine genauere Betrachtung lohnt. Kriterien hierfür können sein:

- Patientenklientel (z. B. Anteil PKV-Patienten, Einkommenssituation im Einzugsgebiet)
- Fachgebiete des Krankenhauses und Behandlungsspektrum
- Angebote und Leistungsstärke der Konkurrenz
- Rückmeldungen aus Patientenbefragungen

Für die Leistungen, für die Potenzial gesehen wird, sollte im Anschluss eine detaillierte Wirtschaftlichkeitsanalyse durchgeführt werden. Zur Bewertung bieten sich dynamische Investitionsrechnungsverfahren wie z. B. die Kapitalwertmethode an. Die dynamischen Verfahren der Investitionsrechnung ermöglichen im Gegensatz zu den statischen Verfahren die grundsätzliche Prüfung der wirtschaftlichen Vorteilhaftigkeit einer Investition. Sie berücksichtigen mit dem Kalkulationszins eine Rendite, die eine Investition mindestens erwirtschaften sollte, um als vorteilhaft für das Krankenhaus eingestuft zu werden. Darüber hinaus beziehen die dynamischen Methoden auch die Zeitpunkte, an denen Ein- und Auszahlungen anfallen, in die Bewertung mit ein. Die Vorteilhaftigkeit einer jeden Investition ist dadurch gekennzeichnet, dass einer Anfangsauszahlung durch die Investition generierte Einzahlungsüberschüsse in den Folgeperioden gegenüberstehen.

Beispiel einer Wirtschaftlichkeitsanalyse

Für die Möglichkeit der Erbringung einer neuen Selbstzahlerleistung muss ein Gerät angeschafft werden, welches 100.000 EUR kostet. Das Gerät kann 6 Jahre genutzt werden und hat dann keinen Restwert mehr. Schätzungen zur Folge werden pro Jahr ca. 100 Patienten die Leistung in Anspruch nehmen, die durchschnittlichen Erlöse liegen bei 250 EUR. Für Wartung und Instandhaltung fallen pro Jahr 500 EUR an, zusätzlich ist mit variablen Kosten pro Patienten in Höhe von 25 EUR zu rechnen. Die Personalkosten für die Leistungserbringung betragen 25.000 EUR pro Jahr, da für die Leistung ein Spezialist in Teilzeit beschäftigt werden muss. Das Krankenhaus erwartet, dass mindestens eine Rendite in Höhe von 5 % erwirtschaftet wird.

Tab. 7.1 Dienstleistungsangebote im Krankenhaus

Angebot	Erläuterung
Vermietung	Erlöse aus Vermietung und Verpachtung, z. B. Kiosk oder Cafeteria
Parken	Betrieb eines Parkplatzes am Krankenhaus
Einzel-/Zweitbettzimmer	Wechsel von Standardzimmer in Einzel-/Doppelzimmer
Chefarztbehandlung	Versorgung durch liquidationsberechtigte Ärzte
Sanitärpaket	Täglicher Handtuchwechsel, Bademantel, Fön, Hotelartikel wie bspw. Seife
Individuelle Zusatzleistungen	Nicht-medizinisch notwendige Leistungen wie kosmetische Eingriffe, Angebot von alternativen Heilmethoden
Entlasspaket	Individuelles Dienstleistungspaket am Tag der Entlassung, z. B. Rezepte einlösen, Einkäufe erledigen
Übernachtung	Medizinisch nicht-notwendige Unterbringung von Begleitpersonen im Haus oder angrenzenden Hotel
Internet	Internetanschluss auf dem Patientenzimmer
Gastronomie und Café	Eigenbetreiben von Angeboten oder Angebot durch Externe von Speisen und Getränken
Bücher und Zeitschriften	Zugriff auf Zeitschriften oder Bücher, inklusive Lieferung auf das Zimmer
Verpflegung	A la Carte-Menü, besondere Kost wie Speisen mit Bio-Siegel, u. a.
Shop	Anbieten von Produkten des täglichen Bedarfs wie Zeitschriften, Taschentücher, kleine Geschenke
Fahr- und Reiseservice	Abholung von zu Hause, Transfer nach Hause, Organisation der Reiseplanung
Beauty und Wellness	Kosmetische Dienstleistungen und Massagen
Info- und Entertainment-Paket	Verleih oder Abrufmöglichkeit von Filmen, Anbieten von Sky
Friseur	Anbieten der Dienstleistung, auch auf dem Zimmer
Merchandising	Vertrieb von wertigen Artikel mit Krankenhaus-Label
Kinderbetreuung	Babysitter und Kinderbetreuung im Krankenhaus oder in Kooperation
Kurse	Medizinisch begleitete Kurse, z. B. Herz-Kreislauf-Training
Wäscheservice	Reinigung von Patientenwäsche
Mieten von Geräten	Zeitliche Überlassung von Geräten wie z. B. Laptop oder DVD-Player gegen Entgelt
Roomservice	Ad-hoc-Bestellungen, wie bspw. im Restaurant
Mini-Bar	Installation einer Mini-Bar im Zimmer wie im Hotel

Der Kapitalwert bestimmt sich wie folgt:

Jahr	Ein-/Auszahlungen
0	$-100.000,00$ EUR
1	$(250 \times 100 - 25 \times 100 - 25.000 - 500)/1,05^1 = 19.000,00$ EUR
2	$(250 \times 100 - 25 \times 100 - 25.000 - 500)/1,05^2 = 18.095,24$ EUR
3	$(250 \times 100 - 25 \times 100 - 25.000 - 500)/1,05^3 = 17.233,56$ EUR
4	$(250 \times 100 - 25 \times 100 \quad 25.000 \quad 500)/1,05^4 \quad 16.412,91$ EUR
5	$(250 \times 100 - 25 \times 100 - 25.000 - 500)/1,05^5 = 15.631,35$ EUR
6	$(250 \times 100 - 25 \times 100 - 25.000 - 500)/1,05^6 = 14.887,00$ EUR
Kapitalwert	1260,06 EUR

Da der Kapitalwert positiv ist, ist die angedachte Selbstzahlerleistung ökonomisch sinnvoll, sofern die getroffenen Werte wie angenommen zutreffend sind.

Damit die Kapitalwertmethode sinnvoll eingesetzt werden kann, ist es zwingend erforderlich, alle voraussichtlich anfallenden Ein- und Auszahlungen möglichst genau zu prognostizieren. Mangelhafte oder fehlerhafte Angaben können dazu führen, dass Leistungen (nicht) eingeführt werden, obwohl sie (nicht) sinnvoll sind.

7.5   Ausblick

Begrenzte Budgets und der sich weiter intensivierende Wettbewerb setzen für Krankenhäuser Anreize, sich verstärkt mit außerbudgetären Erlösquellen auseinanderzusetzen. Aktuell liegt der Fokus der Krankenhäuser noch auf den traditionellen medizinischen und nicht-medizinischen Wahlleistungen. Diese müssen so attraktiv ausgestaltet sein, dass auch Selbstzahler einen deutlichen Mehrwert gegenüber dem Standard erkennen. Nur so kann ein Anreiz zur Nachfrage aus dieser Patientengruppe gesetzt werden. Bei privat- und zusatzkrankenversicherten Patienten gilt es, ein ideales Ausstattungsniveau auf Basis der gemeinsamen Empfehlung der DKG und des Verbandes der Privaten Krankenversicherung zu definieren, welches den größten wirtschaftlichen Benefit hervorruft. Es dürfen dabei nicht nur die Erlöse betrachtet werden, sondern auch die Kosten, die ein höheres Niveau mit sich bringen. Insbesondere Komfortstationen können ein attraktives Angebot für Wahlleistungs- und Selbstzahlerpatienten darstellen.

Neben der Optimierung in den bisher schon betriebenen Bereichen sollten künftig auch vermehrt Überlegungen angestellt werden, wie zusätzliche Leistungen erfolgversprechend angeboten werden können. Die Angebote können sowohl medizinischer als auch nicht-medizinischer Natur sein. Bei allen Angeboten müssen sowohl rechtliche als auch betriebswirtschaftliche Aspekte stets Berücksichtigung finden.

7.6   Gesundheitspolitische Empfehlungen

Der Gesetzgeber sollte, wie bisher auch, eine gewisse Zurückhaltung bei denkbaren, regulatorischen Eingriffen im Bereich der Wahl- und Selbstzahler walten lassen. Die derzeit bestehenden Regelungen für medizinische und nicht-medizinische Wahlleistungen sind als ausreichend zu diskutieren, wahren die Interessen der Patienten und der Kostenträger in gleicher Weise und schränken die Handlungsspielräume der Krankenhäuser nicht ein. Für den Bereich der medizinischen Zusatzleistungen ohne medizinische Erforderlichkeit könnte es sinnvoll sein, analog zu den aus dem ambulanten Bereich bekannten Individuellen Gesundheitsleistungen (IGeL), einen „Krankenhaus-IGeL-Monitor" zu installieren, um derart transparent eine „Schaden-Nutzen-Bilanz" zu erhalten. Den Krankenhäusern selbst sollte es zunächst überlassen sein, auf Optimierungspotenziale ihrer bisher angebotenen Leistungen zu achten. In einem daran anschließenden Schritt könnten neue Angebote identifiziert werden, die im Falle einer wirtschaftlichen Umsetzung dann auch eingeführt werden sollten.

Übersicht über die gesundheitspolitischen Empfehlungen
1. Die Zurückhaltung des Gesetzgebers bei denkbaren, regulatorischen Eingriffen im Bereich der Wahl- und Selbstzahler ist begrüßenswert und berechtigt.
2. Krankenhausintern könnten bereits angebotene Leistungen (z. B. Etablierung von Komfortstationen, Neugestaltung von Zimmern oder Einführung neuer Komfortelemente in den Zimmern) weiter optimiert und nach eingehender Prüfung weiter ausgebaut werden.
3. Bei der Etablierung neuer Leistungsangebote sollten weitere Angerbote identifiziert, einer internen Bewertung unter Aspekten der Wirtschaftlichkeit zugeführt und im Falle der Einführung gezielt vermarktet werden, um derart zusätzliche Erlöspotenziale zu heben.

Literatur

Borges, P., Platzköster, C., & Köhler, D. (2006). *Erschließung zusätzlicher Einnahmemöglichkeiten durch Selbstzahlerleistungen. Empirische Ermittlung der Marktattraktivität und -potenziale.* Köln: Gebera.

DKI (Deutsches Krankenhausinstitut). (2011). *Krankenhaus Barometer 2011.* Düsseldorf: DKI.

GOÄ. (2017). Gebührenordnung für Ärzte vom 9. Februar 1996 in der Fassung 04.12.1991.

Jochen, S. (1998). Der Patient als Gast und Kunde. Die EuroMed-Klinik als konsequenter Wirtschafts- und Dienstleistungsbetrieb. Vortrag und Handout anlässlich der SUMMIT-Konferenz „Auf dem langen Weg zum Kunden – Das Gesundheitswesen als Dienstleistungsbetrieb". 16. Juni 1998, Bonn.

KHEntgG. (2017). Gesetz über die Entgelte für voll- und teilstationäre Krankenhausleistungen (Krankenhausentgeltgesetz) vom 23.04.2002 in der Fassung vom 19.12.2016.

KPMG (KPMG AG Wirtschaftsprüfungsgesellschaft). (2011). *Gesundheitsbarometer Health Care.* Berlin: KPMG.

MBO-Ä. (1997). ‚(Muster-)Berufsordnung für die in Deutschland tätigen Ärztinnen und Ärzte' in der Fassung des Beschlusses des 118. Deutschen Ärztetages 2015 in Frankfurt a. M. Berlin.

Mergenschröer, K. (2011). Ermittlung von Potenzialen für neue Erlösquellen und Geschäftsfelder. Beispiel "Selbstzahlerleistungen". In A. Goldschmidt und J. Hilbert (Hrsg.), *kma-reader: Krankenhausmanagement mit Zukunft. Orientierungswissen und Anregungen von Experten* (S. 56–83). Stuttgart: Thieme.

Schmola, G., & Rapp, B. (2014). *Grundlagen des Krankenhausmanagements. Betriebswirtschaftliches und rechtliches Basiswissen.* Stuttgart: Kohlhammer.

Verband der Privaten Krankenversicherung. (2016). *Zahlenbericht der Privaten Krankenversicherung 2015.* Köln: Verband der Privaten Krankenversicherung.

Verband der Privaten Krankenversicherung, Deutsche Krankenhausgesellschaft. (o. J.) ‚Gemeinsame Empfehlung gemäß § 22 Absatz 1 BPflV/§ 17 Absatz 1 KHEntgG zur Bemessung der Entgelte für eine Wahlleistung Unterkunft'.

Über den Autor

Prof. Dr. Gerald Schmola, Diplom-Gesundheitsökonom (Univ.) und promovierter Medizinwissenschaftler, ist seit 2011 Professor für Betriebswirtschaft mit Schwerpunkt Gesundheitsmanagement an der Fakultät Wirtschaftswissenschaften der Hochschule für Angewandte Wissenschaften Hof. Zudem ist er Wissenschaftlicher Leiter des Instituts für Weiterbildung der Hochschule. Zuvor war er Professor für Klinikmanagement an der Dualen Hochschule Baden-Württemberg Villingen-Schwenningen. Vor seiner Berufung zum Professor war er für verschiedene große private Klinikbetreiber als Geschäftsführer und Kaufmännischer Direktor von Kliniken tätig. Er ist Autor von mehreren Fachbüchern sowie Fachbeiträgen und berät zudem verschiedene Unternehmen der Gesundheitswirtschaft.

Erweiterte Erlösoptionen durch das Management rund um die Versorgung von Patientinnen und Patienten aus dem Ausland

8

Lisa-Eyleen Koch und Hans-R. Hartweg

Inhaltsverzeichnis

L.-E. Koch (✉)
Rechts- und Wirtschaftswissenschaftliche Fakultät, Universität Bayreuth, Bayreuth, Deutschland

H.-R. Hartweg
Hochschule RheinMain, Wiesbaden Business School, Wiesbaden, Deutschland
E-Mail: hans.hartweg@hs-rm.de

© Springer Fachmedien Wiesbaden GmbH 2018
H.-R. Hartweg et al. (Hrsg.), *Aktuelle Managementstrategien zur Erweiterung der Erlösbasis von Krankenhäusern,* https://doi.org/10.1007/978-3-658-17350-0_8

Zusammenfassung

Hinter dem Begriff des Medizintourismus steht der grenzüberschreitende Verkehr von Patienten, die aus unterschiedlichsten Gründen medizinische (ggf. aber auch pflegerische) Dienstleistungen in ausländischen Destinationen in Anspruch nehmen. Deutsche Krankenhäuser genießen grenzüberschreitend ein hervorragendes Renommee und sind damit unter Beachtung nationaler aber auch internationaler Regelwerke durchaus in der Lage, auch eine Inanspruchnahme von Patienten aus dem Ausland sicherzustellen. In den vergangenen Jahren haben die Bemühungen der Krankenhäuser, Managementstrukturen rund um die Versorgung dieser Patienten zu etablieren, zu zusätzlichen Einnahmen geführt. Diese Ausarbeitung wirft den Blick auf die zu beachtenden Regelwerke und auf die nationalen Entwicklungstendenzen, arbeitet die Gründe für die Inanspruchnahme aus dem Ausland heraus und zeigt, welche krankenhausinternen Weichen für solche Leistungsbündel zu stellen sind, um auch zukünftig zusätzliche Erlöse erwirtschaften zu können.

8.1 Einführung

8.1.1 Medizintourismus

Als Folge der Globalisierung ist auch eine zunehmende, grenzüberschreitende Inanspruchnahme von Gesundheits-(dienst-)leistungen, die im Allgemeinen als Medizintourismus bezeichnet werden, zu beobachten (Juszczak 2013). Seitdem medizinische

(Dienst-)Leistungen nicht mehr an Ländergrenzen gebunden sind, suchen Patienten[1] auch in fernen Destinationen nach Behandlungsmöglichkeiten. Die Auswahl einer passenden Behandlungsdestination ist dabei nicht immer einfach, denn der Markt gilt als von „medizinischen Angeboten überflutet" (Quast 2009). Die nationale Presse konstatiert einen regelrechten Boom für den Medizintourismus (Merkel 2011) und Experten verweisen gar auf einen weltweiten Trend[2], da sich von Jahr zu Jahr immer mehr Menschen für eine Behandlung abseits inländischer Krankenhäuser entscheiden (Juszczak 2013). Der Medizintourismus wird dabei nicht nur national sondern auch international als schnell wachsend eingestuft (Whittaker 2010). Viele Nationen erkennen das Potenzial derartiger Entwicklungen, reagieren darauf und investieren in die Infrastruktur ihrer nationalen Ressourcen und Strukturen. Aus Patientensicht bewegen sich die Entscheidungen für eine Behandlung fernab der nationalen Gesundheitsmärkte in einem „Spannungsfeld zwischen Qualität und Preis" (Wallenfels 2015). Eine wichtige Rolle spielt dabei auch, wie es um die gesundheitliche Versorgung im eigenen Land bestellt ist. So können verwehrte Versorgungszugänge genauso wie eine objektiv nicht ausreichende Versorgungsqualität im Heimatland für den einsetzenden Medizintourismus ausschlaggebend sein. Als weiteres Argument werden nicht selten deutlich kürzere Wartezeiten im Ausland genannt (Juszczak 2013).

Für diese Entwicklung hat sich der Begriff des Medizintourismus herauskristallisiert, der international auch als „medical tourism" gebräuchlich ist und die Komponenten der Medizin mit den Eigenschaften des Tourismus verbindet. Eine allgemein übliche Definition existiert bis dato nicht, weshalb zahlreiche Abwandlungen und Synonyme, wie beispielsweise „Patienten-, Klinik- oder Operationstourismus" (Quast 2009), geläufig sind. Generell kann der Begriff „Medizintourismus" übersetzt werden als: grenzüberschreitender Verkehr von Patienten, die mit individuell variierenden Begründungen medizinische (ggf. aber auch pflegerische) Dienstleistungen in ausländischen Behandlungsstätten in Anspruch nehmen (Rulle et al. 2010). Diese auf die Inanspruchnahme von Leistungen über die Landesgrenzen hinweg abstellende Definition sollte der Vollständigkeit halber um den Aspekt einer wohnortfernen Behandlung innerhalb eines Landes erweitert werden (Quast 2009). Zusammenfassend kann „Medizintourismus" damit drei mögliche Ausprägungen erfahren:

---

[1]Die weibliche Form ist der männlichen Form in diesem Beitrag gleichgestellt; lediglich aus Gründen der leichteren Lesbarkeit wurde in Teilen dieser Ausarbeitung die männliche Form gewählt.

[2]Auf internationaler Ebene gilt der Medizin- bzw. Gesundheitstourismus mit einem jährlichen Wachstum von 3,9 % als Wachstumsbranche par excellence, die bereits Mitte der vergangenen Dekade weltweit von 617 Mio. Menschen genutzt wurde (Carrera und Bridges 2006).

a) inländische Patienten, die medizinische Dienstleistungen wohnortfern im Inland abrufen,
b) inländische Patienten, die sich für eine ärztliche Behandlung ins Ausland begeben[3], sowie
c) ausländische Patienten, die eine medizinische Dienstleistung im Inland nachfragen (Böhm 2007).

Dieser Beitrag soll allein auf die letztgenannte Gruppe abstellen. Dabei werden unter dem Begriff der „ausländischen Patienten" Personen mit einem Wohnsitz/-ort außerhalb Deutschlands zusammengefasst. Typischerweise reist dieser Personenkreis nach Deutschland, um während seines Aufenthalts ärztliche Behandlungen abzurufen. Die Behandlungskosten werden dabei entweder von den Kostenträgern der jeweiligen, nationalen Gesundheitsversorgung oder aber von den Patienten selbst getragen (Bodenheimer und Grumbach 2016).

8.1.2 Nationale Angebote für Medizintouristen

International genießt das deutsche Gesundheitssystem ein hohes Ansehen. Grund dafür ist der gute Ruf, den die deutsche Ärzteschaft im Ausland genießt, und eine damit einhergehende Versorgungsqualität (Frädrich 2013). Damit werden deutsche Krankenhäuser bevorzugtes Ziel ausländischer Patienten. Auch wenn das deutsche Gesundheitssystem nicht selten als hochpreisig eingeschätzt wird, so gelten medizinische Leistungen in der weltweiten Betrachtung als vergleichsweise kostengünstig (Juszczak 2013). Darin zeigt sich eine gelungene Balance zwischen relativ geringen Behandlungskosten in Verbindung mit einer hohen Versorgungsqualität. Es scheint dieser Ausgewogenheit geschuldet zu sein, dass der deutsche Gesundheitsmarkt als Behandlungsdestination besonders attraktiv ist. So werden aktuellen Zahlen nach mehr als 250.000 Patienten aus dem Ausland medizinisch in Deutschland versorgt und gerade das deutsche Gesundheitssystem soll von Einnahmen in Milliardenhöhe profitieren (o. V. 2016).

Für die diese ausländischen Patienten behandelnden Leistungserbringer sollen die damit verbundenen Chancen und Risiken ausgeleuchtet werden, wobei der Fokus dieser Ausarbeitung auf den Potenzialen dieses Geschäftsfelds liegen soll, mit dem zusätzliche Erlöse für akutstationäre Leistungserbringer generiert werden sollen.

---

[3]Auch wenn dieses Thema nicht Schwerpunkt dieser Ausarbeitung sein wird, so soll auf die Arbeit von Klar verwiesen sein. Er hinterfragt die Inanspruchnahme deutscher Patienten im Ausland (2013).

8.1.3   Abgrenzung zum Gesundheitstourismus

Zusätzlich zu den Begriffen des „Patienten-, Klinik- oder Operationstourismus" kommen noch „Medizin-, Wellness-, Kur- oder Rehabilitationstourismus", die die Patientenbewegungen vergegenwärtigen und damit auch die ganze Breite möglicher Inanspruchnahmen veranschaulichen. Trotz unterschiedlichen Sprachgebrauchs werden die Begriffe umgangssprachlich des Öfteren miteinander gleichgesetzt (Quast 2009). Um eine begriffliche Trennschärfe herzustellen, soll der Begriffsbestimmung der United Nations World Tourism Organization (UNTWO)[4] gefolgt werden, die den Gesundheitstourismus als einen eigenständigen und wichtigen Bereich des Tourismus erkannt hat. Danach wird Gesundheitstourismus als „Teilbereich des Tourismus, dessen spezielles Reisemotiv aus der Wiederherstellung oder Erhaltung des Wohlbefindens sowohl in physischer als auch in psychischer Hinsicht durch die Inanspruchnahme bestimmter gesundheitsbezogener Dienstleistungen in der Destination besteht", definiert (UNTWO 2017; Rulle et al. 2010). Diese Definition zeigt, dass Gesundheitstourismus neben medizinischen Leistungen auch rehabilitative Versorgung sowie Leistungen im Bereich „Wellness und Wellbeing" einschließen kann. „Rehabilitationstourismus" zeichnet sich hingegen allein durch die Wiederherstellung von Funktionsfähigkeiten aus (Rulle et al. 2010).

Vergleicht man die Begriffe, so zeigt sich der Medizintourismus stets krankheitsbezogen und kann damit klar von den anderen Begriffen abgegrenzt werden (Böhm 2007). Während des Auslandsaufenthalts findet lediglich in dieser Kategorie eine geplante ärztliche Behandlung oder aber ein operativer Eingriff statt. Zusammengefasst ist damit der Medizintourismus dem Gesundheitstourismus unterzuordnen. Unter diesem Begriff wird ein vorübergehender Aufenthalt fernab vom Wohnort mit der Intention, eine medizinische Leistung in Anspruch zu nehmen, subsummiert. Die Behandlungskosten werden im Anschluss entweder durch den Patienten selbst oder durch einen Kostenträger aus dem Herkunftsland übernommen (Juszczak 2013). Die Kostenübernahme nach einer Leistungsinanspruchnahme in Deutschland kann dabei generell auf zwei unterschiedliche Arten erfolgen. So ist entweder schon vor Reisebeginn eine Behandlung geplant, wie es z. B. regelhaft beim Medizintourismus der Fall ist, oder aber eine ärztliche Behandlung wird während eines touristischen Aufenthalts in Deutschland so akut notwendig, dass kein Aufschub der Versorgung möglich ist. Beide Möglichkeiten sind dieser Unterscheidung folgend für den deutschen Gesundheitsmarkt relevant.

---

[4]Die UNTWO ist die fachspezifische Unterorganisation der Vereinten Nationen (United Nations) und hat nach eigenen Angaben 157 Mitgliedsländer sowie 6 assoziierte Mitglieder. Die UNTWO veröffentlicht u. a. gesundheitsbezogene Richtlinien und Empfehlungen für Reisen (UNTWO 2017).

8.2   Regelungen für Krankenhauspatienten aus dem Ausland

Für die Übernahme der mit der medizinischen Versorgung verbundenen Kosten gelten unterschiedliche Rahmenbedingungen. Diese folgen nationalen aber auch internationalen Regelwerken und Vorschriften. Nachfolgend sollen zunächst die innerstaatlichen Regeln für deutsche Krankenhäuser vorgestellt werden.

8.2.1   Nationale Vergütungsregeln für ausländische Patienten

Die Vergütung der allgemeinen Krankenhausleistungen erfolgt regelhaft auf Basis des Vergütungssystems gemäß der deutschen Klassifikation der Diagnosis Related Groups (G-DRG). Das nationale Entgeltsystem ist leistungsorientiert, was nichts anderes bedeutet, als dass eine Differenzierung ausschließlich nach der erbrachten Leistung und nicht nach der Staatsangehörigkeit der Patienten erfolgt. Dies ist einer der Gründe, warum die für die Therapie zu vergütenden Entgelte für alle Patienten identisch bemessen werden. Dies ergibt sich direkt auch aus der maßgeblichen Rechtsgrundlage. Danach beinhaltet § 17 Abs. 1 Krankenhausfinanzierungsgesetz (KHG 2017), dass die Pflegesätze und Behandlungskosten „für alle Patienten nach einheitlichen Grundsätzen zu bemessen" sind. Eine Ausnahme von dieser allgemeinen Regel stellen Privatkliniken dar, wenn diese nicht unter die Regeln des KHG fallen. Ist dies der Fall, so sind Kliniken auch nicht an den § 17 Abs.1 KHG gebunden, was zur Folge hat, dass in diesem Privatbehandlungssegment durchaus Preisdifferenzierungen bei der Rechnungsstellung an ausländische Patienten vorgenommen werden können (Juszczak 2013).

Über die allgemeinen Krankenhausleistungen hinaus vereinbaren ausländische Patienten in aller Regel mit den deutschen Krankenhäusern auch Wahlleistungen. Hier können besondere ärztliche Wahlleistungen (wie bspw. die Versorgung durch einen privat liquidierenden Chef- oder Oberarzt), pflegerische Wahlleistungen (z. B. durch eine Pflegeperson mit besonderer Qualifikation oder mit besonderen Merkmalen) oder aber auch spezielle Serviceleistungen (wie bspw. besondere Ausstattungswünsche oder Nebenleistungen vom Einbettzimmer mit besonderer Ausstattung bis zu speziellen Verpflegungswünschen, u. a.) von den Patienten (gegen Entgelt) in Anspruch genommen werden. Da solche Nebenleistungen über eine regelhafte Versorgung und Therapie hinausgehen, werden diese Leistungsbündel vom Krankenhaus (oder aber je nach vertraglicher Ausgestaltung von der liquidierenden Ärzteschaft) gesondert berechnet. Derart wird ein im Vergleich zu nationalen Patienten erhöhter Ressourceneinsatz mit einkalkuliert. Ein derart erhöhter Ressourcenverbrauch wird nicht selten mit der zu beachtenden sozio-kulturellen Diversität (von den sprachlichen Barrieren bis hin zu einem sich unterscheidenden, kulturellen Verständnis) begründet (Juszczak 2013).

Eine Besonderheit bei der Budgetberechnung nationaler Krankenhäuser hält das für die fallpauschalierte Vergütung gemäß der DRG-Klassifikation maßgebliche Krankenhausentgeltgesetz (KHEntgG 2017) bereit. Üblicherweise wird das Budget eines Krankenhauses derart vereinbart bzw. berechnet, dass jedes Krankenhaus/jeder Krankenhausträger mit den Krankenkassen für die einzelnen Budgetjahre Art und Menge der zu erbringenden Leistungen prospektiv festlegt. Dabei wird das komplette Leistungsgerüst mit den jeweiligen in Bewertungsrelationen ausgedrückten Preisen für die einzelnen Krankenhausleistungen und dem dazugehörigen Basisfallwert multipliziert. Aus den derart ermittelten Leistungen ergibt sich das jahresbezogene Erlösbudget eines jeden Krankenhauses für die stationären Leistungen (Hornbach und Zwilling 2010). Die krankenhausbezogene Steuerung dieses Budgetsystems gelingt dann besonders gut, wenn die zu Jahresbeginn vorgenommene Planung zum Jahresende zutrifft bzw. exakt eingehalten wird.

In der Regel ist dies jedoch eher theoretischer Natur, sodass der Gesetzgeber ein System von Mehrerlösausgleichen bei Überschreiten des Budgets bzw. eine Systematik von Mindererlösausgleichen bei Nichterreichen der Budgetschwelle vorgesehen hat (Freytag 2010). Weichen die erbrachten Leistungen am Jahresende von dem vereinbarten Budget ab, sind die Krankenhäuser verpflichtet, den Mehrerlös an die Krankenkassen anteilsmäßig zurückzuerstatten bzw. erhalten eine Erstattung von den Krankenkassen, wenn das Budget nicht erreicht wurde (Sielmann 2016). Für Patienten aus dem Ausland sieht das KHEntgG eine besondere Option vor. So können auf Verlangen des Krankenhauses Leistungen für ausländische Patienten, die allein mit dem Ziel einer Krankenhausbehandlung in die Bundesrepublik Deutschland einreisen, außerhalb des Erlösbudgets vergütet werden. Dieses Verlangen kann auch nachträglich geäußert werden (§ 4 Abs. 4 KHEntgG). Sollten Krankenhäuser also sehr stark von diesem Personenkreis frequentiert worden sein, so können diese Krankenhausträger eine Mehrerlösausgleichssituation vermeiden und derart zusätzliche Einnahmen generieren.

8.2.2 Zwischenstaatliche Regelwerke für ausländische Patienten

8.2.2.1 Europäische Regelwerke für ausländische Patienten
Über die nationalen Vergütungsregeln hinaus existieren auch auf zwischenstaatlicher Ebene Regelwerke, die die Kostenübernahme der Versorgung von ausländischen Patienten im jeweiligen Inland zum Inhalt haben.[5] Auf europäischer Ebene ist hierbei die Zugehörigkeit der Staaten zur Europäischen Union (EU) bzw. zum Europäischen Wirtschaftsraum (EWR)[6] entscheidend. So können ausländische Patienten auch nach diesen Vorgaben Anspruch auf eine medizinische Behandlung in Deutschland und Übernahme der Behandlungskosten haben. Konnten in früheren Jahren Patienten mit einem gesetzlich definierten

---

[5]Neben den Krankenhäusern setzen sich auch die nationalen Krankenkassen intensiv mit dem Thema grenzüberschreitender Inanspruchnahmen auseinander (Au 2010).

[6]Dabei besteht der EWR aus den EU-Mitgliedsstaaten und Island, Norwegen und Liechtenstein. Wobei die 3 genannten Staaten (noch) nicht verpflichtet sind, nationale Kontaktstellen einzurichten. (EU-Patienten.de 2017).

138 L.-E. Koch und H.-R. Hartweg

Versorgungsanspruch aus dem EWR lediglich nach dem Recht der Europäischen Gemeinschaft (EG) medizinische Behandlungen im Notfall oder bei Vorliegen einer chronischen Erkrankung abrufen, so wurden diese Ansprüche insbesondere nach unterschiedlichen Rechtsprechungen des Europäischen Gerichtshofs (EuGH) sukzessive, zuletzt mit der Umsetzung der EU-Patientenmobilitätsrichtlinie im Jahr 2011, auf länderübergreifende Behandlungen zwischen den Mitgliedsstaaten erweitert (EU-Patienten.de 2017).[7]

Nach der Europäischen Koordinierungsverordnung − Verordnung (EG) Nr. 883/2004 und deren Durchführungsverordnung (EG) Nr. 987/2009 − können sich Patienten, gegen Vorlage der Europäischen Krankenversichertenkarte in Verbindung mit einem Identitätsnachweis, während eines vorübergehenden Aufenthalts in Deutschland medizinisch behandeln lassen. Dieser Anspruch erstreckt sich auf Leistungen zur medizinischen Versorgung (bspw. in Notfällen und bei fortlaufenden chronischen Erkrankungen). Die Patienten können dazu zugelassene Leistungserbringer − auch Krankenhäuser − direkt aufsuchen. Die Patienten werden dabei so behandelt, als wenn sie in Deutschland gesetzlich krankenversichert wären. Die Behandlungskosten werden im Anschluss von den zuständigen Kostenträgern (ggf. mit einer dem jeweiligen nationalstaatlichen Recht folgenden, zu zahlenden Selbstbeteiligung) übernommen (EU-Patienten.de 2017).

Etwas anders verhält es sich bei einer vor Reisebeginn geplanten medizinischen Maßnahme. Hier sehen die beiden vorgenannten Europäischen Koordinierungsverordnungen explizit vor, dass es einer vorherigen Genehmigung des Kostenträgers des Heimatlandes bedarf, bevor die Versorgungskosten erstattet werden (Verspohl 2011). Diese Genehmigungserfordernisse wurden durch die sogenannte Patientenmobilitätsrichtlinie 2011/24/EU und deren Durchführungsrichtlinie 2012/52/EU wieder etwas zurückgenommen. Seit der Verabschiedung dieser Richtlinie können Patienten nun auch geplante (i. a. R. ambulante) Behandlungen in anderen europäischen Destinationen als ihrem Heimatland durchführen lassen. Der Genehmigungsvorbehalt gilt jedoch nach wie vor für kostenintensive, medizinische Behandlungen. Zu diesen gehören bspw. akutstationäre Krankenhausbehandlungen oder aber hoch spezialisierte Untersuchungsmethoden[8]. Hier wird der nationale Kostenträger weiterhin zunächst den generellen Anspruch des Versicherten prüfen. Teil dieser Prüfung ist, ob der Erkrankte die Leistung in einem angemessenen Zeitraum auch im Heimatland hätte abrufen können. Nur wenn dies nicht der Fall ist, muss der Kostenträger eine Genehmigung für die Versorgung im europäischen Ausland erteilen. In diesen Fällen werden dann aber nur jene Kosten getragen, die

---

[7]Hinter der Internetpräsenz „EU-Patienten.de" verbirgt sich die nach der Richtlinie 2011/24/EU bzw. Durchführungsrichtlinie 2012/52/EU verpflichtend einzuführende, nationale Kontaktstelle für die grenzüberschreitende Gesundheitsversorgung in Deutschland. EU-Patienten.de ist eine Teilorganisation des GKV-Spitzenverbandes bzw. der Deutsche Verbindungsstelle Krankenversicherung − Ausland (DVKA).

[8]Hier sind bspw. bildgebende Untersuchungsverfahren, wie die Magnetresonanztherapie (MRT) oder aber die Computertomografie (CT), zu nennen.

bei entsprechender Leistungsgewährung im Versicherungsstaat entstanden wären. Wäre bspw. die Therapie im Behandlungsland teurer als die Versorgung im Versicherungsstaat, so entstehen für die Patienten Zuzahlungen (EU-Patienten.de 2017).

8.2.2.2 Zwischenstaatliche Regelwerke außerhalb der EU bzw. des EWR

Patienten mit einer Herkunft aus keinem der EU-Staaten bzw. der assoziierten EWR-Staaten können ebenfalls medizinische Leistungen während eines Aufenthalts in Deutschland beanspruchen, wenn sich diese Ansprüche aus bilateralen Sozialabkommen ableiten. Derartige Abkommen, die auf Krankenversicherungsleistungen abzielen, bestehen mit folgenden Nationen: Bosnien-Herzegowina, Israel, Kosovo, Marokko, Mazedonien, Montenegro, Serbien, Türkei und Tunesien.[9] Die konkreten Leistungsansprüche richten sich nach dem Umfang der in den Abkommen getroffenen Absprachen. So beziehen sich die Absprachen bspw. für israelische Patienten lediglich auf Entbindungen. Patienten aus den vorgenannten Staaten müssen sich während eines vorübergehenden Aufenthalts in Deutschland im Falle einer medizinisch notwendigen Krankenbehandlung stets vor der Inanspruchnahme an eine deutsche Krankenkasse wenden. Diese fungiert dann als sogenannter aushelfender (Kosten-)Träger, was nichts anderes bedeutet, als dass die Kosten (administrativ aushelfend) vorerst für den zuständigen Träger (also den nationalen Kostenträger des Heimatlandes) übernommen werden. Der aushelfende Träger stellt dann einen entsprechenden Abrechnungsschein aus, auf dessen Basis der Leistungserbringer dann die Behandlungskosten abrechnet. Die abgerechneten Behandlungskosten werden anschließend vom aushelfenden Träger dem zuständigen Träger (über die dann als Dienstleister fungierende, nationale Verbindungsstelle <DVKA>) in Rechnung gestellt (DVKA 2017).

8.2.3 Inanspruchnahmen ohne zwischenstaatliche Regelwerke

Patienten aus Ländern ohne Sozialversicherungsabkommen mit Deutschland bleibt in aller Regel nur, die Behandlungskosten selbst auszugleichen bzw. diese über einen privaten (optionalen) Krankenversicherungsschutz ausgleichen zu lassen. In ausgesuchten Fällen finanzieren solche Leistungen ggf. staatliche Stellen. Dies kann bei Patienten aus dem arabischen Raum der Fall sein, wo häufig staatliche Versorgungssysteme (Bodenheimer und Grumbach 2016) anzutreffen sind. Zum Teil tragen aber auch Arbeitgeber die Behandlungskosten ihrer Arbeitnehmer, wie es nicht selten bei chinesischen Führungskräften der Fall ist (Juszczak 2007). In allen anderen Fällen ist es dann aber oft so, dass die Behandlungskosten von ausländischen Patienten selbst beglichen werden müssen (Blum et al. 2014).

Abb. 8.1 fasst diese Ausführungen noch einmal kurz zusammen.

---

[9]Informationen über die Ansprüche der Versicherten in den jeweiligen Versorgungsdestinationen hält die DVKA bereit (DVKA 2017).

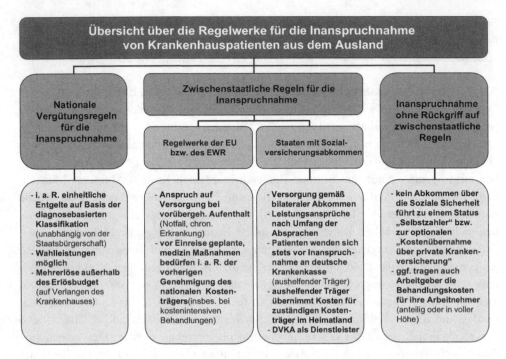

Abb. 8.1 Übersicht über die Regelwerke für die Inanspruchnahme. (Eigene Darstellung)

8.3   Statistische Analyse der Inanspruchnahme

8.3.1   Nationale Entwicklungstendenzen

Nach erfolgter Einordnung der relevanten Begriffe und der Betrachtung des rechtlichen Rahmens soll nun nachfolgend eine kurze Analyse der vorliegenden nationalen Zahlenwerke erfolgen, um derart die Relevanz des sich auftuenden Geschäftsfeldes durchdringen zu können. Der Literatur kann dabei schon ein länderübergreifender Trend entnommen werden, demnach es international zu einem Anstieg der Inanspruchnahme kommt (Frädrich 2013). Diese Aussage soll nun auch aus aktuellen Zahlenwerken für die nationale Inanspruchnahme abgeleitet werden.

In Abb. 8.2 wird eine Zeitreihenanalyse vorgenommen, in der die Entwicklung der durch Auslandspatienten ausgelösten Fälle in den Jahren 2007 bis 2015[10] abgetragen wurde (Darstellung als absolute Fallzahlen im Säulendiagramm). Dieser Darstellung können Zuwächse bei den rd. 59.000 vollstationären Fallzahlen im Jahr 2007 auf rd.

---

[10]Hier wurden die jeweiligen Diagnosedaten der Patienten und Patientinnen in Krankenhäusern aus der Fachserie 12 Reihe 6.2.2 für die ausgewiesenen Jahre ausgelesen.

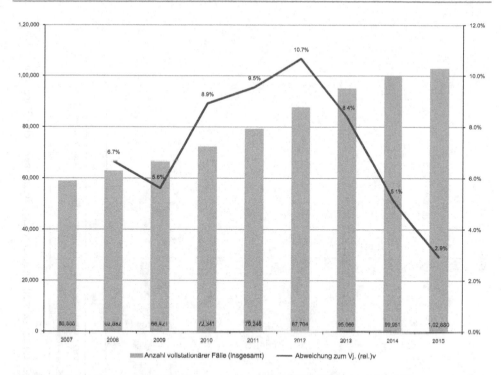

Abb. 8.2 Entwicklung der Fälle (abs. und prozentual) über die Jahre 2007–2015. (Eigene Darstellung unter Rückgriff auf Statistisches Bundesamt 2017a)

103.000 Fälle im Jahr 2015 entnommen werden. Auf Basis dieser Zahlen wurde jeweils eine Analyse der relativen Abweichungen zum Vorjahr (als Linie abgetragen, in Prozentsätzen ausgewiesen) vorgenommen. Diese Analyse zeigt eine über die Entwicklung von Jahr zu Jahr ansteigende Inanspruchnahme der nationalen Krankenhäuser durch Auslandspatienten. Ein Höchststand dieser Entwicklung wurde mit 10,7 % Zuwachs im Jahr 2012 erreicht. Seit diesem Höchststand fallen die Zuwachsraten etwas moderater, zuletzt aber immer noch auf 2,9 % aus (Statistisches Bundesamt 2017a). Damit kann der internationale Trend auch für die deutsche Entwicklung unterstrichen werden.

Diesen Werten sind lediglich die Fallzahlen der vollstationären Versorgung zu entnehmen. Es fehlen teilstationäre und ambulante Fälle. Doch gingen Experten für das Jahr 2014 von einer Gesamtinanspruchnahme von 250.000 ausländischen Patienten aus, die sich, sei es ambulant und/oder stationär, für eine Versorgung in Deutschland entschieden haben (o. V. 2016).

Der Abb. 8.3 ist die Entwicklung der Auslandsfälle vom Jahr 2007[11] bis zum Jahr 2015 als Balkendiagramm zu entnehmen. Bei dieser Darstellung wurde gleichzeitig eine

---

[11]Der bundeslandbezogener Ausweis der stationären Fallzahlen für Patienten aus dem Ausland beginnt in der amtlichen Statistik des Bundesamts erst ab dem Berichtsjahr 2007.

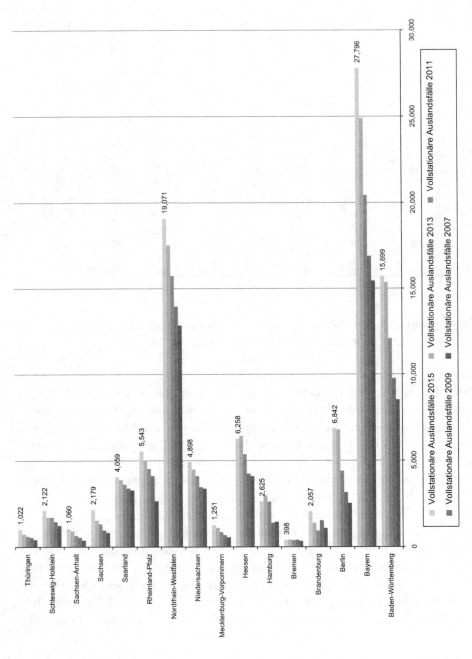

Abb. 8.3 Entwicklung und Verteilung der vollstationärer über die Bundesländer. (Eigene Darstellung unter Rückgriff auf Statistisches Bundesamt 2017a)

Aufstellung als Zeitreihe und eine Differenzierung der Fallentwicklung nach Bundesländern vorgenommen. Die zuvor konstatierte Fallzahlensteigerung kann auch hier über die Jahre für alle Bundesländer nachvollzogen werden. Von der Anzahl und der Entwicklung her eilen jedoch die Bundesländer im Süden der Bundesrepublik bzw. die bevölkerungsreichsten Regionen (Bayern, Baden-Württemberg und Nordrhein-Westfalen) den anderen Bundesländern deutlich voraus. Für das Jahr 2015 betragen die Fallzahlen in Bayern knapp 28.000, in Nordrhein-Westfalen etwas mehr als 19.000 und in Baden-Württemberg mehr als 15.000 Fälle (Statistisches Bundesamt 2017a). Auch wenn die Struktur der Fallverteilung und die Entwicklung über die Jahre für die einzelnen Bundesländer heterogen ausfällt, so wird in der Literatur festgehalten, dass das Potenzial des Geschäftsfelds vielerorts erkannt wurde und daraufhin inzwischen auch gezielt beworben wird (Juszczak 2007).

Dem gestapelten Säulendiagramm (Abb. 8.4) ist zu entnehmen, dass über die Jahre 2007 bis 2015 vorrangig eine Inanspruchnahme durch männliche Patienten erfolgte. Über die Jahre nahmen rd. 55 % männliche Patienten und dem entsprechend 45 % weibliche Patientinnen Versorgung in Deutschland in Anspruch. Für das Jahr 2015 kann festgehalten werden, dass 44.695 Frauen und 58.185 Männer national im Krankenhaus versorgt wurden (Statistisches Bundesamt 2017a).

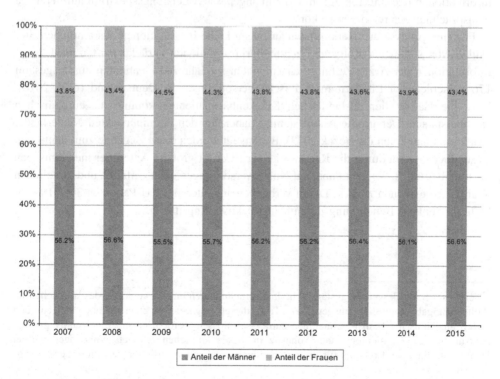

Abb. 8.4 Differenzierung der fallbezogenen Inanspruchnahme nach Geschlecht. (Eigene Darstellung unter Rückgriff auf Statistisches Bundesamt 2017a)

8.3.2 Diagnose- und herkunftsbezogene Analyse

Die Abb. 8.5 zeigt in einem gestapelten Flächendiagramm die kumulierte Fallzahl ausländischer, Versorgungen bzw. Inanspruchnahmen, die keinem Wohnort zugeordnet werden können. Die Fallzahlen werden entsprechend der Gruppierung der Internationalen Klassifikation der Krankheiten und verwandter Gesundheitsprobleme (ICD 10) (DIMDI 2016) ausgewiesen. Diese Daten zeigen die Fallzahlen für das Jahr 2016. Auf die Entwicklungen der vorangegangenen Jahre kann anhand der ausgewiesenen Flächen zurückgeschlossen werden. Den „Verletzungen, Vergiftungen und andere Folgen äußerer Ursachen (S00-T98)" mit mehr als 15.000 Fällen auf Rang 1 folgen die „Neubildungen (C00-D48)" mit etwas mehr als 14.000 Fällen. Auf dem folgenden Rang 3 rangieren mit knapp 11.500 Fällen „Krankheiten des Kreislaufsystems (I00-I99)". Krankheiten des Muskel- und Skeletts-Systems (M00-M99) belegen mit knapp 10.000 Fällen den Rang 4 und „Krankheiten des Verdauungssystems (K00-K93)" beschließen mit mehr als 8000 Fällen die „Top 5" der häufigsten Diagnosen (Statistisches Bundesamt 2017b).[12]

Zusammenfassend kann gesagt werden, dass ausländische Patienten hauptsächlich chirurgische Eingriffe beanspruchen und zur Behandlung chronischer Erkrankungen nach Deutschland kommen (Juszczak 2007). Für deutsche Krankenhäuser sind derartige Informationen relevant, um ggf. mit einem angepassten Leistungsspektrum auf derartige Inanspruchnahmen reagieren zu können.

Für eine Analyse der Herkunftsländer liegen keine Informationen aus amtlichen Statistiken vor, sodass nachfolgend auf Literaturinformationen zurückgegriffen wird. Nach Informationen der Ärzte Zeitung beanspruchten im Jahr 2014 Patienten aus insgesamt 176 verschiedenen Ländern medizinische Versorgungen in Deutschland (o. V. 2016). Etwa die Hälfte aller ausländischen Krankenhauspatienten kommt aus europäischen Nachbarstaaten. Der größte Anteil stammt dabei aus den Anrainerstaaten Niederlande, Frankreich und Polen (Juszczak 2013). Begünstigt werden diese Zugänge zum deutschen Gesundheitssystem durch die Regelwerke der EU. Der größere Anteil der medizinischen Leistungen (60–70 %) geht dabei auf Notfallversorgungen nach Unfällen und plötzlichen Krankheitsgeschehen zurück. Damit verbleiben aufseiten der EU-Patienten 30–40 % der Fälle für geplante Behandlungsaufenthalte (elektive Eingriffe[13]).

---

[12]Bei dieser Statistik werden ausländische Inanspruchnahmen und zu versorgende Patienten ohne Wohnsitzangabe aggregiert ausgewiesen. Trotz dieser Aggregation kann dennoch gut auf den Anteil ausländischer Inanspruchnahmen zurückgeschlossen werden, da nur eine relativ geringe Anzahl von 1237 Patienten ohne Wohnsitz in diesen amtlichen Ausweis einbezogen wurde. Damit unterliegt das Ergebnis für die internationalen Patienten nur einer vergleichsweise geringen Störgröße.

[13]Carrera und Bridges sehen in den nicht gerade geringen Kosten elektiver Eingriffe einen weltweit zu erkennenden, wesentlichen Treiber für grenzüberschreitende Inanspruchnahmen (2006).

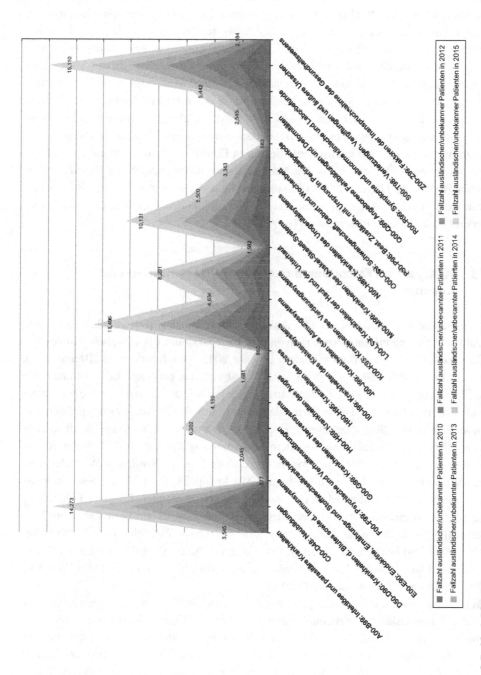

Abb. 8.5 Nach ICD-10 verschlüsselte Inanspruchnahmen über die Jahre 2010–2015. (Eigene Darstellung unter Rückgriff auf Statistisches Bundesamt 2017b)

Der Anteil der Patienten, die zu elektiven Eingriffen nach Deutschland kommen, ist bei den Nicht-EU-Patienten vergleichsweise höher. Durch die reglementierten Einreisebestimmungen – nicht selten verbunden mit Visapflichten – ist hier eine langfristige, genaue Planung des Aufenthalts notwendig. Analysiert man das Patientenaufkommen außerhalb der EU, so trifft man in erste Linie auf Patienten aus dem arabischen Raum (Kuwait, Saudi Arabien und den Vereinigten Arabischen Emiraten). In der Vergangenheit haben sich deutsche Krankenhäuser primär auf diese Medizintouristen konzentriert (Juszczak 2013). Dabei ist jedoch zu beachten, dass der intensive Aufbau einer Versorgungsinfrastruktur in den arabischen Ländern indes dazu führt, dass diese Patienten nunmehr vermehrt Versorgungen in ihren Heimatländern in Anspruch nehmen (Vogt 2015). Deshalb nimmt die Anzahl arabischer Patienten in Deutschland nur noch mäßig zu. Hingegen gewinnen die Patienten aus den Nachfolgestaaten der ehemaligen UdSSR immer mehr an Bedeutung (Juszczak 2013). Dabei machten die Patienten aus der Russischen Föderation mit etwa 9800 stationären und 15.000 ambulanten Patienten (im Jahr 2014) einen großen Teil dieser Patienten aus (o. V. 2016).

8.3.3 Analyse von Fallzahlen bezogen auf Erlösvolumen und Casemix

Die als Balkendiagramm aufbereitete Abb. 8.6 vergleicht den prozentualen Anteil für Fallzahl vollstationärer Patienten, Erlösvolumen bzw. Casemix der einzelnen Bundesländer im Vergleich zu allen Bundesländern im Jahr 2015. Das Bundesland „Bremen" hat dabei mit knapp 400 Fällen die geringste Fallzahl und das geringste Erlösvolumen mit ca. 2 Mio. EUR. Diese beiden Zahlen korrespondieren mit einer Anzahl von etwas mehr als 600 Casemix-Punkten. Die prozentualen Anteile des Bundeslandes im Vergleich zur Summe aller Bundesländer betragen zwischen 0,4 % und 0,6 % und sind damit in sich stimmig. Nach der Betrachtung des kleinsten Anteils sollen die TOP 3 dieser Rangfolge betrachtet werden. Auch hier weisen die Länder Bayern, Nordrhein-Westfalen und Baden-Württemberg die höchsten Werte auf. Mit knapp 28.000 Fällen, einem Erlösvolumen von knapp 85,5 Mio. EUR und damit korrespondierenden Casemix-Punkten in Höhe von etwas mehr als 26.000 schneidet hier Bayern absolut am besten ab. Zum Vergleich betragen die Werte für das zweitplatzierte Nordrhein-Westfalen (rd. 19.000 Fälle, 98 Mio. EUR und etwas weniger als 31.000 Casemix-Punkte) gefolgt von Baden-Württemberg auf Platz 3 (mehr als 15.500 Fälle, rd. 42,5 Mio. EUR und ca. 13.000 Casemix-Punkte) (Statistisches Bundesamt 2017c).

Bei diesen drei Bundesländern gibt es jedoch eine Unstimmigkeit bei den berechneten auf alle Bundesländer bezogenen Anteilen. So erzielt Nordrhein-Westfalen mit einer geringeren Fallzahl (18,5 %) ein höheres Erlösvolumen (und damit korrespondierend einem höheren Anteil an Casemix-Punkten, rd. 27,5 % bzw. 27,7 %) als Bayern (27,0 % der Fälle, 23,9 % bzw. 23,6 % der Erlöse bzw. der Casemix-Punkte) und Baden-Württemberg (15,3 % der Fälle, und jeweils 11,8 % der Erlöse und der Casemix-Punkte), die

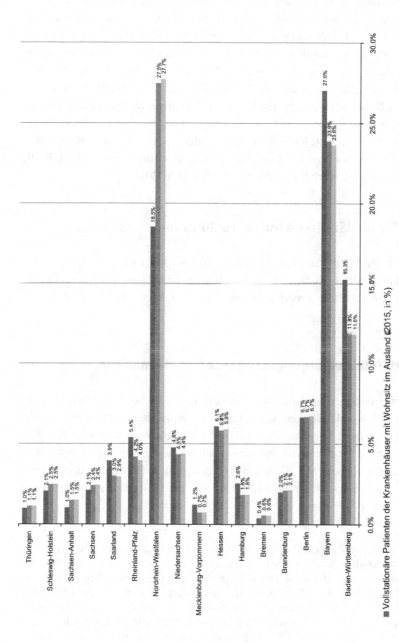

Abb. 8.6 Prozentuale Anteile der Fallzahlen, des Erlösvolumina und der Casemix Punkte für die einzelnen Bundesländer. (Eigene Darstellung unter Rückgriff auf Statistisches Bundesamt 2017c)

in der anteiligen Betrachtung auf den Rängen 2 und 3 liegen. Einer vorsichtigen Prognose nach könnten hier in den Bundesländern unterschiedlich hohe Fallschweren behandelt worden sein, die dazu führen, dass mit einer geringeren Fallzahl ein im Vergleich höheres Erlösvolumen erzielt werden konnte. Damit wird ein hoher Casemix-Index zur Abrechnung gebracht. Ein Erklärungsansatz für das Bundesland Nordrhein-Westfalen könnte sein, dass dort die absolut höchste Anzahl von Maximalversorgern anzutreffen ist. Ob dies aber wirklich der Hauptgrund für die offensichtlich abweichenden Behandlungskosten pro Fall sind, sollte einer weitergehenden Untersuchung zugeführt werden.

Das der amtlichen Statistik zu entnehmende Erlösvolumen für die Inanspruchnahmen von Auslandspatienten und Patienten mit unbekanntem Wohnsitz beträgt damit insgesamt knapp 358 Mio. EUR. Davon losgelöst nennen andere Quelle einen deutlich höheren, zusätzlichen Erlös für das deutsche Gesundheitssystem in Höhe von 1,2 Mrd. EUR, die 2014 mit Auslandspatienten erwirtschaftet sein sollen (o. V. 2016).[14]

8.4 Gründe für ausländische Inanspruchnahmen

Die Entscheidung für die Wahl einer Versorgung im Ausland kann auf ganz unterschiedliche Ursachen zurückgeführt werden. Grundsätzlich können dabei vier wesentliche Kategorien der Inanspruchnahme voneinander abgegrenzt werden, wie der Abb. 8.7 zu entnehmen ist.

8.4.1 Fehl- und Unterversorgungstendenzen im Heimatland

In der ersten Hauptkategorie sind dabei die von den ausländischen Patienten wahrgenommenen Nachteile ihrer inländischen Versorgung im Vergleich zu ausländischen Versorgungsoptionen zu nennen. Die Ursachen solcher Wahrnehmungen liegen häufig in den Gesundheitssystemen der Heimatländer selbst und lassen auf Fehl- und/oder Unterversorgungstendenzen schließen. Mit Blick auf eine der größten Patientengruppen kann festgehalten werden, dass bspw. Patienten aus der Russischen Föderation nicht selten mit

---

[14]Einen umfänglichen Blick auf abgegebene und empfangene Leistungsbündel der Gesundheitsbranchen haben Wissenschaftler im asiatischen Raum schweifen lassen. Dort wurden über das Gesundheitssystem hinaus auch Effekte für benachbarte Branchen (Tourismus-, Hotel- und Versicherungsbetriebe) identifiziert (Whittaker 2008). Auch nationaler Forschung folgend wird dies bestätigt, wenn die Bedeutung der Patienten- und Angehörigennachfrage über die Krankenhäuser hinaus auch für andere lokale Wirtschaftszweige (in Form von benachbartem Einzelhandel, Hotellerie, usw.) betont wird (Juszczak 2013). Diesen gesamtwirtschaftlich positiven Effekten stehen aber auch negative gegenüber. Für die Gesundheitssysteme, aus denen die Patienten abwandern, dürfte eine nationale Notwendigkeit, die Gesundheitseinrichtungen weiter zu entwickeln, mit einer sich vermehrt im Ausland vollziehenden Nachfrage eher gering ausgeprägt sein (Whittaker 2008).

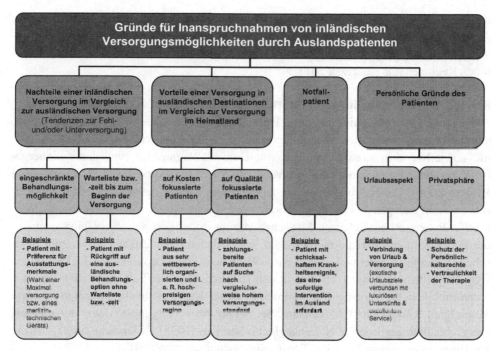

Abb. 8.7 Kategorien der Inanspruchnahmen. (Eigene Darstellung in Anlehnung an Juszczak 2013)

einer wahrgenommenen Behandlungsqualität in ihrem Heimatland unzufrieden sind. Das staatliche Gesundheitssystem in Russland weist nicht wenige Versorgungsdefizite auf. Besonders bedenklich soll die Situation in einigen, nicht selten baufälligen russischen Krankenhäusern sein. Die Patienten stufen den Berichterstattungen eines Nachrichten-magazins nach die erfahrene Versorgungsqualität als nicht immer befriedigend ein und bezeichnen die hygienischen Bedingungen als bedenklich (Ludwig et al. 2013). Bei diesen, seit Jahren stagnierenden Umständen ist es nachvollziehbar, dass die russischen Patienten vermehrt nach Deutschland kommen. Mit Blick auf solche Defizite können generell zwei Unterkategorien voneinander differenziert werden.

8.4.1.1 Eingeschränkte Behandlungsmöglichkeiten

Entsprechende Einschränkungen bestehen bspw. darin, dass Leistungen, die für das deut-sche Gesundheitssystem selbstverständlich sind, in anderen Ländern entweder gar nicht oder aber nur sehr eingeschränkt zur Verfügung stehen. Diese erste Unterkategorie zielt damit auf Behandlungs- und/oder Therapiemöglichkeiten ab, die auf besondere Ausstat-tungsmerkmale in den ausgewählten Behandlungsstätten zurückgehen. Die Gründe dafür können bspw. fehlende medizin-technische Großgeräte sein, die typischerweise in vielen deutschen Krankenhäusern zur Verfügung stehen. Allerspätestens werden solche Geräte in Deutschland in der Spitze der Versorgungskaskade, sprich in Krankenhäusern der Maxi-malversorgung, anzutreffen sein, was wiederum dazu führt, dass viele Medizintouristen

Krankenhäuser der Maximalversorgung bewusst auswählen. Zu dieser Patientenschar gehören auch solche, die in ihren Heimatländern (ggf. noch) nicht auf eine große Verbreitung von bspw. Großgeräten treffen. Dies könnten typischerweise Patienten aus den arabischen Regionen sein (Juszczak 2013).

8.4.1.2 Wartezeiten/-listen in inländischen Gesundheitssystemen

Als zweite Unterkategorie sind hier Patienten zu nennen, die eine Diagnose erhalten haben und bereits als behandlungsbedürftig eingestuft wurden. Solche Patienten müssen teilweise in ihren Gesundheitssystemen mit Wartezeiten (und damit einhergehend mit einer Priorisierung) bis zur Versorgung rechnen (Verspohl 2011; Carrera und Bridges 2006). Um diesen Wartezeiten zu entgehen, werden deswegen nicht selten Reisen zu anderweitigen Behandlungsoptionen organisiert. Solchen nicht selten als „Wartelisten-Patienten" bezeichneten Menschen kommt in der Europäischen Union nunmehr die Patientenmobilitätsrichtlinie entgegen, wenn dadurch der Zugang bspw. zum deutschen Gesundheitssystem erleichtert wird. Wenn deutsche Krankenhäuser die Leistungen schneller erbringen können, als dies in den Heimatländern der Fall ist, werden die Patienten mobil. In der Vergangenheit wurden in dieser Kategorie häufig Patienten aus dem Vereinigten Königreich (UK) genannt, bei denen die Versorgungssysteme der regional unterschiedlich gegliederten National Health Services (NHS) als Ursache für Tendenzen zur Unterversorgung in Form von Wartezeiten galten (Juszczak 2013).

8.4.2 Versorgungsoptima in ausländischen Destinationen

Als zweite Hauptkategorie sind die von Auslandspatienten wahrgenommenen Vorteile einer Versorgung in ausländischen Destinationen im Vergleich zur Versorgung in ihren Heimatland zu nennen. Die Ursachen solcher Wahrnehmungen liegen häufig in einer wahrgenommenen Überlegenheit ausländischer Therapie- und/oder Versorgungsoptionen. Diese Überlegenheit kann sich in zwei weiteren Unterkategorien auf geringere Versorgungskosten oder aber auf einen starken Qualitätsfokus beziehen.

8.4.2.1 Kostengünstigere Auslandsbehandlung

Patienten, die zur Versorgung nach Deutschland reisen, um Behandlungskosten im Vergleich zum Heimatland zu verringern oder zu vermeiden, kommen in dieser Unterkategorie häufig aus sehr wettbewerblichen organisierten Versorgungsräumen nach Deutschland (Bodenheimer und Grumbach 2016). Als typische Vertreter solch hochpreisiger Heimatländer gelten z. B. die Schweiz oder die Vereinigten Staaten (USA). Bei „kostenorientierten Patienten" stehen nahezu ausschließlich die in Deutschland kostengünstigeren Leistungsbündel im Fokus der ausländischen Inanspruchnahme (Juszczak 2013).

8.4.2.2 Qualitätsvorsprünge ausländischer Versorgungen

In einer weiteren Unterkategorie sind „qualitative Aspekte" zu nennen. So entscheiden sich auch Patienten aus rein versorgungsqualitativen Gründen für eine länderübergreifende Leistungsinanspruchnahme. Dies werden nicht selten Patienten aus Staaten mit einem ggf. nicht immer aus qualitativer Sicht ausreichendem, medizinischem Versorgungsstandard sein. Solche Patienten können es sich leisten, nach Deutschland zu reisen, um dann von einer wahrgenommenen, höheren Versorgungsqualität zu profitieren. Nicht selten sind die Kosten solcher Behandlungen eher zweitrangig. Typische Vertreter einer solchen Patientenschaft sind überwiegend wohlhabend, treten damit als Selbstzahler auf und kommen nicht selten aus den Nachfolgestaaten der ehemaligen Union der Sozialistischen Sowjetrepubliken (UdSSR, mit der Russischen Föderation als größten Vertreter dieser Gruppe). Mit der Wahl nationaler Versorgungsoptionen wird damit eine Möglichkeit gesucht, als unzureichend wahrgenommene Versorgungen im Heimatland zu umgehen (Juszczak 2013).

8.4.3 Notfallpatienten

Als dritte Hauptkategorie sind „Notfallpatienten" zu benennen. Egal, ob diese Privat- oder aber Geschäftsreisen nach Deutschland unternehmen, aufgrund eines nicht selten schicksalhaften Krankheitsereignisses müssen diese Patienten während ihres Aufenthalts in Deutschland notfallmäßig versorgt werden (Juszczak 2007). Da diese Ereignisse nicht vor Reisebeginn auszumachen waren und bis zur Rückkehr ins Heimatland nicht aufgeschoben werden können, bestehen hier Versorgungsansprüche. Da die Einreisebestimmungen nach Deutschland für Nicht-EU/EWR-Bürger (mit den damit einhergehenden Visapflichten) genau zu beachten sind, gehören diesem Personenkreis häufig Reisende aus dem Bereich des EWR an.

8.4.4 Privatsphäre des Patienten

International wird zudem noch eine vierte Hauptkategorie genannt, die sicherlich der Privatsphäre des Patienten zuzurechnen sind. Hier können zwei Unterkategorien voneinander abgegrenzt werden. Als zuerst zu nennende Unterkategorie ist dabei auf den Aspekt der Verbindung von Urlaub und Versorgung hinzuweisen. So ist dieser Untergruppe das Motiv zuzuordnen, demnach luxuriöse Unterkünfte in Verbindung mit exzellentem Service sowie als exotisch geltende Urlaubsziele Grund für die Wahl der grenzüberschreitenden Versorgungsdestination sind. Die zweitgenannte Unterkategorie kann mit den beiden Begriffen „Schutz persönlicher Daten" und „Vertraulichkeit" in fernen Versorgungsdestinationen umschrieben werden (Horowitz und Rosensweig 2007).

8.5   Findiges Geschäftsfeld für deutsche Krankenhäuser

Zusammenfassend lässt sich sagen, dass die Entscheidung für eine Behandlung in Deutschland vor allem von der wahrgenommenen Versorgungssituation im Heimatland und den finanziellen Möglichkeiten der Patienten abhängig ist. Mit diesen Erkenntnissen können die deutschen Krankenhäuser ihre Geschäftsfeldstrategie gezielt auf solche Patienten ausrichten. Dabei haben die vorherigen Abschnitte verdeutlicht, dass die Leistungsinanspruchnahme durch ausländische Patienten in Deutschland zunehmend an Bedeutung gewinnt. Für die Krankenhäuser eröffnet sich ein Geschäftsfeld mit Chancen und Risiken, dass es zu verifizieren lohnt.

8.5.1   Chancen des Geschäftsfelds

Deutsche Krankenhäuser verfügen über ein gutes Renommee und nutzen dies zum Auf- und/oder Ausbau von Kooperationsbeziehungen. Nicht ausgelastete Kapazitäten können damit genutzt werden, um nicht zuletzt zusätzliche Erlöse aus der Versorgung mit Auslandspatienten zu generieren.

8.5.1.1 Gutes Renommee und Kooperationen
Gegenwärtig aber auch zukünftig sollen deutsche Krankenhäuser von ihrem auch international guten Renommee profitieren (Schlüchtermann 2013). Der nationale Standard der Medizin wird von Patienten über viele Kanäle kommuniziert, sodass der Bekanntheitsgrad über die bundesdeutschen Grenzen hinweg steigt. Medizin „Made in Germany" gilt in nicht wenigen Ländern als Statussymbol (Juszczak 2013). Deutsche Krankenhäuser generieren eine weltweite Aufmerksamkeit, sodass sich weiter steigende Patientenzahlen einstellen (Juszczak 2007). Hier hilft auch der Aufbau internationaler Kooperationen zwischen den Krankenhäusern und staatlichen Organisationen im Ausland, die zur Akquise genutzt werden. Das Deutsche Krankenhaus Institut (DKI) zeigte in einer Auswertung des Krankenhausbarometers, dass 38 % der Krankenhäuser zu diesem Zweck mit Botschaften und 21 % mit Ministerien im Ausland zusammengearbeitet haben bzw. zusammenarbeiten (Blum et al. 2014). Andere Literatur betont in gleicher Weise die Bedeutung solcher Kooperationen. Bei der Akquise ausländischer Patienten stehen danach Kooperationen mit ausländischen Botschaften und Konsulaten in Deutschland mit 37 % der erfolgten Ansprachen an zweiter Stelle (Statista 2017).[15] Ein sich zugunsten der Patientenmobilität veränderndes EU-Recht führt zudem zu einem weiteren Schub dieser Entwicklungen (EU-Patienten.de 2017).

---

[15]Patientenansprachen über „Organisationen des Medizintourismus" rangieren mit 36 % auf dem 3. Platz gefolgt von „Internetbörsen zur Vermittlung ausländischer Patienten" (mit 34 %, 4. Stelle) sowie auf dem 5. Platz mit 33 % „Werbung und Information in ausländischen Medien" (Statista 2017).

Viele Krankenhäuser reagieren mit einer Anpassung ihrer Kommunikation bzw. mit der Etablierung eigener Abteilungen auf diese Entwicklung. So zeigt der Blick auf die Internetpräsenzen zufällig ausgesuchter nationaler Universitätsklinika, dass bspw. schon auf den Einstiegsseiten internationalem Publikum direkt Auswahlmöglichkeiten angeboten werden, Informationen in der Landessprache zu erhalten. Das Universitätsklinikum Münster stellt Informationen in englischer, arabischer, russischer, polnischer, griechischer und niederländischer Sprache zur Verfügung (UKM 2017). Das Universitätsklinikum Heidelberg adressiert spezielle Informationen darüber hinaus auch an eine spanisch-, italienisch- und französischsprachige Patientenschaft (UKH 2017). Die Universitätsmedizin Mainz hält für englisch-, russisch- und arabischsprachige Interessenten bzw. das Universitätsklinikum Schleswig Holstein englische und russische Patienteninformationen bereit (UM Mainz 2017; UKSH 2017). Alle genannten Kliniken ermöglichen einen Schnelleinstieg direkt auf der Startseite und verlinken dann auf eigene ‚Abteilungen für internationale Patienten' in den Krankenhäusern.[16] Bei Krankenhäusern in privater Trägerschaft wird i. a. R. mit eigenen Internetpräsenzen gearbeitet. Für die nicht selten in eigener Rechts- und Organisationsform betriebenen Privatkliniken werden entsprechende Informationen auf eigenen Internetseiten bereitgehalten. Derart werden die internationalen Patienten dann direkt zu den richtigen Ansprechpartnern innerhalb der Organisation gelenkt (HELIOS-Privatkliniken 2017).

8.5.1.2 Kapazitätsauslastung und zusätzliche Erlöse
Im Jahr 2015 standen in den 1956 deutschen Krankenhäusern etwas mehr als 499.000 Betten zur Verfügung. Diese waren im Durchschnitt zu 77,5 % ausgelastet (Statistisches Bundesamt 2017d). Nicht genutzte Kapazitäten könnten demnach für die Versorgung ausländischer Patienten zur Verfügung stehen und helfen, die Ressourcen besser auszulasten (Juszczak 2013). Eine derart effizienter gestaltete Leistungserbringung sollte mit einer verbesserten Wirtschaftlichkeit einhergehen. Mit dem Geschäftsfeld der Auslandspatienten könnten über das Krankenhausbudget hinaus weitere Erlöse generiert werden. Da diese erzielten Mehrerlöse auf Verlangen des Krankenhauses nicht den Mehrerlösen zugeschlagen werden, unterliegen diese Einnahmen nicht der Gefahr eines drohenden (teilweisen) Ausgleichs an die Kostenträger (§ 4 Abs. 4 KHEntgG).

8.5.2 Risiken des Geschäftsfeldes

Wo Licht ist, fällt auch Schatten! Relevante Risiken für die Krankenhäuser werden aufseiten der Vermittlungsagenturen, etwaiger Schadensersatzansprüche und möglicher Forderungsausfälle gesehen.

---

[16]Noch vor 10 Jahren wurden Verbesserungen bei der Vernetzung der nationalen Krankenhäuser in die digitale Welt gesehen. So hielten nur 30 % der deutschen Krankenhäuser eine Internetpräsenz in anderen als der deutschen Sprache vor (Juszczak 2007).

8.5.2.1 Vermittlungsagenturen für ausländische Patienten

Dass bei der Akquise von Patienten aus dem Ausland Patientenvermittler an 1. Stelle stehen, zeigt eine Auswertung der genutzten Maßnahmen deutscher Krankenhaus aus dem 2013. Mit einem Anteil von 81 % liegen dort Patientenvermittlungen an der Spitze aller Maßnahmen (Statista 2017). Die Kooperationen mit derart spezialisierten Patientenvermittlungsagenturen bergen aber auch Risiken für die Krankenhäuser, die auf diese Dienste zurückgreifen. Auch solche Vermittlungsagenturen haben das Potenzial des Geschäftsfeldes erkannt und werden nicht selten auf Provisionsbasis tätig. Einige der Vermittlungen wurden im Nachgang von der nationalen Presse hinterfragt. Der Vorwurf, dass unseriös vermittelt wurde, stammt aus dieser Gemengelage. Die Vermittlung unnötiger Behandlungsangebote und einige als nicht verhältnismäßig eingestufte Rechnungen (Nagel und Neller 2015) trugen nicht zum Imagegewinn dieser Dienstleister bei (Schlüchtermann 2013). Das Licht fällt dabei auch teilweise auf die hinter den Angeboten stehenden Krankenhäuser zurück, was ambivalent beurteilt wird (Nagel und Neller 2015).

8.5.2.2 Schadensersatzansprüche und Forderungsausfälle

Vor Herausforderungen stehen die Krankenhäuser bei der Kommunikation mit den ausländischen Patienten. Hier gilt es besonders auf die Kommunikation zwischen Ärzten und Patienten zu achten. Dies gilt in einem besonderen Maße, wenn über die typischen Verständnisprobleme auch noch Sprachbarrieren zutage treten. Gerade diese sprachlichen Barrieren bergen dann Gefahren, wenn man an eine rechtskonforme Aufklärung und eine damit verbundene Haftungsproblematik denkt.[17] Sollte eine rechtmäßige Einwilligung des Patienten in die Behandlung nicht erfolgt sein, drohen für das Krankenhaus – auch ohne während der Behandlung eingetretener Komplikationen – juristische Prüfungen und ggf. Ersatzansprüche (Reisewitz 2015).

Ergebnisse des DKI zeigen, dass Krankenhäuser bspw. im Jahr 2013 bei jedem viertem Auslandspatienten Probleme mit der Abrechnung hatten (Blum et al. 2014). Besonders häufig treten Zahlungsverzögerungen und/oder Forderungsausfälle auf, die die wirtschaftliche Situation der Krankenhäuser belasten kann. Kritisch ist, dass die Rechnungsstellung der nationalen Krankenhäuser nicht selten erst dann erfolgt, wenn sich der Patient bereits wieder in seinem Heimatland befindet.[18] Der Ausgleich der Forderungen bzw. die Verzögerung beim Rechnungsausgleich kann zu einer langen Zeit bis zum Forderungsausgleich führen, die sich im Forderungsspiegel der Krankenhäuser widerspiegeln. Die Nacharbeiten rund um diese Forderungen können erheblich sein, insbesondere

---

[17]Zu möglichen juristischen Fallstricken der Versorgung von Patienten aus dem Ausland sei auf die Arbeit von Wienand (2014) hingewiesen.

[18]Dabei wird von Blum und Offermanns darauf verwiesen, dass es deutschen Krankenhäusern mit einer geringeren Bettenanzahl regelmäßig rascher gelingt, die Abrechnung vorzunehmen und die dahinterstehenden Forderungen zu realisieren (2010).

da es gerade im außereuropäischen Ausland in aller Regel nur schwach ausgeprägte Rückgriffsrechte auf säumige Zahler gibt. Solche Forderungsausfälle können die zusätzlichen Erlösoptionen abschwächen (Juszczak 2013). Viele Krankenhäuser reagieren in der Zwischenzeit mit vorab zu leistenden Vorauszahlungen auf solche Szenarien. Dabei sind gerade bei elektiven Eingriffen von Auslandspatienten, insbesondere von solchen mit dem „Status Selbstzahler", vorab entsprechende Anzahlungen zu leisten, die nach Abschluss der Behandlung auf die finale Rechnung angerechnet werden. Derart sollen entsprechende Forderungsrisiken abgefangen werden (Beyer 2014).

8.6 Diskussion

Das Marktgeschehen, das sich rund um die ausländischen Medizintouristen, die in Deutschland Versorgungen nachfragen, vollzieht, erfordert von den nationalen Akteuren eine ausgeprägte Findigkeit. Den Risiken dieser Marktnische stehen Chancen gegenüber und jedes der Krankenhäuser wird für sich genau abwägen, ob sich das über diesem Geschäftsfeld kreisende Pendel in die eine oder aber andere Richtung bewegt.[19] Wenn ein Krankenhausträger zu einer positiven Entscheidung gelangt, so sind auch intern die Weichen für diese Leistungen zu stellen (Freyer und Kim 2014). Dazu sollten die Krankenhäuser auf die folgenden, wesentlichen Punkte besonders achten:

a) So sollte eine eigene, auf die Bedürfnisse und Wahrnehmungen der Auslandspatienten ausgerichtete **Marketingstrategie** umgesetzt werden, um eine besondere Aufmerksamkeit der Auslandpatienten zu generieren. Dabei sind nicht nur für die Patienten aus dem Heimat- sondern auch aus dem Ausland transparente Informationen im Vorfeld der Versorgung entscheidend. Internet und Soziale Medien bieten dafür besondere Möglichkeiten, die nicht nur die Primär- sondern auch die Sekundärleistungen des Trägers darstellen lassen (Hartweg und Derksen 2013). So könnte eine bereits bestehende Kommunikationspolitik über derartige Kanäle verlängert werden. Soziale Medien werden deswegen als sinnvolle Ergänzung der klassischen Pressearbeit diskutiert (Schramm 2010). Sowohl national wie auch international suchen potenzielle Patienten überwiegend über das Internet nach geeigneten Leistungserbringern (Juszczak 2013). Forschung aus der asiatischen Region hat gezeigt, dass ein leichter Zugang zu Informationen, Mund-zu-Mund-Propaganda und Kooperationen in den Heimat- und Zieldestinationen die Inanspruchnahme positiv beeinflussten (Lee et al. 2012).

b) Ferner ist zu empfehlen, dass das Krankenhaus mit Anpassungen in der **Organisation** auf die Bedürfnisse ausländischer Patienten reagiert (Juszczak 2013). Grundvoraussetzung ist

---

[19]Die Ausrichtung eines Universitätsklinikums innerhalb dieses Geschäftsfeldes kann bei Goyen (2010) nachvollzogen werden.

die Einrichtung einer zentralen Unternehmenseinheit „Internationales Patientenmanagement". Diese Einheit, egal ob als (Stab-)Stelle oder als Abteilung organisiert, fungiert als Ansprechpartner für alle Fragen. Zu den Hauptaufgaben sollte gehören, die Prozessabläufe mit Patienten aus dem Ausland möglichst zu standardisieren und zu optimieren. Ein derart etabliertes, internationales Patientenmanagement sollte sich um alle Fragen der Patientenbetreuung vor und während des Aufenthalts kümmern. Dazu gehört die Überbrückung sprachlicher Barrieren genauso wie eine zeitnahe Rechnungsstellung (Juszczak 2013). Eine derart organisierte Betreuung ausländischer Patienten kann nur als „professionell" bezeichnet werden und wird mit dazu beitragen, das internationale Renommee des Krankenhauses weiter zu steigern.

c) Ferner sollte das Krankenhaus die Versorgung von Auslandspatienten zum Thema ihres **Risikomanagements** machen. Auf Herausforderungen sich ggf. manifestierender kultureller und sprachlicher Barrieren sollte dabei genauso reagiert werden wie auf eine sinnvolle und verlässliche Vermittlung durch Vermittlungsagenturen. Hier ist an den Einsatz spezieller, in der Sprache und Kultur versierter Mittelsmänner zu denken, die helfen sollen, etwaige Themen rasch zu identifizieren und bei der Abhilfe dieser zur Hand zu gehen.

d) Unter dem Begriff des **Erlösmanagements** ist zudem bei der Versorgung von Auslandspatienten ein anzupassendes Forderungsmanagement zu subsummieren. Die Möglichkeit, von den Patienten im Vorfeld der Therapie bereits Sicherheitsleistungen zu verlangen, ist vor dem Hintergrund nicht selten vorkommender Wertberichtigungen nicht mehr einzutreibender Forderungen zu würdigen. Bei Krankenhäusern hat sich durchgesetzt, für bestimmte Patientengruppen erst dann einen Termin zur Behandlung in Deutschland zu vergeben, wenn ein Teil der später zu berechnenden Forderung auf dem Krankenhauskonto eingegangen ist.[20]

Abschließend bleibt damit festzuhalten, dass die Versorgung ausländischer Patienten eindeutig eine noch immer boomende, zusätzliche Erlösoption für deutsche Krankenhäuser darstellt. Das Geschäftsfeld bietet Chancen und Risiken, auf das sich jedes 10. deutsche Krankenhaus (Armstrong 2014) einstellt, die mit den dargestellten krankenhausbezogenen Maßnahmen jedoch wirksam angegangenen werden.

8.7   Ausblick

Die kontinuierlich steigende Anzahl in Deutschland versorgter, ausländischer Patienten ist mehr als nur ein Indiz dafür, dass der Medizintourismus keine zu vernachlässigende Rolle in Deutschland spielt. In einer globalisierten Welt rückt auch das nationale

---

[20]Dabei soll nicht unerwähnt bleiben, dass spezielle, auf die Abrechnung und Forderungsrealisierung fokussierte Dienstleister die Themen der Erlössicherung mit denen der Abrechnung gleichsetzen (Elste 2009).

Gesundheitssystem mit seinem guten Renommee in den Fokus ausländischer Patienten. Von dieser Entwicklung können alle Beteiligten profitieren. So werden Krankenhäuser für ihre Findigkeit mit zusätzlichen Einnahmen belohnt, wenn sie auf dieses Geschäftsfeld setzen. Derart kann in einem globalisierten Gesundheitsmarkt nicht nur ein besonderes Renommee sondern vielleicht auch in einem internationalen Kontext eine Marke etabliert bzw. aufgebaut werden. Zu den Gewinnern gehören darüber hinaus unabhängig von ihrer Herkunft die betroffenen Patienten, die aus den unterschiedlichsten Gründen die grenzüberschreitende Reise zu den vorhandenen Behandlungs- und Therapieoptionen antreten. Nicht alle diese Gründe liegen, wie dieser Beitrag zeigen konnte, in der renommierten Medizin „Made in Germany", sondern sind auch und gerade mit den Versorgungssituationen der Gesundheitssysteme in den Ursprungsländer eng verknüpft. In der Ausarbeitung wurde das Geschäftsfeld bewusst als „findig" bezeichnet. Wobei sich der Begriff nicht so sehr auf das „Finden" bzw. das „Fündig werden" des Geschäftsfelds beziehen, sondern eine Brücke zu einem weitreichenden Management des Geschäftsfeldes schlagen soll. Man muss kein Augur sein, um prophezeien zu können, dass das Entgelt dieser Findigkeit nur den Krankenhäusern zu Teil werden dürfte, die sich der unzweifelhaft auch bestehenden Risiken des Geschäftsfelds bewusst sind. Diese Risiken sollten wie beschrieben mit einer eigenen Marketingstrategie, Anpassungen innerhalb der Organisation des Krankenhauses, einem umsichtigen Risikomanagement und einem auf mögliche Ausfallrisiken fokussierenden Erlösmanagement angegangen werden.

8.8   Gesundheitspolitische Empfehlungen

8.8.1   Ergänzung der amtlichen Statistik

Bei der Ausarbeitung des Beitrags trat zutage, dass in den amtlichen Statistiken zwar Zahlen für die Inanspruchnahme von Auslandspatienten ausgewiesen werden, dabei aber leider keine Differenzierung nach dem Herkunftsland vorgesehen ist. Hier wäre zumindest eine Differenzierung nach den Regelwerken der sich abzeichnenden Kostenträgerschaften (mit den Rubriken: „Herkunft aus EU/EWR", aus „Staat mit SV-Abkommen" oder aber „Sonstiges Ausland" ,ggf. mit Hinweis auf „Selbstzahler" und/oder „private Krankenversicherung" und/oder „Kostenübernahme durch Arbeitgeber"'), wünschenswert. Dies wären sowohl für die Praxis wie auch für politische Entscheidungsträger relevante Informationen, um die reale, internationale Inanspruchnahme noch besser einschätzen zu können.

8.8.2   Vermittlungsagenturen in den Fokus

Im Beitrag wurde ausgeführt, dass die Vermittlung von ausländischen Patienten durch spezialisierte Agenturen zum Teil von der nationalen Presse aufgegriffen und in einigen

Fällen als nicht stets seriös beschrieben wurde. Um das gute Renommee der nationalen Gesundheitslandschaft zu schützen, wäre vor diesem Hintergrund ggf. ein nationaler, ordnungspolitischer Eingriff zu diskutieren, an dessen Ende Transparenz rund um das Vermittlungsgeschehen steht. Im Mittelpunkt eines solchen ggf. gesetzgeberischen Eingriffs könnten noch auszuarbeitende Akkreditierungsanforderungen oder aber noch zu determinierende Qualitätskriterien stehen.

8.8.3 Umgang mit Schadensersatzansprüchen

Bestehende Befürchtungen hinsichtlich etwaiger Schadensersatzansprüche, die im Nachgang von Auslandspatienten gegenüber deutschen Krankenhäusern adressiert werden, kann dahin gehend begegnet werden, indem zumindest bei der Unterzeichnung des Behandlungsvertrages privatrechtlich auf eine nationale Erfüllung der Krankenhausleistung (nationaler Erfüllungsort) geachtet wird. Demnach dürfte − zumindest für dieses Rechtsgebiet − nationales Recht zu beachten sein. Sollten Auslandspatienten darüber hinaus auch mit zivilprozessrechtlichen oder aber gar deliktischen Fragestellungen auf nationale Krankenhäuser zugehen, so wären derartige Spezialfälle mit Experten des Medizinrechts zu thematisieren.

8.8.4 Grenzüberschreitender Einsatz von eHealth-Anwendungen

Das Thema der grenzüberschreitenden Inanspruchnahme von Patienten aus dem Ausland ist gerade auch vor dem Hintergrund der jüngsten, nationalen Gesetzinitiativen in Richtung „eHealth" sehr spannend. Wenn für die Kostenübernahme auf nationaler Ebene erste Abrechnungsziffern für entsprechende Leistungen konsentiert werden, wird rasch auch die Frage zu stellen sein, wie sich die hinter diesen Abrechnungsziffern stehenden Leistungen über Landesgrenzen hinweg werden erbringen bzw. abrechnen lassen.

Übersicht über die gesundheitspolitischen Empfehlungen
1. Die nationalen Statistiken zum akutstationären Sektor sollten um Hinweise zu den Herkunftsländern der jeweiligen Auslandspatienten ergänzt werden.
2. Die Arbeit der Agenturen zur Vermittlung von Auslandspatienten sollte (bspw. durch spezielle Akkreditierungen) in den Fokus genommen werden.
3. Privatrechtliche Schadensersatzansprüche richten sich i. a. R. nach nationalem Recht, wenn es im Behandlungsvertrag nicht anders geregelt ist.
4. Bereits in einer frühen Phase gilt es, sich Gedanken über den grenzüberschreitenden Einsatz von eHealth-Anwendungen und die damit einhergehende Abrechnung zu machen.

Literatur

Armstrong, U. (2014). Na sdarowje! Ärzte Zeitung vom 30.01.2014. http://www.aerztezeitung.de/panorama/medizintourismus/article/854054/medizintourismus-na-sdarowje.html. Zugegriffen: 27. Febr. 2017.

Au, H. (2010). Grenzüberschreitende Gesundheitsversorgung in der Praxis. In H. Klein & R. Schuler (Hrsg.), *Krankenversicherung und grenzüberschreitende Inanspruchnahme von Gesundheitsleistungen in Europa* (S. 141–146). Baden-Baden: Nomos.

Beyer, C. (2014). *Forderungsmanagement im Krankenhaus.* Düsseldorf: Deutsche Krankenhaus Verlagsgesellschaft.

Blum, K., Löffert, S., Offermanns, M., & Steffen, P. (2014). *Krankenhaus Barometer. Umfrage 2014.* Düsseldorf: Deutsches Krankenhaus Institut.

Blum, K., & Offermanns, M. (2010). Forderungsmanagement der Krankenhäuser. *Das Krankenhaus, 2010*(4), 297–303 (Stuttgart: Kohlhammer).

Bodenheimer, T. S., & Grumbach, K. (2016). *Understanding health policy: A clinical approach.* London: McGraw-Hill Education.

Böhm, K. (2007). *Servicequalität im Gesundheitstourismus. Erfolgsfaktor für die deutschen Heilbäder und Kurorte.* Müller: VDM-Verlag.

Carrera, P. M., & Bridges, J. F. P. (2006). Globalization and healthcare: understanding health and medical tourism. *Expert Review of Pharmacoeconomics & Outcomes Research, 6*(4), 447–454 (London: informa).

Deutsches Institut für Medizinische Dokumentation und Information. (2016) DIMDI-ICD- 10-GM. http://www.dimdi.de/static/de/klassi/icd-10-gm/index.htm. Zugegriffen: 26. Febr. 2017.

DVKA (Deutsche Verbindungsstelle Krankenversicherung – Ausland). (2017). Stationäre Versorgung. https://www.dvka.de/de/leistungserbringer/stationaere_versorgung/stationaere_versorgung.html. Zugegriffen: 26. Febr. 2017.

EG-Europäische Koordinierungsverordnung-Verordnung (EG) Nr. Nr. 883/2004 (deren Durchführungsverordnung (EG) Nr. 987/2009. http://www.bmas.de/DE/Themen/Soziales-Europa-und-Internationales/Europa/soziale-sicherung-in-europa.html. Zugegriffen: 26. Febr. 2017.

Elste, F. (2009). Erlössicherung im Krankenhaus. *KU Gesundheitsmanagement, 2009*(12), 9–10 (Kulmbach: Mediengruppe Oberfranken – Fachverlage).

EU-Patientenmobilitätsrichtlinie 2011/24/EU. (Durchführungsrichtlinie 2012/52/EU). http://www.bundesgesundheitsministerium.de/service/begriffe-von-a-z/p/patientenmobilitaetsrichtlinie.html. Zugegriffen: 26. Febr. 2017.

EU-Patienten.de. (2017). Nationale Kontaktstelle für die grenzüberschreitende Gesundheitsversorgung. http://www.eu-patienten.de/de/behandlung_ausland/geplante_behandlung_1/kostentraeger_eu/kostentraeger_eu.jsp. Zugegriffen: 20. Febr. 2017.

Frädrich, A. (2013). Medizintourismus: Patienten weltweit „auf Achse". *Deutsches Ärzteblatt, 110,* 35–36 vom 02.09.2013. http://www.aerzteblatt.de/archiv/145389. Zugegriffen: 26. Febr. 2017.

Freyer, W., & Kim, B.-S. (2014). Medizintourismus und Medizinreisen – eine interdisziplinäre Betrachtung. *Gesundheitswesen 76*(1), 65–68 (Stuttgart: Thieme).

Freytag, S. (2010). Eine Systematik der Erträge des Krankenhauses. In J. F. Debatin, A. Ekkernkamp, & B. Schulte (Hrsg.), *Krankenhausmanagement* (S. 195–231). Berlin: Medizinisch Wissenschaftliche Verlagsgesellschaft.

Goyen, M. (2010). Internationale Ausrichtung – neue Geschäftsführung im Ausland. In J. F. Debatin, A. Ekkernkamp, & B. Schulte (Hrsg.), *Krankenhausmanagement* (S. 97–99). Berlin: Medizinisch Wissenschaftliche Verlagsgesellschaft.

Hartweg, H.-R., & Derksen, K. (2013). Krankenhäuser im Zeitalter des Web 2.0 – Einsatzmöglichkeiten von Social Media für den Marketing-Mix bundesdeutscher Krankenhäuser.

In P. Doelfs, A. Goldschmidt, A. Greulich, U. K. Preusker, F. Rau, & R. Schmid (Hrsg.), *Management Handbuch DRGplus – Strategien und Konzepte erfolgreich umsetzen.* Heidelberg: medhochzwei.

HELIOS-Privatkliniken. (2017). HELIOS Privatkliniken an 24 Standorten. http://www.helios-privatkliniken.de/kliniken-fachrichtungen/standorte/. Zugegriffen: 3. März 2017.

Hornbach, G., & Zwilling, G. (2010). Budgetverhandlung. In J. F. Debatin, A. Ekkernkamp, & B. Schulte (Hrsg.), *Krankenhausmanagement* (S. 251–264). Berlin: Medizinisch Wissenschaftliche Verlagsgesellschaft.

Horowitz, M., & Rosensweig, J. A. (2007). Medical tourism – health care in the global economy. *The Physician Executive Journal, 2007*(November-December), 24–30 (American Association for Physician Leadership: Tampa).

Juszczak, J. (2013). Internationale Märkte – Potenziale für deutsche Krankenhäuser. In J. F. Debatin, A. Ekkernkamp, B. Schulte, & A. Tecklenburg (Hrsg.), *Krankenhausmanagement* (S. 151–157). Berlin: Medizinisch Wissenschaftliche Verlagsgesellschaft.

Juszczak, J. (2007). *Internationale Patienten in deutschen Kliniken. Ansätze zur Vermarktung von Gesundheitsdienstleistungen im Ausland* (Bd. 8) Sankt Augustin: Fachhochschule Bonn-Rhein-Sieg.

KHG. (2017). Gesetz zur wirtschaftlichen Sicherung der Krankenhäuser und zur Regelung der Krankenhauspflegesätze (Krankenhausfinanzierungsgesetz – KHG) vom 29.06.1972 in der Fassung vom 19.12.2016.

KHEntgG. (2017). Gesetz über die Entgelte für voll- und teilstationäre Krankenhausleistungen (Krankenhausentgeltgesetz vom 23.04.2002 in der Fassung vom 19.12.2016.

Klar, A. (2013). *Gesundheitstourismus in Europa.* Baden-Baden: Nomos.

Lee, M., Han, H., & Lockyer, T. (2012). Medical tourism—Attracting Japanese tourists for medical tourism experience. *Journal of Travel & Tourism Marketing, 29*(1), 69–86 (London: Informa).

Ludwig, U., Schepp, M., & Windmann, A. (2013). Medizin: Der russische Patient. Der Spiegel, S. 50–56 vom 11.11.2013. http://www.spiegel.de/spiegel/print/d-120780532.html. Zugegriffen: 26. Febr. 2017.

Merkel, K. (2011). Medizintourismus boomt. Klamme Kliniken in Deutschland hoffen auf kranke Russen. Die Welt vom 21.11.2011. http://www.welt.de/print/welt_kompakt/print_wirtschaft/article11942699/Medizintourismus-boomt.html. Zugegriffen: 26. Febr. 2017.

Nagel, L.-M., & Neller, M. (2015). Das Geschäft der dubiosen Patientenvermittler. Die Welt vom 21.09.2015. http://www.welt.de/wirtschaft/article122934103/Das-Geschaeft-der-dubiosen-Patientenvermittler.html. Zugegriffen: 26. Febr. 2017.

o. V. (2016). Medizintourismus. Deutschland als Ziel immer beliebter. Ärzte Zeitung vom 02.02.2016. http://www.aerztezeitung.de/praxis_wirtschaft/klinikmanagement/article/904013/medizintourismus-deutschland-ziel-immer-beliebter.html?sh=7&h=-145943621. Zugegriffen: 26. Febr. 2017.

Quast, E. M.-L. (2009). *Das Geschäft mit der Gesundheit.* Hamburg: Diplomica.

Reisewitz, J. (2015). *Rechtsfragen des Medizintourismus. Internationale Zuständigkeit und anwendbares Recht bei Klagen des im Ausland behandelten Patienten wegen eines Behandlungs- oder Aufklärungsfehlers.* Berlin: Springer.

Rulle, M., Hoffmann, W., & Kraft, K. (2010). *Erfolgsstrategien im Gesundheitstourismus. Analyse zur Erwartung und Zufriedenheit von Gästen.* Berlin: Schmidt.

Schlüchtermann, J. (2013). *Betriebswirtschaft und Management im Krankenhaus.* Berlin: Medizinisch Wissenschaftliche Verlagsgesellschaft.

Schramm, A. (2010). Ein neues Zeitalter für Marketingmaßnahmen – Social Media Instrumente auf dem Vormarsch. *f&w – führen und wirtschaften im krankenhaus, 6-2010*(27), 630–633 (Melsungen: Bibliomed).

Sielmann, M. (2016). *Gesundheitsfachwirte: Betriebswirtschaft. Prüfungswissen kompakt für die IHK-Klausuren 2016* (5. Aufl.). Aschaffenburg: Fachwirteverlag.

Statistisches Bundesamt. (2017a). Diagnosedaten der Patienten und Patientinnen in Krankenhäusern (einschl. Sterbe- und Stundenfälle, Fachserie 12 Reihe 6.2.2). https://www. destatis.de/DE/Publikationen/Thematisch/Gesundheit/Krankenhaeuser/DiagnosedatenKrankenhaus2120621157004.pdf;jsessionid=2ECD6BD251881DE07F416AF0C4D1A8E9.cae1?__ blob=publicationFile. Zugegriffen: 26. Febr. 2017.

Statistisches Bundesamt. (2017b). Diagnosedaten der Krankenhäuser ab 2000 (Fälle). Gliederungsmerkmale: Jahre, Wohnsitz, Behandlungsort, ICD10. http://www.gbe-bund.de/oowa921-install/ servlet/oowa/aw92/dboowasys921.xwdevkit/xwd_init?gbe.isgbetol/xs_start_neu/&p_aid=3&p_ aid=53597163&nummer=654&p_sprache=D&p_indsp=22556877&p_aid=5176716. Zugegriffen: 26. Febr. 2017.

Statistisches Bundesamt. (2017c). Fallpauschalenbezogene Krankenhausstatistik (DRG-Statistik) Diagnosen, Prozeduren, Fallpauschalen und Casemix der vollstationären Patientinnen und Patienten in Krankenhäusern, Fachserie 12 Reihe 6.4. https://www.destatis.de/DE/Publikationen/ Thematisch/Gesundheit/Krankenhaeuser/FallpauschalenKrankenhaus2120640157004.pdf?__ blob=publicationFile. Zugegriffen: 26. Febr. 2017.

Statistisches Bundesamt. (2017d). Einrichtungen, Betten und Patientenbewegung. https://www. destatis.de/DE/ZahlenFakten/GesellschaftStaat/Gesundheit/Krankenhaeuser/Tabellen/KrankenhaeuserJahreOhne100000.html;jsessionid=9347A883444C4044752F165CBBD588B7.cae1. Zugegriffen. 26. Febr. 2017.

Statista. (2017). Genutzte Maßnahmen deutscher Krankenhäuser zur Akquise von Patienten aus dem Ausland im Jahr 2013 (Häufigkeitsverteilung). https://de.statista.com/statistik/daten/studie/420891/umfrage/krankenhaeuser-massnahmen-zur-akquise-von-patienten-aus-dem-ausland/. Zugegriffen: 27. Febr. 2017.

United Nations World Tourism Organization. (2017). Travel health guidelines and recommendations. http://rcm.unwto.org/risk-crisis-management/influenza-recommendations. Zugegriffen: 24. Jan. 2017.

UKH (Universitätsklinikum Heidelberg). (2017). Herzlich willkommen! https://www.heidelberg-university-hospital.com/de/startseite/. Zugegriffen: 26. Febr. 2017.

UKM (Universitätsklinikum Münster). (2017). Herzlich willkommen am Universitätsklinikum Münster. http://klinikum.uni-muenster.de/. Zugegriffen: 26. Febr. 2017.

UKSH (Universitätsklinikum Schleswig-Holstein). (2017). Startseite. http://www.uksh.de/. Zugegriffen: 26. Febr. 2017.

UM Mainz (Universitätsmedizin Mainz). (2017). Unser Wissen für Ihre Gesundheit. http://www. unimedizin-mainz.de/. Zugegriffen: 26. Febr. 2017.

Verspohl, I. (2011). Gesundheitspolitik durch die Hintertür – Der Einfluss der EU auf das deutsche Gesundheitssystem, Schriften der Friedrich-Ebert-Stiftung, Berlin. http://library.fes.de/ pdf-files/id/ipa/08813.pdf. Zugegriffen: 27. Febr. 2017.

Vogt, K. (2015). Deutsche Luxus-Medizin für reiche Araber. Die Welt Stand 03.10.2015. http:// www.welt.de/gesundheit/article4889353/Deutsche-Luxus-Medizin-fuer-reiche-Araber.html. Zugegriffen: 26. Febr. 2017.

Wallenfels, M. (2015). Globaler Verteilungskampf. Ärzte Zeitung vom 29.07.2015. http://www. aerztezeitung.de/praxis_wirtschaft/klinikmanagement/article/888589/medizintourismus-globaler-verteilungskampf.html. Zugegriffen: 26. Febr. 2017.

Whittaker, A. (2008). Pleasure and pain: Medical travel in Asia. *Global Public Health – An International Journal for Research, Policy and Practice, 3*(3), 271–290 (London: Informa).

Whittaker, A., Manderson, L., & Cartwright, E. (2010). Patients without borders: Understanding medical travel. *Medical Anthropology – Cross-Cultural Studies in Health and Illness, 29*(4), 336–343 (Hoboken: Wiley).

Wienand, S. (2014). Behandlung von Patienten aus dem Ausland. In G. Schmola & B. Rapp (Hrsg.), *Compliance, Governance und Risikomanagement im Krankenhaus* (S. 547–571). Wiesbaden: Springer Gabler.

Über die Autoren

Lisa-Eyleen Koch (Gesundheitsökonomin, B.Sc.), geb. 1993 in Reutlingen, absolvierte zum Wintersemester 2016/2017 das Vollzeitstudium „Health Care Economics/Gesundheitsökonomie" im Fachbereich „Wiesbaden Business School" der Hochschule RheinMain, Wiesbaden. Zuvor konnte sie berufspraktische Erfahrungen im Gesundheits- und Sozialwesen sowie in einem renommierten Handelsunternehmen sammeln.

Prof. Dr. Hans-R. Hartweg (Diplom-Gesundheitsökonom <univ.>), geb. 1970 in Münster, folgte zum Wintersemester 2014/2015 einem Ruf in den Fachbereich der „Wiesbaden Business School" der Hochschule RheinMain, um dort die neu etablierten gesundheitsökonomischen Bachelor- und Masterprogramme (B.Sc./M.A.) zu betreuen. Zuvor leitete er ab 2010 am Hamburger Standort der Hochschule Fresenius die gesundheitsökonomischen Studiengänge (B.A./M.A.) und lehrte damit in den gesundheitsökonomischen und betriebswirtschaftlichen Studiengängen. Dieser Tätigkeit ging 2008 ein Engagement als Assistant Manager/Prüfungsleiter für die KPMG AG Wirtschaftsprüfungsgesellschaft und für „Audit Commercial Clients" und für „Advisory" voraus. Zu den Mandanten dieser Zeit gehörten namhafte Unternehmen des deutschen Gesundheitswesens. In den Jahren 2008 bis 2003 arbeitete er für die Verbände der Ersatzkassen (VdAK/AEV, heute: vdek). Dort war er u. a. für die Interessenvertretung der Ersatzkassen in Fragen selektivvertraglicher Versorgungsformen sowie für das bundeslandübergreifende, selektivvertragliche Projektmanagement zuständig. In den Jahren 2005 bis 2007 promovierte er berufsbegleitend in der Sozial- und Wirtschaftswissenschaftlichen Fakultät der Universität zu Köln über die „Selektivvertragliche Versorgung in Deutschland". Dieser Promotion ging das Studium der Gesundheitsökonomie an der Rechts- und Wirtschaftswissenschaftlichen Fakultät der Universität Bayreuth voraus.

Ambulante spezialfachärztliche Versorgung (ASV) nach § 116b SGB V

9

Astrid Selder

Inhaltsverzeichnis

A. Selder (✉)
Fakultät Soziales und Gesundheit, Hochschule für angewandte Wissenschaften Kempten,
Kempten, Deutschland
E-Mail: astrid.selder@hs-kempten.de

© Springer Fachmedien Wiesbaden GmbH 2018
H.-R. Hartweg et al. (Hrsg.), *Aktuelle Managementstrategien zur Erweiterung der Erlösbasis von Krankenhäusern*, https://doi.org/10.1007/978-3-658-17350-0_9

Zusammenfassung

Der Beitrag gibt einen Überblick über die ambulante spezialfachärztliche Versorgung (ASV) nach § 116b SGB V. Die Leistungserbringung erfolgt nach den Phasen der Vertrags- und der Bestimmungslösung mittlerweile im Rahmen eines Anzeigeverfahrens. Krankenhäuser können ebenso wie vertragsärztliche Leistungserbringer in dem Versorgungsbereich tätig werden, wenn sie die erforderlichen Teilnahmevoraussetzungen erfüllen. Definierte komplexe und schwer therapierbare Erkrankungen werden durch ein interdisziplinäres Team von Fachärztinnen und Fachärzten diagnostiziert und behandelt. Vergütet wird die Leistungserbringung übergangsweise auf der Basis des EBM, der jedoch um für die ASV relevante Gebührenordnungspositionen ergänzt wird. In der Versorgungspraxis ist die Bedeutung der ASV derzeit noch begrenzt. Eine Harmonisierung der landesspezifischen Umsetzungen des Anzeigeverfahrens und eine Vereinfachung der Regulierung auf Bundesebene könnten zum Ausbau der ASV beitragen. Auch das Ende von Übergangsregelungen für die Leistungserbringung nach der Bestimmungslösung und der Einbezug weiterer Erkrankungen in die ASV könnten einen Beitrag zur wachsenden Bedeutung des Versorgungsbereichs leisten.

9.1 Einführung

Unter den mittlerweile recht vielfältigen Wegen, auf denen Krankenhäuser ambulante Leistungen erbringen können, nimmt die ambulante spezialfachärztliche Versorgung eine gewisse Sonderrolle ein. Sie wurde nach zwei alternativen Regulierungsansätzen im dritten Anlauf als neuer Versorgungsbereich konzipiert, in dem Krankenhäuser und vertragsärztliche Leistungserbringer unter grundsätzlich gleichen Rahmenbedingungen tätig werden. Sowohl für die Leistungserbringung als auch für die Vergütung existieren eigenständige rechtliche Vorgaben. Im Mittelpunkt der ambulanten spezialfachärztlichen Versorgung steht ein interdisziplinäres Team aus Fachärztinnen und Fachärzten. Dieses soll für Patientinnen und Patienten mit ausgewählten komplexen und schwer therapierbaren Erkrankungen eine qualitativ hochwertige Versorgung über die erforderlichen Fachdisziplinen und ggf. Sektorengrenzen hinweg gewährleisten. Fünf Jahre nach ihrer Verankerung im SGB V ist die Versorgungsrelevanz der ambulanten spezialfachärztlichen Versorgung allerdings nach wie vor begrenzt.

Das Ziel des Beitrags ist es, einen Überblick über den aktuellen Stand der ambulanten spezialfachärztlichen Versorgung zu geben. Im Fokus stehen zunächst die Entwicklung des § 116b SGB V und die mit dem jeweiligen Regulierungsansatz verbundenen Ziele des Gesetzgebers. Danach werden die Rahmenbedingungen der Leistungserbringung nach aktueller Rechtslage umrissen. Diese umfassen insbesondere die Vorgaben für den Umfang der Leistungserbringung, den Zugang durch ein Anzeigeverfahren, die Qualität der Versorgung und die Vergütung. Der Stand der Umsetzung der ambulanten spezialärztlichen Versorgung wird aufgezeigt, bevor einige wesentliche Kritikpunkte an der Ausgestaltung des Versorgungsbereichs zusammengetragen werden. Aus der Diskussion und dem Ausblick auf die anstehenden Entwicklungen ergeben sich die gesundheitspolitischen Empfehlungen für den Versorgungsbereich.

9.2 Entstehungsgeschichte und Zielsetzung der ASV

9.2.1 „Frühphase" des § 116b SGB V: Vertrags- und Bestimmungslösung

§ 116b SGB V wurde im Zuge des GKV-Modernisierungsgesetzes (GMG) zum 01.01.2004 in das SGB V eingeführt. Als sogenannte Vertragslösung sah die ursprüngliche Regelung[1] vor, dass Krankenkassen mit zugelassenen Krankenhäusern Verträge über die ambulante Erbringung hoch spezialisierter Leistungen sowie zur Behandlung seltener Erkrankungen und Erkrankungen mit besonderen Krankheitsverläufen schließen können (GMG 2003; Mareck 2015). Der Gesetzgeber definierte einen Katalog entsprechender Leistungen und Erkrankungen und übertrug gleichzeitig dem G-BA die Aufgabe, diesen regelmäßig zu überprüfen sowie in Richtlinien Qualifikationsanforderungen und Rahmenbedingungen der Leistungserbringung zu regeln. Die im Rahmen der Verträge erbrachten Leistungen sollten vergleichbaren vertragsärztlichen Leistungen entsprechend unmittelbar von den Krankenkassen an die Krankenhäuser vergütet werden. Unter der Überschrift „Weiterentwicklung der Versorgungsstrukturen" begründete der Gesetzgeber diese Teilöffnung der Krankenhäuser zur ambulanten Versorgung mit dem Ziel, sektorale Grenzen zu überwinden und Wettbewerb zwischen verschiedenen Versorgungsformen zu ermöglichen (GMG-Entwurf 2003).

Allerdings nutzten die Krankenkassen die Möglichkeit zur Ergänzung der vertragsärztlichen Versorgung kaum. Der Hauptgrund hierfür war vermutlich die Sorge vor Leistungsausweitungen und Kostensteigerungen, mitunter wurde auch auf fehlende Versorgungslücken hingewiesen. Dies veranlasste den Gesetzgeber, den Krankenkassen mit dem GKV-Wettbewerbsstärkungsgesetz (GKV-WSG) zum 01.04.2007 die Vertragskompetenz zu nehmen und eine sogenannte Bestimmungslösung einzuführen (GKV-WSG-Entwurf 2006; Mareck 2015). Zugelassene Krankenhäuser konnten nun im Rahmen der Landeskrankenhausplanung auf Antrag des Krankenhausträgers dazu bestimmt werden, ambulante Leistungen im Rahmen des definierten Katalogs zu erbringen. Als Ziel wurde im Gesetzentwurf formuliert, die ambulante Leistungserbringung bei hoch spezialisierten Leistungen, bei der Behandlung seltener Erkrankungen und Erkrankungen mit besonderen Krankheitsverläufen voranzutreiben. Zwar sollte bei der Entscheidung der zuständigen Behörde die vertragsärztliche Versorgungssituation berücksichtigt werden und eine einvernehmliche

---

[1]Die nachfolgenden Ausführungen beziehen sich auf § 116b Abs. 2 ff. in der Fassung des GMG. Abs. 1 bezog sich auf Verträge im Rahmen von DMP und wurde mit der Neufassung des § 116b SGB V im Zuge des GKV-VStG in § 137 f. Abs. 7 SGB V überführt.

Bestimmung mit den an der Krankenhausplanung unmittelbar Beteiligten angestrebt werden, eine explizite Bedarfsprüfung erfolgte jedoch nach dem Willen des Gesetzgebers nicht, und die Letztentscheidung über die Bestimmung lag in Analogie zur Krankenhausplanung beim jeweiligen Bundesland. Die Vergütung hatte weiterhin der vergleichbaren vertragsärztlichen Vergütung zu entsprechen und wurde nach einer Übergangsregelung für die Jahre 2007 und 2008 auf die ab 01.01.2009 geltenden regionalen Euro-Gebührenordnungen festgelegt (GKV-WSG-Entwurf 2006; GKV-WSG 2007).

9.2.2   Neufassung des § 116b SGB V als Anzeigeverfahren

Wie sich herausstellte, beförderte die Bestimmungslösung tatsächlich die Leistungserbringung durch die Krankenhäuser. Bis September 2011 wurden insgesamt 1261 Zulassungen durch die Landesbehörden erteilt. Allerdings entstand damit einhergehend eine Wettbewerbssituation zwischen niedergelassenen Fachärzten und Krankenhäusern um die Behandlung der einschlägigen Patientinnen und Patienten. Diese Streitigkeiten an der Schnittstelle zwischen ambulanter und stationärer Versorgung äußerten sich u. a. darin, dass von den 1261 Zulassungen im September 2011 147 beklagt waren (SVR Gesundheit 2012). Angefochten wurden Zulassungen bei onkologischen und immunologischen Erkrankungen, bei denen zytostatische Therapien betroffen waren. Unstrittig waren dagegen Bestimmungen zur Behandlung von Multipler Sklerose, Tuberkulose oder von HIV/AIDS (Löser und München 2015). Gleichzeitig war die Zulassungspraxis regional sehr unterschiedlich. Während bspw. in Bayern und Baden-Württemberg die Zulassungszahlen im ein- bzw. niedrigen zweistelligen Bereich lagen, sprachen andere Bundesländer bis zu 250 Bestimmungen aus (Halbe 2012). Der Gesetzgeber reagierte erneut und fasste § 116b SGB V durch das GKV-Versorgungsstrukturgesetz (GKV-VStG) mit Wirkung zum 01.01.2012 neu. Seine Ziele waren ein besseres Ineinandergreifen von stationärer und ambulanter fachärztlicher Versorgung und eine schrittweise Einführung eines „sektorenverbindenden Versorgungsbereichs" (GKV-VStG-Entwurf 2011). Die nun erstmals sogenannte ambulante spezialfachärztliche Versorgung[2] (ASV) sollte Krankenhäusern und niedergelassenen Fachärzten ermöglichen, unter gleichen Qualifikationsvoraussetzungen und einheitlichen Bedingungen im Wettbewerb stehend Leistungen zu erbringen. Der G-BA erhielt wiederum den Auftrag, die gesetzlichen Vorgaben durch Richtlinien zu konkretisieren und zu ergänzen. Insbesondere sollten die jeweiligen medizinisch-inhaltlichen Anforderungen an die Leistungserbringung und Maßnahmen zur Qualitätssicherung festgelegt werden. Jeder Leistungserbringer, der die Vorgaben nachweislich erfüllte, hatte nun Zugang zu dem Versorgungsbereich („wer kann, der darf"). Das neu geschaffene Anzeigeverfahren wurde einem ebenso neuen Gremium, dem sogenannten erweiterten Landesausschuss, übertragen. Dieser erweiterte den

---

[2]Im Gesetzentwurf war noch von „ambulanter spezialärztlicher Versorgung" die Rede, im Gesetzestext dann von der „ambulanten spezialfachärztlichen Versorgung".

Landesausschuss der Ärzte und Krankenkassen nach § 90 Abs. 1 SGB V um Vertreter der Krankenhäuser. Die Vergütung sollte zunächst weiterhin nach EBM erfolgen, angestrebt wurde aber mittelfristig die Entwicklung einer eigenständigen diagnosebezogenen Vergütungssystematik (GKV-VStG-Entwurf 2011; GKV-VStG 2011).

Durch das GKV-VStG erfolgte auch eine Beschränkung des sachlichen Anwendungsbereichs bei den Erkrankungen mit besonderen Krankheitsverläufen auf schwere Verlaufsformen (Mareck 2015). Im Zuge weiterer Änderungen und Anpassungen des § 116b SGB V in der Folgezeit[3] wurde diese Beschränkung für onkologische und rheumatologische Erkrankungen durch das GKV-Versorgungsstärkungsgesetz (GKV-VSG) am 23.07.2015 wieder aufgehoben (GKV-VSG 2015). Andernfalls hätte die Gefahr bestanden, dass nach Ablauf der Übergangsregelung von der Bestimmungslösung zum Anzeigeverfahren bestimmte Patientengruppen aus der ASV herausgefallen wären. Für den stationären Sektor von Relevanz war mit Wirkung zum 01.01.2016 die Streichung eines bis dahin gültigen Investitionskostenabschlags in Höhe von 5 % auf die Vergütung öffentlich geförderter Krankenhäuser durch das Krankenhausstrukturgesetz – KHSG (Becker 2017).

Die Neufassung des § 116b SGB V schaffte einen neuen Versorgungssektor. Auch wenn sich der Gesetzgeber mit der o. g. Formulierung des „sektorenverbindenden Versorgungsbereichs" nicht eindeutig festlegte, handelt es sich nach der Rechtsprechung um eine neue sektorenübergreifende Versorgungsform mit eigenständigem Charakter (Mareck 2015). Für einen abgegrenzten Bereich der Leistungserbringung werden strukturelle Vorgaben und Teilnahmevoraussetzungen definiert, und eine eigene Vergütungssystematik wird angestrebt. Neben § 116b SGB V bilden die Richtlinie des G-BA zur ambulanten spezialfachärztlichen Versorgung (ASV-RL) und deren in der Anlage erlassene Konkretisierungen als untergesetzliche Norm den rechtlichen Rahmen der Leistungserbringung (Becker 2017; Mareck 2015). Die folgenden Ausführungen beziehen sich, sofern nicht explizit anders angemerkt, auf die derzeit gültige Fassung der rechtlichen Vorgaben (Stand 04/2017). Für Krankenhäuser, die eine Zulassung auf Basis der Bestimmungslösung erhielten, gilt für eine Übergangszeit die Rechtslage vor dem GKV-VStG weiter (siehe Abschn. 9.3.1).

---

[3]Änderungen und Anpassungen erfolgten durch eine Änderung des Transplantationsgesetzes –TPG vom 21.07.2012, das Krebsfrüherkennungs- und -registergesetz – KFRG vom 03.04.2013, das GKV-VSG und das KHSG (Becker 2017).

9.3 Ausgestaltung der ASV

9.3.1 Gegenstand und Umfang der ASV

Die ambulante spezialfachärztliche Versorgung umfasst gemäß § 116b Abs. 1 SGB V die Diagnostik und Behandlung komplexer, schwer therapierbarer Krankheiten, die eine spezielle Qualifikation, interdisziplinäre Zusammenarbeit und besondere Ausstattungen erfordern. Der GKV-VStG-Entwurf (2011) spezifiziert, dass damit besondere medizinische Kenntnisse und Erfahrungen gemeint sind, die deutlich über allgemeine Facharztqualifikationen hinausgehen, dass ein interdisziplinäres Team vorzuhalten ist und dass besonders hohe Anforderungen an die Strukturqualität zu stellen sind. Allerdings müssen insbesondere bei den seltenen Erkrankungen nicht alle drei Anforderungen kumulativ erfüllt sein, um eine Erkrankung für die ASV zu qualifizieren. Die im Gesetz vorgenommene Auflistung von Erkrankungen und Leistungen ist nicht abschließend, sondern kann vom G-BA auf Antrag eines Unparteiischen, einer Trägerorganisation des G-BA oder einer Patientenvertretung nach § 140 f. SGB V ergänzt werden. In einer Richtlinie, die ursprünglich bis zum 31.12.2012 erlassen werden sollte, regelt der G-BA Näheres zur ASV. Insbesondere bestimmt er den Behandlungsumfang, regelt die sächlichen und personellen Anforderungen und macht Vorgaben für die Qualitätssicherung. Die „Richtlinie ambulante spezialfachärztliche Versorgung – ASV-RL" trat letztendlich am 20.07.2013 in Kraft und liegt derzeit in der Fassung vom 15.12.2016 (in Kraft getreten am 18.03.2017) vor (G-BA 2016a).

Das Verfahren für Richtlinienbeschlüsse nach § 116b SGB V regelt der G-BA im dritten Kapitel seiner Verfahrensordnung. Darin werden u. a. Kriterien für die Aufnahme einer Erkrankung oder Leistung in den ASV-Katalog definiert. Bspw. liegt für den G-BA eine seltene Erkrankung dann vor, „wenn angenommen werden kann, dass bundesweit nicht mehr als fünf von zehntausend Personen von ihr betroffen sind oder bei einer vergleichbaren Prävalenz wegen der Eigenart der Erkrankung eine Konzentration der fachlichen Expertise im Rahmen der stationären Behandlung am Krankenhaus bereits gegeben ist" (G-BA 2016b).

In den Anlagen der ASL-RL gliedert der G-BA den Leistungsbereich in:

- Erkrankungen mit besonderen Krankheitsverläufen
- schwere Verlaufsformen von Erkrankungen mit besonderen Krankheitsverläufen
- seltene Erkrankungen und Erkrankungszustände mit entsprechend geringen Fallzahlen sowie
- hochspezialisierte Leistungen.

Die Anzeige der Leistungserbringung ist möglich, sobald die jeweilige Konkretisierung für eine Erkrankung bzw. Leistung in der Anlage der ASV-RL in Kraft getreten ist. Die derzeit vorliegenden Konkretisierungen finden sich in Tab. 9.1. Noch keine Konkretisierungen

Tab. 9.1 Vorliegende Konkretisierungen von Erkrankungen gemäß ASV-RL. (Quelle: Eigene Darstellung in Anlehnung an G-BA 2017)

Erkrankung – Nr. der Anlage zur ASV-RL	Zeitpunkt des Inkrafttretens
Tuberkulose und atypische Mykobakteriose – 2a)	24.04.2014
Onkologische Erkrankungen – Tumorgruppe 1: gastrointestinale Tumoren und Tumoren der Bauchhöhle – 1.1a)	26.07.2014
Marfan-Syndrom – 2k)	30.06.2015
Pulmonale Hypertonie – 2l)	01.06.2016
Onkologische Erkrankungen – Tumorgruppe 2: gynäkologische Tumoren – 1.1a)	10.08.2016
Mukoviszidose – 2b)	18.03.2017
Rheumatologische Erkrankungen – 1.1b)	Noch nicht in Kraft (ergänzender Beschluss zum Appendix ausstehend)

wurden für schwere Verlaufsformen von Erkrankungen mit besonderen Krankheitsverläufen und hochspezialisierte Leistungen verabschiedet.

Im GKV-VStG sah der Gesetzgeber eine Übergangsfrist für die Krankenhäuser vor, die nach der Bestimmungslösung des § 116b SGB V in der Fassung des GKV-WSG eine Berechtigung zur Leistungserbringung erhalten hatten. Die Bundesländer wurden verpflichtet, diese Bestimmung spätestens zwei Jahre nach Inkrafttreten des jeweiligen Richtlinienbeschlusses aufzuheben (GKV-VStG 2011). Das GKV-VSG änderte die Übergangsregelung dahin gehend, dass Bestimmungen drei Jahre nach Inkrafttreten des Richtlinienbeschlusses des G-BA automatisch unwirksam werden (GKV-VSG 2015). Dabei ist jeweils der Zeitpunkt zu beachten, zu dem die Konkretisierung zur jeweiligen Erkrankung in Kraft getreten ist.

Gemäß Beschluss vom 15.12.2016 setzt der G-BA die weiteren Beratungen zu den Anlagen der ASV-RL bei den Erkrankungen mit besonderen Krankheitsverläufen mit der Tumorgruppe 9 – urologische Tumoren sowie bei den seltenen Erkrankungen mit der primär sklerosierenden Cholangitis fort. Dabei soll geprüft werden, ob die seltenen Lebererkrankungen (primär sklerosierende Cholangitis, biliäre Zirrhose und Morbus Wilson) zusammenzufassen sind. Die Lebertransplantationen bedürfen einer gesonderten Beratung (G-BA 2016c).

In der jeweiligen Konkretisierung finden sich die Erkrankungen mit ICD-10-GM-Kodierung, für die Leistungen im Rahmen der ASV erbracht werden dürfen. Der Behandlungsumfang wird in der Anlage zunächst allgemein beschrieben und dann im Appendix zur Anlage anhand der Gebührenordnungspositionen des EBM spezifiziert und abschließend definiert. Der Appendix gliedert sich in Abschn. 1, der diejenigen Leistungen enthält, die bereits im EBM enthalten sind, und in Abschn. 2. Darin finden sich alle Gebührenordnungspositionen, die zwar innerhalb der ASV erbracht und abgerechnet werden dürfen, die aber noch keine Abrechnungsposition im EBM besitzen[4]. Auf diese Weise definiert der G-BA im Rahmen seines Gestaltungsspielraums, welche neuen Untersuchungs- und Behandlungsmethoden, die nicht Bestandteil der vertragsärztlichen Versorgung sind, in die ASV eingeschlossen werden. Er konkretisiert damit den nach dem Willen des Gesetzgebers in der ASV geltenden Verbotsvorbehalt des § 137c SGB V für die stationäre Versorgung (Klakow-Franck 2016). Eine Bedarfsplanung findet dabei für die ASV grundsätzlich nicht statt. Der Gesetzgeber hält nämlich die Bestimmung des Bedarfs für jede Erkrankung bzw. Leistung des ASV-Katalogs für nicht praktikabel (GKV-VStG-Entwurf 2011). Das bedeutet, dass es keine Begrenzung der Leistungserbringung in der ASV für berechtigte Leistungserbringer gibt. Die restriktive Umsetzung des Verbotsvorbehalts ebenso wie das gesetzlich vorgesehene Bereinigungsverfahren für die morbiditätsbedingte Gesamtvergütung (siehe Abschn. 9.3.4) wirken jedoch mengenbegrenzend.

Gemäß § 5 ASV-RL dürfen Krankenhäuser unter bestimmten Bedingungen über die im Appendix genannten Gebührenordnungspositionen hinaus fachärztliche Leistungen erbringen. Insbesondere müssen diese in unmittelbarem Zusammenhang zur jeweiligen Erkrankung stehen. Im Rahmen der ASV dürfen darüber hinaus Verordnungen getätigt werden, soweit diese zur Erfüllung des Behandlungsauftrags erforderlich sind. § 116b Abs. 7 SGB V verweist dabei auf § 73 Abs. 2 SGB V, die einschlägige Rechtsgrundlage der vertragsärztlichen Versorgung.

Es ist nach § 116b Abs. 4 SGB V Aufgabe des G-BA, allgemeine Tatbestände zu bestimmen, bei denen eine ASV-Behandlung nicht ausreicht. Krankenhäuser, die an der ambulanten spezialfachärztlichen Versorgung teilnehmen, können entsprechende Leistungen nur dann als voll- oder teilstationäre Krankenhausbehandlung erbringen, wenn diese medizinisch erforderlich ist (GKV-VStG-Entwurf 2011). § 9 der ASV-RL regelt, dass die G-AEP-Kriterien für die entsprechende Entscheidung gelten. Löser und München (2015) leiten daraus die Schlussfolgerung ab, dass Krankenhäuser bereits bei der Rechnungslegung zu einer Begründung der gewählten Behandlungsform aufgefordert werden.

9.3.2 Zugang zur Leistungserbringung – „Wer kann, der darf"

9.3.2.1 ASV-Berechtigte und Kooperationen

Gemäß ASV-RL dürfen Leistungen in der ASV von sogenannten „ASV-Berechtigten" erbracht werden: Dies sind an der vertragsärztlichen Versorgung teilnehmende Leistungserbringer und nach § 108 SGB V zugelassene Krankenhäuser, sofern sie die Anforderungen

---

[4]Ein Sonderfall existiert für den Bereich der gynäkologischen Tumoren. Die Konkretisierung in der Anlage unterscheidet in die Bereiche „Mammakarzinom" und „andere gynäkologische Tumoren" und trifft jeweils Sonderregelungen in Bezug auf Behandlungsumfang und Struktur- und Prozessqualität. Entsprechend enthält der Appendix einen Abschn. 3, der für die beiden Bereiche spezifiziert, welche Gebührenordnungspositionen jeweils nicht zum Behandlungsumfang gehören, wenn die ASV-Berechtigung nur für einen der Bereiche besteht.

und Voraussetzungen der ASV-RL erfüllen. Insbesondere müssen Krankenhäuser explizit nach § 108 SGB V für den jeweiligen Bereich zugelassen sein, und Vertragsärztinnen und Vertragsärzte dürfen ebenfalls nur in dem Fachgebiet bzw. Schwerpunkt ihrer tatsächlichen Zulassung tätig werden.

Voraussetzung der Leistungserbringung in der ASV ist grundsätzlich die Zusammenarbeit in einem interdisziplinären Team. Diese sogenannte Leistungskooperation kann – muss aber nicht – in vertraglichen Vereinbarungen geregelt werden. Nach der ASV-RL besteht das interdisziplinäre Team aus einem Kernteam sowie aus bei Bedarf hinzuzuziehenden Fachärztinnen und Fachärzten. Für die fachliche und organisatorische Koordination der Versorgung ist die Teamleitung zuständig, die dem Kernteam angehört. In Abb. 9.1 ist die Zusammensetzung des interdisziplinären Teams exemplarisch für den Bereich der gastrointestinalen Tumoren und Tumoren der Bauchhöhle dargestellt. Die Mitglieder des Kernteams müssen ihre Leistungen mindestens an einem Tag in der Woche am Tätigkeitsort der Teamleitung erbringen. Ausgenommen von dieser Regelung sind Teammitglieder, deren Leistungserbringung an immobile Apparate gebunden ist oder deren Aufgabe die Aufbereitung und Untersuchung von entnommenem Untersuchungsmaterial ist, sowie die hinzuzuziehenden Fachärztinnen und Fachärzte. Alle Leistungserbringer müssen aber in angemessener Entfernung zum Tätigkeitsort der Teamleitung erreichbar sein. Die ASV-RL geht dabei regelhaft von 30 min aus.

Der Behandlungsumfang in der ASV ist für jede Arztgruppe in dem Appendix zur Anlage der ASV-RL geregelt. Nur die jeweils benannte Fachgruppe darf die entsprechende Gebührenordnungsposition abrechnen. Tab. 9.2 gibt z. B. den derzeit (Stand 04/2017)

Abb. 9.1 Interdisziplinäres Team bei gastrointestinalen Tumoren und Tumoren der Bauchhöhle. (Quelle: Eigene Darstellung gemäß ASV-RL G-BA 2016a)

Tab. 9.2 Abschnitt 2 des Appendix der Anlage der ASV-RL zu gastrointestinalen Tumoren und Tumoren der Bauchhöhle – Auszug Kernteam (0: Leistung gehört nicht zum Behandlungsumfang; 1: Leistung gehört zum Behandlungsumfang). (Quelle: Eigene Darstellung in Anlehnung an ASV-RL G-BA 2016a)

Lfd. Nr	Bezeichnung der Leistung	Kernteam						
		Innere Medizin und Hämatologie und Onkologie	Strahlentherapie	Innere Medizin und Gastroenterologie	Allgemeinchirurgie	Viszeralchirurgie	Hals-Nasen-Ohrenheilkunde	Nuklearmedizin
1	PET; PET/CT (nur bestimmte Indikationen) Im Zusammenhang mit § 137e SGB V definierte besondere Qualitätsanforderungen sind zu beachten.	0	0	0	0	0	0	1
2	Zusätzlicher Aufwand für Koordination der Behandlung unter tumorspezifischer, insbesondere zytostatischer, Therapie	1	1	1	1	1	1	1
3	Zusätzlicher Aufwand für intravenös und/oder intraarteriell applizierte zytostatische Tumortherapie	1	1	1	1	1	1	1
4	Zusätzlicher Aufwand für Durchführung von und Teilnahme an Qualitätskonferenzen gemäß ASV-RL	1	1	1	1	1	1	1

(Fortsetzung)

Tab. 9.2 (Fortsetzung)

Lfd. Nr	Bezeichnung der Leistung	Kernteam						
		Innere Medizin und Hämatologie und Onkologie	Strahlentherapie	Innere Medizin und Gastroenterologie	Allgemeinchirurgie	Viszeralchirurgie	Hals-Nasen-Ohrenheilkunde	Nuklearmedizin
5.1	Zuschlag für Palliativversorgung, insbesondere für Durchführung eines standardisierten palliativmedizinischen Basisassessments (PBA) zu Beginn der Palliativbehandlung und Überleitung des Patienten in die vertragsärztliche Versorgung oder weitere Versorgungsformen (z. B. Hospize, SAPV)	1	0	1	1	1	1	0
5.2	Zuschlag für Palliativversorgung, insbesondere für Überleitung des Patienten in die vertragsärztliche Versorgung oder weitere Versorgungsformen (z. B. Hospize, SAPV)	1	1	1	1	1	1	1
6	Vorhaltung einer 24-h-Notfallversorgung mindestens in Form einer Rufbereitschaft	1	0	1	1	1	0	0

(Fortsetzung)

Tab. 9.2 (Fortsetzung)

Lfd. Nr	Bezeichnung der Leistung	Kernteam						
		Innere Medizin und Hämatologie und Onkologie	Strahlentherapie	Innere Medizin und Gastroenterologie	Allgemein-chirurgie	Viszeralchir-urgie	Hals-Nasen-Ohrenheil-kunde	Nuklearme-dizin
7	Psychotherapeutisches Gespräch als Einzelbehandlung analog der GOP 23.220 des EBM ab dem 16. Mal im Behandlungsfall	0	0	0	0	0	0	0
8	Psychotherapeutisches Gespräch als Gruppenbehandlung	0	0	0	0	0	0	0

gültigen Abschn. 2 bei gastrointestinalen Tumoren und Tumoren der Bauchhöhle wieder. Die Tabelle zeigt für jedes Mitglied des Kernteams auf, ob die jeweilige Leistung zum Behandlungsumfang gehört.

Bezüglich der Erkrankungen mit besonderen Krankheitsverläufen kann der G-BA Regelungen zu Kooperationsvereinbarungen zwischen Leistungserbringern treffen, die deren Zusammenarbeit fördern sollen. Bei onkologischen Erkrankungen muss er dies tun (§ 116b Abs. 4 SGB V). In der ASV-RL hat der G-BA entsprechend geregelt, dass für die Teilnahme an der ASV bei onkologischen Erkrankungen (mindestens) eine sektoren-übergreifende Kooperationsvereinbarung abgeschlossen werden muss. Diese hat gemäß § 10 ASV-RL insbesondere zum Gegenstand die Abstimmung über Eckpunkte der Versorgung, über die Arbeitsteilung der Kooperationspartner und die Verpflichtung, mindestens zweimal jährlich qualitätsorientierte Konferenzen durchzuführen. Der Abschluss dieser sogenannten ASV-Kooperation ist Teilnahmevoraussetzung. Von der Pflicht, eine solche Kooperationsvereinbarung abzuschließen, ist ein Leistungserbringer allerdings befreit, wenn im relevanten Einzugsbereich kein geeigneter Kooperationspartner vorhanden ist oder er trotz ernsthaften Bemühens keinen zur Kooperation bereiten Partner finden konnte. Für den Nachweis genügt nach § 116b Abs. 2 SGB V eine glaubhafte Versicherung im Zuge des Anzeigeverfahrens, dass aus einem der genannten Gründe ein Abschluss nicht möglich war. In der ASV-RL nicht näher geregelt sind Festlegungen zu möglichen Kooperationspartnern. Insofern kann die ASV-Kooperation zwischen Krankenhäusern und Vertragsärzten, aber bspw. auch vertragsärztlich tätigen Psychotherapeuten, MVZ oder Berufsausübungsgemeinschaften vereinbart werden (Löser und München 2015).

9.3.2.2 Ausgestaltung des Anzeigeverfahrens

Um Leistungen im Rahmen der ASV erbringen zu dürfen, müssen Leistungserbringer gegenüber dem erweiterten Landesausschuss anzeigen, dass sie die jeweils erforderlichen Anforderungen und Voraussetzungen erfüllen. Die Teamleitung und die übrigen Mitglieder des Kernteams müssen dabei namentlich benannt werden, während für die hinzuzuziehenden Fachärztinnen und Fachärzte eine institutionelle Benennung genügt. Der erweiterte Landesausschuss setzt sich aus dem Landesausschuss der Ärzte und Krankenkassen nach § 90 Abs. 1 SGB V und Vertretern der Krankenhäuser zusammen, die von der Landeskrankenhausgesellschaft bestellt werden. Nach Ablauf von zwei Monaten nach Eingang der Anzeige ist der Leistungserbringer zur Teilnahme an der ASV berechtigt, sofern der Landesausschuss ihm bis dahin nicht mitgeteilt hat, dass er die Voraussetzungen nicht erfüllt (§ 116b Abs. 2 SGB V). Unterbrochen wird diese Frist, wenn Unterlagen nachgefordert werden.

Sofern die Berechtigung eintritt, hat der Leistungserbringer seine Teilnahme an der ASV den Landesverbänden der Krankenkassen, den Ersatzkassen, der Kassenärztlichen Vereinigung und der Landeskrankenhausgesellschaft zu melden und dabei den Umfang seiner Berechtigung zu spezifizieren. Diese Informationsverpflichtung ist durch Meldung an die sogenannte ASV-Servicestelle (s. Abschn. 9.3.4) erfüllt. Das Verfahren ermöglicht die nötige

Transparenz, weil bspw. die Krankenkassen die Information über die ASV-Teilnahme für die spätere Abrechnung der ASV-Leistungen benötigen (GKV-VStG-Entwurf 2011).

Eine Meldung an die genannten Stellen sowie eine Anzeige gegenüber dem erweiterten Landesausschuss muss der Leistungserbringer ebenfalls unverzüglich abgeben, wenn die Voraussetzungen für seine Teilnahmeberechtigung an der ASV wegfallen. Umgekehrt kann der Landesausschuss anlassbezogen oder regelmäßig – höchstens alle fünf Jahre – den Nachweis einfordern, dass die Voraussetzungen noch bestehen. Die personellen Voraussetzungen für die Leistungserbringung sind gemäß ASV-RL bspw. für das gesamte Team nicht mehr erfüllt, wenn nach Ausscheiden eines Mitglieds des interdisziplinären Teams, das für die Erfüllung der Voraussetzungen notwendig ist, eine Nachbesetzung nicht innerhalb von sechs Monaten erfolgt. Die ASV-RL regelt darüber hinaus in § 2, dass die Teilnahme an der ASV auch durch Verzicht oder mit dem Ende der vertragsarzt- bzw. krankenhausrechtlichen Zulassung endet.

9.3.3 Vorgaben für die Qualität der Leistungserbringung

9.3.3.1 Personelle, sächliche und organisatorische Anforderungen

Der Gesetzgeber beauftragt den G-BA in § 116b Abs. 4 SGB V, die sächlichen und personellen Anforderungen an die ASV sowie sonstige Anforderungen an die Qualitätssicherung zu regeln. Dabei verweist er auf die Berücksichtigung der Ergebnisse nach § 137a Abs. 3 SGB V, also auf die vom Institut für Qualitätssicherung und Transparenz im Gesundheitswesen (IQTIG) zu erarbeitenden Maßnahmen zur Qualitätssicherung und zur Darstellung der Versorgungsqualität.

Neben den bereits genannten personellen Voraussetzungen für die Leistungserbringung wie die Zusammenarbeit im interdisziplinären Team legt die ASV-RL einige weitere Anforderungen fest. Dazu gehört der sogenannte Facharztstatus. Das bedeutet, dass die Mitglieder des interdisziplinären Teams Diagnosen persönlich stellen und leitende Therapieentscheidungen persönlich treffen müssen. Eine Vertretung ist nur möglich, wenn die fachlichen Qualifikationen und die organisatorische Einbindung gemäß der ASV-RL gewährleistet sind. Ärzte in Weiterbildung können in die Behandlung einbezogen werden (Facharztstandard). Dies ist allerdings nur unter Verantwortung eines Teammitglieds möglich, das zur Weiterbildung befugt ist. Die Anforderungen an die personelle und sächliche Ausstattung sowie die organisatorischen Rahmenbedingungen und die Dokumentationspflichten im Rahmen der ASV werden in den Anlagen zur jeweiligen Erkrankung bzw. Leistung näher spezifiziert. So werden dort bspw. die Facharztbezeichnungen benannt, die das jeweilige interdisziplinäre Team vorweisen muss, und es wird geregelt, ob eine 24-Stunden-Notfallversorgung vorgehalten werden muss.

Des Weiteren schreibt die ASV-RL vor, dass die Anforderungen an die Versorgungsqualität der Qualitätssicherungsvereinbarungen nach § 135 Abs. 2 SGB V für den vertragsärztlichen Bereich entsprechend für die ASV gelten, solange der G-BA keine ersetzende Anlage zur Qualitätssicherung (QS-Anlage) für die ASV-RL erlassen hat.

Darüber hinaus verweist § 12 der ASV-RL auf § 135a und § 136 SGB V und legt fest, dass auch die einrichtungsübergreifenden Maßnahmen der Qualitätssicherung sowie die einrichtungsinternen Anforderungen des G-BA für den Krankenhaus- und den vertragsärztlichen Bereich in der ASV Anwendung finden.

Als ein geeignetes Instrument zur Qualitätssicherung sieht der G-BA die Festlegung von Mindestmengen für die Berechtigung zur Leistungserbringung. Die ASV-RL verweist in § 11 auf die Anlagen. Dort werden bei allen bisher konkretisierten Erkrankungen Vorgaben für Mindestmengen gemacht. Diese beziehen sich auf das Kernteam und bei onkologischen Erkrankungen in Anlehnung an die ambulante Onkologie-Vereinbarung auf einzelne Fachärztinnen bzw. Fachärzte. Die Vorgaben müssen durchgängig bezogen auf die jeweils vier zurückliegenden Quartale erfüllt sein, eine Ausnahme besteht nur für den Zeitraum vor Anzeige und das erste Jahr der Leistungserbringung. Die erforderlichen Mindestmengen für die Teilnahme an der Versorgung von gastrointestinalen Tumoren und Tumoren der Bauchhöhle sind exemplarisch in Abb. 9.2 dargestellt.

9.3.3.2 Zugang zur ASV für Patientinnen und Patienten

Der Zugang zur ASV erfolgt aus dem vertragsärztlichen Bereich im Allgemeinen durch eine Überweisung. Für Erkrankungen mit besonderen Krankheitsverläufen ist dies bereits vom Gesetzgeber verbindlich festgelegt worden (§ 116b Abs. 4 SGB V). Eine Zuweisung aus dem stationären Bereich erfolgt ohne Überweisung. Auch zwischen den Mitgliedern des Kernteams besteht kein Überweisungserfordernis, ebenfalls ausgenommen sind gemäß ASV-RL Patientinnen und Patienten von im jeweiligen Indikationsgebiet tätigen vertragsärztlichen ASV-Berechtigten. Wenn Fachärzte von außerhalb des Kernteams zur Konsultation hinzugezogen werden, arbeiten diese auf Definitionsauftrag. Eine Überweisung ist dann erforderlich (Klinger-Schindler 2016).

Mindestmenge	Ergänzung
Mindestens 230 Patientinnen/Patienten mit einschlägiger gesicherter Diagnose müssen durch das Kernteam behandelt werden.	Berechnung: Summe aller einschlägigen Patientinnen und Patienten in den jeweils zurückliegenden vier Quartalen, die von Mitgliedern des Kernteams behandelt wurden (ambulant, stationär, im Rahmen integrierter Versorgung nach § 140a SGB V oder sonstiger Versorgungsform).
Zusätzlich muss das Kernteam eines der folgenden Kriterien erfüllen:	
Mindestens eine Fachärztin/ein Facharzt für Innere Medizin und Hämatologie und Onkologie muss die Betreuung von durchschnittlich 120 Patientinnen/Patienten mit soliden oder hämatologischen Neoplasien pro Quartal nachweisen.	70 der 120 Patientinnen/Patienten mit medikamentöser Tumortherapie, davon wiederum 30 mit intravenöser oder intrakavitärer oder intraläsionaler Behandlung.
oder	
Mindestens eine Fachärztin/ein Facharzt einer anderen Arztgruppe muss die Betreuung von durchschnittlich 80 Patientinnen/Patienten mit soliden Neoplasien pro Quartal nachweisen.	60 der 80 Patientinnen/Patienten mit antineoplastischer Therapie, davon wiederum 20 mit intravenöser oder intrakavitärer antineoplastischer oder intraläsionaler Behandlung.

Abb. 9.2 Mindestmengen bei gastrointestinalen Tumoren und Tumoren der Bauchhöhle. (Quelle: Eigene Darstellung gemäß ASV-RL G-BA 2016a)

Die Konkretisierungen in den Anlagen der ASV-RL regeln das Nähere. So ist z. B. in Anlage 2l) für pulmonale Hypertonie bestimmt, dass die Überweisung in die ASV durch eine Fachärztin bzw. einen Facharzt für Innere Medizin und Kardiologie oder für Innere Medizin und Pneumologie erfolgen muss, und dass die Überweisung auch aufgrund einer Verdachtsdiagnose erfolgen kann. Die Verdachtsdiagnose genügt generell bei seltenen Erkrankungen, während bei allen anderen ASV-Indikationen grundsätzlich eine gesicherte Diagnose für die Überweisung in die ASV vorliegen muss. Ausnahmen können für Erkrankungen mit besonderen Krankheitsverläufen (Anlage 1.1) geregelt werden, wie bspw. für rheumatologische Erkrankungen: Der derzeit (Stand 04/2017) noch nicht in Kraft getretene Beschluss sieht ebenfalls die Möglichkeit der Überweisung auf der Basis einer Verdachtsdiagnose vor. In den Anlagen der ASV-RL ist teilweise auch geregelt, wie viele Quartale eine Überweisung Gültigkeit besitzt. So ist z. B. bei der Behandlung gynäkologischer Tumoren nach zwei Quartalen eine erneute Überweisung erforderlich.

Patientinnen und Patienten erhalten nach § 15 ASV-RL beim Erstkontakt mit einem Leistungserbringer in der ASV allgemeine Informationen über die Versorgungsform sowie spezielle Angaben zum jeweiligen ASV-Team. Wenn die Behandlung innerhalb der ASV beendet ist, werden ihnen schriftliche Informationen über das Behandlungsergebnis und die weitere Vorgehensweise zur Verfügung gestellt. Das Überleitungsmanagement nach außerhalb des ASV-Kernteams umfasst mindestens einen Entlass-/Überleitungsbrief und die Anleitung der Fortsetzung der Arzneimitteltherapie entsprechend § 115c SGB V.

9.3.3.3 Gesetzliche Vorgaben für die Evaluation

§ 116b SGB V sieht zwei Auswertungs- und damit verbundene Berichtspflichten vor. Zum einen müssen die Auswirkungen der Richtlinienbeschlüsse für onkologische und rheumatologische Erkrankungen spätestens zwei Jahre nach dem jeweiligen Inkrafttreten vom G-BA geprüft und die Beschlüsse ggf. angepasst werden. Einen Bericht über das Ergebnis der Prüfung erhält das Bundesministerium für Gesundheit vom G-BA. Zum anderen erhält das Bundesministerium für Gesundheit zum 31.03.2017 eine Bewertung der Auswirkungen der ASV auf Kostenträger, Leistungserbringer und Patientenversorgung. In der Berichtspflicht stehen hier der Spitzenverband Bund der Krankenkassen, die Kassenärztliche Bundesvereinigung und die Deutsche Krankenhausgesellschaft gemeinsam. Mit Stand 29.04.2017 ist der Bericht dem BMG allerdings noch nicht zugegangen.

9.3.4 Vergütung der ASV-Leistungen

9.3.4.1 Übergangsweise Vergütung auf der Grundlage des EBM

Der Gesetzgeber sieht eine eigenständige Vergütungssystematik für die ASV vor, da aus seiner Sicht die Gebührenpositionen des EBM „zu prozedurenlastig, zu wenig diagnosebezogen und zu arztgruppenspezifisch" (GKV-VStG-Entwurf 2011) sind und spezifische

Leistungen der ASV, wie bspw. die teamorientierte Fallbehandlung, nicht abbilden. Der Spitzenverband Bund der Krankenkassen, die Deutsche Krankenhausgesellschaft und die Kassenärztliche Bundesvereinigung sind in der Pflicht, eine entsprechende Kalkulationssystematik zu vereinbaren. Geplant ist für die Zukunft eine eigenständige Vergütungssystematik, die diagnosebezogene Pauschalen für ASV-Leistungen vorsieht (Kassenärztliche Bundesvereinigung 2017a).

§ 116b Abs. 6 Satz 8 gibt vor, dass bis zum Inkrafttreten einer entsprechenden Vereinbarung die Abrechnung auf der Basis des EBM mit dem Preis der jeweiligen regionalen Gebührenordnung zu erfolgen hat. Der ergänzte Bewertungsausschuss[5] nach § 87 Abs. 5a SGB V hat hierzu den EBM so anzupassen, dass die in der ASV abrechnungsfähigen Leistungen angemessen bewertet sind. Die Beschlussempfehlung zum GKV-VStG konkretisiert, dass im EBM ein separates Kapitel für die abrechnungsfähigen Leistungen in der ASV vorzusehen ist (GKV-VStG-Beschlussempfehlung 2011). Dieses Kapitel wurde durch Beschluss des ergänzten Bewertungsausschusses vom 20.06.2014 in den EBM eingeführt (Becker 2017). Mit Wirkung zum 01.04.2017 hat der Bewertungsausschuss den ASV-relevanten Bereich des EBM nochmals grundlegend neu strukturiert und ein Kapitel zu anlagenübergreifenden Gebührenordnungspositionen eingefügt (Ergänzter erweiterter Bewertungsausschuss 2016). Der Aufbau ist nun wie folgt:

- Bereich VII: Ausschließlich im Rahmen der ambulanten spezialfachärztlichen Versorgung (ASV) berechnungsfähige Gebührenordnungspositionen
  - Kap. 50: Anlagenspezifische Gebührenordnungspositionen der ambulanten spezialfachärztlichen Versorgung (ASV)
  - Kap. 51: Anlagenübergreifende Gebührenordnungspositionen der ambulanten spezialfachärztlichen Versorgung (ASV)

Spätestens sechs Monate nach Inkrafttreten einer ASV-Indikation sollen diejenigen Leistungen des Appendix der entsprechenden Anlage der ASV-RL, die noch nicht im EBM enthalten sind (Abschn. 2 des Appendix), in die neuen EBM-Kapitel überführt werden. Bis dahin werden sie vorübergehend nach der Gebührenordnung für Ärzte (GOÄ) honoriert. Die für die ASV festgelegten Gebührensätze sind dabei der 1,0-fache Satz für Laborleistungen, der 1,2-fache Satz für technische Leistungen und der 1,5-fache Gebührensatz für übrige ärztliche Leistungen. Ausgenommen von dieser Regelung sind Leistungen, die auch in der Onkologie-Vereinbarung (Anlage 7 zum Bundesmantelvertrag Ärzte) enthalten sind. Bis zu ihrer Aufnahme in den EBM werden diese Leistungen nach den regionalen Kostenpauschalen des Anhangs 2 der Onkologie-Vereinbarung

---

[5]Der ergänzte Bewertungsausschuss ist der um drei Mitglieder der DKG und drei weitere Mitglieder des GKV-Spitzenverbands aufgestockte Bewertungsausschuss nach § 87 Abs. 3 SGB V. Auch der erweiterte Bewertungsausschuss nach § 87 Abs. 4 SGB V wird bei Entscheidungen über die Anpassung der ASV-Positionen im EBM entsprechend aufgestockt.

vergütet (Kassenärztliche Bundesvereinigung 2017a). Aktuelle Übersichten der abrechnungsfähigen Gebührenordnungspositionen zu den jeweiligen Erkrankungen bzw. hoch spezialisierten Leistungen in der ASV finden sich auf der Homepage des Instituts des Bewertungsausschusses (Institut des Bewertungsausschusses 2017) sowie auf den Internetseiten der Kassenärztlichen Bundesvereinigung (Kassenärztliche Bundesvereinigung 2017b). Alle Beschlüsse des ergänzten (erweiterten) Bewertungsausschusses werden ebenfalls auf der Homepage des Instituts des Bewertungsausschusses sowie im Deutschen Ärzteblatt veröffentlicht.

9.3.4.2 Vorgaben für Abrechnung, Wirtschaftlichkeitsprüfung und Bereinigungsverfahren

Die Leistungserbringer der ASV werden von den Krankenkassen direkt vergütet, sie können aber nach § 116b Abs. 6 die Kassenärztlichen Vereinigungen mit der Abrechnung beauftragen. Es gibt keine Sammelabrechnung für das Team, sondern jeder ASV-Berechtigte rechnet die von ihm erbrachten Leistungen selbst ab. Der Gesetzgeber beauftragt den Spitzenverband Bund der Krankenkassen, die Deutsche Krankenhausgesellschaft und die Kassenärztliche Bundesvereinigung ferner, eine Abrechnungsvereinbarung zu treffen, in der Näheres zum Abrechnungsverfahren und zu den erforderlichen Vordrucken zu regeln ist. Diese Vereinbarung, die sogenannte ASV-Abrechnungsvereinbarung – ASV-AV ist zum 17.03.2014 in Kraft getreten und liegt derzeit (Stand 04/2017) in der Fassung vom 09.01.2017 vor (ASV-AV 2017). Sie gibt in § 4 vor, dass jedes ASV-Team grundsätzlich die von ihm erbrachten Leistungen mit einer einheitlichen Teamnummer abrechnet. Die Teamnummer muss von der Teamleitung bei der ASV-Servicestelle beantragt werden. Die ASV-Servicestelle führt das ASV-Verzeichnis als verbindliche, bundeseinheitliche Informationsgrundlage über die Teamnummern und die dazugehörigen Daten, die in Anlage 1 der ASV-AV gelistet sind. In den technischen Anlagen zur ASV-AV werden Regelungen zum Datenaustausch getroffen. Dieser findet für zugelassene Krankenhäuser auf der Basis des Verfahrens nach § 301 Abs. 3 SGB V statt.

Es ist Aufgabe der Krankenkassen, die Abrechnung, Wirtschaftlichkeit und Qualität der Versorgung in der ASV zu prüfen. Sie können hiermit eine Arbeitsgemeinschaft oder den MDK beauftragen. Für die Prüfung der Wirtschaftlichkeit der Verordnungen sieht § 116b Abs. 7 SGB V vor, dass die Regelungen der stationären Versorgung nach § 113 Abs. 4 SGB V gelten. Diese Prüfung soll durch die Prüfungsstellen nach § 106 SGB V erfolgen, sofern keine abweichende Regelung zwischen Kasse und Leistungserbringer getroffen wurde (Klinger-Schindler 2016).

Schließlich verlangt der Gesetzgeber eine Bereinigung der morbiditätsbedingten Gesamtvergütung der vertragsärztlichen Versorgung um die Leistungen, die Bestandteil der ASV sind. Dabei darf die Bereinigung nicht zulasten des hausärztlichen Vergütungsanteils und der fachärztlichen Grundversorgung gehen. Auf diese Weise entsteht trotz grundsätzlich extrabudgetärer Vergütung mittelbar eine Mengenbegrenzung für vertragsärztliche Leistungserbringer, wenn auch ggf. zulasten Dritter (Halbe 2012). Dies gilt allerdings nur für diejenigen Leistungen der ASV, die auch Bestandteil der vertragsärztlichen Versorgung sind. Der Bewertungsausschuss nach § 87 Abs. 1 Satz 1 SGB V hat in seinen Sitzungen vom 24. September 2014 sowie 21. September 2016 ASV-Bereinigungsvorgaben getroffen. Ab dem Jahr 2016 soll geprüft werden, ob diese Vorgaben angepasst werden müssen. Hierfür wird mit Wirkung für die Berichtszeiträume 2015 bis 2020 eine anlassbezogene Datengrundlage geschaffen (Bewertungsausschuss 2017).

9.4 Stand der Umsetzung der ASV

9.4.1 Leistungserbringung auf Basis der Bestimmungslösung

In seinem Sondergutachten von 2012 veröffentlichte der Sachverständigenrat zur Begutachtung der Entwicklung im Gesundheitswesen (SVR 2012) Daten zum Umsetzungsstand der ambulanten ärztlichen Behandlung im Krankenhaus nach § 116b SGB V in der Fassung vor Inkrafttreten des GKV-VStG. Die Auswertungen basierten auf eigenen Befragungen der Krankenhäuser, aber auch auf Auswertungen der Finanzstatistik des BMG und einer Befragung der Arbeitsgruppe Krankenhauswesen der Arbeitsgemeinschaft Oberster Landesbehörden Gesundheit (AOLG). Die nach wie vor häufig zitierten Ergebnisse des SVR lassen eine Einschätzung über die Aktivitäten der Krankenhäuser auf Basis der Bestimmungslösung zu. Wie viele der in Tab. 9.3 gelisteten Bescheide bei den bereits vorliegenden Konkretisierungen der ASV-RL durch einen Antrag im Rahmen des Anzeigeverfahrens auf die aktuelle Rechtslage umgestellt wurden, ist nicht bekannt (Deutscher Bundestag 2016). Relevant ist dies derzeit gemäß der Zeitpunkte des Inkrafttretens vor allem für die Indikationen Tuberkulose und gastrointestinale Tumoren/Tumoren der Bauchhöhle, für die die Übergangsfrist von drei Jahren im April bzw. Juli 2017 ausläuft.

In der Befragung durch den SVR gaben 49,0 % der befragten Krankenhäuser an, dass sie sich die Freigabe weiterer Indikationen im Rahmen der ASV wünschen. Mit Blick auf die sich ändernde Rechtslage durch das GKV-VStG antworteten 72,2 % aller befragten Krankenhäuser, dass sie einen Beginn bzw. eine Ausweitung ihrer Aktivitäten in der ASV planten. Dies galt insbesondere für diejenigen Kliniken, die bereits in der ASV aktiv waren oder sich als geeignet für die ASV einschätzten, nämlich überwiegend größere und in kernstädtischen Gebieten angesiedelte Krankenhäuser.

9.4.2 Leistungserbringung im Anzeigeverfahren

Verlässliche Daten zur ASV auf der Basis des Anzeigeverfahrens stehen derzeit (Stand 04/2017) nur in sehr begrenztem Umfang zur Verfügung. Eine klare Trennung zwischen Bestimmungslösung und Anzeigeverfahren ist häufig nicht möglich. Dies gilt z. B. für die Finanzstatistik des BMG, die Daten der beiden Rechtsgrundlagen vermischt. Zumindest wird aus den Daten in Tab. 9.4 ersichtlich, dass sich der Umfang der

Tab. 9.3 Anzahl erlassene Bescheide für Krankenhäuser – Bestimmungslösung (Stand 09/2011). (Quelle: Eigene Darstellung in Anlehnung an SVR 2012)

Leistungsbereich (Nummerierung gemäß Richtlinie des G-BA über die ambulante Behandlung im Krankenhaus nach § 116b SGB V i. d. Fassung vom 01.10.2005)	Anzahl Bescheide
Hochspezialisierte Leistungen	
1. CT/MRT-gestützte schmerztherapeutische Leistungen	19
2. Brachytherapie	10
Seltene Erkrankungen	
1. Mukoviszidose	34
2. Hämophilie	14
3. Fehlbildungen, angeborene Skelettsystemfehlbildungen	17
4. schwere immunologische Erkrankungen	19
6. biliäre Zirrhose	13
7. primär sklerosierende Cholangitis	20
8. Morbus Wilson	14
9. Transsexualismus	5
10. angeborene Stoffwechselstörung (bei Kindern)	19
11. Marfan-Syndrom	20
12. pulmonale Hypertonie	43
13. Tuberkulose	28
14. Neuromuskuläre Erkrankungen	16
15. Kurzdarmsyndrom	2
16. vor oder nach Lebertransplantation	0
Besondere Krankheitsverläufe	
1. onkologische Erkrankungen insgesamt	697
1.0. ohne Differenzierung nach Tumorgruppen	3
1.1. Gastrointestinale und Tumore der Bauchhöhle	104
1.2. Tumore der Lunge und des Thorax	78
1.3. Knochen und Weichteiltumore	54
1.4. Hauttumore	42
1.5. Tumore des Gehirns und der peripheren Nerven	48
1.6. Kopf- und Halstumore	69
1.7. Tumore des Auges	29
1.8. Gynäkologische Tumore	90
1.9. Urologische Tumore	64
1.10. Tumore des lymphatischen, blutbildenden Gewebes und schwere Erkrankungen der Blutbildung	93
1.11. Tumore bei Kindern und Jugendlichen	23

(Fortsetzung)

Tab. 9.3   (Fortsetzung)

Leistungsbereich (Nummerierung gemäß Richtlinie des G-BA über die ambulante Behandlung im Krankenhaus nach § 116b SGB V i. d. Fassung vom 01.10.2005)	Anzahl Bescheide
2. HIV/AIDS	22
3. schwere Verlaufsformen rheumatologischer Erkrankungen	43
4. schwere Herzinsuffizienz	55
6. Multiple Sklerose	73
7. Anfallsleiden	38
8. pädiatrische Kardiologie	13
9. Frühgeborene mit Folgeschäden	18
10. Querschnittslähmungen bei Komplikationen	9
Insgesamt	*1261*

Tab. 9.4   ASV-Ausgaben absolut (in Mio. EUR). (Quelle: KV45/KJ1 Bundesministerium für Gesundheit 2017)

	Konto	2011	2012	2013	2014	2015	2016*
Ambulante spezialfachärztliche Versorgung in Krankenhäusern nach § 116b SGB V (Bestimmungslösung und Anzeigeverfahren)	04030	146,8	180,3	169,4	174,2	203,1	208,0
Ambulante spezialfachärztliche Versorgung durch Vertragsärzte nach § 116b SGB V	04033			1,4**	0,3	0,8	3,4
Arznei- und Verbandmittel aus Apotheken im Rahmen der ambulanten spezialfach- ärztlichen Versorgung	04346			85,1**	105,5	127,1	125,5
Arznei- und Verbandmittel von Sonstigen im Rahmen der ambulanten spezialfach- ärztlichen Versorgung	04373			39,8**	44,1	46,4	54,2
Heilmittel außerhalb der vertragsärztlichen Versorgung im Rahmen der ambulanten spezialfachärztlichen Versorgung	04570				1,9**	1,2	0,8

*vorläufiges Rechnungsergebnis (KV45)
**Konto erstmals in der KJ1 ausgewiesen

ASV-Leistungserbringung derzeit noch in Grenzen hält. Im Jahr 2012, vor dem Inkrafttreten der ASV-RL und damit dem Anzeigeverfahren, betrug der Anteil der ASV-Ausgaben ca. 10 % der gesamten GKV-Ausgaben für ambulante Leistungen der Krankenhäuser. Auch mit der Leistungserbringung im Anzeigeverfahren sind die ASV-Ausgaben im stationären Bereich nur geringfügig auf 208,0 Mio. EUR im Jahr 2016 angestiegen. Die durch Vertragsärzte erbrachten ASV-Leistungen umfassen ebenfalls nur einen äußerst geringen Anteil an der vertragsärztlichen Versorgung. Für das Jahr 2016 werden sie im vorläufigen Ergebnis der KV45 mit 3,4 Mio. EUR gegenüber 36,48 Mrd. EUR für die gesamte vertragsärztliche Versorgung ausgewiesen[6]. Die zwar ebenfalls niedrigen, aber anteilig doch etwas höheren Ausgaben für Arzneimittel im Rahmen der ASV weisen darauf hin, dass die onkologische Leistungserbringung mit hochpreisiger Arzneimitteltherapie bereits jetzt einen hohen Stellenwert in der ASV hat, der sich in Zukunft mit der nun möglichen Leistungserbringung bei gynäkologischen Tumoren und dem Ende der Übergangsfrist für gastrointestinale Tumoren und Tumoren der Bauchhöhle deutlich ausweiten könnte.

Öffentlich zugängliche Informationen über die stationären Leistungserbringer in der ASV finden sich in den Strukturdaten des Deutschen Krankenhausverzeichnisses. Dort kann nach Krankenhäusern gesucht werden, die ambulante Leistungen nach § 116b SGB V erbringen (DKTIG 2017). Allerdings sind derzeit (Stand 04/2017) die Daten der Qualitätsberichte der Krankenhäuser mit Datenbestand von 2014 verfügbar, und auch hier ist keine Unterscheidung in Bestimmungslösung und Anzeigeverfahren möglich. Die Zahl der im Zuge des Anzeigeverfahrens an die ASV-Servicestelle gemeldeten ASV-Teams findet sich in Tab. 9.5. Durch das Ende der Übergangsfrist ist hier in den nächsten Monaten insbesondere bei gastrointestinalen Tumoren und Tumoren der Bauchhöhle mit einem Anstieg der Anzeigen zu rechnen.

Die Zuleitung des Evaluationsberichts nach § 116b Abs. 9 SGB V an das BMG steht zum aktuellen Zeitpunkt (04/2017) noch aus. Von der Bundesregierung wurden daher Informationen zur ASV zuletzt mit einer Antwort auf eine kleine Anfrage einiger Abgeordneter und der Fraktion BÜNDNIS 90/DIE GRÜNEN im Februar 2016 veröffentlicht (Deutscher Bundestag 2016). Neben der gesetzlich vorgesehenen Evaluation befindet sich derzeit auch eine Begleitstudie zur Einführung der ASV des Bundesverbands ambulante spezialfachärztliche Versorgung e. V. in Kooperation mit dem Bundesverband Managed Care e. V. und der bbw Hochschule in Arbeit, aus der erste Ergebnisse Anfang 2017 veröffentlich wurden (Jenschke et al. 2017). Einige der Erkenntnisse der letztgenannten Veröffentlichungen werden im nächsten Abschnitt aufgegriffen.

---

[6]Dass die Aussagekraft der Daten zudem kritisch zu hinterfragen ist, zeigt sich daran, dass bereits für das Jahr 2013 vertragsärztliche Leistungen in der ASV ausgewiesen werden, obwohl die Leistungserbringung für vertragsärztlich tätige Leistungserbringer erst ab 2014 nach Inkrafttreten der ersten Konkretisierung möglich war. Dies mag Abgrenzungs- und Zuordnungsschwierigkeiten bei der Einführung neuer Konten geschuldet sein.

Tab. 9.5 Anzahl ASV-Teams gemäß ASV-Verzeichnis (Stand 21.04.2017). (Quelle: ASV-Verzeichnis ASV-Servicestelle 2017)

Erkrankung – Nr. der Anlage zur ASV-RL	Anzahl
Tuberkulose und atypische Mykobakteriose – 2a)	24
Onkologische Erkrankungen – Tumorgruppe 1: gastrointestinale Tumoren und Tumoren der Bauchhöhle – 1.1a)	43
Marfan-Syndrom – 2k)	0
Pulmonale Hypertonie – 2l)	1
Onkologische Erkrankungen – Tumorgruppe 2: gynäkologische Tumoren – 1.1a)	1 (ohne Subspezialisierung)
Mukoviszidose – 2b)	Noch nicht gelistet
Rheumatologische Erkrankungen – 1.1b)	Noch nicht gelistet

9.5 Diskussion

Die ambulante spezialfachärztliche Versorgung ist seit ihrer Einführung in das SGB V ein umstrittener und viel diskutierter Versorgungsbereich. Befürworter sehen in ihr einen – wenn auch noch nicht komplett ausgereiften – gelungenen Ansatz, um die interdisziplinäre und sektorenübergreifende Versorgung im deutschen Gesundheitswesen voranzutreiben. Kritiker bemängeln eine Vielzahl von Regelungslücken bei gleichzeitiger übertriebener Detaillierung der Regulierung an anderer Stelle und vermissen den Mehrwert für Patientinnen und Patienten. Die Kostenträger stehen zwischen dem Wunsch nach verbesserten Versorgungsstrukturen und der Sorge vor Leistungsausweitungen und Kostensteigerungen. Einige zentrale Diskussionspunkte sollen im Folgenden aufgegriffen werden.

Für Krankenhäuser bietet sich mit der ASV eine weitere Möglichkeit, die Versorgungs- und Wertschöpfungskette in den ambulanten Sektor auszuweiten. Die vom G-BA in der ASV-RL formulierten personellen Anforderungen legen darüber hinaus nahe, ein Krankenhaus in die Versorgung einzubeziehen. Insbesondere die hohe Anzahl der hinzuzuziehenden Fachärztinnen und Fachärzte kann in einem stationären Setting leichter als im Rahmen einer (rein) ambulanten Kooperation erfüllt werden. Allerdings könnte die ASV stationäre oder teilstationäre Leistungserbringung ersetzen und damit auch der Vermeidung von Krankenhausbehandlung dienen. In Budgetverhandlungen könnte daher eine Fallzahlausgliederung gefordert werden (Löser und München 2015). Dies gilt umso mehr, als durch die Bereinigung der Gesamtvergütung indirekt eine Mengensteuerung für den vertragsärztlichen Bereich erfolgt, dies jedoch für die Krankenhausbudgets unterbleibt.

Die Vertragsärzteschaft hat die Einführung der ASV von Anfang an mit heterogenem Urteil begleitet. Während ein Teil der Ärzteschaft die Neugestaltung der Schnittstelle zwischen ambulantem und stationärem Sektor aktiv vorantreibt, herrscht bei anderen niedergelassenen Ärztinnen und Ärzten eher Skepsis vor. Es besteht die Befürchtung, dass die derzeit für den überwiegenden Teil der ASV-Leistungen geltende Parallelität der möglichen Leistungserbringung innerhalb und außerhalb der ASV zukünftig zugunsten der ASV verändert werden könnte. Gerade für die Weiterentwicklung der ASV in der Fläche wäre aber eine aktive Beteiligung niedergelassener Fachärztinnen und Fachärzte vonnöten. Dies setzt allerdings eine kritische Würdigung der Anforderungen, insbesondere der geforderten Mindestmengen, voraus, für die derzeit keine regionalen Ausnahmetatbestände vorgesehen sind (Klakow-Franck 2014). Ähnliches gilt für die Anforderung an die räumliche Nähe der Leistungserbringer. Dies könnte im ländlichen Raum die Etablierung von ASV-Strukturen erschweren (Löser und München 2015). Es ist daher nicht zu erwarten, dass es ohne die Veränderung der entsprechenden Rahmenbedingungen zu einem Schub für die ASV in der Fläche kommt.

Der Versorgungsbereich der ASV stellt insgesamt hohe Anforderungen an die Strukturen und Prozesse der Versorgung. Aus Sicht der Leistungserbringer bietet sich daher eine Teilnahme an der ASV insbesondere dann an, wenn bereits Vorerfahrungen im Bereich der interdisziplinären und ggf. intersektoralen Zusammenarbeit bestehen und die ASV auf bestehende Strukturen aufsetzen kann. Dass der G-BA willens und in der Lage ist, Doppelstrukturen zu vermeiden und sinnvolle bestehende Versorgungsstrukturen zu integrieren, hat er durch die Einführung von Subspezialisierungen bei gynäkologischen Tumoren gezeigt. So können bspw. Brustzentren vergleichsweise unbürokratisch an der ASV teilnehmen (Klakow-Franck 2016). Hier sollte der G-BA auch in Zukunft darauf achten, dass die Mindestanforderungen der ASV-RL den Voraussetzungen der vergleichbaren Leistungserbringung in etablierten Strukturen, z. B. den Kriterien der Deutschen Krebsgesellschaft für zertifizierte Tumorzentren, gerecht werden (Klakow-Franck 2014).

Obwohl § 116b SGB V einerseits recht umfangreiche Vorgaben für die Ausgestaltung der ASV macht, hat der Gesetzgeber andererseits wesentliche Elemente der Regulierung an den G-BA delegiert. Dies zementiert die Rolle des G-BA als sogenannten kleinen Gesetzgeber weiter. Die Vielfalt der Aufgaben und Fragestellungen, die der G-BA (nicht nur) in der ASV zu bearbeiten hat, führen zu einer sehr langsamen Weiterentwicklung des Versorgungsbereichs. Gleichzeitig leidet die Ausgestaltung durch den G-BA unter Regelungslücken und fehlender Handlungskompetenz z. B. für Vorgaben in Richtung der erweiterten Landesausschüsse. Interpretationsspielraum bei Teilnahmevoraussetzungen und Nachweispflichten führen zu einem je nach Bundesland heterogen ausgestalteten und überregulierten Anzeigeverfahren. Strittig ist bspw., ob die im jeweiligen Appendix einer Konkretisierung beschriebenen Leistungen einen Maximalkatalog darstellen oder ihre potenzielle Erbringung eine Teilnahmevoraussetzung ist (Klakow-Franck 2016). Ebenso ist unklar, wie Qualitätssicherungsregelungen des ambulanten Bereichs auf die Krankenhäuser und deren Ärzte übertragen werden sollen. Entsprechende Nachweispflichten werden von den erweiterten Landesausschüssen unterschiedlich gehandhabt. Die im Anzeigeverfahren auszufüllenden Formulare umfassen je nach Bundesland zwischen 17 und über 80 Seiten und führten im Einzelfall zu Anträgen mit einem Umfang von über 3000 Seiten (Lettau 2017).

Der zuständige Unterausschuss des G-BA lädt einmal jährlich zu einem Informationsaustausch, um eine abgestimmte Verwaltungspraxis in den Ländern zu befördern (Deutscher Bundestag 2016). Dies mag ein Beitrag zu einer Harmonisierung und Entbürokratisierung des Anzeigeverfahrens sein. Die Erfahrungen aus der Zeit der Bestimmungslösung weisen jedoch auf gravierend unterschiedlichen Umgang mit der ASV in den Bundesländern hin, der sich in Bezug auf die Antragstellung und Nachweispflichten verstetigt hat (SVR 2012; Deutscher Bundestag 2016). Nachhaltige Verbesserungen im Sinne einer Vereinheitlichung und Vereinfachung des Anzeigeverfahrens lassen sich vermutlich nur durch eindeutigere verwaltungsrechtliche Vorgaben auf Bundesebene erreichen. Zur Entbürokratisierung sollte neben einer Reduktion der Nachweispflichten bei den erweiterten Landesausschüssen auch eine Verschlankung der Regelungsdichte beim G-BA beitragen.

Der Wunsch aller Beteiligten nach einer Reduktion von Überregulierung und damit verbundenem Verwaltungs- und Beratungsaufwand geht gleichzeitig mit der Forderung nach Kontinuität bei den Rahmenbedingungen der Leistungserbringung einher. Änderungen bei den Zugangsvoraussetzungen oder beim Anzeigeverfahren führen zu Unklarheiten und Unsicherheit bei Antragstellern und Prüfgremien. Dies gilt z. B. für die Einführung und den späteren Wegfall der Beschränkung auf schwere Verlaufsformen bei onkologischen und rheumatologischen Erkrankungen, aber auch für Änderungen der Gültigkeitsdauer von Überweisungen oder der erforderlichen Mindestmengen.

Der Sachverständigenrat diskutiert in seinem Sondergutachten von 2012 die Frage, ob die ASV als selektivvertragliches System ausgestaltet werden sollte (SVR 2012). Dies wäre eine Rückkehr zur ursprünglich konzipierten Vertragslösung. Aus Sicht des SVR sollte die ASV zunächst als eigener sektorenübergreifender Wettbewerbsbereich aufgebaut werden. Vertragsindividuelle Lösungen wären dann insbesondere auf Basis der anvisierten pauschalierten und monistischen Vergütungssystematik möglich. Auch wenn viele Voraussetzungen für eine gelingende wettbewerbliche Ausgestaltung des Versorgungsbereichs erfüllt sein könnten (Greiner und Hodek 2013), erscheint die Umsetzung einer solchen Idee nach den ersten fünf Jahren der neuen Rechtslage noch in weiter Ferne. Die ASV hat nach Einschätzung des BMG aus dem Jahr 2016, die durchaus noch Gültigkeit besitzt, noch begrenzte Versorgungsrelevanz. Dies liegt an der recht kurzen Zeit in der Versorgungspraxis und an den bisher auf wenige Krankheiten beschränkten Konkretisierungen (Deutscher Bundestag 2016). Zudem hat sich in den letzten Jahren auch in anderen Versorgungsformen Ernüchterung breit gemacht, was den langfristigen Erfolg selektivvertraglicher Lösungen anbelangt. Vor diesem Hintergrund erscheint es folgerichtig, die Verzahnung der Sektoren zunächst auf kollektivvertraglicher Basis weiter zu betreiben.

Die ASV hat nach wie vor das Potenzial, sich als eigenständiger, sektorenübergreifender Versorgungsbereich zu etablieren. Sie verfügt über ein eigenes Leistungserbringerrecht und eine übergreifende Vergütungssystematik. Die Leistungserbringer vermerken als positiv, dass durch die Ergänzung bisher nicht im EBM verankerter Gebührenordnungspositionen die tatsächlich erbrachten Leistungen über die ASV abgebildet und abgerechnet werden können. Die anvisierte stärker pauschalierte und eigenständige Vergütungssystematik erscheint jedoch angesichts der Herausforderungen, die bereits mit einer sachgerechten Ausgestaltung der Übergangslösung im EMB einhergehen, derzeit noch als ein Thema der ferneren Zukunft.

9.6   Ausblick

Im Rahmen der Begleitstudie zur Einführung der ASV des Bundesverbands ambulante spezialfachärztliche Versorgung e. V., des Bundesverbands Managed Care e. V. und der bbw Hochschule wurden bundesweit ASV-Teamleiter angeschrieben und die Antworten von 20 Teamleitern in einer ersten Veröffentlichung aufbereitet (Jenschke 2017). Aus der Auswertung geht hervor, dass die bestehenden ASV-Teams trotz vielfach negativer Bewertung der Rahmenbedingungen der ASV wie bspw. des Anzeige- oder des Abrechnungsverfahrens die neuen Versorgungsstrukturen mit höherem Patientennutzen und ökonomischen Vorteilen verbinden. Obwohl sich diese kurzfristig noch nicht realisieren ließen, wird die ASV insgesamt von den Umfrageteilnehmern positiv beurteilt. So ist zumindest aus Sicht der derzeit tätigen ASV-Teams das Ziel erreichbar, eine interdisziplinäre und sektorenübergreifende Versorgungsstruktur für schwere und seltene Erkrankungen zu etablieren.

Ein Zukunftsthema im Zusammenhang mit der ASV ist die Abgrenzung zu anderen Formen der Leistungserbringung. Überschneidungsbereiche ergeben sich zum einen im Bereich der vertragsärztlichen Versorgung, weil die im EBM bisher bereits aufgeführten Leistungen, die gemäß Abschn. 1 des jeweiligen Appendix im Rahmen der ASV erbracht werden dürfen, auch für Vertragsärzte außerhalb der ASV zum Leistungsspektrum gehören. Langfristigen Erfolg wird die ASV nur verzeichnen können, wenn die Vertragsärzteschaft in höherem Umfang als bisher „mit ins Boot genommen wird" und eine sinnvolle Verzahnung mit der Regelversorgung aufgebaut werden kann. Dazu gehört auch die Lösung offener Fragen der Budgetbereinigung.

Bei stationären Leistungserbringern ergeben sich Überschneidungen bei alternativen Formen der ambulanten Leistungserbringung. Insbesondere gilt dies für die Hochschulambulanzen, die gemäß § 117 Abs. 1 S. Nr. 2 Personen aufgrund der Art, Schwere oder Komplexität ihrer Erkrankung ambulant ärztlich behandeln dürfen. In der Vereinbarung zur Abgrenzung der entsprechenden Patientengruppe zwischen GKV-Spitzenverband, Kassenärztlicher Bundesvereinigung und Deutscher Krankenhausgesellschaft werden Patientinnen und Patienten mit Erkrankungen nach § 116b SGB V explizit als einschlägig benannt (Erweitertes Bundesschiedsamt 2016). Dies dürfte zumindest nach einem weiteren Ausbau der ASV zu Abgrenzungsschwierigkeiten führen. Auch die Kompatibilität mit bestehenden Zentrumsstrukturen dürfte die Ausgestaltung der ASV auf längere Sicht beeinflussen. Hier gilt es, sinnvolle Ergänzungen zu erarbeiten, ohne funktionierende Strukturen zu belasten.

Für einen erfolgreichen Ausbau der ASV muss an der Ausgestaltung der Rahmenbedingungen gearbeitet werden. So ist z. B. für eine sinnvolle Weiterentwicklung des § 116b-Katalogs eine Überarbeitung der Verfahrensordnung des G-BA erforderlich. Diese sieht für die Aufnahme einer Erkrankung in § 5 vor, dass für den Nachweis des besonderen Verlaufs beim überwiegenden Teil der Patientinnen und Patienten mindestens zweimal kalenderjährlich eine stationäre Behandlung erfolgt. Angesichts der Ambulantisierung der Medizin erscheint diese Vorgabe überholt (Klakow-Franck 2017). In Bezug auf Teilnahmevoraussetzungen, Nachweispflichten und Abrechnungsmöglichkeiten arbeiten Leistungserbringer aus dem stationären und aus dem vertragsärztlichen Bereich teilweise nach wie vor unter unterschiedlichen Rahmenbedingungen. Explizit sektorenübergreifende Vorgaben für die Qualitätssicherung müssen im Rahmen der Beratungen des G-BA zur QS-Anlage der ASV-RL entwickelt werden. Schließlich bleibt die Umsetzung eines eigenständigen pauschalierten Vergütungssystems ein Zukunftsthema der ASV.

Das Auslaufen der Übergangsregelungen der Bestimmungslösung und die Genehmigung der Anlage zu rheumatologischen Erkrankungen könnten zu einem Anzeigeschub bei der ASV führen (Lettau 2017). Dieser wird angesichts der Überregulierung und Verfahrensunklarheiten für die erweiterten Landesausschüsse nur schleppend zu bewältigen sein. Umso mehr sollten die Beteiligten an einer Verschlankung der Verfahren arbeiten.

9.7   Gesundheitspolitische Empfehlungen

Aus der kritischen Würdigung der ambulanten spezialfachärztlichen Versorgung lassen sich einige Empfehlungen für die Weiterentwicklung des Versorgungsbereichs ableiten. Ein wesentlicher Beitrag zur Rechtssicherheit und Beschleunigung der Prozesse des Anzeigeverfahrens und der Teilnahme an der ASV besteht in dem Schließen bestehender Regelungslücken bei gleichzeitigem Abbau von Überregulierung und Harmonisierung der Vorgaben auf Landesebene. Wesentliche Elemente der Regulierung sollten direkt im Gesetz geregelt und nicht an den G-BA delegiert werden. Für den G-BA ist die Fülle seiner Aufgaben strukturell und zeitlich kaum zu bearbeiten. So entstehen bspw. Verzögerungen bei notwendigen Überarbeitungen der Verfahrensordnung oder der Erarbeitung weiterer Konkretisierungen von Erkrankungen. Die fehlende Handlungskompetenz für Vorgaben in Richtung der erweiterten Landesausschüsse verhindert eine rasche und stringente Vereinheitlichung des Anzeigeverfahrens. Teilnahmevoraussetzungen und Nachweispflichten sollten daher auf allen rechtlichen Ebenen klarer geregelt werden.

Die weitere Entwicklung der ASV auf gesetzlicher und untergesetzlicher Ebene sollte sowohl etablierte Versorgungsstrukturen im Blick behalten als auch den Anspruch haben, bestehende oder potenzielle Versorgungsengpässe zu verhindern. Dies bedeutet, dass die ASV z. B. auf funktionierenden Zentrumsstrukturen aufbauen sollte. Gleichzeitig sollte vermieden werden, dass ein Versorgungsbereich entsteht, der einmal mehr die Qualität der Versorgung in Ballungsräumen fördert, aber keine sinnvolle Struktur für Versorgungslücken im ländlichen Raum bieten kann. Die Teilnahmevoraussetzungen müssen so gestaltet werden, dass auch eine Versorgung in der Fläche über die ASV möglich ist.

Fundierte gesundheitspolitische Empfehlungen abzugeben, würde durch eine bessere Verfügbarkeit von Daten zur ASV wesentlich erleichtert. Solange in den öffentlich zugänglichen Daten nicht zwischen Bestimmungslösung und Anzeigeverfahren unterschieden werden kann, ist eine Bewertung der ASV nach aktueller Rechtslage kaum möglich. Eine Analyse setzt zudem das genaue Einhalten der Kennzeichnungspflichten der ASV-Abrechnungsvereinbarung durch die Leistungserbringer und das Zusammenführen der Daten aus der Direktabrechnung mit den Krankenkassen voraus. Der Gesetzgeber hat darüber hinaus einmal mehr vermissen lassen, mit der Neugestaltung des § 116b SGB V im Zuge des GKV-VStG verbindliche Vorgaben für eine gesundheitsökonomische Evaluation des neuen Versorgungsbereichs festzuschreiben. Für den derzeit (04/2017) noch ausstehenden gesetzlich vorgesehenen Evaluationsbericht des Spitzenverbands Bund der Krankenkassen, der Deutschen Krankenhausgesellschaft und der Kassenärztlichen Bundesvereinigung wurden lediglich recht allgemeine Ziele umrissen. Es sollen gemäß § 116b Abs. 9 SGB V insbesondere der Stand der Versorgungsstrukturen, der Qualität und der Abrechnung der Leistungen auch im Hinblick auf die Entwicklung in anderen Versorgungsbereichen bewertet werden. An dieser Stelle kann sich die eher schleppende Einführung und Umsetzung der ASV als Chance erweisen, weil noch Spielraum für die Ausgestaltung sinnvoller Begleitforschung besteht.

Übersicht über die gesundheitspolitischen Empfehlungen
1. Teilnahmevoraussetzungen und Nachweispflichten im Anzeigeverfahren sollten auf Bundesebene eindeutig geregelt werden.
    a) Die grundlegenden Rahmenbedingungen der Leistungserbringung sollten auf gesetzlicher Ebene geregelt werden.
    b) Die länderspezifischen Anzeigeverfahren sollten harmonisiert werden.
2. Die Weiterentwicklung der ASV sollte auf etablierten Strukturen aufbauen und Lösungen für regionale Versorgungsengpässe anbieten.
3. Die Qualität und Verfügbarkeit von Daten zur ASV sollte verbessert werden.

Literatur

ASV-AV. (2017). Vereinbarung gemäß § 116b Abs. 6 Satz 12 SGB V über Form und Inhalt des Abrechnungsverfahrens sowie die erforderlichen Vordrucke für die ambulante spezialfachärztliche Versorgung (ASV-AV) vom 01.10.2016 in der Fassung vom 09.01.2017. http://www.kbv.de/media/sp/ASV_AV.pdf. Zugegriffen: 15. Apr. 2017.

ASV-Servicestelle. (2017). ASV-Verzeichnis. https://www.asv-servicestelle.de/Home/ASVVerzeichnis. Zugegriffen: 21. Apr. 2017.

Becker, U. (2017). § 116b Ambulante spezialfachärztliche Versorgung. In U. Becker & T. Kingreen (Hrsg.), *SGB V, Gesetzliche Krankenversicherung; Kommentar* (S. 1168–1190). München: Beck.

Bewertungsausschuss. (2017). Beschluss des Bewertungsausschusses gemäß § 87 Abs. 1 Satz 1 SGB V in seiner 389. Sitzung am 21. Februar 2017 zu anlassbezogenen Datenlieferungen gemäß § 87 Abs. 3f Satz 1 und 2 SGB V zur Überprüfung der Vorgaben gemäß § 87a Abs. 5 Satz 7 SGB V für ein Verfahren zur Bereinigung des Behandlungsbedarfs aufgrund ambulanter spezialfachärztlicher Versorgung gemäß § 116b Abs. 6 Satz 13 ff. SGB V mit Wirkung zum 21. Februar 2017. http://institut-ba.de/ba/babeschluesse/2017-02-21_ba389_7.pdf. Zugegriffen: 15. Apr. 2017.

Bundesministerium für Gesundheit. (2017). Informationen zu den Finanzergebnissen der GKV. https://www.bundesgesundheitsministerium.de/themen/krankenversicherung/zahlen-und-fakten-zur-krankenversicherung/finanzergebnisse.html. Zugegriffen: 21. Apr. 2017.

Deutscher Bundestag. (2016). Antwort der Bundesregierung auf die Kleine Anfrage der Abgeordneten Dr. Harald Terpe, Maria Klein-Schmeink, Elisabeth Scharfenberg, weiterer Abgeordneter und der Fraktion BÜNDNIS 90/DIE GRÜNEN – Drucksache 18/7407 – Patientennutzen, Relevanz und Wirkungen der ambulanten spezialfachärztlichen Versorgung (ASV); BT-Drucksache 18/7530.

DKTIG – Deutsche Krankenhaus TrustCenter Informationsverarbeitung GmbH. (2017). Deutsches Krankenhaus Verzeichnis. Suche nach Struktur- und Leistungsdaten. http://www.deutsches-krankenhaus-verzeichnis.de/suche/Struktur.html. Zugegriffen: 29. Apr. 2017.

Ergänzter erweiterter Bewertungsausschuss. (2016). Beschluss des ergänzten erweiterten Bewertungsausschusses nach § 87 Abs. 5a SGB V in seiner 3. Sitzung am 7. Dezember 2016 zur Vergütung der Leistungen der ambulanten spezialfachärztlichen Versorgung nach § 116b Absatz 6 Satz 8 SGB V mit Wirkung zum 1. April 2017. https://institut-ba.de/ba/ergaenzbeschluesse/2016-12-07_ergEBA3.pdf. Zugegriffen: 18. Apr. 2017.

Erweitertes Bundesschiedsamt. (2016). Vereinbarung über die Patientengruppen in den Hochschulambulanzen gemäß § 117 Absatz 1 Sätze 4 und 4 SGB V vom 18.11. 2016. http://www.kbv.de/media/sp/__117_Hochschulambulanzen.pdf. Zugegriffen: 27. Apr. 2017.

G-BA. (2016a). Richtlinie ambulante spezialfachärztliche Versorgung § 116b SGB V – ASV-RL vom 21.03.2013 in der Fassung vom 15.12.2016. https://www.g-ba.de/downloads/62-492-1367/ASV-RL_2016-12-15_iK-2017-03-18.pdf. Zugegriffen: 28. März 2017.

G-BA. (2016b). Verfahrensordnung des Gemeinsamen Bundesausschusses vom 18.12.2008 in der Fassung vom 20.10.2016. https://www.g-ba.de/downloads/62-492-1331/VerfO_2016-10-20_iK-2017-01-20.pdf. Zugegriffen: 28. März 2017.

G-BA. (2016c). Beschluss des Gemeinsamen Bundesausschusses über die Erstellung der Anlagen der Richtlinie ambulante spezialfachärztliche Versorgung nach § 116b SGB V (ASV-RL. https://www.g-ba.de/downloads/39-261-2808/2016-12-15_ASV-RL_Priorisierung-Erstellung-Anlage.pdf. Zugegriffen: 21. Apr 2017.

G-BA. (2017). Richtlinie ambulante spezialfachärztliche Versorgung § 116b SGB V – ASV-RL. Beschlüsse. https://www.g-ba.de/informationen/richtlinien/80/#tab/beschluesse. Zugegriffen: 28. März 2017.

GKV-VSG. (2015). Gesetz zur Stärkung der Versorgung in der gesetzlichen Krankenversicherung (GKV-Versorgungsstärkungsgesetz – GKV-VSG) vom 16.07.2015. In *BGBl.*, Teil I Nr. 30, S. 1211–1244 vom 22.07.2015.

GKV-VStG. (2011). Gesetz zur Verbesserung der Versorgungsstrukturen in der gesetzlichen Krankenversicherung (GKV-Versorgungsstrukturgesetz – GKV-VStG) vom 22.12.2011. In *BGBl.*, Teil I Nr. 70, S. 2983–3022 vom 28.12.2011.

GKV-VStG-Beschlussempfehlung. (2011). Beschlussempfehlung und Bericht des Ausschusses für Gesundheit zum Entwurf eines Gesetzes zur Verbesserung der Versorgungsstrukturen in der gesetzlichen Krankenversicherung (GKV-Versorgungsstrukturgesetz – GKV-VStG) vom 30.11.2011; BT-Drucksache 17/8005.

GKV-VStG-Entwurf. (2011). Entwurf eines Gesetzes zur Verbesserung der Versorgungsstrukturen in der gesetzlichen Krankenversicherung (GKV-Versorgungsstrukturgesetz – GKV-VStG) vom 05.09.2011; BT-Drucksache 17/6906.

GKV-WSG. (2007) Gesetz zur Stärkung des Wettbewerbs in der gesetzlichen Krankenversicherung (GKV-Wettbewerbsstärkungsgesetz – GKV-WSG) vom 26.03.2007. In *BGBl.*, Teil I Nr. 11, S. 378–473 vom 30.03.2007.

GKV-WSG-Entwurf. (2006). Entwurf eines Gesetzes zur Stärkung des Wettbewerbs in der gesetzlichen Krankenversicherung (GKV-Wettbewerbsstärkungsgesetz – GKV-WSG) vom 24.10.2006; BT-Drucksache 16/3100.

GMG. (2003). Gesetz zur Modernisierung der gesetzlichen Krankenversicherung (GKV-Modernisierungsgesetz – GMG) vom 14.11.2003. In *BGBl.*, Teil I Nr. 55, S. 2190−2258 vom 19.11.2003.

GMG-Entwurf. (2003). Entwurf eines Gesetzes zur Modernisierung der gesetzlichen Krankenversicherung (GKV-Modernisierungsgesetz – GMG) vom 08.09.2003; BT-Drucksache 15/1525.

Greiner, W., & Hodek, J.-M. (2013). Solidarverträgliche Wettbewerbsfelder und -potenziale am Beispiel der ambulanten spezialfachärztlichen Versorgung (ASV). In K. Jacobs & S. Schulze (Hrsg.), *Die Krankenversicherung der Zukunft. Anforderungen an ein leistungsfähiges System* (S. 197–223). Berlin: KomPart.

Halbe, B. (2012). Ambulante spezialfachärztliche Versorgung. In B. Halbe, U. Orlowski, U. K. Preusker, H. Schiller, & J. Wasem (Hrsg.), *Versorgungsstrukturgesetz (GKV-VStG). Auswirkungen auf die Praxis* (S. 130–150). Heidelberg: medhochzwei.

Institut des Bewertungsausschusses. (2017). ASV-Abrechnung. Abrechnungsfähige Leistungen in der ambulanten spezialfachärztlichen Versorgung (ASV) gemäß § 116 b Abs. 6 Satz 8 und 9 SGB V. http://institut-ba.de/service/asvabrechnung.html. Zugegriffen: 6. Febr. 2017.

Jenschke, C., Pöttgen, S., Munte, A., Froschauer-Häfele, S., Jaeckel, R., Rüsenberg, R., & Grupp, H. (2017). Begleitstudie zur Einführung der ambulanten spezialfachärztlichen Versorgung nach § 116b SGB V. http://www.qualidoc.org/wp-content/uploads/2017/01/A3_Folder_Auswertung_Einzelseiten_neu.pdf. Zugegriffen: 20. März 2017.

Kassenärztliche Bundesvereinigung. (2017a) Ambulante spezialfachärztliche Versorgung. ASV-Abrechnung. http://www.kbv.de/html/8160.php. Zugegriffen: 5. Febr. 2017.

Kassenärztliche Bundesvereinigung. (2017b). EBM. Online-Version des EBM. http://www.kbv.de/html/online-ebm.php. Zugegriffen: 6. Febr. 2017.

Klakow-Franck, R. (2014). Sektorenübergreifende Weiterentwicklung der Versorgungsstrukturen am Beispiel der ambulanten spezialfachärztlichen Versorgung (ASV). In U. Repschläger, C. Schulte, & N. Osterkamp (Hrsg.), *BARMER GEK Gesundheitswesen aktuell 2014* (S. 14–31). Köln: BARMER GEK.

Klakow-Franck, R. (2016). Ambulante spezialfachärztliche Versorgung gemäß § 116b SGB V. In J. Friedrich, M. Geraedts, J. Klauber, & J. Wasem (Hrsg.), *Krankenhaus-Report 2016. Schwerpunkt: Ambulant im Krankenhaus* (S. 97–110). Stuttgart: Schattauer.

Klakow-Franck, R. (2017). Handlungsbedarf aus Sicht des Gemeinsamen Bundesausschusses. Vortrag im Rahmen des Symposiums „Fünf Jahre ASV – eine Bestandsaufnahme" des Bundesverbands ambulante spezialfachärztliche Versorgung e. V. am 01.02.2017. http://www.qualidoc.org/wp-content/uploads/2017/02/12_Klakow-Franck-Regina_Aus-Sicht-des-GBA.pdf. Zugegriffen: 29. Apr. 2017.

Klinger-Schindler, U. (2016). *Der Krankenhaus-EBM 2016. Kommentar für die ambulante Abrechnung – ambulantes Operieren nach § 115b SGB V, ASV nach § 116b SGB V, Notfallambulanz und Krankenhaus-MVZ*. Berlin: Medizinisch Wissenschaftliche Verlagsgesellschaft.

Lettau, N. (2017). Anzeigeverfahren: die Sicht der Erweiterten Landesausschüsse (eLA). Vortrag im Rahmen des Symposiums „Fünf Jahre ASV – eine Bestandsaufnahme" des Bundesverbands ambulante spezialfachärztliche Versorgung e. V. am 01.02.2017. http://www.qualidoc.org/wp-content/uploads/2017/02/10_Lettau_Aus-Sicht-der-eLA.pdf. Zugegriffen: 29. Apr. 2017.

Löser, F., & München, F. (2015). *Abrechnung ambulanter Krankenhausleistungen – Leitfaden für alle Leistungsbereiche.* Düsseldorf: Deutsche Krankenhaus Verlagsgesellschaft mbH.

Mareck, C. (2015). § 116b SGB V. In J. Berchtold, S. Huster, & M. Rehborn (Hrsg.), *Kommentar zum Gesundheitsrecht. SGB V und SGB XI* (S. 1227–1262). Baden-Baden: Nomos.

SVR Gesundheit. (2012). Sondergutachten 2012 des Sachverständigenrats zur Begutachtung der Entwicklung im Gesundheitswesen. Wettbewerb an der Schnittstelle zwischen ambulanter und stationärer Gesundheitsversorgung; BT-Drucksache 17/10323.

Über die Autorin

Prof. Dr. Astrid Selder, geb. 1973 in Augsburg, hat in Freiburg, Cambridge (UK) und München Volkswirtschaftslehre studiert. Ihre Dissertation mit dem Titel „Four Essays on Technological and Organizational Change in Health Care" schloss sie im Jahr 2004 an der Ludwig-Maximilians-Universität München ab. Nach beruflichen Stationen in der Geschäftsstelle des Sachverständigenrats zur Begutachtung der Entwicklung im Gesundheitswesen und beim Verband der Ersatzkassen wechselte sie 2007 als Professorin an die Hochschule Kempten. Dort vertritt sie an der Fakultät Soziales und Gesundheit das Lehrgebiet „Organisation und Gestaltung von Gesundheitsdienstleistungen". Ihre Schwerpunkte in Lehre und Forschung liegen im Bereich des Vertrags- und Versorgungsmanagements, insbesondere in der sektorenübergreifenden Versorgung.

Mit einem Risk Sharing-Modell zu Mehrerlösen – „Integrierte Versorgung Telekardiologie"

10

Susann Bargel und Gunda Ohm

Inhaltsverzeichnis

S. Bargel (✉) · G. Ohm
Universitätsklinikum Hamburg-Eppendorf, Hamburg, Deutschland
E-Mail: s.bargel@uke.de

G. Ohm
E-Mail: g.ohm@uke.de

© Springer Fachmedien Wiesbaden GmbH 2018
H.-R. Hartweg et al. (Hrsg.), *Aktuelle Managementstrategien zur Erweiterung der
Erlösbasis von Krankenhäusern,* https://doi.org/10.1007/978-3-658-17350-0_10

Zusammenfassung

Die Telemedizin weckt große Erwartungen und Hoffnungen für die medizinische Versorgung in Deutschland. Nicht nur „bevölkerungsschwache" Regionen können jetzt darauf bauen, einen Weg aus Unterversorgung, die häufig ihren Ursprung in einem zu konstatierenden Ärztemangel oder Schwächen in der Infrastruktur des Planungsbezirkes für die vertragsärztliche Versorgung in diesen Regionen hat, zu finden. Auch Menschen mit chronischen und schwerwiegenden Erkrankungen haben auf Basis dieser Versorgungsansätze die Möglichkeit, ein Stück Lebensqualität zurückzugewinnen und ihren Alltag positiver und selbstbestimmter zu verbringen. Zur Überwindung bestehender Versorgungslücken und unter Nutzung innovativer Medizintechnik entwickelten das Universitätsklinikum Hamburg-Eppendorf (UKE), das Universitäre Herzzentrum Hamburg (UHZ) gemeinsam mit einer Krankenkasse, einem Medizintechnikhersteller und ambulant-niedergelassenen Kardiologen (Die weibliche Form ist der männlichen Form in diesem Buchbeitrag gleichgestellt; lediglich aus Gründen der Vereinfachung wurde die männliche Form gewählt.) ein integriertes telemedizinisches Versorgungsmodell mit außerbudgetärer Vergütung. Herzinsuffizienz ist die dritthäufigste Todesursache in Deutschland und eine Erkrankung, die für die Betroffenen und das Gesundheitssystem schwerwiegende Folgen hat. Eine Dekompensation ist die akute Verschlechterung einer Herzinsuffizienz, welche mit Luftnot, Wasseransammlungen im Brustkorb und in den Beinen einhergeht. Sie verursacht meist lange und sich wiederholende stationäre Aufenthalte, hohe Behandlungskosten und eine starke Beeinträchtigung der Lebensqualität bei den betroffenen Patienten. Für einen Teil der Herzinsuffizienz-Patienten besteht die Möglichkeit einer sogenannten kardialen Resynchronisationstherapie. Hierbei unterstützt ein Implantat die Pumpleistung des Herzmuskels durch eine elektrische Stimulation/Synchronisation der Herztätigkeit. Das UKE, das UHZ und die Vertragspartner haben einen gemeinsamen Ansatz entwickelt, durch die Nutzung eines Implantats mit telemedizinischer Zusatzfunktion die Versorgung der Patienten weiter zu verbessern. Das telemedizinische Produkt ist ein „normaler" Herzschrittmacher/Defibrillator, der als zusätzliche Überwachungsfunktion über den elektrischen Widerstand (Impedanz) den Flüssigkeitsgehalt im Brustkorb misst und eine drohende Dekompensation vor Auftreten von Symptomen frühzeitig detektiert. Dieses von der Industrie entwickelte System verursacht Mehrkosten, die in der Vergütung gemäß DRG-Klassifikationssystem nicht gesondert berücksichtigt werden. Im Rahmen dieses Versorgungsmodells wurde ein Risk-Sharing-Modell entwickelt, welches die Finanzierung des telemedizinischen Systems sichert. Für die Krankenkasse entstanden höhere Kosten der Implantation demnach erst dann, wenn die Vermeidung stationärer Aufenthalte nachgewiesen wurde und dadurch eine entsprechende Einsparung erzielt werden konnte. Darüber, ob ein stationärer Aufenthalt vermieden worden war, befand das Gremium „Telemedizin" besetzt aus Kassenvertretern sowie Mitarbeitern des UKE und UHZ. Das Projekt wurde auf die wirtschaftliche Zielerreichung, die Verbesserung der Versorgungsqualität und unter dem Gesichtspunkt der Auswirkung auf die Lebensqualität evaluiert. Ergebnisse der Evaluation bestätigen den medizinischen Nutzen der Telemedizin. Zudem lassen sich tendenziell Wirtschaftlichkeitsreserven (bspw. in Form der Hospitalisierungsreduktionen) nachweisen. Die Auswertung der psychosozialen Aspekte der Patienten zeigt eine hohe Akzeptanz gegenüber der telemedizinischen Anbindung sowie zurückgewonnene Lebensqualität.

10.1   Einführung

Deutschland zählt traditionell zu den elaboriertesten Wohlfahrtsstaaten der Welt. Diese Tatsache spiegelt sich in den seit Jahren hohen Sozialausgaben wider, die um 30 % des Bruttoinlandproduktes (BIP) oszillieren (Bundesministerium für Arbeit und Soziales 2014, S. 7–8) Dem Gut „Gesundheit" wird dabei in der deutschen Gesellschaft ein hoher Stellenwert beigemessen. Dies zeigt sich an einem hohen und tendenziell steigenden Anteil der Gesundheitsausgaben am BIP, was eine hohe Zahlungsbereitschaft indiziert (Gesundheitsberichterstattung des Bundes 2015). Allerdings wird es aufgrund von Entwicklungen wie dem demografischen Wandel und der zunehmenden Dominanz chronisch-degenerativer Krankheiten sowie dem medizintechnischen Fortschritt schwieriger, die nachhaltige Finanzierbarkeit einer hochwertigen Versorgung aufrechtzuerhalten (Greß et al. 2008, S. 28); Kayser und Schwefing 1998, S. 35; Greve 2006, S. 23). Aufgrund dieser Tatsachen ergibt sich eine zunehmende Relevanz ökonomischer Überlegungen im Gesundheitswesen. Der Sachverständigenrat für die Konzertierte Aktion im Gesundheitswesen stellt fest, dass „die deutsche Gesundheitsversorgung […] noch ein beträchtliches, […] unzureichend ausgeschöpftes […] Effizienzpotential" (Sachverständigenrat für die Konzertierte Aktion im Gesundheitswesen (Hrsg.) 2003, S. 25) besitzt. Zu einem ähnlichen Ergebnis kommt auch ein Gutachten des Rheinisch-Westfälisches Instituts für Wirtschaftsforschung aus dem Jahr 2009 (Augurzky et al. 2009, S. 51–53). Das Konzept der Besonderen (zuvor: Integrierten) Versorgung (BV bzw. IV) ermöglicht Krankenkassen und Leistungserbringern eine einzelvertragliche Regelung, um Ineffizienten und Versorgungslücken beim Übergang der Sektoren zu schließen bzw. zu reduzieren.

Im Rahmen des telekardiologischen Integrationsprojektes des UKE, des UHZ und deren Vertragspartnern wurde ein gemeinsamer Ansatz entwickelt, der die medizinische Versorgung von Patienten mit Herzinsuffizienz durch finanzierbare Telemedizin verbessern soll. Dafür wurde ein Risk-Sharing-Modell entwickelt, dessen Ergebnisse sowohl auf positive Lebensqualitätseffekte für die betroffenen Patienten als auch auf ökonomische Vorteile hinweisen.

10.2 Telekardiologie

10.2.1 Ausgangslage

Mittlerweile ist die Herzinsuffizienz der häufigste Grund für einen Krankenhausaufenthalt in Deutschland. Abb. 10.1 verdeutlicht den kontinuierlichen Anstieg der Hospitalisierungen über die letzten Jahre. Der Krankheitsverlauf der Patienten ist häufig durch wiederkehrende akutstationäre Aufenthalte gekennzeichnet. Akute Dekompensationen sind dabei die schwerwiegendsten Komplikationen und die häufigste Ursache für die stationäre Aufnahme. Oft handelt es sich um einen akut lebensgefährdenden Zustand mit einer hohen Letalität (Hummel et al. 2015, S. 298 ff.).

Herzinsuffizienz stellt nicht nur eine hohe medizinische, sondern auch eine ökonomische Belastung für die Gesellschaft dar (Neumann et al. 2009, S. 269 ff). Im Jahr 2008 entstanden in Folge der Diagnose Kosten i. H. v. 3,2 Mrd. EUR für das deutsche Gesundheitswesen. 60 % der Behandlungskosten (1,9 Mrd. EUR) entfielen auf stationäre und teilstationäre Einrichtungen. Die größte Rolle dabei spielten stationäre Aufenthalte mit ca. 45 % der Gesamtkosten (Abb. 10.2).

Sterbefälle aufgrund von Herzinsuffizienz sind in Deutschland im internationalen Vergleich erhöht (Neumann et al. 2009, S. 273). Zum einen ist es notwendig, die Ursache für die erhöhte Sterblichkeit zu ermitteln und zum anderen innovative Ansätze sowohl zur optimierten Diagnostik als auch Therapie zu entwickeln (Neumann et al. 2009, S. 273).

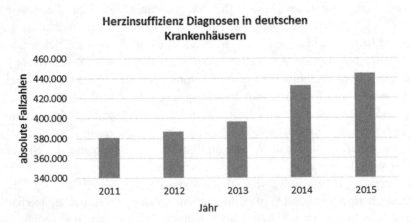

Abb. 10.1 Entwicklung der absoluten Fallzahlen der Herzinsuffizienz in deutschen Krankenhäusern. (Quelle: Statista 2015)

Krankheitskosten Herzinsuffizienz, 2008	in Mio. EUR
Einrichtungen insgesamt	3.228
Ambulante Einrichtungen	838
Stationäre/teilstationäre Einrichtungen	1.979
Krankenhäuser	1.511
Vorsorge und Reha	9
Stationäre/teilstationäre Pflege	458
Verwaltung	157
Sonstige Einrichtungen	179
Ausland	3

Abb. 10.2   Krankheitskosten der Herzinsuffizienz in Mio. EUR, 2008. (Quelle: Statistisches Bundesamt 2010)

10.2.2 Grundsätze der telemedizinischen Versorgung

10.2.2.1 Idee und Ziele

Zur Überwindung bestehender Versorgungsdefizite und zur Nutzung innovativer Medizintechniken entwickelten das UKE und das UHZ gemeinsam mit einer großen deutschen Krankenkasse, niedergelassenen Kardiologen und der Industrie ein integriertes telemedizinisches Versorgungsmodell. Im Mittelpunkt des Projekts steht ein innovatives medizintechnisches Produkt, mit dem Diagnostik und Lebensqualität von herzinsuffizienten Patienten verbessert und akutstationäre Aufenthalte vermieden werden sollen. Dabei handelt es sich um einen implantierbaren Schrittmacher/Defibrillator, der konstant den Herzrhythmus überwacht. Gefährliche, potenziell letale Rhythmusstörungen wie Kammerflimmern können durch kontrollierte Schock- oder Stimulationsabgaben beendet werden. Zusätzlich ist dieses Gerät mit einer speziellen Frühwarndiagnostik ausgestattet, die dem Arzt eine rechtzeitige Intervention ermöglichen soll. Ein integrierter Sensor misst täglich die Impedanz, die sich bei einer vermehrten Flüssigkeitsansammlung in der Lunge als Zeichen einer beginnenden Dekompensation verändert.

Dieser „Wasserstandsmelder" ist verbunden mit einer vollautomatischen telemetrischen Implantationsüberwachung. Diagnose-Daten und technische Meldungen werden automatisch an eine Home-Monitoring-Box übertragen, die sich bspw. am Nachttisch des Patienten befindet. Im Falle eines ansteigenden Wasserstandes in der Lunge wird automatisch eine Alarmmeldung von dem Implantat zur Home-Monitoring-Box und weiter zum Arzt gesendet. Der Arzt hat die Kontrolle über den Eingang der Alarmmeldungen und die vollständigen Nachsorgedaten und kann, wenn nötig, sofort mit dem Patienten in Kontakt treten (Abb. 10.3).

10.2.2.2 Finanzierung

Für die Umsetzung des Projekts war zunächst die Herausforderung rund um die Finanzierung der zusätzlichen Kosten für die höheren Implantatpreise sowie für die telemedizinische Leistung anzugehen. Dazu wurde ein Risk-Sharing-Modell entwickelt, nach

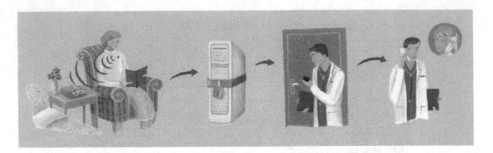

Abb. 10.3 Vollautomatische Implantationsüberwachung. (Quelle: Medtronic 2009)

dem der Industriepartner zunächst in Vorleistung gegangen war (Ohm et al. 2011). Mehrkosten für die Implantate entstehen der Krankenkasse dadurch im ersten Schritt nicht.
Das UHZ vergütet dem Hersteller das hochwertigere Aggregat zunächst nur in Höhe
eines Standardaggregats, wie es auch das Vergütungssystem der DRG-Klassifikation vorsieht. Können im weiteren Krankheitsverlauf akutstationäre Aufenthalte vermieden oder
reduziert werden, so vergütet die Krankenkasse dem medizintechnischen Hersteller die
Mehrkosten (Abb. 10.4).

Die Behandlung des Patienten erfolgt im Rahmen eines Vertrages zur Besonderen/
Integrierten Versorgung. Die Vergütung erfolgt außerhalb des Krankenhausbudgets. Das
Risk-Sharing-Modell ermöglicht dem UKE/UHZ den Einsatz von hochwertigen Implantaten mit nachfolgender telemedizinischer Nachüberwachung der Patienten, die gemeinsam mit den niedergelassenen Kardiologen durchgeführt wird. Hierüber differenziert
sich das UKE/UHZ von den stationären Wettbewerbern, schafft eine Patientenbindung
durch die Versorgung im IV-Netzwerk und verbessert die Versorgungsqualität.

Das Dreieck und der gemeinsame Wirkungskreis aus Krankenhaus, Krankenkasse und
Industrie spiegeln in diesem Projekt zukunftsorientierte Integrationsmodelle des Gesundheitsmarktes wider. Dadurch entsteht ein Vorteil für alle Beteiligten (Abb. 10.5).

10.2.3 Ergebnisse des telemedizinischen Integrationsmodells

10.2.3.1 Medizinischer Nutzen

Im Zeitraum zwischen November 2009 und Juni 2013 wurden insgesamt 38 Patienten
mit einem entsprechenden Implantat versorgt und im Rahmen des Projekts telemedi-
zinisch überwacht. Das mittlere Alter der Patienten betrug 65 Jahre. Komplikationen
während oder nach der Operation traten nicht auf. Ein Patient verstarb während dieses
Nachbeobachtungszeitraums an einer anderen Erkrankung. Todesfälle in Folge kardiolo-
gischer Ursachen wurden nicht beobachtet. Bis August 2013 erfolgten 1638 telemedizinische Übertragungen (Abb. 10.6).

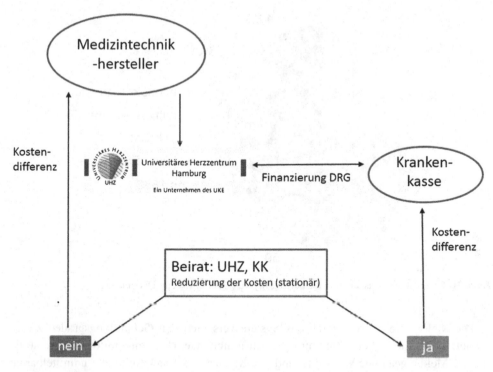

Abb. 10.4 Finanzierungsmodell. (Quelle: Eigene Darstellung)

- kostenfreie innovative Medizintechnik
- verbesserter Gesundheitszustand
- gesteigerte Lebensqualität
- Souveränität im Umgang mit der Erkrankung

- Patienten Zugang zu wissenschaftlich begleiteten und evaluierten Innovationen schaffen
- Generierung von Wettbewerbsvorteilen

- Etablierung eines neuen Produktes am Markt mit Zugriff auf wissenschaftliche Begleitforschung
- Chance die Finanzierung der Innovation langfristig sicherzustellen

- Senkung der Behandlungskosten ohne finanzielles Risiko
- Abgrenzung von Konkurrenten durch innovative Versorgungsmodelle

Win-win-Situation für alle Beteiligten

Abb. 10.5 Nutzenvorteile. (Quelle: Eigene Darstellung)

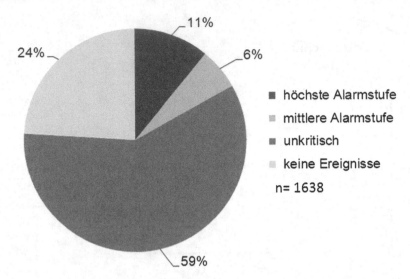

24%

11%

6%

■ höchste Alarmstufe

■ mittlere Alarmstufe

■ unkritisch

■ keine Ereignisse

n= 1638

59%

Abb. 10.6 Zusammenfassung aller Übertragungen. (Quelle: Eigene Darstellung)

Die Meldungen werden durch das System verschiedenen Gefährdungsgraden zugeordnet, wobei die Farben „Rot" für die höchste und „Gelb" für eine mittlere Alarmstufe
stehen. Meldungen ohne Warnstufe sind i. d. R. solche, die nicht mit einer unmittelbaren
Gefährdung des Patienten einhergehen. Ein Schwerpunkt der Untersuchung bildete die
Nutzung der Impedanzmessung als Detektor einer Flüssigkeitszunahme bei beginnender
kardialer Dekompensation. Insgesamt zeichnete das System eine mögliche Flüssigkeitszunahme bei 217 Übertragungen auf (Alarmmeldungen), wobei 75 % dieser Meldungen
mit der Kategorie „Rot", 12 % mit der Kategorie „Gelb" und 13 % ohne Warnstufe regis-
triert wurden (Abb. 10.7). Dieser Alarm fand sich bei 24 der 38 Patienten.

Zu Hospitalisierungen aufgrund einer Herzinsuffizienz kam es bei keinem der Patienten ohne und bei 5 der 24 Patienten mit ausgelöstem Alarm. Bei allen anderen Patienten
erfolgte eine individuell angepasste ambulante Betreuung, die z. B. in Form eines Telefo-
nats mit oder ohne Medikamentenanpassung, einer Vorstellung beim ambulant-niedergelassenen Kardiologen oder in der Ambulanz umgesetzt wurde.

Die Möglichkeit eines kontinuierlichen Zugriffs auf aussagekräftige Informationen zum
Gesundheitszustand des Patienten via Telemedizin, ohne dass eine ambulante oder stationäre Vorstellung erforderlich ist, erhöht die medizinische Versorgungsqualität der Patienten. Insbesondere die Früherkennung von Dekompensationen, idealerweise noch vor dem
Auftreten klinischer Beschwerden, wird durch die Impedanzmessung deutlich verbessert.

10.2.3.2 Ökonomische Relevanz

In diesem Risk-Sharing-Modell ergeben sich höhere Implantatkosten für die Krankenkasse ausschließlich in den Fällen, in denen die Reduktion von Hospitalisierungen nachgewiesen und demnach entsprechende Einsparungen erzielt werden konnten.

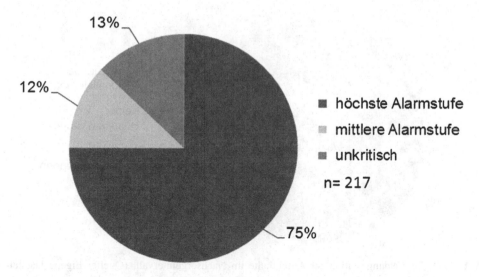

13%

12%

■ höchste Alarmstufe

■ mittlere Alarmstufe

■ unkritisch

n= 217

75%

Abb. 10.7   Einstufung der Flüssigkeitsalarme. (Quelle: Eigene Darstellung)

Das Gremium „Telemedizin", besetzt aus Vertretern der Krankenkasse, des UKE und des UHZ, befindet über etwaige vermiedene Krankenhausaufenthalte und betrachtet dabei individuell ein Vergleichsintervall von jeweils 12 Monaten vor und nach der Implantation. Die daraus folgenden Daten bilden die Grundlage für die Bewertung des Einflusses der telemedizinischen Versorgung der Patienten.

Das Gremium wertet die von der Krankenkasse gelieferten Daten aus und dokumentiert die Ergebnisse. Die Erfolgskriterien wurden wie folgt definiert:

a) Reduktion der Anzahl an Hospitalisierungen: Im Nachsorgeintervall hat es keine oder weniger Herzinsuffizienz-bedingte akutstationäre Aufenthalte gegeben als im Vergleichsintervall
b) Reduktion der Kosten für Hospitalisierungen: Im Nachsorgeintervall sind geringe Herzinsuffizienz-bedingte Kosten für akutstationäre Aufenthalte gegeben als im Vergleichsintervall
c) Korrekte Alarmierung seitens des Implantates ohne nachfolgenden stationären Aufenthalt

Durch das Gremium Telemedizin wurden 32 Patienten[1] anhand der drei Erfolgskriterien bewertet.

---

[1]Insgesamt wurden 35 Patienten eingeschlossen, wobei allerdings drei Patienten nicht in die Auswertung aufgenommen werden konnten.

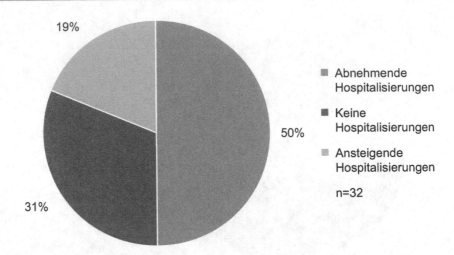

Abb. 10.8 Vermeidung stationärer Aufenthalte im Nachsorgeintervall. (Quelle: Eigene Darstellung)

Einschränkend muss gesagt werden, dass ohne Kollektivbetrachtung oder statistische Mindestmengen die Erfolgsmaßstäbe nur eine Tendenz zeigen können (Patten et al. 2012 S. 155 ff.).

Abb. 10.8 zeigt für 26 der insgesamt 32 Patienten (81 %) keine bzw. eine abnehmende Zahl der Hospitalisierungen als im Vergleichsintervall.

Im Hinblick auf das zweite Erfolgskriterium zeigt sich, dass bei 15 Patienten eine Reduktion von Schweregraden mit Senkung von Fallschwere und Kosten erreicht werden konnte. Bei 7 Patienten lagen Fallschwere und Kosten über dem Niveau des Vergleichsintervalls. Bei 10 Patienten erfolgten weder im Vergleichsintervall noch im Nachsorgeintervall stationäre Aufenthalte. Die telemedizinische Übertragung der Daten und damit die dritte zu bewertende Erfolgsdimension im Telemedizingremium verlief bei 20 Patienten[2] störungsfrei.

Die dargestellten ökonomischen Komponenten wurden im Gremium Telemedizin für jeden Patienten, der das Nachsorgeintervall durchlaufen hat, zusammengeführt und hinsichtlich der etwaigen Erstattung der Mehrkosten für das Implantat an den Industriepartner durch die Krankenkasse bewertet. Die zusätzlichen Kosten für das Implantat mit der Zusatzfunktion und die telemedizinische Leistung wurden von der Kasse getragen, sobald mindestens einer der drei Erfolgsmaßstäbe positiv bewertet wurde. Abb. 10.9 zeigt, dass bei 24 von 32 Patienten mindestens eines der drei bereits beschriebenen Erfolgskriterien positiv bewertet wurde, sodass die Kasse für 75 % der Patienten die

---

[2]Hier wurden insgesamt 31 Patienten bewertet. Eine Patientin ist nicht beurteilbar, da keine Übertragungen erfolgten aufgrund fehlender Verbindung zum Server.

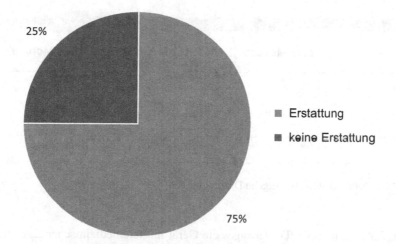

25%

■ Erstattung

■ keine Erstattung

75%

Abb. 10.9 Erstattung der Mehrkosten für das Implantat an die Industrie durch die Krankenkasse für das Nachsorgeintervall. (Quelle: Eigene Darstellung)

Mehrkosten für das Implantat an den Medizintechnikhersteller nach diesem einen Jahr erstattete.

Zusammenfassend lässt sich feststellen, dass die telemedizinische Anknüpfung der Patienten infolge einer Herzinsuffizienz bei über 80 % der Patienten zu abnehmenden oder konstanten stationären Aufenthalten führte und sich damit Kosteneinsparungen für die Krankenkasse ergeben haben. Für dieses hinsichtlich der Stichprobe kleine aber innovative Projekt bestätigen die Ergebnisse die ökonomische Relevanz der telemedizinischen Versorgung.

10.2.3.3 Psychosoziale Aspekte der Teilnehmer

Die telemedizinische Überwachung verfolgt das Ziel, den von einer Herzinsuffizienz betroffenen Patienten Sicherheit und Selbstbestimmung im Alltag zurückzugeben. Angst und Unsicherheit über den eigenen Gesundheitszustand sollen durch die intensive Betreuung der Patienten in der Nachsorge der stationären Behandlung verringert und damit eine Steigerung der Lebensqualität erreicht werden. Das subjektive Befinden der Patienten wurde anhand von drei Fragebögen[3] zu mehreren Messzeitpunkten ermittelt (Abb. 10.10). Es liegen auswertbare Fragebögen von insgesamt 24 Patienten vor, bei

---

[3]Zusätzlich zu den drei vorgestellten Fragebögen wurden soziodemografische Daten sowie die Beteiligung an medizinischen Entscheidungen und Entscheidungskonflikte (PEF-FB-9) und die Selbsteinschätzung der medizinischen Behandlungsmaßnahmen (K-Med) zu verschiedenen Messzeitpunkten abgefragt. Auf die Darstellung dieser Fragebögen wurde hier allerdings verzichtet, da der Fokus zunächst auf das subjektive Empfinden der Teilnehmer im Hinblick auf die Telemedizin gelegt wurde.

T0	T1 (3 Monate)	T2 (12 Monate)	T3 (24 Monate)
SF-12	SF-12	SF-12	SF-12
	SeCU-16	SeCU-16	SeCU-16
	Akzeptanz	Akzeptanz	Akzeptanz

Abb. 10.10   Methodik. (Quelle: Eigene Darstellung)

denen im Rahmen des BV-/IV-Vertrages ein Gerät mit telemedizinischer Zusatzfunktion implantiert wurde. Die Arbeitsgruppe Lebensqualitätsforschung des Instituts für Medizinische Psychologie am UKE führte die Auswertung durch.

Die Erfassung der Lebensqualität der Patienten erfolgte anhand der gekürzten Version „SF-12" des Short Form-36 (SF-36). Bei dieser 12-Item-Kurzform handelt es sich um einen validierten Fragebogen, der aus 12 geschlossenen Fragen besteht, die zu zwei Skalen zusammengefasst sind. Eine körperliche und psychische Skala ermöglichen die Rekonstruktion des Gesundheitszustandes des Patienten im Zeitverlauf. Nach den Parametern einer deutschen Normstichprobe von 1994 liegt der Normbereich zwischen 40 und 60 Punkten (Skalenwert).

Abb. 10.11 stellt die Entwicklung des subjektiv wahrgenommenen körperlichen und psychischen Befindens der Patienten dar. Die Summenskala der körperlichen Gesundheit der Patienten verzeichnet drei Monate nach der Implantation einen Anstieg. Zum Messzeitpunkt T0 lag der Skalenwert im Mittel bei 38,12 und damit knapp unterhalb der Norm. Drei Monate später lag der Skalenwert bei 42.81. Weitere 12 Monate später sinkt die Summenskala (40,23) und nimmt zum dritten Erhebungszeitpunkt nach 24 Monaten eine steigende Tendenz an (41,80). Der subjektive psychische Gesundheitszustand hat sich nach der Implantation des Defibrillators ebenfalls verbessert. Im Gesamtverlauf ist nach Einsatz des Defibrillators tendenziell ein Anstieg zu verzeichnen. Zusammengefasst haben sich die Mittelwerte des subjektiv körperlichen sowie psychischen Gesundheitszustandes dieser Stichprobe seit Einsatz des Defibrillators positiv entwickelt.

Die Akzeptanz der Patienten gegenüber der telemedizinischen Anwendung wurde als zweiter psychosozialer Aspekt untersucht. Die Auswertung der Fragebögen zeigt, dass sich der Großteil der Patienten durch die telemedizinische Betreuung besser versorgt fühlt (Abb. 10.12). Folglich bejahte die Mehrheit der Patienten die Frage „Würden Sie die telemedizinischen Geräte weiterbenutzen?" (Abb. 10.13). Ebenso lässt sich eine positive Akzeptanz der Patienten dieser Stichprobe im Hinblick auf die Nutzung der telemedizinischen Zusatzfunktion konstatieren.

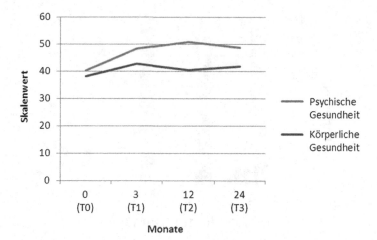

Abb. 10.11 Körperliche und psychische Summerskalen im Zeitverlauf. (Quelle: Eigene Darstellung)

Abb. 10.12 „Fühlen Sie sich durch Telemedizin ärztlich besser versorgt?". (Quelle: Eigene Darstellung)

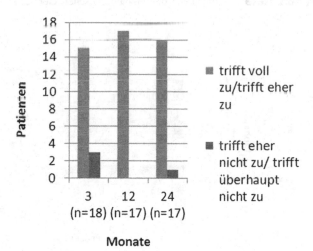

Bei der Fragendimension zur Akzeptanz der technischen Geräte steht die subjektiv wahrgenommene Sicherheit der Patienten im Vordergrund. Anhand von 16 Fragen wurden Technologieängstlichkeit, wahrgenommene Sicherheit, Arzt-Patienten-Beziehung und empfundene Autonomie erhoben.

Wie aus Abb. 10.14 hervorgeht, fühlt sich der Großteil der Patienten mit der Anwendung von Telemedizin „ziemlich" oder „sehr sicher". Damit verbunden besteht ein hohes Sicherheitsgefühl bei Alltags-, Beruf- und Freizeitaktivitäten. Bei den gegebenen Antworten handelt es sich zu allen drei Erhebungszeitpunkten zu über 70 % um die Ausprägungsgrade „Ich fühle mich ziemlich sicher" oder „ich fühle mich sehr sicher" (Abb. 10.15 und 10.16).

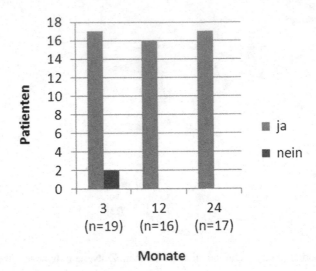

Abb. 10.13 „Würden Sie die telemedizinischen Geräte weiterbenutzen?". (Quelle: Eigene Darstellung)

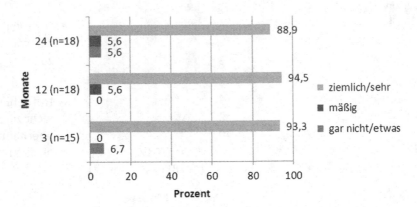

Abb. 10.14 „Ich fühle mich mit der Anwendung von Telemedizin sicher". (Quelle: Eigene Darstellung)

Diese Verteilung der Antworten unterstützt die Aussagen der vorhergegangenen Auswertungen zur gesundheitsbezogenen Lebensqualität und zur Akzeptanz von Telemedizin.

In diesem Projekt erfolgte eine deskriptive Auswertung einer kleinen Stichprobe, die hinsichtlich der Telemedizin positive Auswirkungen auf den subjektiven Gesundheitszustand, die Akzeptanz und das Sicherheitsempfinden im Beruf oder bei Freizeit- und Alltagsaktivitäten der Patienten nach dem Krankenhausaufenthalt beschreibt.

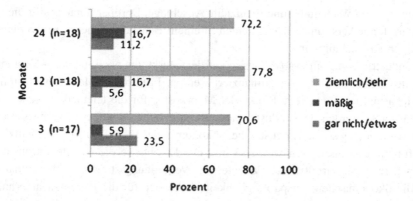

Abb. 10.15 „Durch Telemedizin fühle ich mich sicher im Beruf und/oder bei Freizeitaktivitäten". (Quelle: Eigene Darstellung)

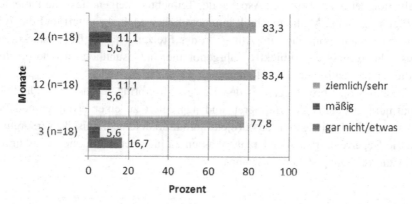

Abb. 10.16 „Ich fühle mich bei Alltagsaktivitäten sicher."

10.3 Diskussion

Durch die Einbindung der unterschiedlichen Akteure des Gesundheitswesens – Versicherte, Kos-tenträger, Industrie und stationäre sowie ambulante Leistungserbringer – bewirkt das telemedizinische Projekt erfolgreich eine Überwindung sektoraler Grenzen. Einerseits verbesserte die gemeinsame Entwicklung des Versorgungsmodells die Zusammenarbeit, andererseits konnte eine bessere Gesundheitsversorgung für herzinsuffiziente Menschen mit mehr Lebensqualität sichergestellt werden.

Innovative Versorgungsmodelle ermöglichen dem UKE/UHZ sich von den Wettbewerbern zu differenzieren und eine Versorgung für Patienten bereitzustellen, die im Regelsystem nicht finanziert wird. Die Vergütung der Behandlung erfolgt für die Patienten in der Besonderen/Integrierten Versorgung außerhalb des Krankenhausbudgets und ermöglicht so ein Wachstum ohne finanzielle Abschläge. Darüber hinaus führt die sektorenübergreifende Versorgung der Patienten in einem Behandlungsnetzwerk zu einer längerfristigen Patientenbindung.

Die Industrie bringt innovative Geräte auf den Markt, die noch nicht mit Vergütungen gemäß der DRG-Klassifikation refinanziert werden. In unserem Modell übernimmt der Industriepartner das finanzielle Risiko der Mehrkosten für die telemedizinische Zusatzfunktion. Diese werden dem Industriepartner erst erstattet, wenn eine Verbesserung der Patientenversorgung sowie ein gesundheitsökonomischer Vorteil für die telemedizinische Zusatzfunktion nachgewiesen werden kann. Die Ergebnisse dieses Integrationsmodells bestätigen für einen Großteil der Patienten die Vermeidung stationärer Aufenthalte und damit die ökonomischen Einsparmöglichkeiten, die sich für die Patienten innerhalb der Besonderen/Integrierten Versorgung für eine Krankenkasse ergeben können. Zudem weist die telemedizinische Nutzung medizinische Vorteile auf. Damit etabliert sich die Telemedizin als Instrument im Monitoring herzinsuffizienter Patienten. Die Ergebnisse der Evaluation der psychosozialen Aspekte der Teilnehmer zeigen, dass die Patienten die zur Verfügung gestellte Medizintechnik in einem hohen Maß akzeptiert und die Telemedizin das Sicherheitsempfinden im Alltag, in der Freizeit und im Beruf stärkt. Zudem beeinflusst die Technik den subjektiv wahrgenommenen Gesundheitszustand positiv und erhöht die Lebensqualität der Betroffenen.

Mit diesem Modellprojekt galt es den Beweis zu erbringen, dass sich Qualität und Wirtschaftlichkeit positiv determinieren und aggregiert zu einer erfolgreichen Versorgung beitragen. Langfristig zielt das Projekt darauf ab, telemedizinische Versorgungsansätze in die Regelversorgung der Krankenkassen zu integrieren, um sie in Zukunft allen Patienten zur Verfügung stellen zu können.

10.4   Ausblick

Das deutsche Gesundheitswesen weist diverse strukturelle Defizite auf. In der Vergangenheit wurde eine Vielzahl an Reformmaßnahmen eingeleitet, die allerdings allesamt bislang nicht in der Lage waren, die zweifelsohne vorhandenen Wirtschaftlichkeitsreserven des Systems zu heben. Die im Jahr 2000 eingeführten Regelungen zur integrierten Versorgung können als ein wichtiger Schritt angesehen werden, um bestehende inter- und intrasektorale Defizite zu beheben. Allerdings hat sich gezeigt, dass insbesondere nach dem Auslaufen der Anschubfinanzierung im Jahre 2008 eine gewisse Stagnation der Innovationstätigkeit eingesetzt hat. Die integrierte Versorgung konnte sich danach nicht flächendeckend durchsetzen.

Der Gemeinsame Bundesausschuss (G-BA) erhielt mit Inkrafttreten des Gesetzes zur Stärkung der Versorgung in der gesetzlichen Krankenversicherung (GKV-Versorgungsstärkungsgesetze – kurz: „GKV-VSG") über die neu eingeführten §§ 92a und b SGB V im Juli 2015 den Auftrag der Förderung neuer Versorgungsformen und der Versorgungsforschung mit dem übergeordneten Ziel der qualitativen Weiterentwicklung der GKV-Versorgung

(Vgl. BT-Drucksache 18/4095 vom 25.02.2015, S. 100; SGB V Handbuch (2015), S. 200–202). Mittels der Implementierung des sogenannten Innovationsfonds intendiert der Gesetzgeber, die Schwächen der bisherigen Regelungen zu beseitigen und neue Innovationsanreize zur Weiterentwicklung der Versorgung zu setzen. Die Installierung des Innovationsfonds kann durchaus dazu beitragen, Versorgungsdefizite zu beheben und die Qualität der medizinischen Versorgung in Deutschland zu erhöhen. Maßgeblich für die Zielerreichung werden die konkrete Umsetzung der Reformmaßnahme und damit insbesondere die effektive und effiziente Arbeit der relevanten Gremien sein.

Der stationäre Sektor hat eine herausragende Stellung bei der Leistungserbringung und Entwicklung von Versorgungskonzepten. Hier lässt sich der größte Teil der Gesundheitsausgaben der GKV verorten (GKV-Spitzenverband 2015, S. 4). Als Treiber für Innovation und Forschung kommt dabei den Universitätskliniken eine besondere Rolle zu. Durch außerbudgetäre Mehrerlöse können Kliniken innovative und sektorenübergreifende Versorgungskonzepte finanzieren und sich damit im Wettbewerb im Hinblick auf Wirtschaftlichkeit und medizinische Qualität strategisch positionieren.

10.5   Gesundheitspolitische Empfehlungen

Effizienzreserven im deutschen Gesundheitssystem liegen insbesondere in einer besseren sektorenübergreifenden Versorgung. Die Integrierte bzw. Besondere Versorgung und der Innovationsfonds ermöglichen die Implementierung von neuen Versorgungsmodellen. Diese sollten unter wissenschaftlicher Begleitforschung qualitätsgesichert und strukturiert ausgebaut werden, idealerweise mit sektorenübergreifenden Behandlungsbudgets und finanziellen Anreizen zur qualitativ guten Versorgung. Darüber hinaus sollten telemedizinische Elemente in der Gesundheitsversorgung gefördert und qualitätsgesichert weiterentwickelt werden. Insgesamt sollten die Anreize im Gesundheitswesen so gestaltet werden, dass die Innovationskultur in Deutschland und der Wettbewerb unter den Marktakteuren im Rahmen innovationsfördernder institutionellen Rahmenbedingungen gestärkt werden.

Übersicht über die gesundheitspolitischen Empfehlungen
1. Integrationsverträge zielen auf eine optimierte Leistungserbringung ab und können damit Effizienzreserven heben. Die sektorenübergreifende Versorgung sollte von gesetzgeberischer Seite weiter gefördert und gestärkt werden.
2. Neue Versorgungsmodelle sollten stets medizinisch und gesundheitsökonomisch evaluiert werden, um die Effekte der Versorgung auf Basis valider Daten zu messen. Ausschließlich damit kann der Gesetzgeber über eine dauerhafte Übernahme in die Regelversorgung entscheiden.
3. Die Implementierung qualitätsgesicherter telemedizinischer Elemente in die Gesundheitsversorgung sollte gefördert werden.
4. Die deutsche Gesundheitspolitik sollte das „besondere Gut Gesundheit" weiterhin durch regulatorische Maßnahmen schützen und fördern. Gleichzeitig sollten die Anreize allerdings so gestaltet werden, dass effizienzsteigernde Innovationen erprobt und umgesetzt werden können.

Danksagung Die Autorinnen danken PD Dr. Ali Aydin, Dr. Karin Overlack, Susanne Quante, PD Dr. Monica Patten-Hamel, Egbert Schuhr, Cornelia Krüger, Michael Abelbeck, Rainer Voss, Lisa Rauer und Ramona Meister für ihre maßgebliche Rolle bei der Entwicklung, Umsetzung und Evaluation dieses Versorgungsmodells sowie dem UKE für die Unterstützung.

Literatur

Augurzky, B., Tauchmann, H., & Werblow, A. (2009). Effizienzreserven im Gesundheitswesen. In Rheinisch-Westfälisches Institut für Wirtschaftsforschung (Hrsg.), *RWI: Materialien* (Heft 49), Essen: RWI.

Bundesministerium für Arbeit und Soziales. (2014). *Sozialbudget (2013)*. Bonn: Bundesministerium für Arbeit und Soziales.

Gesundheitsberichterstattung des Bundes (Hrsg.). (2015). Gesundheitsausgaben in Deutschland als Anteil am BIP und in Mio. € (absolut und je Einwohner). Gliederungsmerkmale: Jahre. http://www.gbe-bund.de/oowa921-install/servlet/oowa/aw92/dboowasys921.xwdevkit/xwd_init?gbe.isgbetol/xs_start_neu/&p_aid=i&p_aid=74559474&nummer=522&p_sprache=D&p_indsp=-&p_aid=69664886. Zugegriffen: 26. Mai 2017.

GKV-Spitzenverband. (2015). Kennzahlen der gesetzlichen Krankenversicherung. Berlin.

Greß, S., Maas, S., & Wasem, J. (2008). Effektivitäts-, Effizienz- und Qualitätsreserven im deutschen Gesundheitssystem. In Hans-Böckler-Stiftung (Hrsg.), *Arbeitspapier* (Nr. 154). Düsseldorf: Setzkasten GmbH.

Greve, G. (2006). Das integrierte Versorgungssystem prosper. *Gesundheits- und Sozialpolitik, 60*(3–4), 23–29.

Hummel, A., Empen, K., Dörr, M., & Felix, S. B. (2015). Akute und akut dekompensierte chronische Herzinsuffizienz. *Deutsches Ärzteblatt, 112*(17), 298–310.

Kayser, B., & Schwefing, B. (1998). *Managed Care und HMOs: Lösung für die Finanzkrise der Krankenversicherung?* Bern: Huber.

Medtronic. (2009). Die Implantation: Vorbereitung und Ablauf. Medtronic GmbH, Meerbusch. http://www.medtronic.de/erkrankungen/herzschwache/eingriff/vorbereitung-ablauf/index.htm. Zugegriffen: 05. Okt. 2009.

Neumann, T., Biermann, J., Neumann, A., Wasem, J., Ertl, G., Dietz, R., & Erbel, R. (2009). Herzinsuffizienz: Häufigster Grund für Krankenhausaufenthalte – Medizinische und ökonomische Aspekte. *Deutsches Ärzteblatt 106*(16), 269–275.

Ohm, G., Quante, S., & Adam, D. (2011). Anreizsysteme in der Integrierten Versorgung – Beispiele aus dem Universitätsklinikum Hamburg-Eppendorf (UKE), In Hellmann, W. (Hrsg.), *Handbuch Integrierte Versorgung. Strategien und Konzepte für kooperative Versorgungsstrukturen*. Heidelberg: Medhochzwei. (29. Aktualisierung 3/11).

Patten, M., Aydin, A., Quante, S., Ohm, G., & Overlack, K. (2012). Innovatives „Risk-sharing"-Modell zur Finanzierung telemedizinischer Schrittmacherdevices in der Kardiologie. In Fuchs, C., Kurth B.-M., & Scriba, P. C. (Reihen-Hrsg.), Report Versorgungsforschung. (Bd. 4). Bartmann, F.-J., Blettner, M., Heuschmann, P. U. (Hrsg.), *Telemedizinische Methoden in der Patientenversorgung* (S. 155–162). Köln: Deutscher Ärzteverlag.

Sachverständigenrat für die Konzertierte Aktion im Gesundheitswesen (Hrsg.). (2003). *Finanzierung, Nutzenorientierung und Qualität – Gutachten Kurzfassung*. Bonn: Nomos.

Statistisches Bundesamt. (2010) Krankheitskostenrechnung: Krankheitskosten je Einwohner in €.
    http://www.gbe-bund.de/oowa921-install/servlet/oowa/aw92/dboowasys921.xwdevkit/xwd_
    init?gbe.isgbetol/xs_start_neu/&p_aid=i&p_aid=48124638&nummer=557&p_sprache=D&p_
    indsp=99999999&p_aid=42263542. Zugegriffen: 30. Mai 2017.
http://www.kkf-verlag.de/bkk/handbuecher-cd-rom/SGB-V-Handbuch-Krankenversicherung-
    22-Auflage-2017/414/.

Über die Autorin

Dr. Gunda Ohm leitet seit Oktober 2015 die Strategische Unternehmensentwicklung im Universitätsklinikum Hamburg Eppendorf. Sie kennt das Gesundheitswesen aus unterschiedlichen Perspektiven: als Fachärztin für Chirurgie, als examinierte Krankenschwester und seit über 15 Jahren auch aus dem Blickwinkel des Krankenhausmanagements. Sie war im Management im Landesbetrieb Krankenhäuser Hamburg, in der Schön Klinik Neustadt, bei der Hanseatischen Krankenkasse und nun im Universitätsklinikum tätig und verfügt über einen MBA-Abschluss im Health Care Management. Zu den Schwerpunkten der Strategischen Unternehmensentwicklung gehört die Weiterentwicklung des medizinischen Portfolios, der Aufbau von Netzwerkstrukturen und Kooperationen mit weiteren Leistungserbringern, die Entwicklung von telemedizinischen und weiteren neuen Versorgungsformen sowie der Abschluss von Selektivverträgen mit den Krankenkassen.

Susann Bargel ist seit 2012 für den Selektivvertragsbereich in der Strategischen Unternehmensentwicklung des Universitätsklinikums Hamburg-Eppendorf zuständig und verantwortet zudem die Anträge im Rahmen der ambulanten spezialfachärztlichen Versorgung sowie Versorgungsprojekte für den Innovationsfonds. Frau Bargel ist Wirtschaftswissenschaftlerin und schließt den postgradualen Studiengang MBA Health Management an der Universität Hamburg im Jahr 2017 ab. Erste Erfahrung in einem Universitätsklinikum hat Frau Bargel im Institut für standardisiertes und angewandtes Krankenhausmanagement an der Medizinischen Hochschule Hannover gesammelt. Die gesetzliche Krankenversicherung kennt Frau Bargel aus verschiedenen Perspektiven: Sie war in der Unternehmensentwicklung der Techniker Krankenkasse, im Politikdezernat und Versorgungsmanagement der IKK classic sowie in der Europavertretung der Deutschen Sozialversicherung in Brüssel tätig.

Aktueller Stand der Krankenhauslabormedizin mit den damit verbundenen Möglichkeiten zur Generierung von extrabudgetären Erlösen

11

Franz Josef Schmitz und Kristin Drechsler

Inhaltsverzeichnis

F. J. Schmitz (✉)
Institut für Laboratoriumsmedizin, Mikrobiologie,Hygiene, Umweltmedizin und
Transfusionsmedizin Mühlenkreiskliniken, Minden, Deutschland
E-Mail: franz-josef.schmitz@muehlenkreiskliniken.de

K. Drechsler
Stellvertretende Vorstandsvorsitzende, Mühlenkreiskliniken (AöR), Minden, Deutschland
E-Mail: kristin.drechsler@muehlenkreiskliniken.de

© Springer Fachmedien Wiesbaden GmbH 2018
H.-R. Hartweg et al. (Hrsg.), *Aktuelle Managementstrategien zur Erweiterung der
Erlösbasis von Krankenhäusern*, https://doi.org/10.1007/978-3-658-17350-0_11

Zusammenfassung

Das Krankenhauslabor spielt zukünftig in der Patientenversorgung wie auch für die Wirtschaftlichkeit des Krankenhauses eine entscheidende Rolle. Als Anbieter von Labordienstleistungen können Krankenhäuser in diesem Geschäftsfeld extrabudgetäre Umsatzerlöse und Deckungsbeiträge generieren und damit gegebenenfalls auch Defizite in anderen Krankenhausbereichen ausgleichen.

11.1   Einführung

11.1.1 Situation der Labormedizin in Deutschland

Im deutschen Labormarkt gibt es vom kleinen Speziallabor mit weniger als 5 Mitarbeitern bis zu weltweit tätigen Konzernen eine große Bandbreite von Unternehmen. Traditionell waren die Labore eher regional aufgestellt. Erst in den letzten Dekaden haben sich größere Anbieter herausgebildet. So wurde der Labormarkt in Deutschland in den letzten Jahren trotz anhaltendem Wachstum im Markt von Konzentrationsprozessen geprägt. So hat sich eine veränderte Angebotsstruktur mit wenigen Großunternehmen aber immer noch einer großen Zahl kleinerer regionaler Labore herausgebildet. Treiber für diese Veränderungsprozesse sind der technische Fortschritt mit zunehmender Industrialisierung von Arbeitsprozessen, eine steigende Nachfrage aufgrund einer alternden Gesellschaft, neue innovative Methoden sowie typisch für Deutschland nach wie vor die Privatisierung im Gesundheitswesen.

11.1.2 Bedeutung der Labormedizin in Zahlen

Die Ausgaben für medizinische Laborleistungen in Deutschland sind zwischen 2008 und 2013 von 6,5 Mrd. auf 7,9 Mrd. EUR und damit um 22 % gestiegen. In diesem Anstieg sind allerdings auch labormedizinisch-assoziierte Gebiete wie die hämato-onkologische Spezialdiagnostik, Fluoreszenz-in-situ-Hybridisierung (FISH), Pathologie und teilweise Humangenetik mit enthalten. 52 % der Ausgaben gingen im Jahr 2013 an stationäre bzw. teilstationäre Einrichtungen, gefolgt von 47,5 % an ambulante Arztpraxen (Statistisches Bundesamt 2013). Der Anteil medizinischer Laborleistungen an den Gesamtkosten des Gesundheitssystems betrug 2013 nur 2,5 % und dies trotz einer Erhöhung der Zahl durchgeführter Laborleistungen. Vielmehr steigen die Gesundheitsausgaben prozentual stärker als die Ausgaben für Laborleistungen, die im internationalen Vergleich sehr gering vergütet werden (Schöneberg et al. 2016; Löffert und Damerau 2014; Borges 2011).

Der größte Anteil der Ausgaben für medizinische Laborleistungen geht mit knapp 69 % heute zulasten der gesetzlichen Krankenversicherungen (GKV), gefolgt von den privaten Krankenversicherungen mit rd. 17 % (PKV). Alle anderen Akteure spielen hinsichtlich der Finanzierung nur eine vergleichsweise geringe Rolle. Eine besondere Bedeutung für das Gesundheitssystem haben in Deutschland die Privatversicherten. Denn obwohl nur 10 % der Versicherten privat versichert sind, stehen sie für 15 % des Probenaufkommens und sogar 35 % des Umsatzes der medizinischen Labore (Borges 2011).

Um die Bedeutung der Labormedizin auch im Hinblick auf künftige Entwicklungen weiter zu beleuchten, seien einige Zahlen angeführt:

- Im Jahr 2014 gab es in Deutschland 1094 berufstätige Laboratoriumsmediziner.
- 680 waren im ambulanten Bereich tätig, 270 im stationären und 144 in sonstigen Bereichen, wie z. B. Behörden.
- Während 2006 nur 4,6 % der Laborärzte über 65 Jahre alt waren, lag der Anteil 2014 bereits bei 9,9 %. Gleichzeitig sank der Anteil der unter 50-jährigen von 52,2 % auf 37,1 %.
- Nach Angabe des Berufsverbands der Laborärzte (BDL) sind die Laborärzte die am zweithäufigsten konsultierte Arztgruppe nach den Hausärzten. Für 376 von 1000 gesetzlich Krankenversicherten werden pro Jahr Laboruntersuchungen durchgeführt.
- Nach BDL-Angaben beruhen zwei Drittel der ärztlichen Diagnosen auf laborärztlichen Untersuchungen oder bestätigen diese, dabei entfielen 2013 nur etwa 3 % der Gesamtausgaben der gesetzlichen Krankenversicherung auf laborärztliche Leistungen in der ambulanten und stationären Versorgung (BDL 2017; Statistisches Bundesamt 2013; Laarmann 2017; GBE 2017).

11.2 Wertschöpfung im Krankenhaus

Die jüngste Studie des Deutschen Krankenhausinstitutes (DKI) zeigte die wichtige Rolle des Krankenhauslabors, die sich in vielen verschiedenen Wertschöpfungsprozessen des Krankenhauses ausdrückt. Über die reine Labordiagnostik hinaus leisten die laborärztlich geleiteten Krankenhauslaboratorien einen wichtigen Beitrag bei der Beratung anderer Krankenhausärzte, bei der Auswahl und Bewertung der bestgeeigneten labormedizinischen Untersuchung sowie auch bei der Empfehlung zur Therapie. Dies gilt besonders für die Mikrobiologie, Hämostaseologie und Immunhämatologie (Schöneberg et al. 2016; Löffert und Damerau 2014).

Laut DKI-Studie waren für Ärzte an Krankenhäusern die nachfolgenden Punkte von besonderer Bedeutung.

11.2.1 Kriterien für eine erfolgreiche Labormedizin

An erster Stelle steht die Schnelligkeit der Bearbeitung, gefolgt von Genauigkeit und Validität der Ergebnisse. Den 3. Rang unter den Ergebnissen erzielte die verlässliche sowie schnelle Rückmeldung von pathologischen und kritischen Werten. Mit Platz 4 der Wichtigkeitsbewertung wurde die Verfügbarkeit von Laboranalytik herausgehoben. Die Ärzte hielten sowohl die Breite des vom Labor angebotenen Leistungsspektrums als auch die Dienstzeiten für gleichermaßen wichtig.

Entsprechend der DKI-Studie hielten die meisten Interview-Teilnehmer sowohl die klinische Chemie als auch ein Blutdepot am eigenen Hause für absolut unverzichtbar, gefolgt von einer Bakteriologie mit konsekutiver Beratung hinsichtlich des Antibiotika-einsatzes. Bei anderen Spezialuntersuchungen sahen die Ärzte weniger Probleme mit einer eventuell fremdvergebenen Analysemöglichkeit.

11.2.2 Mehrwertfaktoren der Labormedizin

Ergänzend wurden Interview-Teilnehmer in der DKI-Studie gebeten, Faktoren der Laboratoriumsmedizin zu benennen, durch die aus ihrer Sicht das Labor einen konkreten Mehrwert bei der Diagnosestellung, der Medikation und den Therapieoptionen sowie der Verweildauer und dem Behandlungserfolg schafft.

In der Reihenfolge eines Mehrwertes wurde auf Rang 1 die schnelle Diagnosestellung mit der unmittelbaren Einleitung von Therapiemaßnahmen und somit eine Verkürzung der Behandlungsdauer genannt. Auf Rang 2 wurde unter dem Begriff „Wegweiser" die unterstützende Funktion der Labormedizin bei differenzialdiagnostischen Methoden aufgeführt. Rang 3 erhielt die Sicherung der Diagnosestellung inklusive der forensischen Absicherung durch die Laboranalytik. Ferner wurde darauf hingewiesen, dass durch einen intelligenten Laboreinsatz auch die Kosten für weitere/andere unnötige diagnostische Maßnahmen (Radiologie, Pathologie) vermieden werden konnten. Ärzte wünschen sich ein Krankenhauslabor mit „Dienstleistungsmentalität", welches ihnen schnelle Ergebnisse sowie praktische, organisatorische und technische Arbeitserleichterungen bietet.

In der DKI-Untersuchung wurde allerdings auch deutlich, dass die unterschiedlichen Leistungspotenziale der Labormedizin im klinischen Alltag nicht komplett ausgeschöpft werden. In vielen Fällen wurde darauf hingewiesen, dass die Möglichkeit der Erlössteigerung durch erleichterte, korrekte und präzise Kodierung aufgrund laborgestützter Haupt- und Nebendiagnosen nicht vollständig gehoben wird. Die Autoren der DKI-Studie wiesen auch auf die Bedeutung der Labormedizin als einem wichtigen Element der Verzahnung von ambulanter und stationärer Versorgung hin und beklagten, dass diese Möglichkeiten in vielen Krankenhäusern nicht genutzt werden (Löffert und Damerau 2014).

11.2.3 Eigenleistung oder Fremdvergabe

Neumeier führte in einer Analyse aus, dass seit Jahren insbesondere kleine und/oder aufgrund mangelnder Wirtschaftlichkeit bedrohte Krankenhäuser ihre labormedizinischen Untersuchungen an externe Dienstleister abgeben. Als Grund hierfür werden erhöhte Wirtschaftlichkeit und finanzielle Vorteile gegenüber dem bisherigen hauseigenen Labor gesehen. Aufgrund der hohen Transparenz von Laborkosten im Krankenhaus besteht die Gefahr, dass Entscheider in Kliniken das Labor zunächst nur unter Kostenaspekten betrachten und dabei vernachlässigen, dass die Laboranalytik Einfluss auf ca. 70 % aller medizinischen Entscheidungen hat (Neumeier 2017).

Das medizinische Labor macht jedoch selbst bei einer Vollkostenbetrachtung üblicherweise nur rd. 3 % der Kosten eines Krankenhauses aus. Somit sind also hohe Kostensenkungen in der Klinik durch ein Outsourcing des Labors häufig nicht zu realisieren. Vielmehr besteht die Gefahr, dass die diagnostische Kernkompetenz verloren geht und sich damit das Krankenhaus eigener diagnostischer Steuerungselemente beraubt (Schönberg et al. 2016; Löffert und Damerau 2014; Borges 2011; Neumaier 2017).

Dass die Zahl der unabhängig geführten Krankenhauslaboratorien seit 2000 rückläufig ist, hat nicht mit fehlender Akzeptanz, Leistungsfähigkeit oder Qualität des Krankenhauslabors zu tun, sondern beruht vor allem auf der Marktbereinigung kleinerer Krankenhäuser und dem Zusammenschluss von Krankenhäusern zu Klinikverbünden, die dann entweder in Eigenregie oder in Kooperation mit niedergelassenen Laboratorien die Laborversorgung vor Ort sicherstellen.

Ferner haben sich vermehrt Private-Equity-Unternehmen auf dem Labormarkt engagiert. Finanzinvestoren sehen die Chance, die Branche auf eine industrielle Basis zu stellen, um so höhere Renditen und Synergieeffekte zu erzielen und stellen dies auch Krankenhäusern in Aussicht. Private Equity ist besonders bei denen investiert, die auch international aufgestellt sind, mit dem Ziel, das deutsche „Produktions- und niedrige Kostenpotenzial" auch auf andere Länder zu übertragen, was bei ungleich höherer Vergütung für die vergleichbare Analytik zu einer Margensteigerung führt Entwicklungstendenzen im Markt.

11.2.4 Zukünftige Marktkonzentration

Die Entwicklung von einem eher regional ausgerichteten Angebot hin zu überregional tätigen Laboren ist anhaltend feststellbar. Für 2012 wurde die Zahl der niedergelassenen Laborpraxen auf etwa 300 geschätzt, wo vormals 1000 unabhängige Laborärzte tätig waren. Im Jahre 2014 waren 692 Laborärzte im MVZ tätig. Dabei gab es 271 MVZ, in denen Laborärzte vertreten waren (Angaben KV 2014).

Nach Ansicht verschiedener Unternehmensberater werden in Zukunft in Deutschland und Europa 5 oder 6 internationaltätige Laborketten den Markt dominieren und weiter kommerzialisieren. Mehr als 50 % des Labormarktes in Deutschland teilen sich zurzeit 5 Laborketten (Sonic-Healthcare, Synlab, Limbach, LADR und AMEDES). Verantwortlich für diese Entwicklung ist auch die immer wieder abgesenkte Vergütungssituation im EBM. Ein weiterer Konzentrationsfaktor wird das Krankenhauslabor-Outsourcing sein und auch der Verkauf kleinerer inhabergeführter niedergelassener Labore wird weitergehen, zumal bei Erreichen der Altersgrenze der Inhaber der geführten Labore die Nachfolgeregelung durch das finanzielle Umfeld deutlich erschwert ist. Auch die Nachwuchssituation im Bereich der Fachärzte für Labormedizin, Mikrobiologie und/ oder Transfusionsmedizin trägt dazu bei. Diese Entwicklung hat in Deutschland, einem Land mit einer relativ niedrigen Laborvergütung, begonnen und wird sich in Ländern mit hoher Vergütung international fortsetzen (Schöneberg et al. 2016; Löffert und Damerau 2014; Laarmann 2017; Conalliance 2017).

Neben strategischen Faktoren spielen mithin auch Überlegungen von medizinfremden Finanzinvestoren für eine Belebung von Verkaufsaktivitäten im Laborbereich eine Rolle. Der anhaltende Outsourcing-Trend von Laborleistungen aus den deutschen Krankenhäusern erzeugt Wachstumserwartungen und motiviert u. a. auch Private-Equity-Fonds und andere Finanzinvestoren, sich verstärkt an großen Laboratorien mit starker Präsenz in internationalen Laborschlüsselmärkten zu beteiligen.

Vorherrschende Megatrends wie u. a. Outsourcing/Insourcing von Laboren, Privatisierung von Krankenhäusern, Entstehung von Ärztenetzwerken und Gründung von medizinischen Versorgungszentren prägen die Labormarktentwicklung in Deutschland nachhaltig bei anhaltend hoher Nachfrage nach Labormedizin und -diagnostik. Die ansteigende Zahl an Privatkliniken wird durch eine Zunahme privater Laborketten flankiert. Somit sind Laborangebot und Diagnostikentwicklung geprägt von der Entstehung und Internationalisierung von Laborketten. Diese sind zudem in der Lage, bestehende Synergien sowohl zwischen Pharmazeutik und Diagnostik als auch in-Vivo- und in-Vitro-Diagnostik in der Zukunft zu realisieren.

In einem Feld mit vorherrschendem Verdrängungswettbewerb ist überdurchschnittliches Unternehmenswachstum nur im Umfeld großer, kommerziell organisierter Laboreinheiten möglich. Die reale Anzahl von Laboren in Deutschland schrumpft ständig, trotz der großen Bedeutung der Labormedizin für die medizinische Diagnostik. In der Unternehmensstrategie der Laborbetreiber spielt vor allem der erschließbare Marktanteil eine große Rolle.

11.2.5 Einfluss nationaler Entwicklungen

Als weiterer Faktor für die Entwicklung der Organisationstrukturen deutscher Laborunternehmen spielt die nationale Gesetzgebung eine Rolle durch die Einführung von sogenannten Medizinischen Versorgungszentren (MVZ) mit der Gesundheitsreform von 2003. Während bisher Leistungen mehrerer Ärzte nur im Rahmen von Gemeinschaftspraxen, i. d. R. als GbR, organisiert waren, schuf die Gesundheitsreform hier eine neue Option.

In einem MVZ konnten nun auch mehrere Ärzte in einem Anstellungsverhältnis arbeiten, wobei das Unternehmen selbst bei den gesetzlichen Krankenkassen zugelassen war. Seit 2012 kann ein MVZ allerdings nur noch in Form einer Gesellschaft mit beschränkter Haftung (GmbH) gegründet werden. Der Ausschluss der Aktiengesellschaft (AG) als mögliche Rechtsform in Kombination mit der Zulassung bei den Kassenärztlichen Vereinigungen der Länder führt dazu, dass heute die einzelnen Labore der großen Laborkonzerne meist als jeweils eigenständige GmbH zugelassen sind (Angaben der KV). Zudem wurde mit dem Gesetz zur Verbesserung der Versorgungsstrukturen in der gesetzlichen Krankenversicherung (GKV-VStG), das am 01.01.2012 in Kraft getreten ist, die Möglichkeit zur Gründung von MVZ eingeschränkt. Heute ist die Gründung eines MVZ nur noch zugelassenen Vertragsärzten, Krankenhäusern oder gemeinnützigen Trägern erlaubt, die zur Teilnahme an der vertragsärztlichen Versorgung ermächtigt oder zugelassen sind. Zudem sollte es für private Laborbetreiber schwieriger werden, Laborarztpraxen zu übernehmen, weil die Kassenärztlichen Vereinigungen ein Vorkaufsrecht erhalten haben. Diese Regelung läuft aber bisher ins Leere (Borges 2011; Laarmann 2017; Partsch 2017).

11.2.6 Vorwärtsintegration der Laborkonzerne

Die Laborkonzerne haben aufgrund dieser intendierten rechtlichen Zulassungshürden bei Gründung eines MVZ seit 2012 auch Krankenhäuser gekauft, da nur so der Status eines zugelassenen Leistungserbringers auch für Kapitalgesellschaften erreicht bzw. erhalten werden konnte. Das war systemisch betrachtet ein Irrsinn, da der Betrieb eines Krankenhauses nicht zu den Kompetenzen und dem Kerngeschäft eines Laboranbieters gehört. Die Gesundheitspolitik wollte mit der Zulassungserschwerung bei der MVZ-Gründung eine Kommerzialisierung des Gesundheitswesens verhindern. Das MVZ-Modell war Treiber und Türöffner für Private Equity, in den Gesundheitsmarkt einzubrechen. Zurzeit werden andere Kooperationsformen gekauft, z. B. Dialysepraxen, die eine entsprechende Zulassung nach SGB V haben oder z. B. auch Augenärztekooperationen.

Schwierigkeiten verursacht auch die veränderte Altersstruktur der Laborärzte bei der Unternehmensnachfolge in niedergelassenen Laborarztpraxen. Verkäufe an einen einzelnen Nachfolger gibt es heute deutlich weniger als früher. Dies hängt mit der derzeit noch hohen Gewinnerwartung zusammen, sodass Verkaufspreise erwartet werden, die es Einzelnen schwer machen, den erforderlichen Geldbetrag aufzubringen. Ebenso die Unsicherheit und Sorge um die zukünftige Vergütungsstruktur. Für einen Nachfolger mit privater Haftung ist die Nachhaltigkeit der Erlössituation nicht hinreichend gesichert.

Der Verkauf an ein größeres Unternehmen ist dann die bevorzugte Alternative und führt zu einer weiteren Konzentration in der Branche. Marktwachstum, Privatisierung, Generationenwechsel bei den Eigentümern und Konzentrationstendenzen sind die Gründe, die die Branche für Private-Equity-Investoren interessant machen. Zugleich bedeutet Privatisierung von Laboren und Konzentration von Laborleistungen das Setzen von starken Impulsen für Innovationsschübe und effiziente Leistungserbringung. Hier sind die großen Laborketten oft Vorbilder, die zeigen, wie Umstrukturierung funktioniert. Die Privatisierungswelle hat insgesamt die Effizienz des Gesundheitsmarktes erhöht.

Andere Träger, auch Krankenhauslabore, haben aber von den privaten Trägern gelernt, sodass die Effizienzgewinne durch Privatisierung in Zukunft wahrscheinlich geringer ausfallen werden, d. h. es wird möglicherweise weniger Privatisierungen geben.

Der europäische ebenso wie der deutsche Markt ist noch weit davon entfernt, eine so hohe Konzentration wie in den USA zu erreichen. In Europa halten die beiden größten Anbieter, Sonic-Healthcare und Synlab, zusammen einen Marktanteil von etwa 5 %. In den USA kommen die beiden größten Anbieter zusammen auf einen Marktanteil von 45 % (Schöneberg et al. 2016; Löffert und Damerau 2014; Laarmann 2017; Partsch 2017).

11.3 Wirtschaftliche Betrachtungen zum Krankenhauslabor

11.3.1 Personal- und Sachkosten

Zur wirtschaftlichen Betrachtung von Krankenhauslaboratorien sind wenige öffentliche Informationen zugänglich. Bedingt durch die Tarifbindung und den 24-h-Dienst liegt die Personalkostenquote im Vergleich zu den Privatlaboren etwa doppelt so hoch (60 % gegenüber weniger als 30 % in den privaten Laboratorien bzw. Teilbereichen). Noch drastischer stellt es sich im Leistungsbereich dar. Es gibt geringe Serienlängen, kleine und viele Geräte und schlechtere Einkaufskonditionen im Vergleich zu Privatlaboratorien. Somit sind die Produktionskosten deutlich höher, wenn nicht die Personalsituation durch eine massive Automatisierung relativiert wird und die Sachkostenquote durch Mengenausweitung gesenkt werden kann.

11.3.2 DRG-Erlöse und Kosteneffizienz

Neben Erlösen aus Wahlleistungsvereinbarungen und ambulanter Tätigkeit generieren Krankenhäuser den größten Anteil ihres Umsatzes über die Abrechnung von DRG-Fallpauschalen. Diese Erlöse ergeben sich verkürzt aus dem Produkt von Casemix und Basisfallwert. Darin ist auch der relative Anteil für Laborleistungen im Rahmen der akutstationären Versorgung enthalten. Die Höhe der Vergütung der Laborkosten ergibt sich im Rahmen der jährlichen Kalkulation der Fallpauschalen durch das Institut für das Entgeltsystem im Krankenhaus (InEK). Aus der InEK-Kalkulationsmatrix kann der DRG-Erlös für die Kostenstelle Labor berechnet werden. Das Labor hat in seiner Funktion als Dienstleister für die bettenführenden Abteilungen folglich einen entscheidenden Anteil an der Kosteneffizienz und Effektivität bei der Absicherung der klinischen Haupt- und Nebendiagnosen. Laborärzte müssen seit Einführung des DRG-Systems auch Strategien entwickeln, um mit hoher Geschwindigkeit und Treffsicherheit DRG-relevante Nebendiagnosen labordiagnostisch abzusichern.

Die bereits erwähnte DKI-Untersuchung betont den Nutzen der Labordiagnostik für die Erlössicherung durch präzise Kodierung, durch Optimierung von Behandlungsabläufen und durch einen effizienten Arzneimittelgebrauch. Somit ist das Labor bei gezielter Nutzung eine hausinterne Wertschöpfungsmöglichkeit, bei ungezielter Nutzung ein additiver Kostenfaktor.

Aus mehreren Gründen kann es nicht das Ziel sein, Laboranalytik nur mengenmäßig einzusparen:

- Solange die Liegezeit Einfluss auf die DRG-Abrechnung hat, kann der Nutzen aus einem zeitnah selbst bestimmten Analyten höher als der Aufwand hierfür sein. Hier sollen Procalcitonin bzw. pro-BNP als Beispiele genannt sein.
- Die Verwendung von Testprofilen kann tendenziell höhere analytische Kosten zur Folge haben, unterstützt jedoch die Standardisierung von Abläufen und führt letztlich zu einer Prozessoptimierung.
- Die sogenannten „High-Volume/Low-Cost"-Parameter sind meist medizinisch sinnvoll und selbst eine deutliche Reduktion der Profile führt wegen der relativ hohen Fixkosten nur zu einer marginalen Kostenersparnis.

Von steigender Bedeutung wird allerdings die korrekte Präanalytik, die Schnelligkeit und Logistik des Probentransportes und die zeitgerechte Befundübermittlung ans Patientenbett sein. Ergänzt wird dies durch eine Änderung des Bewusstseins in der Laborbeauftragung. „Choosing wisely" wird zunehmend wichtig und kann beinhalten, „mehr" Laboranalytik zu veranlassen, um die Liegezeit des Patienten bspw. durch eine für den Kliniker frühzeitige Diagnosemöglichkeit und bessere Steuerung von Arzneimitteltherapien zu verkürzen.

Kosten und Erlöse befinden sich auf zwei Seiten einer Waage und entscheiden damit gemeinsam über Gewinn und Verlust. Ein Unternehmen, hier das Krankenhauslabor, kann langfristig nur Erfolg haben, wenn es nicht nur als Kostenfaktor, sondern auch als Leistungserbringer und Erlösgenerator wahrgenommen wird. Hierzu gehören sowohl interne Erlöse, wie aufgeführt, aber auch mögliche Erlöse aus Kooperationen und der Versorgung externer Einrichtungen.

Kosten und Erlöse stehen also in einem untrennbaren Zusammenhang: Mehrerlöse bedingen zusätzliche Kosten und Kostenreduktionen können zu Erlöseinbußen führen (Gössler 2016).

11.3.3 Erfolgsstrategien für die Labormedizin

Die Situation auf dem deutschen Labormarkt zeigt, wie stark ein medizinisches Labor wettbewerblichen Einflüssen unterliegt. Ein erfolgreiches Labor muss deshalb wie ein

mittelständiges Unternehmen agieren. Ein Werkzeug zur Beurteilung der Leistungs-
fähigkeit und Wirtschaftlichkeit des eigenen Labors sind geeignete Kennzahlen. Zwei
Perspektiven gilt es zu beleuchten: den langfristigen Vergleich mit sich selbst und den
Vergleich mit anderen (Orth 2013).

Für einen Verbund von Kliniken ergeben sich durch den zentralen Einkauf der Rea-
genzien, die Zusammenführung der Spezialanalytik und identische apparative und IT-
Ausstattungen der Laborstandorte Einsparmöglichkeiten. Die Laborkosten sinken in
Abhängigkeit vom Konsolidierungsgrad, wobei ein noch größerer Effekt durch die
Einführung einer Personal-Rotation erzielt werden kann. Weitere Optimierungsmög-
lichkeiten können sich ergeben durch die Zusammenarbeit mit einem niedergelassenen
Kooperationspartner, an den die seltenen Spezialuntersuchungen abgegeben und umge-
kehrt die allgemeine Analytik übernommen wird, um das Mengengerüst zu optimieren.
Voraussetzung hierfür ist die KV-Zulassung des Labormediziners im Krankenhaus, denn
nur so ist die Abrechnung auf der Basis persönlicher Leistungserbringung möglich.

Die Klinikärzte streben nach Schnelligkeit, Validität und Verlässlichkeit der Laboranalytik, bei der andererseits ökonomische Gesichtspunkte betrachtet werden müssen.
Hieraus kann sich ein Dilemma ergeben, weil Kliniklabore bei einer schnellen Analytik
evtl. viele Parameter unwirtschaftlich häufig, das heißt in kurzen Serien, ansetzen müssen. Wenn sie wirtschaftlicher arbeiten, indem sie seltener die Parameter ansetzen, d. h.
1−2 Mal wöchentlich, leidet darunter die Schnelligkeit. Dieses Dilemma kann aufgelöst
werden, indem man in einer Region eine Zusammenarbeit mit anderen Laboren anstrebt,
um auch in der Spezialdiagnostik für viele Parameter eine zeitnahe und kostengünstige
Erbringung zu ermöglichen. Das ist nur möglich, wenn es einen automatisierten Austausch von Parametern zwischen den Laboren gibt und die Probenröhrchen barcodiert
über gemeinsam abgesprochene IT-Strukturen in moderne Laborautomaten eingeschleust
werden können.

Der Probentransport zwischen den Laborstätten (Kliniklabore und niedergelassene
Kooperationspartner) erfolgt binnen weniger Stunden, das Logistiknetz einer derartigen Laborgruppe ist engmaschig geknüpft, sodass jederzeit und überall ein weiteres
Krankenhaus, eine Rehabilitationsklinik oder ein niedergelassener Arzt angeschlossen
werden kann. Die Proben werden taggleich im Laborverbund angesetzt, die Befunde
elektronisch übermittelt. Somit liegt in der Regel die Turn-around-time der meisten Spe-
zialanalysen bei 1–2 Tagen. Gleichzeitig bietet ein derartiges Labornetzwerk ein breites Portfolio an Spezialisten aus allen Bereichen der modernen Laboratoriumsmedizin,
sodass ein kompetenter Laborarzt immer erreichbar ist.

Krankenhauslabore sind somit in sektorenübergreifende, regionale Netzwerkstrukturen eingebunden. Labore an Großkrankenhäusern können mit Spezialleistungen in
der Immunhämatologie mit angeschlossener Blutbank, der Infektiologie und morpho-
logischen Analysen das Zentrum dieser akkreditierten Strukturen darstellen. Denn das
Krankenhaus ist der „Dreh- und Angelpunkt der Zukunft" in der deutschen Gesundheitsversorgung und die Vernetzung der ambulanten und stationären Versorgungsstrukturen ist
politisch gewünscht und wird gefördert.

Wenn man diese Entwicklung positiv sieht bzw. beeinflussen möchte, so könnte man sich vorstellen, dass es weiterhin eine große Zahl an Laborstandorten geben wird. Diese werden häufig in bzw. in der Nähe des Geländes von Großkliniken sein, von wo aus die umliegenden niedergelassenen Ärzte bzw. Kliniken 24 h 365 Tage im Jahr versorgt werden. Großkliniken können dann in Kooperation mit niedergelassenen Labormedizinern die regionalen Märkte versorgen und der nicht medizinisch gesteuerten Konzentrierung des privaten Labormarktes entgegen wirken. Nicht zeitkritische Leistungen werden innerhalb dieser regionale Konstrukte konzentriert. Dadurch werden die Serienlängen größer und die Herstellungskosten konsekutiv niedriger. Die administrativen Bereiche können zentralisiert und weiter Kosten reduziert werden. Im labormedizinischen Umfeld befindet sich vieles im Fluss, welches aber für den Patienten nicht schlechter sein muss. Die Versorgung bleibt flächendeckend sichergestellt, durch eine regionale Konzentrierung werden die Kosten weiter optimiert bei sich gleichzeitig verbessernder Qualität.

In der Laboratoriumsmedizin sind alle Methoden, Untersuchungsziele und Vorgehensweisen keiner speziellen Berufsgruppe und keinem Sektor, stationär oder ambulant, zuzuordnen. Damit hat die Laboratoriumsmedizin die allseits gewünschte, aber selten realisierte, ganzheitliche und sektorenunabhängige Patientenversorgung fachlich schon realisiert.

In der Langfristperspektive wird die Entwicklung zu kommerziellen Laboratorien zunehmen und der deutsche Markt übernimmt hierbei eine Vorreiterrolle. Große überregionale und auch lokale Anbieter an Großkliniken werden aktive Gestalter des Marktes mit neuen Vertrags- und Versorgungsformen unter zunehmender Einbindung des Endverbrauchergeschäftes. Hier müssen sich Krankenhauslaboratorien ihren Platz erkämpfen, in dem sie am besten geeignete Kooperationspartner suchen, und so den lokalen Markt im 24/7-Modus versorgen können. Spezialdiagnostik werden die großen Anbieter auf wenige Erbringungsorte zentralisieren. Notfall- bzw. Routinediagnostik wird in wenigen Vor-Ort-Regionallaboren angeboten, um im Wesentlichen die Transportzeiten nicht zu überschreiten. Hier können Krankenhauslabore an Großkliniken mitspielen und bleiben dann klassischer, ärztliche Leistungserbringer hochwertiger Diagnostik (Neumaier 2017; Heidrich 2015; Kramer 2013; Lackner 2012).

Die digitale Kommunikation und Vernetzung zwischen Kunden und Labor wird zunehmend als zusätzlicher Service angeboten und als zwingende Notwendigkeit wahrgenommen. Durch die Verwendung einer Software zur Auftrags- und Befundübermittlung werden die Ärzte an einen Anbieter gebunden. Derzeit ist die Digitalisierung aber noch in den Anfängen. Die Weiterleitung vom Arzt an das Labor erfolgt z.Zt. noch immer überwiegend auf Papierbasis mit Überweisungsschein, auf den handschriftlich die gewünschten Untersuchungen notiert werden. Dieser muss dann im Labor erfasst werden. Auch die Befundübermittlung und Abrechnung sind noch nicht umfassend digitalisiert. Die notwendigen IT-Systeme sind zwar bei Kunden und im Labor bereits vorhanden, es fehlt aber häufig noch die direkte Vernetzung und Kommunikation zwischen beiden.

11.3.4 Kooperationsmöglichkeiten im Krankenhaus

In den letzten 20 Jahren hat es einige Versuche gegeben, durch Kooperationen zwischen Krankenhäusern die notwendige Mengenausweitung in den Krankenhauslaboratorien zu erreichen. Dies ist jedoch aus diversen rechtlichen und organisatorischen Gründen schwierig. Für Laborleistungen, die auch gegenüber anderen Häusern erbracht werden, fällt keine Umsatzsteuer an (Umsatzsteuerfreiheit gem. § 4 Nr. 14a UStG). Allerdings handelt es sich um einen wirtschaftlichen Geschäftsbetrieb, demzufolge unterliegt die Leistungserbringung der Ertragssteuerpflicht (Gewerbesteuer, bzw. Körperschaftssteuer). Des Weiteren darf das Krankenhaus für fremdvergebene Leistungen aus EU-Beihilfegründen/Überkompensation kein Angebot unter den Vollkosten der Leistungserbringung, bzw. dauerhaft keine Verluste machen (KHG 2017):

- Einbeziehung aller Kosten und entstehenden Synergieeffekte (Auslastung Laborstraße aus Sicht des Zentrallabors), sodass die Aufträge nicht grundsätzlich defizitär sind (ansonsten erforderliche Bildung von Rückstellungen auf Verluste aus schwebenden Geschäften).
- Beachtung einer möglichen Subvention von wirtschaftlichen Geschäftsbereichen im Sinne der Wettbewerbsverzerrung (Betrauungsakt und unentgeltliche Überlassung aus öffentlichen Mitteln zur Nutzung von Marktbeteiligung)

Im Sinne des unternehmerischen Handelns wäre aber ohnehin eine Kalkulation auf Gewinnerzielungsabsicht und damit Vollkosten wahrscheinlich, sodass sich daher kein Unterschied zu privatwirtschaftlichem Handeln ergibt. Für Krankenhäuser hätte aus strategischer Sicht die Integration einer Laborgemeinschaft den großen Vorteil, potenziell erhebliche Teile der regionalen Vertragsärzte binden zu können. Das zeitliche Profil der Beanspruchung des Labors ergänzt sich dabei sehr gut, weil im Krankenhauslabor der Großteil der Analytik im Vormittagsbereich abgearbeitet werden kann, während in der Laborgemeinschaft im Nachmittagsbereich das Probenaufkommen am höchsten ist (Halbe 2007a, b).

Für derartige Kooperationen kommen nur große Krankenhäuser bzw. Unikliniken mit hohen Analyseanforderungen in Betracht, denn die Laborgemeinschaft müsste in die Räumlichkeiten des Krankenhauses ziehen, alle sachlichen Einrichtungen der Laborproduktion übernehmen und eine vertragliche Regelung schaffen. Im Regelfall überlässt das Krankenhaus die Steuerung dem jeweiligen Laborarzt, der auch die wirtschaftliche Kontrolle in der Laborgemeinschaft ausübt. Dem Laborarzt, der in der Regel selbst Mitglied der Laborgemeinschaft ist, werden vom Krankenhaus sämtliche Laboruntersuchungen überwiesen. Der Laborarzt hat die Weisungsbefugnis auch gegenüber den Mitarbeitern des Krankenhauslabors. Im Basislabor kann der abrechnende Arzt die laboratoriumsmedizinischen Analysen von der Laborgemeinschaft abarbeiten lassen. Beim Speziallabor gilt hingegen der Grundsatz der persönlichen Leistungserbringung, sodass aus diesem Grunde Leistungen des Speziallabors nicht in der Laborgemeinschaft zu erbringen sind.

Der Laborarzt berechnet dem Krankenhaus die überwiesenen Leistungen nach einem vereinbarten Tarif.

Grundsätzlich gibt es zwei Möglichkeiten, eine vertragsärztliche Versorgung der niedergelassenen Ärzte zu ermöglichen – das sogenannte Reutlinger Modell oder das MVZ. Im Rahmen des Reutlinger Modells ist ein Chefarzt beim Krankenhausträger nur mit einigen Stunden angestellt und arbeitet in der übrigen Zeit als Vertragsarzt. Im Rahmen des Reutlinger Modells hat der Vertragsarzt selbst als „Leistungserbringer" eine Zulassung zur vertragsärztlichen Versorgung. Eine derartige Zulassung als Leistungserbringer zur vertragsärztlichen Versorgung hat ebenfalls das MVZ. In dem MVZ können Ärzte als genehmigte angestellte Ärzte (Regelfall) oder als Vertragsärzte tätig werden (rechtlich möglich, aber wenig plausibel) (Jansen 2012a, b).

Unabhängig von den oben dargestellten rechtlichen Rahmenbedingungen sind die Tage eines völlig unabhängigen Krankenhauslabors gezählt, sodass die Zukunft in einer sinnvollen Laborkooperation liegen wird.

11.4   Laborentwicklung der Mühlenkreiskliniken

11.4.1 Mühlenkreiskliniken als kommunaler Gesundheitskonzern

Die Mühlenkreiskliniken AöR sind ein kommunaler Gesundheitskonzern in Ostwestfalen. Zu ihm gehören das Johannes Wesling Universitätsklinikum Minden, das Krankenhaus Lübbecke-Rahden, das Krankenhaus Bad Oeynhausen, die Auguste-Viktoria-Klinik in Bad Oeynhausen, das Medizinische Zentrum für Seelische Gesundheit, die Akademie für Gesundheitsberufe, das Medizinische Versorgungszentrum (MVZ) und die Mühlenkreis Service-GmbH. Über 4500 Mitarbeiterinnen und Mitarbeiter versorgen jährlich etwa 200.000 Patienten, ambulant und stationär. Darüber hinaus sind die Mühlenkreiskliniken mit ihren Standorten in Minden als Universitätsklinikum, in Bad Oeynhausen und Lübbecke-Rahden als Akademische Lehrkrankenhäuser seit Oktober 2016 Partner der Ruhr-Universität Bochum im Bereich der Medizinerausbildung.

11.4.2 Effizienz und Wirtschaftlichkeit des Labors durch Wachstumsstrategie

Die Mühlenkreiskliniken haben am Universitätsklinikum in Minden mit dem Institut für Laboratoriumsmedizin die Laborversorgung zentralisiert und in eine der größten und modernsten Laborstraßen Europas investiert. Mit dieser Laborstraße ist eine hocheffiziente, vollautomatische präanalytische Probenzufuhr geschaffen und die Bereiche Hämatologie, Klinische Chemie, Immunologie, Basis-Gerinnungsdiagnostik und Urindiagnostik sind an die Laborautomatisation angebunden worden.

An allen anderen Krankenhausstandorten der Mühlenkreiskliniken unterhält das Zentrallabor kleinere Präsenz-Labore für eine schnelle Analytik vor Ort. Mikrobiologische Untersuchungen sowie seltenere Bestimmungen werden am Zentrallabor durchgeführt. Die Labore sind untereinander IT-vernetzt, sodass aus Minden bei der Analytik jederzeit eine Hilfestellung durch erfahrene Mitarbeiter sicher gestellt ist und Befunde aus den unterschiedlichen Laboren zu einem Gesamtbefund zusammengefügt werden können. Aus den beschriebenen strategischen Gründen haben die Mühlenkreiskliniken eine Wachstumsstrategie entwickelt, um Skalen- und Synergieeffekte (u. a. auch Auslastung der Laborstraße aus Sicht des Zentrallabors) sowie extrabudgetärer Umsatzerlöse zu realisieren.

So haben die Mühlenkreiskliniken im Jahr 2015 die Laborversorgung des Klinikums Herford übernommen. Für die zweite Jahreshälfte 2017 ist die Übernahme der Laborversorgung für das Klinikum Schaumburg vertraglich vereinbart. Ferner sind verschiedene Rehabilitationskliniken, niedergelassene Vertragsärzte und öffentliche Institutionen angebunden. Am Zentrallabor in Minden wird gleichzeitig noch eine niedergelassene Laborarztpraxis betrieben, wobei der angestellte Chefarzt dort im Rahmen eines Reutlinger Modells auch als niedergelassener Labormediziner tätig ist.

In diesem Gesamtkonstrukt der Laboratorien der Mühlenkreiskliniken sowie der niedergelassenen Laborarztpraxis sind ca. 130 Mitarbeiter beschäftigt und es werden ca. 7 Mio. Analysen pro Jahr durchgeführt, davon sind ca. 360.000 mikrobiologische Materialien. Im Rahmen der Transfusionsmedizin werden ca. 15.000 Erythrozytenkonzentrate an interne und externe Einsender mit Großhandelserlaubnis abgegeben und im Rahmen der Hygiene ca. 6000 klassische krankenhaushygienische Materialien/Leistungen durchgeführt.

Im Hinblick auf die Ausstattung wurden an allen Laborstandorten die gleiche Labor-IT und identische Laborgeräte etabliert. Die Laborgeräte der Standorte sind sämtlich modular aufgebaut, sodass eine Mengenausweitung bis zum Erreichen der bei Weitem noch nicht ausgeschöpften Kapazitätsgrenzen jederzeit möglich ist. Somit sind die Sachkosten durch größere Serienlänge geringer als in der Vergangenheit und eine Personalrotation ist ohne Einarbeitung möglich.

Durch Spiegelung der Geräte aller Standorte und die einheitliche IT ist eine hohe Ausfallsicherheit gegeben, des Weiteren können die barcodierten Proben von jedem Laborstandort aus eingeschleust werden. Alle angeschlossenen Krankenhäuser verfügen über ein einheitliches Order-Entry-System für die Routinediagnostik, der Mikrobiologie und der Immunhämatologie. Nicht zuletzt zur Kundenbindung werden die externen Einsender in Analogie auch auf ein einheitliches Order-Entry-System umgestellt, sodass es in Zukunft identische barcodierte Proben von internen und externen Einsendern geben wird. Die einheitliche Labor-IT ermöglicht ferner die medizinische Validation im Laborverbund von jedem Standort aus.

Als Besonderheit sind die modularen Geräte einer Firma zwischen den Laborstandorten über eine eigene Middleware und/oder ein internes Laborinformationssystem vernetzt, sodass vom Standort Minden aus alle Geräte kontrolliert und die Ergebnisse, teilweise auch visuell kontrolliert werden können, z. B. bei immunhämatologischen Untersuchungen. Durch all diese Maßnahmen konnte eine hohe Effizienz und Wirtschaftlichkeit der Krankenhauslaborversorgung sowie extrabudgetäre Krankenhauserlöse erzielt werden, sodass aufgrund die Mühlenkreiskliniken auch weiterhin auf Expansion setzen, wobei die Ertragschancen allerdings von der Punktwertentwicklung, also von der GOÄ oder dem EBM abhängt sind.

11.5 Diskussion

Ob die Wachstumsstrategie der Laborversorgung der Mühlenkreiskliniken oder anderer Krankenhauslaborverbünde sich gegenüber den privaten Leistungsanbietern durchsetzen wird, ist von verschiedenen Aspekten abhängig. Benachteiligt sind Krankenhauslabore sicherlich nicht aufgrund von fehlender Akzeptanz, Leistungsfähigkeit oder Qualität, sondern aufgrund der tarifbedingt deutlich höheren Personalkosten, den Einfluss der Gewerkschaften sowie den Anforderungen, die sich aus der betrieblichen Mitbestimmung durch die Arbeitnehmervertretung ergeben.

11.6 Ausblick

Die Situation der Labore in deutschen Krankenhäusern ist gegenwärtig einem Wandel unterzogen. Die Zusammenlegung von Laboren hält, strukturell gesehen, immer mehr Einzug in die Kliniken. Der Zusammenschluss kleinerer und mittlerer Krankenhäuser verdrängt kleine dezentrale Laboratorien. Der labordiagnostische Markt wird immer mehr von Großlaboratorien dominiert, die ihrerseits bedingt durch Bestrebung nach wirtschaftlicher Wettbewerbs- und Marktorientierung weiterhin einen strengen Kostendruck forcieren. Um diesen Anforderungen begegnen zu können, optimieren auch Krankenhaus-Labore ihre Kosten u. a. durch Automation, Outsourcing/Insourcing von Laborleistungen, Einsparung von Sachkosten und Reduktion im Personalbereich. Zusammenfassend hat das Krankenhauslabor in der Zukunft in der Patientenversorgung wie auch für die Wirtschaftlichkeit des Krankenhauses eine entscheidende Rolle. Als Anbieter von Labordienstleistungen können Krankenhäuser extrabudgetäre Umsatzerlöse und Deckungsbeiträge generieren.

11.7 Gesundheitspolitische Empfehlungen

Bisher haben Krankenhäuser über Mengenwachstum und steigende Budgets die überproportional steigenden Personal- und Sachkosten gedeckt. Das Krankenhausstrukturgesetz begrenzt mit seinen Inhalten (v. a. Fixkostendegressionsabschlag, Mehrerlösausgleich, Qualitätsanforderungen) diese Möglichkeit. Gleichwohl Krankenhäuser, wie hier am Beispiel der Laborversorgung gezeigt, die Möglichkeit haben, in verschiedenen Geschäftsbereichen extrabudgetäre Umsatzerlöse zu generieren, wird dadurch das Grundproblem der unzureichenden Krankenhausfinanzierung nicht gelöst.

Die unzureichende Finanzierung, das fehlende Fachpersonal und nicht realisierbare Strukturvoraussetzungen sind aber vor allem auf die bestehende Überkapazitäten von Krankenhäusern (Anzahl Krankenhausbetten sowie Anzahl Krankenhäuser) zurückzuführen. Mit dem Krankenhausstrukturgesetz sowie der Einrichtung des Strukturfonds für die Jahre 2016 bis 2018 (§ 12 KHG) sollen Überkapazitäten abgebaut, Krankenhausstandorte konzentriert und Krankenhäuser in nicht akutstationäre lokale Versorgungseinrichtungen (z. B. Gesundheits- oder Pflegezentren, stationäre Hospize) umgewandelt werden.

Das Krankenhausstrukturgesetz löst aber das Kernproblem nicht, dass die Bedarfsplanung weiterhin in den Händen der Länder liegt. Diese haben in aller Regel weder wirtschaftlich noch politisch Interesse, landeseigene Überkapazitäten abzubauen. Der Nutzen eines Krankenhauses fällt im Land an, während die laufenden Kosten über die Krankenversicherungen bundesweit umverteilt werden. Diese Struktur schafft falsche Anreize für die Länder bei der Bedarfsplanung. Es sind daher grundlegende Strukturreformen erforderlich, deren wesentliches Element die Neuausrichtung der Krankenhausplanung sein muss.

An einer reformierten Krankenhausplanung sind neben den Ländern auch der Bund und die Selbstverwaltungspartner vor Ort stärker beteiligt. Der Bund schafft einheitlich definierte Rahmenvorgaben, mit denen er Mindeststandards für eine bedarfsgerechte Versorgung festlegt. Ihre Einhaltung wird durch ein systematisches Versorgungsmonitoring sichergestellt. Die Länder stellen weiterhin regionale Krankenhauspläne auf, berücksichtigen dabei aber die Bundesvorgaben und organisieren das Versorgungsmonitoring. Auf Ortsebene konkretisieren die Leistungserbringer und Sozialversicherungsträger die Vorgaben und berücksichtigen Erkenntnisse aus dem Versorgungsmonitoring (Augurzky et al. 2014).

Übersicht über die gesundheitspolitischen Empfehlungen
Es bedarf einer grundlegenden Strukturreform mit einer Neuausrichtung der Krankenhausplanung nach definierten Mindeststandards für eine bedarfsgerechte Versorgung, an der neben den Ländern auch der Bund und die Selbstverwaltungspartner vor Ort stärker beteiligt werden müssen.

Literatur

Augurzky, B., Beivers, A., Straub, N., & Veltkamp, C. (2014). *Krankenhausplanung 2.0 − Endbericht zum Forschungsvorhabendes Verbandes der Ersatzkassen e. V. (vdek)* (Heft 84). Essen: Rheinisch-Westfälisches Institut für Wirtschaftsforschung.

Berufsverband Deutscher Laborärzte e. V. (BDL). (2017). Labormedizin auf einen Blick. www.bdlev. de/labormeditzin/labormedizin-auf-einen-blick. Zugegriffen: 24. Mai 2017.

Borges, P. (2011). Quo vadis Labormarkt: Trends und Perspektiven − Vortrag im Rahmen des VDGH-Diagnostica-Forum vom 28.01.2011 „Labormedizin in Deutschland − Eine Branche im Wandel". Berlin.

Conalliance. (2017). Industieexpertise; Labor und Diagnostik. http://conalliance.com/expertise-mergers-acquisitations/labor-diagnostik-m&a.html. Zugegriffen: 24. Mai 2017.

Gesundheitsberichterstattung des Bundes (GBE). (2017). http://www.gbe-bund.de. Zugegriffen: 24. Mai 2017.

Halbe, B., & Keller, R. (2007a). *C 1800 Laborkooperationen − Kooperationen zwischen Laborarztpraxis und Krankenhauslaboratorien, Kooperation im Gesundheitswesen, Loseblattsammlung HBKG* (4. Aktualisierung August 2007). Heidelberg: medhochzwei.

Halbe, B., & Keller, R. (2007b). *C 1800 Laborkooperationen − Weitere Kooperationsmodelle zwischen Institutionen der vertragsärztlichen Versorgung; Kooperation im Gesundheitswesen, Loseblattsammlung HBKG* (4. Aktualisierung August 2007). Heidelberg: medhochzwei.

Heidrich, R. (2015). Das „Zukunfts"-Labor gibt es schon heute. *M&K, 2015*(3), 373−384 (Weinheim: GIT).

Jansen, C. (2012a). Reutlinger Modell: Volle Zulassung gestärkt durch Versorgungsstrukturgesetz. *Patho, 2012*(2), 18–19 (Herne: Frischtexte-Verlag).

Jansen, C. (2012b). Rechtsfragen und Antworten. *Patho, 2012*(4), 5–9 (Herne: Frischtexte-Verlag).

KHG. (2017). Gesetz zur wirtschaftlichen Sicherung der Krankenhäuser und zur Regelung der Krankenhauspflegesätze (Krankenhausfinanzierungsgesetz − KHG) vom 29.06.1972 in der Fassung vom 19.12.2016.

Kramer, J. (2013). Sektorenübergreifende Labormedizin. MK 1–2/13, GIT Verlag. http://www.management-krankenhaus.de/whitepaper/sektorenuebergreifende-labormedizin. Zugegriffen: 24. Mai 2017.

Laarmann, K. (2017) Labormedizin im Strukturwandel. http://www.healthcare-in-europe.com/de/artikel/8792-labormedizin-im-strukturwandel.html. Zugegriffen: 24. Mai 2017.

Lackner, K. (2012). Labormedizin im Outsourcing − Ei des Kolumbus oder Luftnummer. Management-Krankenhaus.de 2/2012. http://www.management-krankenhaus.de/topstories/labor-diagnostik/labormedizin-im-outsourcing-ei-des-kolumbus-oder-luftnummer. Zugegriffen: 24. Mai 2017.

Löffert, S., & Damerau, M. (2014). *Die Bedeutung der Labordiagnostik für die Krankenhausversorgung − Eine Studie im Auftrag der Deutschen Vereinten Gesellschaft für Klinische Chemie und Laboratoriumsmedizin (DGKL) und des Verbandes der Diagnostica- Industrie 8 (VDGH)*. Düsseldorf: Deutsche Krankenhausverlagsgesellschaft.

Neumaier, M. (2017). Krankenhauslabordiagnostik in der Zukunft − Nutzen für das Krankenhaus. www.management-krankenhaus.de/topstories/labor-diagnostik/krankenhauslabordiagnostik. Zugegriffen: 24. Mai 2017.

Norbert, G. (2016). Krankenhauslabor − Kostentreiber oder Mehrwert? http://www.management-krankenhaus.de/topstories/labor-diagnostik/krankenhauslabor-kostentreiber-oder-mehrwert. 3/2016. Zugegriffen: 24. Mai 2017.

Orth, M. (2013). Wer seine Zahlen nicht kennt ist angreifbar. *Diagnostik im Dialog Ausgabe 41*(8/2013), 20–21 (Roche).

Partsch, M. (2017). Bewertung von Laborleistungen − Status Quo und Perspektiven; VDGH- Diagnostica-Forum vom 17.02.2017. Berlin.

Schöneberg, K., Wilke, P., Klotz, S., Venzke, M., & Oliver, W. (2016). Branchenanalyse Laboranalytik − Wirtschaftliche Trends, Beschäftigungsentwicklung, Arbeits- und Gehaltbedingungen. *STUDY 2016*(11), 152 (Düsseldorf: Hans Böckler Stiftung).

Statistisches Bundesamt. (2013). „Gesundheit" − Kostennachweis der Krankenhäuser, Fachserie 12, Reihe 6.3, Wiesbaden. www.destatis.de/DE/Publikationen/Thematisch/Gesundheit/Krankenhaeuser/KostennachweisKrankenhaeuser.html. Zugegriffen: 24. Mai 2017.

Über die Autoren

Prof. Dr. med. Franz-Josef Schmitz Ph.D., geb. 1963 in Oberhausen, Studium der Humanmedizin von 1983 – 1989 an der Universitätsklinik Düsseldorf, der Harvard University Boston und dem Universitätsspital Zürich, Stipendiat der Studienstiftung des Deutschen Volkes, von 1989–1990 AiP in der Gastroenterologie der Universitätsklinik Düsseldorf, danach von 1990–2001 Facharztausbildungen an der Universitätsklinik in Düsseldorf, Facharzt für Mikrobiologie und Infektionsepidemiologie (1997), FA für Laboratoriumsmedizin (1999), FA für Hygiene und Umweltmedizin (2000), Zusatzbezeichnung Bluttransfusionswesen (2001), 1998 Ph.D.-Titel an der Universitätsklinik Utrecht, NL; 1998 Habilitation im Fach Medizinische Mikrobiologie an der Universitätsklinik Düsseldorf, in 2002 Ernennung zum Chefarzt am Klinikum Minden, 7 nationale und internationale Preise; mehr als 150 Publikationen in nationalen und internationalen Zeitschriften sowie Buchbeiträge.

Dr. med. Kristin Drechsler (Dipl. Kauffrau), geb. 1966 in Berlin, ist seit 2015 Medizinischer Vorstand/Stellvertretende Vorstandsvorsitzende der Mühlenkreiskliniken AöR, Kreis Minden-Lübbecke. Nach mehrjähriger klinischer Tätigkeit am Universitätsklinikum Benjamin Franklin (Charité) war sie Geschäftsführerin und Leiterin verschiedener Kliniken, u. a. dem Städtischen Klinikum Harlaching sowie Geschäftsfeldleiterin für die Curacon Wirtschaftsprüfungsgesellschaft GmbH.

Tertiärer Sektor als potenzielle, zusätzliche Einnahmequelle für Krankenhäuser

12

Modelle, Synergieeffekte, Preisgestaltungen und Bewertungen unterschiedlicher Dienstleistungen von Krankenhäusern

Lars Timm

Inhaltsverzeichnis

L. Timm (✉)
Itzehoe, Deutschland
E-Mail: lars.timm@gmx.de

© Springer Fachmedien Wiesbaden GmbH 2018
H.-R. Hartweg et al. (Hrsg.), *Aktuelle Managementstrategien zur Erweiterung der Erlösbasis von Krankenhäusern*, https://doi.org/10.1007/978-3-658-17350-0_12

Zusammenfassung

Die Krankenhäuser in Deutschland haben in den vergangenen Jahren ihren Fokus im Wesentlichen auf die Gewinnung von Fachpersonal in den Dienstarten des Ärztlichen Dienstes, Pflegerischen Dienstes, des Medizinisch-technischen Dienstes sowie des Funktionsdienstes gelegt. Doch auch neben diesem vielfach als „weißes Personal" bezeichneten Berufsgruppen wird die Suche nach qualifiziertem Personal in den Dienstleistungsbereichen ebenfalls schwieriger. Insofern kann die Vergabe von Fremdleistungen an professionelle Anbieter ein Ausweg sein, um dieses Problem relativ schnell lösen zu können. Hingegen können sich aber für Kliniken, die nicht über die Personalbeschaffungsprobleme klagen, sondern genügend qualifiziertes Personal vorweisen können, eine attraktive Einnahmenquelle ergeben. Sie erweitern ihre Dienstleistungen und Geschäftsfelder außerhalb der primären und sekundären Aktivitäten eines Krankenhauses. Nachfolgend werden daher neben einer Bestimmung des tertiären Sektors Modelle aufgezeigt und bewertet, die den Krankenhäusern Perspektiven für eine zusätzliche Einnahmequelle ermöglichen und andererseits für andere Krankenhäuser eine Alternative in der Leistungserbringung darstellen.

12.1 Einführung

Im Krankenhaus wird der tertiäre Sektor, demnach der „dritte Sektor", vielfach als Dienstleistungssektor verstanden. Keßeler und Kohl verstehen unter der Bezeichnung tertiärer Sektor „alle nicht-medizinischen und nicht-pflegerischen Leistungen der technischen, infrastrukturellen und kaufmännischen Leistungen in einem Krankenhaus" (vgl. Keßeler und Kohl 2010). Es kann demnach davon ausgegangen werden, dass der tertiäre Sektor Unterstützungsleistungen liefert. So betrachten Kirchner und Knoblich den Begriff „Tertiärer Sektor" aber noch tief greifender als Leistungen, die andere Prozessebenen unterstützen sollen, jedoch keine unmittelbare Auswirkung auf den direkten Geschäftszweck haben (Kirchner und Knoblich 2009). Ein treffendes Beispiel ist die Speisenversorgung. Ein Patient erhält die Speisen, die aber nicht dem eigentlichen Geschäftszweck des Krankenhauses dienen. In diesem Fall ist der Geschäftszweck oder der eigentliche Auftrag des Krankenhauses die Behandlung und Versorgung der Patienten. Es ist festzuhalten, dass die Krankenhäuser grundsätzlich ihre Umsatzerlöse aus den primären und sekundären Aktivitäten beziehen; es kann aber auch lukrativ sein, die Umsatzerlöse durch eine Dienstleistungsausweitung zu steigern.

12.2 Tertiäre Prozesse als Einnahmequelle

Im Folgenden wird der Blick daher ausschließlich auf die tertiären Prozesse

1. Reinigungsdienstleistungen
2. Krankenhauslogistik
3. Rezeption und Empfang
4. Wäschereidienstleistungen
5. Materialwirtschaft
6. Sterilgutaufbereitung
7. Küchenleistungen und Catering

gelegt, die ein Krankenhaus für ein anderes Krankenhaus zur Steigerung der Umsatzerlöse anbieten könnte. So wird nachstehend immer von einem Dienstleistungskrankenhaus ausgegangen, wenn dieses Dienstleistungen an ein Krankenhaus, dem Auftragskrankenhaus, vergibt. In der Literatur wird vielfach auch der Begriff Kunde und Dienstleister verwendet, der hier ebenfalls Anwendung finden könnte. Bei der Betrachtung der sieben möglichen tertiären Prozesse wird durchgehend vorab das Modell beschrieben. Danach folgt die Beschreibung der wesentlichen Synergieeffekte, sowohl für das Dienstleistungskrankenhaus als auch für das Auftragskrankenhaus. Ferner werden Ansätze für eine Preisgestaltung aufgezeigt und am Ende eines jeden Modells folgt eine Bewertung.

12.2.1 Reinigungsdienstleistungen

12.2.1.1 Modelle
Grundsätzlich bietet es sich für ein Dienstleistungskrankenhaus an, auch die eigenen Reinigungsdienstleistungen einem anderen Auftragskrankenhaus oder sogar einer

anderen Organisation anzubieten. Beispielsweise, wenn kurzfristige, mittelfristige oder sogar langfristige Personalüberhänge bestehen, die aus Vertragsaspekten oder Beschäftigungsgarantien eingehalten werden müssen. Ferner kann das Krankenhaus für komplexe Bereiche, wie bspw. eine Beatmungsstation in einem Pflegeheim, das Personal mit entsprechendem Fachwissen benötigt, zur Verfügung stellen. Die Reinigungen der gewöhnlichen Bereiche könnte eine Reinigungsfirma dann in dem Pflegeheim leisten. Daher sind hier folgende Modelle denkbar:

1. Komplettreinigung eines Auftragskrankenhauses
2. Teilreinigung eines Auftragskrankenhauses
3. Spezialreinigung eines Auftragskrankenhauses in nur ausgewählten Bereichen (z. B. infektiöse Bereiche, OP)
4. Sonderleistungen nach Anforderung

12.2.1.2 Synergieeffekte

Ein Dienstleistungskrankenhaus kann dabei sicherlich einen Fundus an gut ausgebildetem Personal, bspw. durch bereits erfolgte regelmäßige Hygieneschulungen in kritischen Bereichen, temporär oder dauerhaft anbieten. Das Auftragskrankenhaus müsste Personal nicht mehr vorhalten und könnte von dem Wissen profitieren. Insofern würde sich die Produktivität des Dienstleistungskrankenhauses durchaus steigern lassen. Auch das Auftragskrankenhaus profitiert durch einen Wegfall von fixen Kosten, der Umsetzung von gesetzlichen Anforderungen und auch von einer Qualitätssteigerung.

12.2.1.3 Preisgestaltung

Mögliche Abrechnungsformen nach ausgesuchten Einheiten
1. Quadratmeter des Objektes in EUR (z. B. 1 qm für 430,- EUR pro Jahr)
2. Quadratmeter pro Stunde in EUR (z. B. 1 qm für 0,15 EUR pro Stunde)
3. Kompaktpreis pro Monat (z. B. 20.000,- EUR pro Monat für die Abteilung A)
4. Nachweise pro Leistungsstunde und Qualifikation (z. B. 33,- EUR pro Hygienefachkraft)
5. Sonderleistungspreise (z. B. 30,- EUR für eine komplette Fußbodenversiegelung pro qm)

An dieser Stelle sei der Hinweis bereits erlaubt, dass die Preisgestaltung so einfach wie möglich sein sollte, um keine hohen Aufwände für die Rechnungserstellung bzw. Überprüfung zu verursachen. Essenziell ist in allen Formen ein dezidierter Leistungskatalog, der genauestens die Dienstleistungen pro Tag, pro Woche und pro Monat jeweils zur Leistungseinheit beschreibt. Ferner empfiehlt es sich, eine entsprechende Management-Fee inkludiert um die Bewertung der Materialkosten kalkulatorisch vorzunehmen und in die Preisgestaltung einzupflegen.

12.2.1.4 Bewertung

Es sei an dieser Stelle erwähnt, dass alle Fremdleistungen, die von einem Dienstleistungskrankenhaus an ein Auftragskrankenhaus angeboten werden, immer nach den jeweiligen Bestimmungen des Steuerrechts sowie des gültigen Gesetzes zur Arbeitnehmerüberlassung individuell geprüft werden müssen. Auch die Nutzung von geförderten Bereichen des jeweiligen Bundeslandes oder geförderten Wirtschaftsgütern müssen vorher zwingend geprüft werden. Nicht zuletzt ist auch das Thema der Versicherung der Mitarbeiter bei Haftpflichtschäden keineswegs zu vernachlässigen und der Versicherungsschutz entsprechend zu erweitern. Auch die Berufsgenossenschaft sollte rechtzeitig informiert werden, um den Sicherungsstatus der Gesetzlichen Unfallversicherung nicht zu verlieren bzw. überhaupt zu erlangen.

Nach einer entsprechenden juristischen und betriebswirtschaftlichen Prüfung spricht grundsätzlich nichts dagegen, die o.g. Modelle anzuwenden. Das Dienstleistungskrankenhaus sollte aber die Risiken abwägen, die beispielsweise durch eine kurze Vertragslaufzeit oder dem Ausfall von Mitarbeitern entstehen kann. Auch das Auftragskrankenhaus wird natürlich die Qualität der Leistungen, beispielsweise durch Befragungen oder Audits, überprüfen und die Einhaltung strengstens überwachen.

Die Abb. 12.1 und 12.2 stellen ein Schema in Form einer Checkliste dar, um die notwendigen Schritte der strukturellen, personellen, ökonomischen und rechtlichen Aspekte zu überprüfen.

I. Strukturelle Aspekte

Stehen genügend Gerätschaften und Wirtschaftsgüter zur Verfügung?	O ja O nein
Müssen Bauten vorgenommen werden?	O ja O nein
Müssen Investitionen vorgenommen werden?	O ja O nein
Welche Dienstleistung soll angeboten werden?	O Reinigung
	O Krankenhauslogistik
	O Rezeption und Empfang
	O Wäscherei- dienstleistungen
	O Materialwirtschaft
	O Sterilgutaufbereitung
	O Küchenleistungen und Catering

Maßnahmen (Wer? Was? Bis wann?):

_____

_____

_____

II. Personelle Aspekte

Das Personal reicht für die Übernahme der Dienstleistungen aus?	O ja O nein
Wie viel Personal muss hierfür eingestellt werden?	_____Vollkräfte
Müssen Qualifikationsmaßnahmen durchgeführt werden?	O ja O nein
Ist das vorhandene Personal für die zusätzlichen Aufgaben einsetzbar und mobil?	O ja O nein

Maßnahmen (Wer? Was? Bis wann?):

_____

_____

_____

Abb. 12.1 Checkliste für die Angebote von Dienstleistungen (Teil 1)

III. Ökonomische Aspekte

Liegen die gewünschten Leistungen des Auftragskrankenhauses vor?	O ja	O nein
Liegen die Personalkosten als Kalkulation vor?	O ja	O nein
Liegen die Sachkosten als Kalkulation vor?	O ja	O nein
Liegen die Investitionskosten vor?	O ja	O nein
Liegt ein finaler Business-Case vor?	O ja	O nein
Liegt ein Cash-Flow-Plan nebst einer Liquiditätsberechnung vor?	O ja	O nein

Maßnahmen (Wer? Was? Bis wann?):

_____

_____

IV. Rechtliche Aspekte

Gibt es datenschutzrechtliche Risiken?	O ja	O nein
Gibt es personalrechtliche Risiken?	O ja	O nein
Gibt es Auflagen von Behörden oder anderen Institutionen?	O ja	O nein
Gibt es Risiken aus Vergaberichtlinien?	O ja	O nein
Gibt es andere rechtliche Risiken?	O ja	O nein

Maßnahmen (Wer? Was? Bis wann?):

_____

_____

Abb. 12.2 Checkliste für die Angebote von Dienstleistungen (Teil 2)

12.2.2 Krankenhauslogistik

In einem Krankenhaus wird sehr häufig die Logistik mit einem Hol- und Bringedienst von Patienten bzw. dem Transport von Gütern und Waren verstanden und vielfach auch gleichgesetzt. Grundsätzlich ist die Logistik in einem Krankenhaus aber als ein strukturelles Element zur Ausführung von informellen und physischen Prozessen zu verstehen. Letzteres wäre in diesem Fall der Transport einer Ware von einem Standort A zu einem Standort B. (vgl. Kraus et al. 2010). Der informelle Prozess besteht hingegen aus der Ausübung des Bestellvorgangs, dass die Ware vom Standort A zu einem Zeitpunkt X in der gewünschten Zeit Y an den Standort B gelangt. Daher muss die Krankenhauslogistik grundsätzlich einen hohen Stellenwert in dem jeweiligen Krankenhaus einnehmen und gut aufgestellt sein; sowohl in den informellen als auch in den physischen Prozessen. Krankenhäuser, die für sich noch Verbesserungsbedarf erkannt haben und noch nicht umsetzen konnten, sollten daher mit größter Vorsicht weitere Dienstleistungen übernehmen und zunächst die In-House-Prozesse lösen. Eine bereits gut aufgestellte Krankenhauslogistik in einem potenziellen Dienstleistungskrankenhaus kann, bei einem Vorhandensein der entsprechenden Voraussetzungen, durchaus als Logistiklösung für mehrere Auftragskrankenhäuser angeboten werden.

12.2.2.1 Modelle

Grundsätzlich sollte man zwei Modelle in der Krankenhauslogistik trennen. Die Krankenhauslogistik für den Patientenbegleitdienst beinhaltet neben dem physischen Transport auch eine adäquate medizinische und pflegerische Betreuung (erstes Modell). Insofern muss zwangsläufig adäquates Personal hierfür gefunden werden, die über eine medizinische Grundausbildung (z. B. Rettungssanitäter) verfügen. Das zweite Modell bezieht sich hingegen auf den Transport von Waren, wie beispielsweise dem Medizinischen Bedarf, Medikamente oder weitere Materialien. Hier kann bspw. auf Servicepersonal zurückgegriffen werden. Gemeinsame integrierte Modelle, wie z. B. den gemeinsamen Transport von Patienten und Waren, haben sich bislang nicht durchgesetzt. Nachstehend werden beide Modellvarianten betrachtet.

12.2.2.2 Patientenbegleitdienst

In diesem Modell liegt der Vorteil bei einer Ausweitung der Dienstleistung vor allem innerhalb der informellen Prozesse. So kann ein Dienstleistungskrankenhaus die Leitstelle für den Patientenbegleitdienst an mehrere Auftragskrankenhäuser koppeln und zudem noch Standardprozesse festlegen. Bspw. könnte man den „Post-OP-Standard" festlegen und als zwingende Ressource hinterlegen, dass diese Transporte tatsächlich nur von einem Rettungssanitäter oder anderem medizinischen Servicepersonal durchgeführt werden darf. Dieser Standardprozess müsste somit auch in mehreren Krankenhäusern nach einer Konsensfindung gelten. Denkbar wäre natürlich auch die Ausweitung der physischen Prozesse. In diesem Fall würde das Auftragskrankenhaus das Personal vom Dienstleistungskrankenhaus mit der Dienstleistung beauftragen.

12.2.2.2.1 Synergieeffekt

Im Bereich der informellen Prozesse könnte sich ein deutlicher Synergieeffekt durch die einmalige Beschaffung der Leitstellensoftware und der dazugehörigen Hardware ergeben. Auch weitere Kosten, wie bspw. die Lizenzkosten sowie Kosten für Wartung und Pflege des Softwaresystems, würden sich bei nur einem System deutlich geringer darstellen. In Bezug auf das Personal könnte bei einem größeren Personalpool besser auf planbare oder nicht-planbare Ausfälle reagiert werden. Denkbar wäre auch eine gemeinsame Leitung für alle relevanten Standorte, um Managementaufgaben zu bündeln und ebenfalls kostensenkend abzubilden.

12.2.2.2.2 Preisgestaltung

Analog zu den Reinigungsdienstleistungen können hier folgende Preiselemente zum Ansatz gebracht werden:

1. überlassene Stunden (z. B. 23,- EUR für einen Rettungssanitäter)
2. Anzahl der Transporte (z. B. 7,20 EUR pro Transport liegend)
3. Anzahl der Transporte (z. B. 5,80 EUR pro Transport sitzend)
4. Kompaktpreis pro Monat (z. B. 23.000,- EUR für alle Patiententransporte)

Um einen wirtschaftlichen Anreizeffekt für beide Seiten zu erzielen, könnte sogar die Einsparung durch schlankere und verkürzte Prozesse in einer Zielvereinbarung separat honoriert werden. In dem Preisbeispiel „Anzahl der Transporte" wird natürlich das Dienstleistungskrankenhaus versuchen, in einer kurzen Zeit möglichst viele Transporte zu verteilen. Erreicht werden könnte dies durch eine bessere Steuerung der Anmeldeprozesse, um dadurch Ressourcen zu reduzieren. Sowohl das Auftragskrankenhaus als auch das Dienstleistungskrankenhaus könnten sich das reduzierte Kostenvolumen entsprechend definierter Verteilungsschlüssel aufteilen. Die Abb. 12.3 verdeutlicht dies.

12.2.2.2.3 Bewertung

Der Patientenbegleitdienst könnte sich durchaus für ein Dienstleistungskrankenhaus lohnen, wenn das hauseigene System bereits optimiert ist. So könnte der Versuch gewagt werden, um die positiven Erfahrungen in einem Auftragskrankenhaus ebenfalls umzusetzen. In Bezug auf die physischen Prozesse könnte daher eine höhere Anzahl von Mitarbeitern eine bessere Disponibilität ergeben, um zum Beispiel auf kurzfristige Ausfälle reagieren zu können. Bei den informellen Prozessen überwiegt hier die Planung und Steuerung der Logistik aus „einer Hand" mit abgestimmten Standardprozessen. Kritisch ist an dieser Stelle aber noch das Thema Datenschutz, das zwangsläufig juristisch geklärt werden muss, wenn bspw. Patientendaten in ein anderes Krankenhaus übermittelt werden.

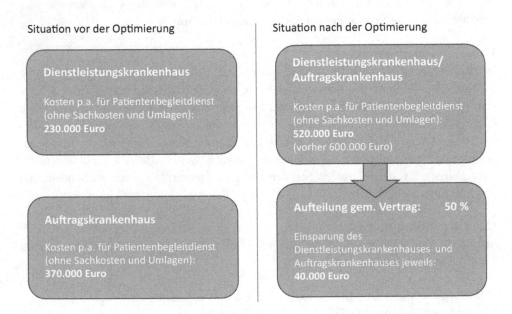

Abb. 12.3 Aufteilung von Einsparpotenzialen (am Beispiel Patientenbegleitdienst)

12.2.2.3 Warentransport

Dieses Modell überzeugt durch eine Reduzierung von Vorhaltungskosten, gepaart mit möglichen Einspareffekten im Einkauf. Der letztere Effekt wird intensiv in dem Kapitel Materialwirtschaft betrachtet. Das Dienstleistungskrankenhaus könnte in diesem Modell die Lagerkapazitäten zentralisieren und somit Flächen in dem Auftragskrankenhaus reduzieren; auch umgekehrt, wäre dieses natürlich möglich. Zwar hätte dann das Dienstleistungskrankenhaus oder das Auftragskrankenhaus ein größeres Lager; durch die Reduzierung von Personalkosten konnte sich dadurch aber ein sehr sinnvoller wirtschaftlicher Effekt ergeben.

12.2.2.3.1 Synergieeffekte

Ein deutlicher Synergieeffekt könnte sich durch eine einheitliche Hardware bzw. Software ergeben. Für die Materialwirtschaft ergäbe sich dadurch ein deutlich höheres Bestellvolumen, das ebenfalls wirtschaftliche Effekte und ggf. auch eine höhere Lieferantentreue verbunden mit einer schnelleren Liefergeschwindigkeit realisieren lässt. Wird hingegen nur der Warentransport betrachtet, so wäre ein synergetischer Effekt aber nur in geringer Form zu erzielen. Schließlich müssen sowohl im Auftragskrankenhaus als auch im Dienstleistungskrankenhaus alle Waren von einem Standort A zu einem anderen Standort B gebracht werden. Ein Effekt ergäbe sich aber, wenn unterschiedliche Bestellverhalten und Anlieferungszeitpunkte so unterschiedlich sind, dass sich hieraus ein lernendes System ergäbe bzw. zu viele Leerfahrten derzeit stattfänden, die bei einem Best-Practice Ansatz dann abgestellt werden könnten. Ein derartiges Modell kann sich aber auch durch eine Projektkooperation realisieren.

12.2.2.3.2 Preisgestaltung

In Bezug auf die Preisgestaltung soll vor allem der Effekt des höheren Bestellvolumens dargestellt werden. In Vorgriff auf das nachfolgende Kapitel Materialwirtschaft ergäbe sich vor allem durch die Verteilung des Einsparvolumens auf das Dienstleistungs- bzw. Auftragskrankenhaus.

Mögliche Formen der Preisgestaltung
1. überlassene Stunden (z. B. 21,- EUR für einen Mitarbeiter im Transportdienst)
2. Anzahl der Transporte (z. B. 4,30 EUR pro Transport liegend)
3. Kompaktpreis pro Monat (z. B. 12.000,- EUR für alle Patiententransporte)
4. Volumenpakete (z. B. 430.000,- EUR Bestellvolumen zzgl. 10 % Service-Fee)

Demgegenüber müsste aber das Auftragskrankenhaus natürlich sehr genau kalkulieren, ob sich gegenüber dem Status-quo Einsparungen ergeben.

12.2.2.3.3 Bewertung

Die Übernahme des Warentransports aus Sicht eines Auftragskrankenhauses macht nur wenig Sinn. Es sei denn, dass Tarifverträge verhindert werden sollen. Bei einer reinen physischen Betrachtung ergibt sich jedoch nur ein geringer Mehrwert; ein Mehrwert ergäbe sich aber natürlich, wenn auch der Aspekt der Materialwirtschaft in das Dienstleistungspaket aufgenommen wird. In dem nächsten Abschnitt wird dieser Bereich betrachtet.

12.2.3 Materialwirtschaft und Einkauf

In vielen Krankenhäusern gibt es bereits Kooperationen mit Einkaufsgemeinschaften, um das Bestellvolumen zu erhöhen und dadurch bessere Einkaufspreise zu erzielen oder an Bonussystemen teilhaben zu können. Die komplette Abgabe der Materialwirtschaft oder des Einkaufs ist aber in vielen Krankenhäusern oder Klinikverbünden noch nicht etabliert.

12.2.3.1 Modelle

Bei der Betrachtung von umzusetzenden Modellen kommt entweder eine Teilnahme an einer Einkaufsgemeinschaft oder die komplette Vergabe an ein Dienstleistungskrankenhaus in Betracht. Bei einer Teilnahme würden nur ausgewählte Produkte, in vielen Fällen A- und B-Güter, über die Einkaufsgemeinschaft bestellt. In dem letzteren Modell, der kompletten Vergabe der Materialwirtschaft und des Einkaufs, würde das Auftragskrankenhaus überhaupt keine Personalressourcen vorhalten und sich direkt dem Dienstleistungskrankenhaus anschließen bzw. auch von diesem abhängig sein.

12.2.3.2 Synergieeffekte

Bei diesem Modell ergäbe sich die Möglichkeit, die Lagerflächen zu reduzieren und vor allem zu konzentrieren. In dem vorherigen Abschnitt wurde dieser Themenkomplex ja schon beleuchtet. Beispielsweise kann das Lager auch in dem Auftragskrankenhaus sein, auf das auch das Dienstleistungskrankenhaus zurückgreift. Der eigentliche Synergieeffekt ergäbe sich aus einer höheren Produktivität des Einkaufspersonals durch die Zusammenfassung und Bündelung von Bestellungen. Wurden zuvor bei einem Lieferanten zwei Bestellungen ausgelöst, so wäre dies zukünftig nur eine Bestellung bzw. sogar Anlieferungsort. Nicht nur, dass der Bestellvorgang bei gleicher Anzahl und weniger Personal eine höhere Produktivität ergeben würde, so kann auch ein viel besserer Preis für das Auftragskrankenhaus und das Dienstleistungskrankenhaus erzielt werden. Eine standardisierte Produktumstellung, kann, bspw. durch eine Konzentration von hochpreisigen Implantaten, deutliche Synergiepotenziale ergeben. Viele Krankenhäuser standardisieren beispielsweise ihre Implantate und lassen nach der 80:20-Regel nur 80 % an Standardartikeln zu. Der Rest kann frei gewählt werden.

12.2.3.3 Preisgestaltung

Üblich sind in derartigen Fällen Servicepauschalen und zusätzlich Bonuszahlungen, wenn bspw. bessere Preiseffekte erzielt worden sind. Auch hier ist es essenziell, dass die bisherigen Personalkosten des Auftragskrankenhauses über der Servicepauschale liegen sollten, damit ein wirtschaftlicher Effekt erzielt werden kann. Grundsätzlich kann auch neben dem Einkauf und der Materialwirtschaft die Logistik in das Dienstleistungspaket aufgenommen werden. In diesem Fall sind die preisgestalterischen Elemente des vorherigen Abschnitts anwendbar.

12.2.3.4 Bewertung

Grundsätzlich ist die Übernahme dieser Dienstleistungen eine verbesserte Möglichkeit für ein Dienstleistungskrankenhaus, um zusätzliche Erlöse zu erzielen. Dies setzt aber voraus, dass es noch Produktivitätsreserven in dem vorhandenen Personal gibt. Allerdings besteht auch für das Dienstleistungskrankenhaus die Möglichkeit, noch bessere Preise durch eine Volumenerhöhung und eine noch bessere Produktivität zu erzielen. In einem „Best-Case-Szenario" und der gemeinsamen Umsetzungsstärke, bspw. bei Standardartikeln, ergäbe sich sehr rasch eine Win-win Situation.

12.2.4 Rezeption und Empfang

In der Krankenhaussprache wird vielfach noch der Begriff „Pforte" oder „Information" verwendet. Da sich ein Krankenhaus aber als Dienstleister verstehen muss, wird nachfolgend für diese Organisationseinheit der Begriff „Rezeption" verwendet. Die Übernahme einer Rezeption von einem Auftragskrankenhaus an ein anderes ist derzeit relativ selten. Eher finden diese Modelle Anwendung, wenn Servicegesellschaften eines Krankenhauses gegründet werden und die Mitarbeiterinnen sodann ihren Arbeitgeber wechseln.

12.2.4.1 Modelle

Grundsätzlich kann bei entsprechenden Entfernungen von zwei Krankenhäusern eine Rezeption nicht dauerhaft geschlossen werden. Insofern ist eine komplette Verlagerung quasi undenkbar. Denkbar wäre aber die Übernahme von Rezeptionsdienstleistungen in weniger frequentierten Zeiten, bspw. im Nachtdienst. Das Dienstleistungskrankenhaus würde gegen 22 Uhr die Anrufe des Auftragskrankenhauses entgegennehmen und von dort aus koordinieren. Allerdings ist dann natürlich die Präsenz nicht mehr gegeben.

12.2.4.2 Synergieeffekte

Der Synergieeffekt ergäbe sich hier durch die Einsparung des Nachtdienstes in den Zeiten von 22 Uhr bis 6 Uhr. Mithin könnte dies einen Betrag von ca. 60.000 EUR p. a. ergeben. Allerdings muss hier vor allem die Erreichbarkeit sichergestellt werden und die Möglichkeit, in Notfalllagen bei Brand oder anderen Großschadenslagen, agieren zu können. So könnte auch die Anschaffung einer gemeinsamen Telefonanlage Synergieeffekte ergeben, die sich um die Software erweitern ließen.

12.2.4.3 Preisgestaltung

Eine Abrechnung pro Anruf wäre eine Möglichkeit der Preisgestaltung, jedoch sicher zu umfangreich, um den tatsächlichen Endpreis zu ermitteln. Denkbar wäre eher eine Servicepauschale, die monatlich gezahlt wird und sich an den Personalkosten der Vorhaltung bemisst.

12.2.4.4 Bewertung

Insgesamt erscheint dieses Modell nicht lukrativ, weil die vorhandenen Risiken die Chancen überwiegen. In einem Großschadensfall kann eine Rezeptionistin die erste Koordinierung aus der Ferne nur sehr erschwert durchführen; Ortskenntnisse sind dabei zwangsläufig notwendig. Auch das Thema Datenschutz bei der Abfrage von Patientendaten gestaltet sich als schwierig und stellt zusätzliche Herausforderungen dar. Des Weiteren müsste das Dienstleistungskrankenhaus auch Zugriff auf die Daten des Auftragskrankenhauses haben. Allein hier kann die Umsetzung schon an den strengen Vorgaben des Datenschutzes scheitern.

12.2.5 Wäschereidienstleistungen

In den letzten Jahren ist in vielen Kliniken ein Outsourcing von Wäschereidienstleistungen umgesetzt worden, weil sich ein eigenständiger Gerätepark, zumeist auslastungsbedingt, nicht rechnet. Da jedoch auch die Wäschereibetriebe Deckungsbeiträge in Form von Ergebnismargen einkalkulieren, finden in letzter Zeit auch Insourcing-Modelle durch trägereigene Servicegesellschaften zunehmende Beliebtheit. Bei diesen Modellen kommt vor allem die günstigere Tarifbindung zur Ergebnisentfaltung. In dem nachfolgenden Modell wird daher lediglich das Modell des Insourcing betrachtet.

12.2.5.1 Modell

Ein Dienstleistungskrankenhaus mit einer eigenen Wäscherei, gleichwohl, ob in Form eines Insourcings oder in den bestehenden tradierten Tarifstrukturen, kann auf dem Markt durchaus ein Auftragskrankenhaus mit gereinigten Textilien versorgen. Sofern das Dienstleistungskrankenhaus die entsprechenden Kapazitäten aufweist und die Textilmenge reinigen kann, wird natürlich das Auftragskrankenhaus – durch einen Abbau der eigenen Kapazitäten – davon profitieren.

12.2.5.2 Preisgestaltung

Die Preisgestaltung kann sich hierbei an die bereits gängigen Preismodelle von professionellen Industriewäschereien orientieren.

> **Mögliche Preismodelle für den Wäschedienst**
> 1. Stückpreise (z. B. 1,30 EUR pro Textilstück inkl. Reinigung und Leasing)
> 2. Preise pro Tonne (z. B. 14,- EUR pro Tonne)
> 3. Preise pro Fall (z. B. 21,- EUR pro Fall)
> 4. Volumenpakete (z. B. 100.000,- EUR pro Monat mit hinterlegten Mengen)

Grundsätzlich eignet sich auch hier eine Verteilung nach einem realisierten Einsparvolumen, wenn bspw. geringe Mengen an Wäsche verbraucht werden. Die Einspareffekte könnten sich das Auftragskrankenhaus und das Dienstleistungskrankenhaus aufteilen. Ferner könnte hier auch ein Benchmarking möglich sein, um beispielsweise die Mengen auf die Fallzahl, Beschäftigten oder anderen Verteilerschlüsseln zu betrachten.

12.2.5.3 Bewertung
Grundsätzlich eignet sich eine Ausdehnung der Wäschereidienstleistungen für ein Dienstleistungskrankenhaus, wenn noch Kapazitäten in technischer oder personeller Hinsicht zur Verfügung stehen. Allerdings stehen demgegenüber natürlich noch Investitionsrisiken und Risiken durch steigende Roh-, Hilfs- und Betriebsstoffe, die bei einer Wäscherei nicht unerheblich sind. Das Auftragskrankenhaus würde allerdings die mögliche Steuerung der eigenen Qualität vollkommen abgeben, könnte aber auch von der Abgabe der Risiken durch Investitionen und Materialkosten deutlich profitieren.

12.2.6 Sterilgutaufbereitung

12.2.6.1 Modelle
Vorab ist festzuhalten, dass die Fremdvergabe zur Wiederaufbereitung von Instrumentarien ein sehr komplexes Projekt darstellt und einer guten Planung bedarf. Hier darf keinesfalls eine Überstürzung von Maßnahmen erfolgen. Viele Krankenhäuser haben sich bereits von der eigenen Aufbereitung getrennt und nutzen hierfür Fachbetriebe, die bspw. auch für Arztpraxen die Gerätschaften besser auslasten. Das entbindet die Krankenhäuser jedoch nicht von der Haftung gemäß Medizinproduktegesetz und Medizinprodukte Betreiberverordnung. Eine Zentrale Sterilgutversorgungsabteilung (ZSVA) zu erweitern oder auch abzugeben, bedarf umfassender Zielsetzung, Planung, Steuerung und Kontrolle.

12.2.6.2 Synergieeffekte
In vielen Krankenhäusern werden die Kosten für die Aufbereitung von Instrumenten eher vernachlässigt. Allerdings lassen sich die Kosten für eine Sterilguteinheit (STE) relativ einfach messen. Sollte ein Dienstleistungskrankenhaus die Wiederaufbereitung übernehmen, so sind grundsätzlich vorab Investitionen zu prüfen, um die Sterilgüter auch gemäß

der Kapazität der Aufbereitungsmaschinen aufnehmen zu können. Eine steigende Produktivität ließe sich vor allem durch eine höhere Zuordnung von Sterilguteinheiten pro Vollkraft messen.

12.2.6.3 Preisgestaltung

Wenn das Auftragskrankenhaus einen Vorteil durch die gewollte Verschiebung innerhalb der Kostenstruktur generieren kann, ist die Abrechnung nach Sterilguteinheiten die beste Variante. Somit lassen sich fixe Kosten eher in variablen Kosten abbilden. Das Dienstleistungskrankenhaus muss aber zwangsläufig einen Aufschlag für eine etwaige Instandhaltung sowie die Energiekosten kalkulieren und monitoren. Pauschale Preiselemente sollten daher nicht zwingend abgeschlossen werden.

12.2.6.4 Bewertung

Wie bereits erwähnt, ist die Übernahme einer ZSVA bei einem geringen Risiko in dem Gerätepark durchaus als lohnenswert zu betrachten. Allerdings müssen sämtliche rechtlichen Vorgaben auf Umsetzung geprüft werden und zudem ein Qualitätsmanagement etabliert werden. Zu letzterem sind die Krankenhäuser zwar verpflichtet; jedoch ist bei einer Fremdvergabe ferner noch eine Verschärfung gegeben. Sollte sich ein Auftragskrankenhaus für die Fremdvergabe entscheiden, sind zwingend aber auch die Fachbetriebe zu kontaktieren.

12.2.7 Küchenleistungen und Catering

Sehr frühzeitig haben die Krankenhäuser begonnen, ihre Küchenleistungen auszugliedern und entweder in Eigenregie in einer tarifgünstigeren Gesellschaft oder durch einen Fremddienstleister die Speisenversorgung sicherzustellen. Die Fortführung des Betriebes durch eine eigene Servicegesellschaft bietet den Vorteil, dass eine Kostenreduktion prinzipiell erreicht werden kann und gleichzeitig die Qualität der Speisen in der eigenen Hand bleibt. Allerdings bleibt auch das Betreiberrisiko, bspw. bei einem Ausfall von Gerätschaften oder Personalengpässen. Der Fremddienstleister hat dieses vollumfänglich sicherzustellen. Allerdings fällt eine schlechte Speisenqualität nicht primär auf den Dienstleister zurück, sondern auf das Krankenhaus. Daher muss auch diese Entscheidung wohl überlegt sein. Zumal natürlich Fremddienstleister ebenfalls mit einer Marge kalkulieren, die „verdient" werden muss.

12.2.7.1 Modelle

Grundsätzlich sind bei der Vergabe von Küchenleistungen und Catering nur zwei Modelle denkbar; die Erweiterung der Küchenleistungen und Catering eines Dienstleistungskrankenhauses oder der jeweiligen Servicegesellschaft oder die Teilhabe an einem externen Fremddienstleister, die bspw. ohnehin in einem anderen Krankenhaus kocht und sein Spektrum erweitert. Bei dem letzteren Modell würde das Krankenhaus, das die

Flächen an den Fremddienstleister zur Verfügung stellt, ggf. einen günstigeren Preis pro Beköstigungstag (BKT) erzielen wollen. Im Folgenden soll aber lediglich die erste Variante betrachtet werden.

12.2.7.2 Synergieeffekte

Die Synergieeffekte, die sich bei diesem Modell ergäben, sind enorm. So können deutliche bessere Ergebnisse in der Auslastung von Produktions- oder Reinigungsmaschinen erzielt werden. Aber auch der Produktionsprozess ließe sich durch die Verfertigung von mehr Speisen pro Tag und einer dadurch besseren Auslastung des Personals deutlich verbessern. Der Warentransport, der durchaus mit dem Kapitel Krankenhauslogistik in Verbindung gebracht werden kann, könnte weitere Synergien ergeben.

12.2.7.3 Preisgestaltung

Das Dienstleistungskrankenhaus sollte vorab sehr genau die notwendigen Investitionen und zusätzlichen Personalkosten ermitteln. Nicht zu vernachlässigen ist natürlich auch der Wareneinsatz bzw. die Energiekosten. Dabei sollte allen Beteiligten klar sein, dass vorab unbedingt eine Preiskalkulation erfolgen sollte, um auch einen marktgerechten und zukunftsfähigen Preis anzubieten. Ferner sollte eine Mindestabnahmemenge in den Verträgen fixiert werden, um die fixen Kosten zu decken und nicht in ein wirtschaftliches Risiko zu verfallen. Generell eignet sich daher eine Grundpauschale und darüber hinaus ein Betrag pro Beköstigungstag (BKT). Idealerweise liegt diese ohne eine Grundpauschale unter 10,- Euro pro BKT.

12.2.7.4 Bewertung

An dieser Stelle soll auf die Hinweise der vorangegangen Abschnitte in Bezug auf die Einhaltung von Gesetzen verwiesen werden. Insbesondere sind in der Küche Hygienevorschriften und Arbeitsschutzvorschriften von essenzieller Bedeutung. Bei einer gut aufgestellten Küche des Dienstleistungskrankenhauses und einem modernen Gerätepark, kann es sich aber sehr wohl lohnen, die Dienstleistungen zu erweitern. Es muss jedoch dem Dienstleistungskrankenhaus durchaus klar sein, dass das Auftragskrankenhaus sehr kritisch die Produkt- und Dienstleistungsqualität prüfen wird.

12.3 Diskussion

Es ist festzustellen, dass die Krankenhäuser durch die genannten Beispiele umfangreiche Möglichkeiten haben, ihre Erlöse zu steigern. Allerdings muss immer betrachtet werden, dass hiermit auch

1. Investitionen
2. Bauten
3. Personaleinstellungen

verbunden sind. Insofern geht das Dienstleistungskrankenhaus auch ein erhebliches Risiko ein, wenn es Dienstleistungen für Externe anbietet. Es empfiehlt sich daher bei entsprechenden unternehmerischen Entscheidungen lange Vertragslaufzeiten zu wählen, um notwendige Investitionen oder Umbauten auch refinanziert zu bekommen.

Ferner müssen zwingend die geltenden Gesetze genauestens betrachtet werden. Das Arbeitnehmerüberlassungsgesetz, das Bundesdatenschutzgesetz oder das Medizinprodukte-Gesetz geben hier nur einen unvollständigen Auszug wieder.

Demgegenüber stehen aber natürlich auch die wirtschaftlichen Vorteile bei einer höheren Fixkostendegression oder einer besseren Personalproduktivität. Das Dienstleistungskrankenhaus muss jedoch bei dieser unternehmerischen Entscheidung beachten, dass das Kerngeschäft, demnach die Behandlung von Patienten, oberste Priorität haben sollte und die Managementkapazitäten sich eher an die Kernprozesse richten sollte. Generell kann konstatiert werden, dass vor allem der Einkauf, die Materialwirtschaft und die Krankenhauslogistik die besten Chancen bieten und relativ schnell umgesetzt werden können. Bei allen anderen Modellen sollten die örtlichen Gegebenheiten und die realistische Umsetzung, vor allem unter Einbezug von Fachexperten, kritisch betrachtet werden.

12.4 Ausblick

Die Etablierung von zusätzlichen Einnahmequellen des tertiären Sektors für Krankenhäuser bietet nur zum Teil Potenziale. Es ist daher jedem Krankenhaus selbst überlassen, ob es sich für die Etablierung von Einnahmequellen im tertiären Sektor entscheidet oder die Managementkompetenz richtigerweise den primären Prozessen zuordnet. Der Aufwand bei dem Vertragsabschluss und die spätere Betreuung eines oder mehrerer Auftragskrankenhäuser ist indes nicht zu unterschätzen. Daher sollten nur wirklich gut aufgestellte Krankenhäuser die unternehmerische Entscheidung treffen, ihre Dienstleistungen auch für Dritte anzubieten. So ist im Bereich der Reinigung festzuhalten, dass die Gewinnmargen von Fremddienstleistern nur geringe Beträge ausweisen; auch dies muss dem Krankenhaus bei der finalen Entscheidung bewusst sein (Jaehrling 2007).

12.5 Gesundheitspolitische Empfehlungen

Innenpolitisch kann konstatiert werden, dass die Entscheidung allein dem Krankenhaus obliegt, ob Einnahmequellen im tertiären Sektor erschlossen werden sollen. Bei einer gesundheitspolitischen Betrachtung sind jedoch die Synergieeffekte, um den Ausführungen des § 12 des SGB V (Sozialgesetzbuch V 2017) gerecht zu werden, zu verfolgen. So schreibt der erste Absatz des Gesetzestextes eindeutig vor, dass die Leistungen ausreichend, zweckmäßig und wirtschaftlich sein müssen. Insofern ist es durchaus möglich, dass in dem tertiären Sektor Synergieeffekte umgesetzt werden können, die sodann eine bessere Struktur, Prozess- und Ergebnisqualität in den primären und sekundären

Prozessen ergeben könnten. Hierzu wäre es denkbar, dass die zuständige Planungsbehörde mögliche Synergieeffekte prüft oder eben Anreizmodelle etabliert werden, um die notwendigen Investitionen für die Ausweitung von Dienstleistungsmodellen zu fördern. So kann natürlich auch die Ausweitung der Dienstleistungen für öffentliche Einrichtungen oder privaten Unternehmen eine zusätzliche Einnahmequelle sein, wenn nicht zwingend eine Investition zuvor über Einzelmittel gefördert wurde. Folgende Empfehlungen sind daher als Impuls zu verstehen:

Übersicht über die gesundheitspolitischen Empfehlungen

1. Im Rahmen der Krankenhausplanung sollte auch die Dienstleistungsstruktur der Krankenhausträger in Form einer eigenen Berichterstattung abgefragt bzw. erfasst werden.
2. Für Leistungen eines Krankenhauses, die Synergiepotenziale beinhalten, sollte eine Förderung vorgesehen werden.
3. Hat ein Krankenhaus pauschal- oder aber einzelgeförderte Investitionsbeträge empfangen, sollten diese Zuwendungen in den Fällen, in denen öffentliche oder aber private Einrichtungen mit zusätzlichen Diensten oder Leistungen versorgt werden, generell von Rückforderungen ausgeschlossen werden.

Literatur

Jaehrling, K. (2007). Wo das Sparen am leichtesten fällt. Reinigungs- und Pfleghilfskräfte im Krankenhaus. In B. Gerhard & W. Claudia (Hrsg.), *Arbeiten für wenig Geld. Niedriglohnbeschäftigung in Deutschland* (S. 175–210). Frankfurt: Campus.

Keßeler, T., & Kohl, O. (2010). Trends im Verpflegungsmanagement. In J. Debatin, A. Ekkernkamp, & B. Schulte (Hrsg.), *Krankenhausmanagement. Strategien, Konzepte, Methoden* (S. 633–640) Berlin: Medizinisch Wissenschaftliche Verlagsgesellschaft.

Kirchner, M., & Knoblich, J. (2009). Outsourcing tertiärer Dienstleistungen. In I. Behrendt, H.-J. König, & U. Krystek (Hrsg.), *Zukunftsorientierter Wandel im Krankenhausmanagement. Outsourcing, IT-Nutzenpotenziale, Kooperationsformen, Changemanagement* (S. 103–111). Berlin: Springer.

Kraus, G, Bahmann, M., Burkart, S., & Goldschmidt, A. J. W. (2010). Logistik-Reorganisation im Krankenhaus. In J. Debatin, A. Ekkernkamp, & B. Schulte (Hrsg.), *Krankenhausmanagement. Strategien, Konzepte, Methoden* (S. 615–630). Berlin: Medizinisch Wissenschaftliche Verlagsgesellschaft.

SGB V. (2017). Sozialgesetzbuch Fünftes Buch (V) vom 20.12.1988 in der Fassung vom 06.03.2017.

Über den Autor

Dr. phil. Dipl. Kfm. (FH) Lars Timm, MBA, geb. 1977 in Itzehoe, absolvierte zunächst im Rahmen seines Ersatzdienstes die Qualifikation als Rettungssanitäter und studierte danach Krankenhaus-Management an der Hochschule Flensburg. Nach beruflichen Stationen als Referent, Kaufmännischer Direktor und Prokurist in einem Klinikverbund und danach als Krankenhausdirektor in einem privaten Unternehmen absolvierte er parallel einen MBA-Abschluss an der HAW

Hamburg. Danach promovierte Timm in dem Themenbereich Public Health in Innsbruck und untersuchte dabei Unterschiede in der Behandlungsqualität von klinikbetriebenen und vertragsärztlichen Versorgungsformen am Beispiel der koronaren Herzkrankheit. Timm ist bei einem privaten Klinikbetreiber als Regionalgeschäftsführer tätig und verantwortet mehrere Krankenhäuser in Niedersachsen und Bremen. Regelmäßig ist Timm aber noch als Rettungssanitäter tätig, um die Themen an der Basis zu erfassen und den Dialog mit den Health Professionals zu suchen.

Merchandising, Sponsoring, Werbung und Co

13

Rolf Kaestner

Inhaltsverzeichnis

R. Kaestner (✉)
Projekt Partner Gruppe, Hamburg, Deutschland
E-Mail: rolfkaestner@projektpartner.org

© Springer Fachmedien Wiesbaden GmbH 2018
H.-R. Hartweg et al. (Hrsg.), *Aktuelle Managementstrategien zur Erweiterung der Erlösbasis von Krankenhäusern*, https://doi.org/10.1007/978-3-658-17350-0_13

Zusammenfassung

Fundraising, Merchandising, Charity-Shopping, Sponsoring und verschiedene andere Geschäftsfelder als mögliche zusätzliche Einnahmequellen stellen im von der gesetzlichen Krankenversicherung dominierten Gesundheitssystem mit seinen deutlichen regulatorischen Ausprägungen ein besonders sensibles Gebiet für die Erschließung von Zusatzeinnahmen für das Krankenhaus dar. Während die erstgenannten Handlungsfelder insbesondere bei der Art der Adressatenansprache und der Vertriebspartner- und Produktauswahl Sensibilität und Beachtung ethischer Standards erfordern, gelten zumindest für weitere Handlungsfelder, insbesondere das Sponsoring, dazu noch deutlich weiter reichende Regelungen der Sozialgesetzgebung. In diesem Kapitel sollen alle potenziellen – nicht unmittelbar mit Gesundheitsdienstleistungen verbundenen – Einnahmequellen mit Ausnahme des Fundraisings genauer beleuchtet werden. Dabei wird das Fundraising als traditionelles System des Spendensammelns in verschiedenen Dimensionen detailliert im nachgehenden Kapitel beleuchtet. Darüber hinaus bieten die übrigen, hier dargestellten Finanzierungsquellen noch eine Vielzahl von Möglichkeiten, Zusatzeinnahmen für den Krankenhausbetrieb zu generieren. Der Ort „Krankenhaus" ist für den Handel und die werbetreibende Wirtschaft ein potenziell ausgezeichnet nutzbarer Raum für unterschiedliche Formen von Zielgruppenansprachen auf unterschiedlichsten Kanälen für die verschiedensten Produkte und Dienstleistungen – und damit ist die Bereitstellung des Krankenhaus-„Raumes" für Handel und Werbung eine Einnahmequelle, deren Erlöse ein mögliches Spendenaufkommen sogar deutlich überschreiten können. Deutlich schwieriger ist allerdings, das Handlungsfeld „Sponsoring" erfolgreich zu gestalten. Statt „wen können wir gewinnen, um was finanziert zu bekommen?" ist für das Sponsoring die erste Frage „wen dürfen wir ansprechen, um was finanziert zu bekommen?" Und ob die erlaubten potenziellen Sponsoren dann auch noch einen Nutzen für sich erkennen können, steht noch auf einem anderen Blatt. Trotzdem bietet auch das Sponsoring eine Reihe von Möglichkeiten, Zusatzeinnahmen für den Krankenhausbetrieb zu generieren. Hierbei ist die Identifikation der infrage kommenden Zielgruppen des Sponsors für den Erfolg entscheidend. Die in diesem Kapitel genauer betrachteten Handlungsfelder bieten einen Orientierungsrahmen, zu dem was möglich ist und dazu wird jeweils ein Entwurf vorgestellt, wie konkrete Umsetzungsprojekte zu den jeweiligen Einzelaspekten realisiert werden können.

13.1   Einführung

Fundraising – also das Einsammeln von Geld in unterschiedlichsten Gebindegrößen – ist sicherlich noch eine der einfacheren und unproblematischeren Möglichkeiten, Zusatzeinnahmen zur Finanzierung für eine Einrichtung des Gesundheitswesens zu erzielen. Das Spektrum reicht dabei von der einfachen Spendendose bis zur Mobilisierung von

Großspenden und Zuwendungen aus unterschiedlichen Quellen. Da diese Beträge stets im Sinne der Erhaltung einer Gesundheitseinrichtung oder der Sicherung des laufenden Betriebes ohne die ex- oder implizite Erwartung von konkreten Gegenleistungen im weitesten Sinn geleistet werden, besteht kaum die Gefahr mit den verschiedenen regulatorischen Auflagen des Wettbewerbsrechts oder der Sozialbuchgesetzgebung sich auseinander zu setzen.

Anders verhält es sich bei allen anderen Möglichkeiten, Zusatzerlöse und Einnahmen zu erzielen, die seitens des Trägers einer stationären Einrichtung angestrebt werden, um erforderliche fehlende Deckungsbeiträge zur Existenzsicherung und zur Sicherung des laufenden Betriebes zu erreichen. Hier sollten die unterschiedlichen gesetzlichen Regelungen zumindest stets im Auge behalten und wenn es im engeren Sinn um regulatorische Auflagen der Sozialgesetzgebung geht, penibel beachtet werden. Dabei ist das klassische Merchandising noch ganz in der Nähe des Fundraisings anzusiedeln. Mit dem Angebot von „identitätsstiftenden" Produkten wird sowohl Patienten[1] als auch Angehörigen und Menschen im Umfeld der Einrichtung die Möglichkeit geboten, einen wie auch immer gearteten Nutzwert mit dem Erwerb von Produkten verschiedenster Kategorien für sich zu erzielen. Wobei der Begriff „Nutzwert" sehr weit zu fassen ist, um sich in der möglichen Sortimentsauswahl nicht unnötig einzuschränken.

Davon abzugrenzen ist das Angebot an Verbrauchsgütern von der Tageszeitung über Kuchen und Gebäck bis hin zu Produkten der Körperpflege. Hier wäre das Thema eher die Vermietung von Räumen oder Konzessionierung von Verkaufsstätten, wie Kiosken, Bäckereien, Cafés und Dienstleistungsanbietern, wie Frisören und/oder Anbietern von medizinischen Perücken und Haarersatzteilen. In der gedachten Nähe zur Vermietung oder Konzessionierung von Verkaufsstellen bzw. physischen Handels- und Dienstleistungsplätzen innerhalb der Einrichtung ist die Partnerschaft mit Online-Shops anzusiedeln. Hier bestehen die Zusatzeinnahmen in einer festen oder prozentualen Beteiligung an den Umsätzen oder der Honorierung der Kundenkontakte über die Internet-Präsenz(en) der Einrichtung. Eine weitere dienstleistungsnahe Form der Erzielung von Zusatzeinnahmen ist die Vergabe von Werbeflächen innerhalb der stationären Einrichtung. Dies können sowohl physische Werbeflächen als auch Werbeflächen in den unterschiedlichen Medien der stationären Einrichtung sein. Und diese können von Druckstücken unterschiedlichster Art bis hin zu Displays oder hauseigenem Werbefernsehen reichen. Schließlich kommt das pikanteste Thema der Realisierung von Zusatzeinnahmen mit dem Sponsoring zur Sprache. Im Gegensatz zum allgemeinen Fundraising und dem allgemeinen Angebot von Werbeflächen und Handelsware wird beim Sponsoring sehr genau darauf zu achten sein, welcher Bezug zum Ort Krankenhaus seitens des Sponsors besteht und welche Erwartungen ein Sponsor einer Einrichtung für sich damit verbindet. Hier können gesundheitspolitische Erwartungen oder direkt produkt- oder umsatzbezogene Erwartungen zu nennen sein.

---

[1]Die weibliche Form ist der männlichen Form in diesem Beitrag gleichgestellt; lediglich aus Gründen der leichteren Lesbarkeit wurde in Teilen dieser Ausarbeitung die männliche Form gewählt.

In allen Fällen der Generierung von Zusatzeinnahmen für und letztlich im unmittelbaren Umfeld des Kernbetriebs des Krankenhauses ist der Lösungsraum für alle Aktivitäten
zuerst durch den gesetzlichen Rahmen definiert. Hier stellt sich die Kernfrage, welche
Aktivitäten mit den gesetzlichen Vorgaben korrespondieren und welche nicht?

An zweiter Stelle gilt es, innerhalb dieses gesetzlichen Rahmens für das eigene Krankenhaus zu entscheiden, welche der möglichen Optionen aus Sicht der Einrichtung
weiter verfolgt werden sollen. Hier stellt sich also die Anschlussfrage, welche der Aktivitäten konkret auszuwählen bzw. angegangen werden soll?

Um dann an dritter Stelle der ersten Umsetzung bzw. Realisierung der Aktivitäten
Erfahrungen zu sammeln, um derart dann die Überführung in den Regelbetrieb anzu-
gehen: Hier stellt sich demnach die Frage, welche Aktivitäten zukünftig auch von ihrer
Beherrschbarkeit beibehalten werden sollen?

13.2 Rechtlicher Rahmen

Auch der Krankenhausbetrieb ist ein Wirtschaftsbetrieb und unterliegt damit selbst bei
einer Non-Profit-Betriebsform (z. B. als gGmbH) allen Regelungen, die die unterschiedlichen Ausprägungen des Wirtschaftsrechts[2] und des Steuerrechts vorsehen. Zusätzlich gilt es allerdings auch, alle besonderen Anforderungen, die die Rechtsgebiete im
Gesundheitswesen vorsehen, zu erfüllen. Während das Wirtschaftsrecht zwar institutio-
nell und individuell Grenzen aufzeigt und sowohl bei der Ausgestaltung des Handlungs-
rahmens als auch bei den verschiedensten Leistungsbeziehungen Regeln festgeschrieben
hat, ist es doch letztlich noch überschaubar und bietet individuelle und institutionelle
Freiheiten. Dagegen sind die regulatorischen Regelwerke im Gesundheitswesen wesentlich umfassender und zeigen – selbst bei vermeintlich harmlosen Geschäftsbeziehungen
– eine deutlich größere Regelungstiefe. In allen Fällen gilt es jedoch stets zu prüfen, ob
eine seitens des Krankenhauses vorgesehene Aktivität, um Zusatzeinnahmen zu erzielen,
auch gestattet ist.

13.2.1 Allgemeine Regeln des Zivil-, Wirtschafts- und Steuerrechts

Die allgemeinen rechtlichen Regelungen des Wirtschaftsverwaltungsrechts sind insbesondere auf die Förderung oder Begrenzung der wirtschaftlichen Aktivitäten insgesamt

---

[2]Wirtschaftsrecht – in einigen Studiengängen auch „Recht der Wirtschaft" genannt – unterscheidet
im Wesentlichen zwischen dem regulatorischen Recht, welches als Wirtschaftsverwaltungsrecht
den Handlungsrahmen für alle wirtschaftlich Tätigen setzt und dem auf die Leistungsbeziehungen
ausgerichteten Rechtsrahmen, der hauptsächlich vom Bürgerlichen Gesetzbuch und den Einzelge-
setzen des Handels- und Gewerberechts geprägt wird.

sowie auch in einzelnen Wirtschaftssektoren ausgerichtet. Dazu gehören Aspekte wie die Begrenzung wirtschaftlicher Macht in der Gesellschaft und auch eine weitergehende Regulierung, wie sie nicht nur im Gesundheitswesen sondern auch in anderen Sektoren, wie Verkehr oder Finanzdienstleistungen, existieren. Das Wirtschaftsverwaltungsrecht als Ordnungsrahmen für die wirtschaftliche Betätigung reicht dabei durch einzelne Gesetze wie z. B. das Arbeitsschutzgesetz oder das Immissionsschutzgesetz bis weit in die einzelnen Geschäftsbetriebe und Unternehmen in den verschiedensten Sektoren hinein.

Die inhaltliche Ausgestaltung der wirtschaftlichen Betätigung und der Leistungsbeziehungen basiert darin eingebettet auf den Vorschriften des Bürgerlichen Gesetzbuches (BGB) und den gesetzlichen Regelungen des Handelsrechts. Neben dem Handelsgesetzbuch (HGB) sind dies insbesondere die gesellschaftsrechtlichen Regelungen, die vom GmbH-Gesetz bis hin zum Genossenschaftsgesetz reichen. Des Weiteren kommen in diesem Zusammenhang auch die verschiedenen Regelungen zum gewerblichen Rechtsschutz zum Tragen, zu denen bsph. das Markenrecht oder das Geschmacksmusterrecht gehören.

Neben dem nationalen Wirtschaftsstrafrecht, das typischerweise von Einzelfällen der klassischen Kriminalität, wie Betrug, Unterschlagung oder Untreue ausgeht, wird dann auch noch auf das Steuerrecht zu blicken sein. Im Steuerrecht sind vielfältige Möglichkeiten der Ausgestaltung von Steuertatbeständen, einschließlich der bestehenden und der in Planung befindlichen europäischen Regelungen – insbesondere im Verbraucherschutz – zu berücksichtigen.

Insgesamt werden die allgemeinen rechtlichen Regelungen für den Krankenhausbetrieb wesentlich auf der Grundlage der Rechtsform des Betriebs und dessen Ausgestaltung seitens der Eigentümer und Betreiber bestimmt und damit auch dessen Möglichkeiten der wirtschaftlichen Betätigung.

13.2.2 Besondere Regelungen für das Gesundheitswesen

Neben dem allgemeinen Rechtsrahmen, der die erlaubten wirtschaftlichen Aktivitäten bestimmt, wird es für das Gesundheitswesen dann regulatorisch doch deutlich spezieller. Der Geschäftsbericht der Deutschen Krankenhausgesellschaft 2015 verweist für seine Leserschaft auf ca. 250 für den Krankenhausbereich wichtige Gesetze und Verordnungen seit 1972. Das ist das Jahr der Verabschiedung des Gesetzes zur wirtschaftlichen Sicherung der Krankenhäuser und zur Regelung der Krankenhauspflegesätze (KHG 2016), welches Ende 2016 seine letzte Änderung erfuhr, im Grundsatz aber immer noch mit seinem Ausfertigungsdatum 29.06.1972 dokumentiert ist (DKG 2016, S. 115 ff.).

Es gibt also notgedrungen viel Beachtenswertes über einen Zeitraum von deutlich mehr als 40 Jahren. Ohne den Gesamtkomplex zu kleinteilig zu betrachten, ergeben sich daraus etwa folgende Themengruppen, zu denen Gesetze und Verordnungen vorliegen: Kostendämpfung bei der Investitionsfinanzierung, Kostendämpfung im Betrieb,

Transparenz im Finanz- und Rechnungswesen, Berufsgruppenordnungen und arbeits-
vertragliche Regelungen, Betriebsrisiken/-gefährdungen, Darlegungen, Nachweise und
Statistiken, Unmittelbarer SGB V-Komplex, Medizinprodukte, Pharma, GKV-Ordnung,
Besondere Behandlungsformen, Telematik und Umweltschutz.

Noch eine zusammenfassende Ebene höher handelt es sich um die Themen

1. Sicherstellen der Bezahlbarkeit des Gesundheitssystems
2. Regelwerke für alle Akteure im Gesundheitssystem
3. Kriterien für alle Leistungen, Produktgruppen und Einzelprodukte inkl. Pharmazeu-
   tika, Informationssicherung, Darlegungen sowie
4. Darlegungsnormen für alle zu erwartenden bzw. überhaupt denkbaren Fragestellungen.

Aus diesem bunten Strauß aller gesetzlicher Regelungen ist einerseits herauszufiltern, wo
möglicherweise aufgrund von Herkunft, Höhe und Anlass von Finanzmitteln, die bewegt
werden, einem Krankenhaus bestimmte Vereinbarungen zum gedachten eigenen finanziellen Vorteil nicht möglich sind und andererseits ist genau hinzuschauen, wenn aufgrund
des Zwecks einer Einrichtung, wie einem Krankenhaus, im Prinzip unbedenkliche Leistungen in dem unmittelbaren räumlich Umfeld aus sachlich-gegenständlichen Gründen
– und sei es nur der Hygieneverordnung – nicht umsetzbar sind.

Der Vollständigkeit halber sei an der Stelle aber auch noch darauf hingewiesen, dass
auch in der Europäischen Union noch einige weitere Gesetze und Beschlüsse für den
(deutschen) Krankenhausbereich existieren, die ebenfalls zu beachten sind. Die bereits
angeführte Quelle, der Geschäftsbericht der Deutschen Krankenhausgesellschaft benennt
in der Ausgabe 2015 weitere mehr als 40 Positionen, die u. a. auch für das Thema
„Finanzierung" zu beachten sind.

13.2.2.1 Vermeidung von Interessenkonflikten

Bei der Suche nach Erlösquellen über die Fallpauschalen gemäß der DRG-Klassifikation hinaus, bewegen sich die Denkmodelle zuerst um die Kernkompetenzen des Sektors – also um Gesundheitsdienstleistungen, die damit verbundenen weiteren Leistungen
in allen Ausprägungen und deren Vergütung. Dabei ist das kostenträgerseitige Interesse,
als „Hüterin der Finanzmittel" und damit auch seitens des Gesetzgebers für den Ordnungsrahmen darauf ausgerichtet, dass sich möglichst keine kostenwirksamen Leistungsausweitungen oder -umschichtungen ergeben. Ebenso soll eine Einflussnahme auf
Behandler – egal ob ambulant oder stationär – unterbleiben, mit der versucht werden
könnte, zum Wohl des Anbieters ausgesuchte Leistungen von interessierter Seite im Rahmen einer Behandlung zu platzieren. Finanzmittel oder anderweitige Leistungen, die von
Akteuren im Sektor zusätzlich an einzelne Leistungserbringer – in welcher Form auch
immer – fließen, sind jedenfalls verdächtig.

Das Fünfte Sozialgesetzbuch (SGB V) bietet dazu in seinem § 128 SGB V unter der
Überschrift „Unzulässige Zusammenarbeit zwischen Leistungserbringern und Vertragsärzten" in sechs Absätzen eine detaillierte Vorstellung davon, was alles zu unterbleiben

hat (§ 128 SGB V). Damit ist sehr umfänglich dargelegt, dass letztlich jede Form von Entgeltzahlung und/oder Gewährung wirtschaftlicher Vorteile – in welcher Form auch immer – nicht statthaft ist. Dies gilt auch ausdrücklich für Ärzte in Krankenhäusern und für die Krankenhausträger. Zusätzlich sollte auch immer noch der zweite Blick auf die weiteren Gesetze und Verordnungen geworfen werden, die möglicherweise noch zusätzliche Restriktionen für die Erschließung zusätzlicher Erlösquellen darstellen.

Um Interessenkonflikte, die durch Einflussnahme auf Leistungs- und Zahlungsströme entstehen konnen, möglichst zu vermeiden, ist also ein Weg zu suchen, der deutlich sektorenfremde zusätzliche Erlösquellen erschließt.

13.2.2.2 Anforderungen seitens des Krankenhausbetriebs

Der Suchraum für ergänzende Erlösquellen ist nun einerseits bereits durch die ordnungspolitischen Regelungen in der Sozialgesetzgebung begrenzt worden, andererseits gibt es auch praktische Grenzen, Erlösquellen im Krankenhaus zu erschließen. Dies gilt insbesondere, wenn es darum geht, dass für Nicht-Gesundheitsleistungen der Krankenhausraum genutzt werden soll, wenn also bei der Nutzung von Grundstück(en) und Gebäuden dies bis in die unmittelbare Patientenumgebung hineinwirkt.

Bei allen sektorenfremden Angeboten, die im Krankenhausraum gemacht werden, ist in erster Linie der Betriebszweck der Einrichtung und sind die dafür aufgestellten Regeln zu beachten. Damit hat alles zu unterbleiben, was die leitliniengerechte Behandlung der Patienten beeinträchtigen könnte. Ebenso haben alle sektorenfremden Aktivitäten zu unterbleiben, die dem Betriebszweck der Wiederherstellung der Gesundheit entgegenstehen oder diese konterkarieren. Schließlich gibt es auch Betriebsanforderungen, wie die bereits erwähnte Hygieneverordnung, die ebenfalls Grenzen des Handelns aufzeigen. Der praktische Krankenhausbetrieb darf also durch die Erschließung sektorenfremder Erlösquellen nicht beeinträchtigt oder gefährdet werden.

Unter Berücksichtigung aller Einschränkungen besteht aber trotzdem noch ein breit gefächertes Feld unterschiedlicher möglicher Zusatzerlöse, die die wirtschaftliche Situation des Krankenhausbetriebes verbessern helfen.

13.3   Sektorenfremde Erlösquellen – Spektrum der Möglichkeiten

Zusatzerlöse sowie Ergänzungsfinanzierungen sind insbesondere im gemeinnützigen Bereich ein wichtiges Thema, das gerade auch in den letzten beiden Jahrzehnten durch den zu beobachtenden zumindest teilweisen Rückzug staatlicher Finanzierung von nicht kommerziell verwertbaren Aktivitäten wie (Amateur-)Sport, Umwelt-, Natur- und Tierschutz sowie humanitärer Hilfe an Bedeutung weiter gewonnen hat. Die Erfahrungen im gemeinnützigen Bereich und die Betrachtung des Handlungsrepertoires bieten auch für Einrichtungen im Gesundheitswesen einige Optionen, die aus dem engen Blickwinkel der Sektorenfalle „Gesundheitswesen" auf eigene direkte wirtschaftliche Aktivitäten zur Ergänzungsfinanzierung übertragen werden können.

Der eine Lösungsraum besteht in den verschiedenen Nutzungsmöglichkeiten der Krankenhausfläche und -räume gegen einen finanziellen Obolus für unterschiedliche Nutzungsarten. Hierbei geht es also um das Erzielen von Mieten – angefangen von der Parkraumbewirtschaftung über die Vermietung von Handels- und Dienstleistungsflächen bis hin zum Aufstellen von Werbeträgern, wie Plakatflächen oder auch die Einnahme von Eintrittsgeldern – bei besonderen Nutzungsformen. Der zweite Lösungsraum ist unmittelbar auf Waren bzw. Leistungen ausgerichtet, deren Verkaufserlöse anteilig dem Krankenhaus zufließen. Für den Lösungsraum Waren bzw. Leistungen ist allerdings auch die Frage nach der Marke bzw. dem Image des Betreibers zu beantworten.

Zur Operationalisierung werden in den folgenden Abschnitten den einzelnen möglichen Aktionsfeldern die Elemente aus der Tab. 13.1 jeweils anwendungsbezogen zugeschrieben.

13.3.1 Merchandising

Merchandising – also der Verkauf von Produkten mit Bezug zur Marke der Organisation oder Einrichtung – ist nach dem Fundraising ein häufiger Ansatz, um Zusatzerlöse zu erzielen – zumindest der Versuch dazu. Allerdings sind die guten Erfahrungen mit Merchandising aus Einzelbetrachtungen und insbesondere aus anderen Wirtschafts- und Gesellschaftssektoren nicht zu verallgemeinern. Merchandising hat einen hohen kommerziellen Stellenwert für Zusatzerlöse im Sportbereich und/oder in der Musikbranche, dort insbesondere bei Tourneen. Für weitere Bereiche der Unterhaltungsindustrie ist Merchandising sogar ein zentraler Umsatzgarant. Dies betrifft insbesondere die Filmproduktion sowie ausgesuchte Film- und Comicfiguren. Für Verbände und gemeinnützige Organisationen verschiebt sich die Bedeutung des Merchandisings bei dem allgemeinen hohen Stellenwert eher auf ideelle Aspekte, wie das Besetzen von Identität und/oder die Unterstützung von Wirkungen bei Informationsständen und Präsenzveranstaltungen. Die erreichten Zusatzerlöse dort werden aber immer noch als attraktiv angesehen und die Produkte dienen jedenfalls der Mitgliederbindung und Identifikation mit der Organisation.

Tab. 13.1 Handlungsrepertoire Zusatzerlöse allgemein

Fläche und Räume	Beispiele	Waren und Produkte	Beispiele
Zeitlich kurz befristete Nutzung „vor Ort"	Parkplätze	Eigenmarken/Brands	Gebrauchsgegenstände, „Nützliches", „Schönes"
Langfristige Nutzung „vor Ort"	Ladenfläche(n), Stellflächen, Ausstellungen	Handelsware	Gebrauchsgegenstände, „Nützliches", „Schönes"
Virtuelle und mediale Präsenz	Homepage-Fenster	Medien/Content	Zeitschrift, Werbeträger

Eine der möglichen Perspektiven des Handlungsrepertoires mit der Grundunterscheidung nach Miete und (Waren-)Verkauf

Im Gesundheitswesen und insbesondere für den Krankenhausbetrieb stellt Merchandising noch eher die Ausnahme als die Regel dar.[3]

Kriterien für den erfolgreichen Aufbau einer eigenen Merchandisinglinie können sein

1. ein Logo, das Leitmotiv, der Kompetenzschwerpunkt der eigenen Einrichtung – positiv besetzt, Optimismus vermittelnd,
2. ein Sortiment, welches für die jeweilige Zielgruppe einen erkennbaren Nutzen bietet, gerne unmittelbar nach dem Erwerb – wie ein Regenschirm bei Regen,
3. ein Sortiment, welches einen ästhetischen Mehrwert (schmückend) bietet,
4. eine Streuung vom preislichen Mitnahme-Artikel bis hin zu kleinauflagigen Hochpreisangeboten,
5. Verkaufsstellen in Laufbereichen mit Publikumsverkehr
6. attraktive Präsentation des Merchandisingsortiments
7. Vertriebspartnerschaften
8. Onlinehandel

13.3.1.1 Basissortiment und Verkaufsort

Ein Basissortiment für eine eigene Merchandisinglinie kann aus den Sortimentgruppen Outdoor Accessoires, Oberbekleidung, Glas/Porzellan, Haushaltsgegenstände, Spielzeug zusammengestellt werden. Schmuck und Dekoration können dazu noch als ergänzende Sortimentgruppen mitgeführt werden. Für ein Branding – also das Verzieren von Produkten mit dem Logo oder Leitmotiv der eigenen Einrichtung – bieten sich insbesondere weite Teile des Basissortiments an.

Ein Krankenhaus ist nun kein Handelsunternehmen mit einem bereits jahrelang funktionierenden Warenwirtschaftssystem mit Bestellwesen, Bestandsführung und möglichst noch einer Versandhandelskomponente. Daher sind auch nicht von vornherein gesicherte Erkenntnisse über Bestellmengen, Abverkaufszeiträume und durchsetzbare Preise sowohl im Präsenzhandel „vor Ort" als auch im Versand-/Online-Handel möglich. Demnach sollte in einer Pilotphase ausgehend von der Bettenzahl, der Belegung und dem Publikumsverkehr eine konservative Schätzung der Erstbestellmengen vorgenommen werden. Ebenso ist die Sortimentsbreite anfänglich einzugrenzen, um ein finanzielles Risiko für das Haus möglichst klein zu halten bzw. besser ganz zu vermeiden.

Dabei wird für das Krankenhaus eine jährliche Belegung mit etwa 10.000 Patienten und einer Besucherquote von nur 1,5 verschiedenen Personen unterstellt. Mithin ist das Käuferpotenzial bei etwa 25.000 Personen zu sehen. Bei einer erzielbaren Kaufquote – Kaufbereitschaft durch das Umfeld beeinflusst und direkten Warenkontakt durch entsprechende

---

[3]Eine sichtbare Ausnahme im Krankenhausbetrieb ist das Universitätsklinikum in Hamburg-Eppendorf (UKE). Dort werden Merchandisingprodukte auf dem Krankenhausgelände direkt verkauft und die Kollektion wird zusätzlich im Internet zumindest präsentiert, auch wenn diese dort nicht verkauft wird (UKE 2017a).

Präsentation vorausgesetzt – von etwa 1000 Käufen im Jahr mit durchschnittlich 2 Produkten (3 Verkäufe/Tag) ist aber eine Mindestsortimentsbreite erforderlich. In der Tab. 13.2 sind dazu wesentliche Sortimentsmerkmale für das Merchandising eines Plankrankenhauses mit etwa 300 Betten aufgeführt. Bei höherpreisigen Outdoor Accessoires und Oberbekleidungsprodukten wird anfänglich nur auf eine Bestelluntergrenze für den anzustrebenden Einkaufspreis geachtet. Das Basissortiment dient der Einführung des Zusatzangebotes von Merchandisingartikeln. Mit der Präsentation der Merchandisingartikel für das Publikum,

Tab. 13.2 Merchandising Sortiment – mögliche Erstausstattung (Basis) am Beispiel des charakterisierten Krankenhaustyps

Produktgruppe/Artikel	Volumen/ Stückzahl/ Beispiel	EK-Preis erwartet (in EUR)	VK-Preis möglich (in EUR)	Ergänzende Hinweise
Outdoor Accessoires:				Branding anstreben
• Kopfbedeckung/Mütze	50	7,00	14,00	(keine Massenware)
• Schirm	50	5,00	8,00	
• Sportbeutel	50	5,00	9,00	
• Tasche	50	15,00	35,00	Ggf. Gestaltung auf Grundlage Branding-Motiv (s. Freitag® Taschen)
Oberbekleidung:				Branding anstreben
• Poloshirt	50	10,00	20,00	
• T-Shirt	50	9,00	17,00	Fairtrade mgl.
• Kapuzenjacke	50	30,00	45,00	
Glas/Porzellan:				Branding anstreben
• (Kaffee-)Becher	150	6,00	9,00–12,00	Preis abhängig von Gestaltungsqualität
• Glas	100	2,00	4,00–5,00	
Haushaltsgegenstände/ Kleinteile:				Branding anstreben
• Flaschenöffner	150	0,70	1,50–2,00	
• Kugelschreiber	150	0,40	1,00	
• Handtuch	100	10,00	18,00	
Spielzeug:				Branding anstreben
• Kartenspiel	100	4,00	7,00	
• Kuscheltier	100	5,00	10,00	

Eine Sortimentserweiterung ist von der Einordnung des Hauses innerhalb der stationären Versorgung in der Region bzw. auch im nationalen Ranking abhängig, sowie von der Inanspruchnahme durch die unterschiedlichen Patientengruppen

also Patienten und Besucher, wird eine Einführungsphase die weitere Justierung des Angebotes – insbesondere in den höherpreisigen Produktgruppen – ermöglichen. Ziel sollte ein
hoher Anteil an Produkten mit hohem Deckungsbeitrag sein.

In der Einführungsphase ist daher ein intensiver Patienten- und Besucherdialog
erforderlich, um die Möglichkeiten des Merchandisinggeschäfts genauer einzugrenzen,
sowohl was die allgemeine Kaufbereitschaft als auch speziell die Nachfrage bezüglich
des angebotenen Sortiments angeht. Für den Merchandisingerfolg ist es daher auch
erforderlich, die Sortimentspräsentation und Verkaufspunkte möglichst attraktiv in
die allgemeinen Verkehrswege der Einrichtung zu legen, um ein zufälliges Umgehen
des Angebotes weitgehend auszuschließen. Ebenso bedarf es einer leicht erreichbaren
Ansprechperson, die unmittelbar für den Verkauf zur Verfügung steht, um Spontankäufe
zu ermöglichen und Absatzchancen nicht durch fehlendes Verkaufspersonal zu schmä-
lern oder unmöglich zu machen.

13.3.1.2 Perspektiven der Vernetzung

Die Zusammenstellung eines Merchandisingsortiments und der Aufbau eines für Patienten und Besucher gut sichtbaren Verkaufspunkts sind allerdings nur der erste Schritt auf
dem Weg zu einem umfassenden Merchandising und breit aufgestellten „Nebenerwerb".
Die Merchandisingprodukte am eigenen Verkaufspunkt oder eigenen Verkaufspunkten
anzubieten, kann nur ein Teil der Vermarktung sein. Weitere Absatzkanäle sind erforderlich. So sind neben den einrichtungseigenen Verkaufsstellen weitere Verkaufspunkte im
Krankenhaus möglich. Kiosk, Cafeteria und Frisör sind in den allgemeinen Verkehrsflächen vieler Krankenhäuser ebenfalls präsent. Hier bietet sich zumindest der Verkauf von
Mitnahmeartikeln an, die seitens der Betreiber entweder als Kommissionsware angeboten oder auf eigenes Risiko übernommen werden. Für höherwertige Artikel – insbesondere Bekleidung – wäre dies auch immer mit einem Verweis verbunden auf den vollen
Sortimentsverkauf an anderer Stelle im Haus. Ein solcher Verkaufspunkt sollte dann
allerdings auch immer gut sichtbar und leicht erreichbar sein.

Aus dem Krankenhaus heraus können im weiteren regionalen Umfeld – in der Regel
ist das die städtische Anbindung – ebenfalls Unterstützer auf diese Weise offensiv mobi-
lisiert werden. Statt eines – ein stilles Nischendasein führenden – Fördervereins zur
Einbindung einiger Engagierter wird über das Merchandising eine Mobilisierung und
regelmäßige Präsenz in der Öffentlichkeit in vielen Geschäften möglich, was auch das
Fundraising unterstützt und das Thema „wir finanzieren unser Krankenhaus mit" im
öffentlichen Bewusstsein hält. Eine ähnliche Erinnerungswirkung kann für das Merchandising über die Krankenhaus-Homepage im Netz erzeugt werden. Ein Merchandising-
Sortiment erfordert die gleichzeitige Präsenz – nicht nur mit Bildern auf der Website,
sondern mit einer Verkaufsfunktion – im Online Shop zur Komplettierung der Vertriebskanäle. Die erforderliche Shopfunktionalität ist auf unterschiedlichen, durchaus
preisgünstigen Wegen zu erlangen und bietet damit gleichzeitig ein einfaches Warenwirtschaftssystem für die Steuerung und Weiterentwicklung des Merchandisings.

Auf diesem Weg werden mit Themen und Leistungen, die nichts unmittelbar mit dem Zweck des Krankenhauses zu tun haben, auch frühzeitig potenzielle bzw. künftige Patienten und Besucher angesprochen, die verschiedene Gründe haben können, sich frühzeitig über das Krankenhaus und seine Leistungen zu informieren, sei es, weil Angehörige dort zu besuchen sind oder weil für die eigene Person eine akutstationäre Versorgung ansteht. Mit derartigen Optionen soll eine frühzeitige Bindung geschaffen werden. Wenn bereits schon im Vorfeld die Möglichkeit besteht, sich mit einem gebrandeten Artikel aus dem Krankenhaussortiment auszustatten und damit mit dem Gefühl „ein Teil des ganzen Betriebes" zu sein, sollte dies zu kundenbindenden Wirkungen verhelfen. Statt des Behandlungsfalls kann der „Gast" das Haus betreten und über den zu kalkulierenden Merchandisingeffekt hinaus eine positive Bindung zu „seinem" Krankenhaus erreichen und multiplizieren.

13.3.1.3 Stationärer Handel und Dienstleistungen

Ein Kiosk, der neben einigen Tageszeitungen und Zeitschriften noch ein paar Getränke, Süßigkeiten und Eis für Patienten und Angehörige anbietet, findet sich häufiger in Ecklagen des Krankenhauses oder in einem der Gebäude auf dem Krankenhausgelände. Ebenso findet sich – häufig von der Küche in Kombination mit der Personalkantine betrieben – eine Art Cafeteria mit einigen Plätzen, wo dieser Personenkreis Kalt- und/ oder Heißgetränke, Snacks, also Kleinigkeiten zum Essen und ggf. bei Bedarf ein Stück Kuchen bekommen kann. Und schließlich gibt es vielleicht noch einen Frisör, der an einigen Tagen in der Woche – ggf. auch nur halbtags geöffnet – seine Dienste anbietet. Ein weitergehendes durchgängiges Handelskonzept, welches Flächen für den Einzelhandel und weitere Dienstleistungen innerhalb des Krankenhauses – orientiert an den Schwerpunkten, die dort auch behandlungsseitig abgebildet werden – darstellt, ist (mit wenigen aufkeimenden Ausnahmen) im Allgemeinen (noch) nicht vorhanden.

Den allgemeinen öffentlichen Teil eines Krankenhausbetriebs aber auch wie ein kleines Einkaufszentrum zu betrachten und ein dafür durchgängiges Nutzungskonzept aufzustellen, verspricht größere Ertragsmöglichkeiten. Mit einem Ladenmix für die eingangs beschriebene Zielgruppe aus Patienten und ihren Besuchern – und dazu noch die Beschäftigten mit einbezogen – scheint dagegen eine interessantere Lösung zu gelingen. Der Kundenmix kann zumindest so attraktiv wie für ein gut gehendes Nahversorgungszentrum aussehen. In einer Machbarkeitsstudie am besten als „Festpreis-Beratung", idealerweise von einem der Betreiber von Einkaufszentren, lassen sich die Parameter „nutzbare Flächen", „Lage im öffentlichen Raum/Standort" „Besucherlaufwege", „Basissortiment/Branchenmix", „Dienstleistungen" und Sondereinflüsse darstellen, um auf dieser Grundlage eine Bewirtschaftungsvorschlag für die Zuschnitte der Ladengrößen und für erzielbare Mieten bzw. durchsetzbare umsatzbezogene Vergütungen zu erhalten.

Ein erstes entscheidendes Kriterium für den mögliche Zuschnitt eines solchen Einkaufszentrums bzw. der Ladenzeile im Krankenhausbetrieb ist die Anbindung des Hauses an Durchgangs- oder Hauptverkehrsstraßen stadtein- oder auswärts sowie die Wohnbebauung in der Nachbarschaft. Zusammen mit der Betriebsgröße des Krankenhauses entscheiden sich an dieser Stelle bereits die Etablierungschance sowie die mögliche Dimension eines Supermarktes für den täglichen Einkauf. Zusätzlich müssen die Verfügungsflächen auf dem Krankenhausgelände oder Raumreserven in vorhandenen Gebäuden dies ebenfalls hergeben. Dabei sollte auch ein Effekt nicht unterschätzt werden, demnach der von den Besuchern ggf. als leidige Pflicht wahrgenommene Krankenbesuch mit einem nutzenstiftenden Einkauf des alltäglichen Bedarfs verbunden werden kann.

Ausgehend von der eingangs dargestellten ergänzenden Versorgung im Krankenhaus mit Kiosk, Cafeteria und ggf. noch einem Frisör ist eine häufig anzutreffende verfügbare Fläche charakterisiert, die bereits durch Umnutzung höhere Umsätze und damit auch höhere Mieteinnahmen fest oder umsatzabhängig ermöglicht. Der Cafeteriabereich bietet als alternative Nutzung in der Fläche den Raum für eine Bäckereifiliale mit komplettem Brot- und Kuchenangebot bei zusätzlichen Cafeteriabetrieb. Kiosk und Frisör können zusammengefasst als Drogeriemarkt mit angrenzendem Frisierbereich ebenfalls ein größeres Sortiment mit deutlich höherem Umsatzpotenzial darstellen. Diese Umnutzung vorhandener Fläche und Weiterentwicklung vorhandenen Angebots kann dann weiter gedacht werden bei entsprechenden Platzreserven mit einem Blumengeschäft, welches durchaus auch bei entsprechendem Umsatzpotenzial eine Filiale eines größeren Anbieters oder ein Franchisebetrieb sein kann. Dazu kann in einem weiteren Schritt ein Buchhändler in den Betrieb eingegliedert werden, der ggf. dann auch für die Präsentation und den Verkauf der eigenen Merchandisingprodukte berücksichtigt werden kann.

Das bereits beim Merchandising positiv auffällige Universitätsklinikum in Hamburg-Eppendorf (UKE) zeigt sich auch bei dem Ausbau des Handels und der Dienstleistungen auf dem Krankenhausgelände mit seinem „Spectrum am UKE" seit 2014 auf einem unkonventionellen Weg zusätzlich zu dem bestehenden reichhaltigen Gastronomieangebot auf dem Gelände. Die Erstentwicklung, das Spectrum in Fürth, gibt es bereits seit 2012, dort allerdings noch als Ärztezentrum ohne Klinikintegration entwickelt. Im Spectrum am UKE finden sich neben Bäckereifiliale und Drogeriemarkt auch ein größerer Supermarkt und verschiedene Ladengeschäfte aus dem Gesundheitsumfeld, wie Optiker, Hörgeräteakustiker, Sanitätshaus und weitere Anbieter. Damit ist selbst dieser attraktive Standort noch nicht ausgereizt (Spectrum am UKE 2017).

Ein eigenständiges größeres Ladenzentrum, wie in Fürth oder Hamburg, ist natürlich nicht in jedem kleineren oder aber mittelgroßen Krankenhausbetrieb zu realisieren, trotzdem zeigen sich hier die Möglichkeiten, vielfältig anders zu denken und die Örtlichkeiten und den Hauptzweck zu nutzen und ggf. umfassend zu ergänzen. Insbesondere für ein solches Shopkonzept erscheint bei einem entsprechenden örtlichen Umfeld, wie dichtere Wohnbebauung ggf. in Verbindung mit einer Durchgangs- bzw. Ausfallstraße, auch ein Krankenhausstandort als sehr attraktiv.

13.3.1.4 Charity Shopping-Variation

Mit der Vermietung von Ladenlokalen, wie im vorstehenden Abschnitt beschrieben ist natürlich eine direkte ergänzende Erlösquelle aus den geschäftlichen Aktivitäten Dritter dargestellt. Darüber hinaus ist es aber auch möglich, nicht nur mit einer Ladenzeile auf dem eigenen Gelände bzw. im eigenen Gebäude so etwas wie ein Verkehrsaufkommen für Geschäfte zu erzeugen, welches über Mietzahlungen angemessen honoriert wird. Es gibt – im Lebensalltag inzwischen zunehmend angekommen – die Möglichkeit auch virtuell Käufer oder zumindest potenzielle Käufer in Geschäfte, in diesem Fall in die virtuellen Geschäfte im Internet zu lenken – auch wenn diese in der Regel einen lokalen Bezug ebenso wie das Krankenhaus haben. Andere Geschäfte mit überregionaler Präsenz haben daran kaum Interesse. Und diese örtlichen Geschäfte können wiederum von sich aus auch ein Tribut- oder Konzessionsversprechen ihren Kunden gegenüber aktiv auf den eigenen Seiten geben.

Das sogenannte „Charity Shopping" soll daher hier als eine Mischfunktion aus Vertriebsunterstützung, Spendensammlung und Sponsoring verstanden werden. Das hier dargestellte Vorgehen ist also abzugrenzen von dem Charity Shopping, das über eine übergeordnete Portalfunktion als Marktplatz auf Händlerseiten im Netz verweist, mit denen der Käufer frei vereinbaren kann, wohin ein entsprechender Festbeitrag oder Prozentanteil des Kaufpreises fließt. Hier ist also erneut auf die Abgrenzung gegenüber dem allgemeinen Fundraising, wie es im vorhergehenden Abschnitt beschrieben wurde, zu achten.

Auf der eigenen Krankenhaus-Website werden demnach gezielt Links zu Geschäften und Unternehmen werblich aufbereitet platziert, die verbunden sind mit dem Hinweis „Kaufen Sie bei unseren Förderern – auch um uns zu fördern". Umgekehrt sind diese Geschäfte und Unternehmen natürlich aus werblichen Gründen, also dem eigenen Unternehmensimage i. d. R. daran interessiert, darauf zu verweisen, dass sie Unterstützer des Krankenhauses sind i. S. v. „von jedem Kauf bei uns geht ein Euro – oder besser noch 1 % – an ‚unser' Krankenhaus". Diese gegenseitige Referenz ist für ein Krankenhaus in seinem Einzugsgebiet eine zentrale Verankerung sowohl im Patientenbewusstsein als auch in der Geschäftswelt.

Eine solche Lösung liegt zwar in der Nähe des später noch zu vertiefenden Themas der Zusatzerlöse durch Werbung, soll hier aber explizit auch als eine zusätzliche Erlösquelle, wenn tatsächlich Käufe bei den entsprechenden Geschäften getätigt werden, genannt sein. Der erste entscheidende Ansprechpartner dafür ist das Geschäft, das sich eine solche Selbstverpflichtung auferlegt, einen Anteil seiner Umsätze bzw. seiner Erlöse an eine dritte Einrichtung zu deren Nutzen abzuführen. Neben der Vernetzung, dem Verweis auf die Tribut zahlenden Geschäfte auf der Krankenhaus-Website, kann das Charity Shopping auch das eigene Merchandisinggeschäft weiter beflügeln, in dem zum gegenseitigen Nutzen die Partnergeschäfte und Unternehmen auch für den Merchandisingshop im Krankenhaus ein oder zwei besonders attraktive Leistungen/Produkte zur Verfügung stellen, von deren Verkäufen ebenfalls ein bestimmter Prozentsatz beim Krankenhaus verbleibt. Charity Shopping mutiert damit also zu einer von Fremdumsätzen und Fremdleistungen abhängigen zusätzlichen Erlösquelle.

13.3.1.5 Feste Miete vs. erfolgsabhängiger Beteiligung

Bei allen räumlichen „Fremdnutzungen" – sei es real oder virtuell – stellt sich die Frage nach dem Gegenwert, den die Raum- oder Flächennutzung durch Dritte erbringt.

Verschiedene Denkmodelle können hier zum Tragen kommen: Einerseits kann die Raum-/Flächennutzung schlicht mit einem festen Mietvertrag verbunden sein, der pro Quadratmeter Fläche eine Netto-Kaltmiete plus Nebenkosten vorsieht und andererseits kann eine erfolgsabhängige Miete vorgesehen werden, die je nach erzieltem Umsatz variiert.

Die konservative Lösung ist natürlich eine kalkulatorische Bewertung der Gesamt-ladenfläche und davon abgeleitet der einzelnen Ladenflächen, um auf dieser Grund-lage einen Quadratmeter-Mietpreis für eine mehrjährige Laufzeit zu vereinbaren – ggf. auch als Staffelmiete, wenn beide Seiten einen erzielbaren Umsatzzuwachs auf der Flä-che erwarten. Dies wird dann in der Regel auf Umfeldfaktoren, wie ein Neubaugebiet in der Umgebung oder geänderte Verkehrsströme zurückzuführen sein. Eine feste Miete oder fest vereinbarte Staffelmiete sind dann eine stabile Größe als Deckungsbeitrag in der Erlösplanung des Krankenhauses und dies über einen 4- oder 5-jährigen Planungs-zeitraum. Sollte ein Mietvertrag vorzeitig aufgelöst werden oder die vertraglich erwarte-ten Umsatzzuwächse für einzelne Geschäftsarten nicht eintreten, ist allerdings auch ein aktives Immobilienmanagement erforderlich, um den gewünschten Mix der Geschäfts-arten innerhalb einer Krankenhauseinrichtung sicherzustellen bzw. auch um prognosti-zierte Zuwachsraten für die Mieter erreichbar zu machen. Ein Krankenhausbetrieb wird vermutlich fast nirgends die seltene Top-A-Lage darstellen, für die eine Warteliste von Mietinteressenten zu führen ist.

Aus Sicht der Vermietbarkeit entspannter – allerdings auch bezüglich der Erlösmög-lichkeiten risikoreicher – ist die umsatzabhängige Mietvereinbarung. Damit wird bezo-gen auf einen nachweislich prüfbaren Umsatzindikator eine Mietvereinbarung getroffen, die es für alle Seiten interessant macht, den Standort attraktiv zu halten und möglichst weiter zu entwickeln. Hier wäre allerdings auch ein noch aktiveres Immobilienmanage-ment erforderlich, welches sich möglicherweise in Rahmen eines Krankenhausbetriebes nur schwer oder gar nicht realisieren ließe. Dazu wäre dann wahrscheinlich auch das Ertragsrisiko für den Krankenhausbetrieb zu groß, um in der Kosten- und Ertragsplanung und damit auch in den Kostenträgerverhandlungen attraktive Prognosen über den künfti-gen Finanzierungsbedarf abgeben zu können.

Ebenso ist die dritte Möglichkeit, die Immobilienbewirtschaftung einem Dritten zu übergeben, genau abzuwägen. Damit entfiele einerseits zwar das interne Immobilienma-nagement, es wäre aber andererseits ein honorarpflichtiger Dienstleistungsvertrag mit einem kompetenten „Verwalter" erforderlich. Mit einer solchen Vergabe wäre damit dann aber auch bereits wieder der erzielbare Deckungsbeitrag geschmälert. Zudem stellt sich bei nur wenigen kompetenten Anbietern für die Bewirtschaftung von Einzelhandelsim-mobilien in Einrichtungen des Gesundheitswesens ein Auswahlproblem.

Ein kleines aber verlässliches weiteres Element in der realen „Flächenfremdnutzung" wäre allerdings die schon einmal eingangs erwähnte Parkraumbewirtschaftung, die die Mobilität auf dem Gelände fördert und durch Wild- und Falschparker verursachte Beein-trächtigungen des krankenhausinternen Transportbetriebes mindert. Zusätzlich schafft die hohe Zahl an Kurzzeitmietern der jeweils ca. 10 qm umfassenden Parkplatzflächen

bei der erwarteten Besucherfrequenz bereits bei einer Auslastung von durchschnittlich
60 % und einer Stundengebühr von 1 EUR und bis zu 15 EUR Tagessatz für 200 Park-
plätze bereits tägliche Zusatzeinnahmen von brutto 1800 EUR. Was bei einem Betrieb
an 365 Tagen im Jahr bei relativ geringen Bewirtschaftungskosten doch schon mehr als
650.000 EUR an Zusatzeinnahmen bedeutet.

Neben den bisher dargestellten Möglichkeiten der Mieteinnahmen für reale Räume
ist auch der virtuelle Raum vermietbar. In diesem Fall wären dies Flächen, die auf den
Internetseiten des Krankenhauses für die Präsentation Dritter genutzt werden können.
Dies leitet dann über auf den Themenkatalog „Werbung" und das Erzielen von Einnahmen durch Platzierung von Werbeflächen in den realen und virtuellen Räumen des Krankenhauses während bisher von echter Raum- bzw. (Boden-)Flächennutzung ausgegangen
wurde.

13.3.2 Werbung

Mit dem Thema Werbung wird ein weiteres in vielen stationären Einrichtungen entweder
unbeliebtes oder mit Unsicherheit behaftetes Terrain betreten. Seit der weiter zunehmenden Unterfinanzierung im Betrieb öffentlicher Gebäude und Einrichtungen ist das Tabu
„Werbung in öffentlichen Gebäuden und Einrichtungen" zunehmend aufgeweicht. Werbung ist auch in Bussen und Bahnen selbstverständlich. Werbung im schulischen Raum
wird zwar noch kritisch betrachtet, hat aber de facto auch seinen Platz bereits einge-
nommen. Warum sollte also Werbung im Krankenhaus nicht auch neu gedacht werden?
Dabei ist zu mutmaßen, dass Werbung möglicherweise in nicht allzu ferner Zukunft auch
in Behörden und Verwaltungen präsenter wird. Der „Steuerberater ihres Vertrauens" auf
den Fluren der Finanzverwaltung plakatiert, ist inzwischen zumindest eine nicht mehr
völlig auszuschließende zukünftige Option.

13.3.2.1 Präsenzwerbung – Werbeflächen

Für den Krankenhausbetrieb gibt es innerhalb der Gebäude allgemeine Verkehrsflächen, die von Besuchern und Patienten gleichermaßen genutzt werden. Ebenso wird
das Wegenetz auf dem Gelände von allen benutzt. Zusätzlich sind vielfach Verweil- und
Warteflächen vorhanden. Damit ist für die in allen Formen bekannte Plakatwerbung eine
wichtige Grundvoraussetzung gegeben, bei der wichtige Erfolgsgaranten zusammen-
kommen. So ist diese Plakatwerbung in einem Aufmerksamkeit steigernden Umfeld wie
bspw. Verweilräumen anzutreffen, die viel nachhaltiger als nur mit flüchtigen Blicken
im Vorbeigehen betrachtet und beobachtet werden. Bei der Bereitstellung eines solchen
Werberaums ist zu beachten, dass relativ wenig Bodenfläche in Anspruch genommen
wird (Fachverband Außenwerbung 2017). Entweder geht es um wenige Zentimeter Pla-
katierungsgrundfläche oder um Auf- bzw. Anbauten von geringer Raumtiefe für freiste-
hende Plakatflächen oder Wechselplakatanlagen. Für die Bewirtschaftung bestehen hier
auch zumindest zwei grundlegende Möglichkeiten:

Einmal kann von der Einrichtung selbst das mögliche Werbeflächenangebot ermittelt, die Infrastruktur bereitgestellt und der werbetreibenden Wirtschaft direkt oder über Agenturen angeboten werden. Dafür müssen dann alle administrativen Aufgaben miterfüllt werden – mit der damit verbundenen Verwaltung der Aushangzeiten, Rechnungsstellung und Buchhaltung.

Es kann aber auch ein Bewirtschaftungsvertrag mit einem der Unternehmen für Werbung im öffentlichen Raum abgeschlossen werden, die sowohl für die technische Bereitstellung der Plakatierungsflächen oder Wechselplakatanlagen als auch für den Vertrieb der Werbeflächen und alle administrativen Aufgaben[4] die Verantwortung übernehmen (Ströer 2017).

In beiden Fällen ist zu prüfen, ob verlässliche Mieteinnahmen aus der Überlassung des Geschäftsfeldes an einen sachkundigen Dritten auch in der Ansprache der werbetreibenden Wirtschaft mehr Wert sind, als die Ungewissheit durch Eigenbewirtschaftung möglicherweise höhere Deckungsbeiträge zu erzielen.

13.3.2.2 Werbung in Krankenhausmedien

Neben der klassischen Plakatwerbung, der öffentlichen schriftlichen oder zumindest visuellen Verkündung von vorübergehend oder dauerhaft angebrachten Werbebotschaften, ist das zweite Feld der Werbung die „innermediale" Präsenz von Werbung, die auch im Krankenhaus bereits stets und ständig stattfindet. Diese Werbepräsenz ist in allen Zeitungen und Zeitschriften, die Patienten und Besucher in die Einrichtung einbringen, bereits vorhanden.

Ebenso ist die stets zunehmende Nutzung von internetbasierten elektronischen Medien in der Krankenhauslandschaft ein alltägliches Ereignis, auch wenn die potenzielle Störung medizinischer Einrichtungen durch elektronische Geräte im Krankenhaus nach wie vor durchaus auch ein Problem darstellen kann. Für den Krankenhausbetrieb ist aber grundsätzlich damit das Angebot an Werbeflächen in Medien als der zweite Handlungsraum für Zusatzeinnahmen durch Werbung umrissen.

Die Produktion von Printmedien reicht von Informationsbroschüren zu einzelnen Schwerpunkten der Einrichtung bis hin zu Patientenzeitschriften bzw. -zeitungen, die allesamt auch als Werbeträger genutzt werden können. Hier ist nun wieder ein i. d. R. gut selbst zu bewirtschaftendes Feld für Zusatzeinnahmen vorhanden. Werbung in diesen Medien kann in der Regel gut von der örtlichen Wirtschaft angenommen werden, die damit ihre Zielgruppen direkt und ohne große Streuverluste erreicht, während die Auflage dieser gedruckten Werbeträger zu gering ist, um von überörtlichen Werbungstreibenden genutzt zu werden. Hier soll der Kreis zu den bereits zuvor thematisierten

---

[4]Angefangen von der Übernahme städtischer „Reklameverwaltungen" durch Unternehmen wie WALL GmbH oder Ströer hat sich der Bereich der Werbung im öffentlichen Raum aus dem Zeitalter der Litfaßsäule inzwischen zu einem multimedialen Ereignis weiter entwickelt und kann auch für den „halböffentlichen" Raum, wie Krankenhäuser genutzt werden (Ströer 2017; Wall 2017).

Themen „Merchandising" und „Charity Shopping" insbesondere nun auch unter Nutzung des Internetauftritts der Einrichtung geschlossen werden. Zuvor wurde darauf abgestellt, eine dauerhafte Verbindung zwischen dem Krankenhausbetrieb und der örtlichen Wirtschaft herzustellen und dadurch zusätzliche Deckungsbeiträge für die Einrichtung zu erzielen.

In dieser Variante geht es nun darum, eine rein werbliche Präsenz auf Zeit gegen Honorierung zu bieten, für die sich die elektronischen Medien ebenso aufdrängen. Dazu bietet sich der Internetauftritt ebenso an, wie hausinterne Informationsdisplays und ein möglicherweise vorhandener „Krankenhauskanal" beim Patientenfernsehen, um auf diesem Weg ohne zusätzliche technische Produktionskosten, wie den Druck einer Broschüren- oder Zeitschriftenauflage Reichweite zu generieren, die zumindest für die lokale Wirtschaft interessant sein dürfte.

Auch wenn es sich beim Krankenhausradio oder -rundfunk um eine mittlerweile eher seltene Spezies handelt, so ist dieses durchaus noch existent und kann zumindest dort, wo er noch in Betrieb ist, auch werblich mit eingebunden werden. Neben dem „großen Rad" der Außenwerbung – zu dem durchaus auch die Plakatwerbung innerhalb der Gebäude mitgezählt werden kann, ist also die eher kleinteilige Anzeigenwerbung und die Veröffentlichung von Werbespots mit starkem Bezug zur örtlichen Wirtschaft eine weitere ergänzende Einnahmequelle durch nicht sektorenbezogene Leistungen.

13.3.2.3 Eigene „Anzeigenabteilung" vs. Agentur

Für alle Aktivitäten des Krankenhauses als Partner der werbetreibenden Wirtschaft stellt sich stets die Frage, ob Eigen- oder Fremdbezug gewählt werden soll. Das Selbermachen oder die Einschaltung eines Dienstleisters ist eine Entscheidung, die von mehreren Faktoren abhängt. Dabei sind die Geländegrundfläche ebenso wie die Gebäudeausgestaltung und -nutzung wie auch die Patientenfrequenz, der Publikumsverkehr und die Betriebsausrichtung sowie ggf. partielle Spezialisierungen bzw. die vertretenen Fachrichtungen zu beachten. Bei kleineren Häusern der Grund- und Regelversorgung mit durchschnittlichem Patienten- und Publikumsverkehr kann sicherlich für eine oder zwei Großformatplakatflächen eine Bewirtschaftung an eine überregionale Agentur gegen einen festen Obolus abgetreten werden, während Werbung in den übrigen hauseigenen Medien hausintern, vertriebsorientiert betreut und administriert werden kann. In diesem Fall wäre es vermutlich auch nur für die örtlichen Unternehmen interessant, potenzielle Kunden in diesem Umfeld anzusprechen.

Bei größeren Einrichtungen mit vielen Wegen und Flächen und einer schon Stadtteildimensionen erreichenden Fläche und überregionalem Einzugsbereich stellt sich die Situation dagegen schon anders dar. Das potenziell erzielbare Umsatzvolumen kann es günstiger erscheinen lassen, das werbliche Potenzial mit eigenen Leuten zu bewirtschaften, um eine höheren Deckungsbeitrag zu erzielen, statt über eine Provisionsvereinbarung mit einer oder mehreren Agenturen ohne Not auf erzielbare Umsatzanteile zu verzichten. Ein weiteres Entscheidungskriterium ist das beim eigenen Personal vorhandene Vorwissen bzw. die vorhandenen Kenntnisse und/oder Erfahrungen in der Werbewirtschaft, die zumindest bei den mittlerweile fast schon normalen Brüchen in den Erwerbsbiografien der Beschäftigten nicht mehr gänzlich auszuschließen sind. Ebenso wie für die Bewirtschaftung der Immobilie insgesamt, um kommerzielle Fremdnutzung erfolgreich zu integrieren, kann aber auch hier als empfehlenswerter erster Schritt eine Machbarkeitsstudie seitens eines fachkundigen Dritten angesehen werden, um mit einer Analyse des Werbepotenzials in der Fläche die Grunddaten für eine Wirtschaftlichkeitsbetrachtung zu erhalten.

Nach der offenen Werbung gilt es nun schließlich, sich dem delikateren Aspekt der Werbung, der verdeckten Werbung oder Absatzförderung durch Sponsoring, zuzuwenden.

13.4   Sponsoring

Die bisher betrachteten sektorenfremden Erlösquellen sind im Grundsatz unkritisch für eine Einrichtung des Gesundheitswesens zu nutzen. Dies betrifft das Merchandising – also den Eigenverkauf von Produkten mit Identitätsbezug zur Einrichtung – ebenso wie die (Unter-)Vermietung von Flächen zur Nutzung durch Dritte – also den Betrieb von Ladengeschäften – und natürlich noch die Vermietung und den Verkauf von Werbeflächen an die werbetreibende Wirtschaft. Leistung und Gegenleistung stehen hier einander zumindest annähernd gleichwertig gegenüber.

Unter dem Blickwinkel des Sponsorings kommt nun ein wesentlicher kritischer Aspekt zu den sonstigen Erlösarten des Krankenhausbetriebes dazu. Im Gegensatz zu den bisher betrachteten sektorenfremden Erlösquellen wird beim Sponsoring keine offen für jedermann erkennbare, sondern eine verdeckte Leistungs-Gegenleistungs-Beziehung eingegangen, die sich direkter bei dem Sponsor als wirtschaftlicher Nutzen bzw. bei der Zielgruppe des Sponsors als „Erlebnisnutzen" (Bruhn 2017) bemerkbar machen soll. Im Gegensatz zu Spenden im weitesten Sinn als Kernaktivität des Fundraisings und der sektorenfremden wirtschaftlichen Betätigung ist hier also von einer erwarteten Sektorenwirkung für den Sponsor auszugehen.

Bei der Erwartung von Gegenleistungen in einer Beziehung zwischen Krankenhausbetrieb und Sponsor wird sehr schnell der Gedanke an Vorteilsnahme und Bestechung aufkommen. Dem haben die Bundesregierung und der Deutsche Bundestag dann auch in den Jahren 2015 und 2016 gesetzgeberisch entsprochen. Bei allen Sponsorverträgen empfiehlt es sich also, sich mit dem „Gesetz zur Bekämpfung der Korruption" (KorrBekG 2015) und dem noch spezielleren „Gesetz zur Bekämpfung der Korruption im Gesundheitswesen" (KorrBekG 2016) auseinanderzusetzen. Dazu sei an dieser Stelle auch noch mal daran erinnert, dass das SGB V auch im § 128 unter der Überschrift „Unzulässige Zusammenarbeit zwischen Leistungserbringern und Vertragsärzten" bereits dargelegt hat, was alles zu unterbleiben habe (§ 128 SGB V).

Diese gesetzlichen Regelungen sind in dem Standardwerk zum „Sponsoring im Gesundheitswesen" (Fenger und Göben 2004) noch nicht in einer Neuauflage berücksichtigt, trotzdem empfiehlt es sich, diese Veröffentlichung aus dem Jahr 2004 als Grundlage für den Aufbau oder die Pflege von Sponsorenbeziehungen heranzuziehen. Nach der Beschreibung von Kooperationsformen und der verschiedenen Rechtsgebiete, die für Sponsoringempfänger von Bedeutung sind bzw. ursprünglich „nur" waren, bietet das Werk praktische Hinweise zur Risikominimierung bis hin zu Mustern von Sponsoringverträgen.

13.5   Diskussion

Auch bei der Betrachtung der verschiedenen Handlungsmöglichkeiten in der akutstationären Versorgung zusätzliche neue Erlösquellen zu erschließen, bewegen sich vielfach die Akteure derzeit noch im Feld der Gesundheitsdienstleistungen bzw. auf dem Gebiet vergütungsregulierter Regelwerke und verweilen damit gedanklich in ihrem sektorenspezifischen Leistungsspektrum. Die Ausweitung der Hotelleistungen bei individueller Buchung auch von Patienten, die ansonsten ihre stationäre Behandlung im GKV-Regelbetrieb erfahren, sowie das Ausweiten des Leistungsangebotes der Nebenbetriebe (wie bspw. der Zentralsterilisation, der Wäscherei – soweit überhaupt noch vorhanden – der Küche für Dritte) weisen zwar schon einen Weg über die Kernaufgaben eines Krankenhauses hinaus zu schauen, dennoch ist zu beobachten, dass viele Krankenhausmanager auf diesem Weg zu neuen Handlungsoptionen verharren und keine neuen Entwicklungen sehen.

Die Option, für das „eigene" Krankenhaus spenden zu lassen oder durch Merchandising, Immobilienbewirtschaftung oder aktiver Tätigkeit als Werbeträger seitens des Krankenhauses selbst noch weiter den eigenen Blick zu öffnen und den Krankenhausbetrieb als nur einen – wenn auch noch den wichtigsten Akteur bzw. Anker auf dem Behandlungs- und „Handelsplatz" Klinikgelände zu sehen, führt aber zu Bewirtschaftungskonzepten, die eher dem Centermanagement großer Einkaufszentren als dem Regelbetrieb einer stationären Einrichtung des Gesundheitswesens im klassischen Sinne gleichen. Die sich hier abzeichnenden Ausweichstrategien, um Zusatzerlöse (auf welchem Weg auch immer) zu erschließen, zeichnen im Status quo ein eher pessimistisches Bild bezüglich der auskömmlichen Finanzierung des stationären Sektors im GKV-dominierten deutschen Gesundheitssystem durch die Vergütung der Behandlungskosten. Es wird ein zunehmend mühsameres Ringen um die angemessene Höhe der Vergütungen, der Fallpauschalen werden mit hohem Existenzdruck für viele stationäre Einrichtungen und der immer stärker werdenden Suche nach Zusatzerlösen, um den eigenen Standort zu sichern und zumindest ohne Dauerbelastung für die öffentlichen Haushalte auch in der Fläche noch eine angemessene stationäre Versorgung sicherzustellen.

Ebenso wie bei anderen Einrichtungen der Daseinsvorsorge scheint sich auch für den Krankenhausbetrieb ein Paradigmenwechsel abzuzeichnen bzw. bereits zu vollziehen, bei dem sich die Marktorientierung als wichtigstes Entscheidungskriterium anzeichnet.

13.6 Ausblick

Die akutstationäre Versorgung wird in Deutschland zumindest noch weit in das 21. Jahrhundert hinein unter einem hohen Privatisierungsdruck stehen und damit verbunden werden für immer mehr Krankenhäuser zwingend erforderliche Deckungsbeiträge außerhalb der mittels Fallpauschalen zu honorierenden Gesundheitsdienstleistungen erforderlich sein. Mit dieser Zuspitzung wird sich für viele dieser Krankenhäuser (nicht zuletzt gesundheitspolitisch intendiert) die Existenzfrage stellen.

Für das Krankenhausmanagement ist damit eine zusätzliche oder aber neu aufgelegte Flächenbewirtschaftung der (noch verbliebenen) Krankenhausareale eine der raren Optionen auch sektorenfremde Erlöspotenziale zu erschließen. Dies wird im Gegensatz zu den in den letzten Jahren kurzfristig erzielten Einmalerlösen aus dem Verkauf und der Umnutzung von Krankenhausflächen mit ihrer häufig ursprünglich räumlich verteilten abzureißenden Pavillonstruktur für den Wohnungsbau eine Möglichkeit, dauerhaft andere sektorenfremde Erlöse zu erzielen. Dazu wird es erforderlich sein, das Krankenhaus zukünftig als Erlebnisraum zu verstehen, um in einem entsprechend gestalteten Umfeld Krankheit und stationäre Behandlung in den Lebensalltag der Gesunden einzubetten. Dazu wird gehören, dass Kranke und Gesunde zu gleichen Teilen eine Bereitschaft entwickeln müssen, zum Wohl ihrer lokalen Krankenhausträger (nicht zuletzt aus Gründen einer bloßen Existenzsicherung der häufig gemeinnützigen Einrichtungen) freiwillige Zusatzbeiträge in Form von Waren- oder Dienstleistungsumsätzen zu leisten.

Unter der Überschrift „Willkommen auf dem Patienten-Boulevard" heißt es dazu in der Rubrik „Einkaufen und Service" des Universitätsklinikums Hamburg-Eppendorf für alle Besucherinnen und Besucher sowie Patientinnen und Patienten: „Damit es Ihnen während Ihres Aufenthalts im Universitätsklinikum Hamburg-Eppendorf (UKE) an nichts fehlt, bieten wir Ihnen den Patienten-Boulevard – unsere kleine Einkaufsmeile im Herzen des Klinikums. Hier können Sie an Geschäften vorüber schlendern, im Café entspannen, aber auch praktische Dinge des Alltags erledigen, wie etwa zur Post, zum Friseur oder zur Sparkasse gehen" (UKE 2017b).

13.7 Gesundheitspolitische Empfehlungen

Die derzeitige gesellschaftliche Tendenz zu einer weitestgehenden Ökonomisierung der Gesundheitsversorgung erfordert für den stationären Sektor eine sorgfältige Abwägung, welche von allen möglichen Maßnahmen zur sektorenfremden Erlössteigerung noch vertretbar sind, um zur Existenzsicherung der Einrichtung beizutragen. Innerhalb der einzelnen Empfehlungen sind zusätzlich Entscheidungen zu treffen, was im Rahmen einer Einrichtung aus Sicht des Betreibers vertretbar ist. Insbesondere das Merchandising und die werblichen Aktivitäten im Umfeld von Menschen mit Krankheiten, die einen stationären Aufenthalt erforderlich machen, bedürfen einer sorgfältigen Güterabwägung, ebenso wie die Auswahl der geschäftlichen Angebote, die in dem unmittelbaren Krankenhausumfeld gemacht werden können.

Aufseiten der Krankenhäuser sollte bei der Umsetzung eines Merchandisingansatzes mit einer umsichtigen Produktauswahl auf die Patienten-Krankenhaus-Bindung geachtet und zur Patienten-Motivation beigetragen werden. Hier könnten sich Produkte wie bspw. Bekleidung oder aber Gebrauchsgegenstände für den Alltag anbieten. Auch Unterhaltungsgegenstände wie Bücher oder Spiele könnten sich anbieten. Auch werbende Maßnahmen für Produkte und Dienstleistungen könnten etabliert werden. Hier könnten sich allgemeine Verkehrsflächen sowie die hauseigenen Medienkanäle für eine Umsetzung anbieten. Zudem könnten bestehende (oder ggf. noch zu ergänzende) Versorgungsstrukturen im beschriebenen Sinne dahin gehend eine Aufwertung erfahren, in dem bspw. der Kiosk zu einer Drogerie oder die Cafeteria zu einer Bäckereifiliale aufgewertet wird.

Im gesundheitspolitischen Diskurs ist zu fordern, dass Krankenhäusern, erweiterte Möglichkeiten an die Hand gegeben werden sollen, in dem beschriebenen Feld sektorenfremde Einnahmen zu generieren. Die hier erörterten Maßnahmen sollten vor diesem Hintergrund dahin gehend unterstützt werden, dass diese nicht in gesundheitspolitischen Diskussionen direkt in Misskredit gebracht werden. Hier wäre zu fordern, dass der Gesetzgeber, der den Wettbewerb innerhalb der Krankenhauslandschaft eingeläutet, beflügelt und verstärkt hat, nun auch diesen Krankenhäusern erlaubt, in diesem Handlungsrahmen aktiv zu werden. Was für die Suche nach den besten Versorgungskonzepten selbstverständlich war und ist, soll auch für Merchandising, Sponsoring, Werbung & Co Geltung haben, wenn es den Akteuren gestattet wird, hier nach den besten und tragfähigsten Lösungen zu suchen. Es ist klar, dass dies nicht eine direkte Unterstützung der Gesundheitspolitik finden kann und wird, aber es kann auch von Vorteil sein, eine Politik defensiv und abwartend zu gestalten und nach einer Zeit des „Versuch und Irrtums" mit Blick auf die sich herauskristallisierenden Ansätze Bilanz zu ziehen.

Übersicht über die gesundheitspolitischen Empfehlungen

1. Aufseiten der Krankenhäuser sollte bei der Umsetzung eines Merchandisingansatzes mit einer umsichtigen Produktauswahl auf die Patienten-Krankenhaus-Bindung besonders geachtet und zur Patienten-Motivation beigetragen werden. Hier könnten sich ausgesuchte Produkte anbieten.
2. Sorgfältig ausgewählte Werbung für Produkte und/oder Dienstleistungen könnten umsichtig auf allgemeinen Verkehrsflächen oder über hauseigene Medienkanäle platziert werden.
3. Bestehende (oder ggf. noch zu ergänzende) Versorgungsstrukturen könnten im beschriebenen Umfang Aufwertungen erfahren.
4. In einem gesundheitspolitischen Diskurs wäre zu fordern, dass Krankenhäusern erweiterte Möglichkeiten an die Hand gegeben werden sollen, in diesem Feld sektorenfremde Einnahmen zu generieren. Die Maßnahmen sollten nicht in gesundheitspolitischen Diskussionen in Misskredit gebracht werden, da auch den Krankenhäusern Zeit bei der Suche nach den besten Versorgungskonzepten dieser Art eingeräumt werden sollte. Erst im Zeitverlauf sollte Bilanz gezogen werden.

Literatur

Bruhn, M. (2017). *Sponsoring – Systematische Planung und integrativer Einsatz.* Wiesbaden: Gabler.

Deutsche Krankenhausgesellschaft e. V. (DKG) (Hrsg.). (2016). *Geschäftsbericht 2015.* Berlin: Eigenverlag.

Fachverband Außenbewerbung e. V. (2017). Out of Home-Medien. http://faw-ev.de/out-of-home-medien/. Zugegriffen: 24 Mai 2017.

Fengel, H., & Goben, J. (2004). *Sponsoring im Gesundheitswesen. Zulässige Formen der Kooperation zwischen medizinischen Einrichtungen und der Industrie.* München: Beck.

Fuchs, C., & Gerst, T. (2017). Medizinethik in der Berufsordnung. www.bundesaerztekammer.de/recht/berufsrecht/muster-berufsordnung-aerzte/medizinethik-in-der-berufsordnung/. Zugegriffen: 24 Mai 2017.

KHG. (2016). Gesetz zur wirtschaftlichen Sicherung der Krankenhäuser und zur Regelung der Krankenhauspflegesätze (Krankenhausfinanzierungsgesetz – KHG) vom 29.06.1972 in der Fassung vom 19.12.2016.

KorrBekG. (2015). Gesetz zur Bekämpfung der Korruption vom 20.11.2015 in aktueller Fassung.

KorrBekG. (2016). Gesetz zur Bekämpfung von Korruption im Gesundheitswesen vom 30.05.2016 in aktueller Fassung.

SGB V. (2017). Sozialgesetzbuch – Fünftes Buch (V) – Gesetzliche Krankenversicherung vom 20.12.1988 in der Fassung vom 04.04.2017.

Spectrum am UKE <Objektgesellschaft beim Universitätsklinikum Eppendorf mbH & Co. KG>. (2017). Auf einen Blick! http://www.spectrum-am-uke.de/home.html. Zugegriffen: 18. Apr. 2017.

Spectrum Fürth – Spectrum medizin und businesszentrum <Sontowski & Partner GmbH>. (2017). Daten und Fakten. https://www.sontowski.de/immobilien/gewerbe/spectrum-fuerth-fuerth/57/. Zugegriffen: 18. Apr. 2017.

Ströer. (2017). Außenwerbung. http://www.stroeer.de/aussenwerbung.html. Zugegriffen: 24 Mai 2017.

UKE <Universitätsklinikum Hamburg-Eppendorf>. (2017a). Merchandising. https://www.uke.de/patienten-besucher/einkaufen-service/merchandising/index.html. Zugegriffen: 18. Apr. 2017.

UKE <Universitätsklinikum Hamburg-Eppendorf>. (2017b). Willkommen auf dem Patienten-Boulevard! https://www.uke.de/patienten-besucher/einkaufen-service/index.html. Zugegriffen: 18.04.2017.

Wall. (2017). Außenwerbung. http://www.wall.de/de/outdoor_advertising. Zugegriffen: 24 Mai 2017.

Über den Autor

Rolf Kaestner (Dipl.-Volkswirt), geb. 1952 in Hamburg, hat im Studium im Schwerpunktfach Sozialpolitik bei Prof. Dr. Jens Lübbert bereits über das Marktversagen in der Arzneimittelversorgung gearbeitet und später nach Stationen in der Versicherungswirtschaft, dem Verlagswesen und der internationalen Consultingwirtschaft seine Arbeit in den Schwerpunktsektoren Entwicklungszusammenarbeit, Öffentlicher Sektor und Gesundheitswesen freiberuflich fortgesetzt. Während der Projektentwicklung für ein Managed Care System für eine private Krankenversicherung war er eines der persönlichen Gründungsmitglieder des Bundesverbandes Managed Care (BMC). Neben einer Reihe von Veröffentlichungen mit der Deutschen Gesellschaft für Projektmanagement (GPM) seit 1991 überwiegend zur Qualifizierung und zu Fachthemen für Menschen im Projektmanagement bis hin zur derzeit gültigen ICB 3 (International Competence Baseline) hat er seit 2011 auch einen Lehrauftrag für Informations- und Wissensmanagement an der Fresenius Hochschule

im Studiengang „Health Economics" bzw. „Management und Ökonomie im Gesundheitswesen".
Im Gesundheitswesen beginnen die Veröffentlichungen mit Band 1 der Schriftenreihe des BMC
„Integrierte Versorgung und Medizinische Versorgungszentren" im Jahr 2006 und setzen sich bis
heute – aktuell mit Veröffentlichungen auch bei Springer Gabler – fort.

Fundraising als alternative Finanzierungsquelle für Krankenhäuser jenseits des Erlösbudgets

14

Helge K. Schumacher, Johanne Pundt und Birte Schöpke

Inhaltsverzeichnis

H. K. Schumacher (✉) · J. Pundt · B. Schöpke
APOLLON Hochschule der Gesundheitswirtschaft GmbH, Bremen, Deutschland
E-Mail: helge.schumacher@apollon-hochschule.de

J. Pundt
E-Mail: johanne.pundt@apollon-hochschule.de

B. Schöpke
E-Mail: birte.schoepke@apollon-hochschule.de

© Springer Fachmedien Wiesbaden GmbH 2018
H.-R. Hartweg et al. (Hrsg.), *Aktuelle Managementstrategien zur Erweiterung der Erlösbasis von Krankenhäusern*, https://doi.org/10.1007/978-3-658-17350-0_14

Zusammenfassung

Im zunehmend finanziell schwierigeren Umfeld deutscher Krankenhäuser stellen Aktivitäten rund um das Fundraising eine anerkannte Möglichkeit dar, die zusätzliche Mittelgenerierung mit einer positiven Imagepflege zu verknüpfen. Egal ob über eine Stiftung, Verträge mit Sponsoren oder aktiv betriebenem Fundraising: in einem professionellen Ansatz lassen sich die historisch adäquaten Rahmenbedingungen der sogenannten „Erbengeneration" nutzen, um klinikeigene Projekte voranzubringen. Voraussetzung ist allerdings, dass keine Krankenkassenmittel zur Verfügung stehen. Durch klare Ziele und Formulierungen von konkreten Spendenprojekten und einer aktiven Kommunikation im Haus und nach außen hat der professionelle Experte für Krankenhausfundraising gute Chancen, die vielfach noch vorhandenen kleinteiligen Fördervereine abzulösen und aus den einzelnen Abteilungen auf eine nächsthöhere Ebene zu verlagern. Die monetären Herausforderungen im Klinikalltag wachsen eher noch durch fehlende Fachkräfte, bei sich gleichzeitig verschärfendem demografischen Wandel. Wenn es dagegen gelingt, mittels Fundraising eine tragende Säule der Finanzierung aufzubauen, kann eine größere Zukunftsfestigkeit erreicht werden.

14.1 Einführung

Aufgrund der finanziellen Einschränkungen, die das Vergütungssystem gemäß der DRG-Klassifikation für Krankenhäuser mit sich bringt, und den vielfach bereits ausgeschöpften Maßnahmen zur Erhöhung der Wirtschaftlichkeit sind Krankenhäuser zunehmend auf extrabudgetäre Finanzmittel angewiesen, um eine qualitativ hochwertige Patientenversorgung zu gewährleisten. Neben hohen Personal- und Energiekosten sind insbesondere öffentliche Investitionen, für die aufgrund der dualen Krankenhausfinanzierung das jeweilige Bundesland aufkommen muss, in der Vergangenheit – zumindest anteilig – unterblieben, was vielerorts mit dem Begriff „Investitionsstau" versehen wird. Demnach sind heute viele der Leistungserbringer gezwungen, nach neuen Finanzierungsinstrumenten zu suchen (Steiner und Fischer 2012).

Eine Möglichkeit zur Mittelbeschaffung bietet dabei das Fundraising, bei dem Gelder von Privatpersonen und/oder Unternehmen dazu genutzt werden können, konkrete Projekte zu realisieren und notwendige Investitionen zu tätigen (Kolhoff 2017). Fundraising beschreibt dabei die Mittelbeschaffung für soziale Einrichtungen ohne das Erbringen einer Gegenleistung. Für die Einrichtungen sind sie Eigenmittel. Förderer können Privatpersonen, Unternehmen oder öffentlich-rechtliche Körperschaften sein. Das wichtigste Element des Fundraising stellt die Spende dar. Spendenzwecke bzw. Einrichtungen finden sich dabei vor allem im Bereich von Kinder- und Jugendnothilfen, Behindertenhilfen, Kirchen, Tierschutz und Wohlfahrtspflege bzw. soziale Hilfen. Spenden sind steuerlich abzugsfähig und daher für höhere Einkommensbezieher interessanter. Um wiederum eine Spendenquittung ausstellen zu dürfen, sollte die Einrichtung besonders förderwürdig sein. Sie muss demnach mildtätigen, kirchlichen, religiösen oder wissenschaftlichen Zwecken dienen (Krzykowski 2015).

Diese klare Differenzierung ist wichtig, um benötigte Handlungsstrategien von solchen für Finanzierungen durch Leistungsentgelte und Zuschüsse zu unterscheiden. So erweist sich das Sponsoring für geförderte Einrichtungen als zusätzliches Entgelt, das als eine Förderung mit Gegenleistung in aller Regel von Unternehmen erbracht wird. Ursprünglich auf die Themenfelder Sport, Kunst und Kultur fokussiert, entwickelt sich zunehmend der soziale und gesundheitliche Sektor zu einem wichtigen Empfängerfeld (Kolhoff 2017). Sponsoring kann dabei in Form von Sach- und Dienstleitungen erfolgen, in aller Regel aber als Geldleistung. Auch wenn in Deutschland im Gegensatz zu den USA traditionell tief in der Gesellschaft verankert gut ausgebaute und weitestgehend tragende Systeme der sozialen Sicherung existieren, so steigt die Akzeptanz für Sozialsponsoring. Leistung und Gegenleistung des Sponsorings werden in einem Vertag festgehalten. Dieser legt Form, Art, Zeitpunkt und Dauer der Leistung fest. Für die Einrichtungen ist das Sponsoring eine Ausgestaltung des Marketings. Der § 128 SGB V wiederum schränkt die Vorteilnahme ein, indem er die unzulässige Zusammenarbeit zwischen Leistungserbringer und (Vortrags-)Arzt untersagt. Dabei werden Ärzte in Krankenhäusern explizit mit in diese Regelung einbezogen. Ziele können in der Imageverbesserung oder in einer direkten Werbewirkung liegen. Sponsor und Gesponsorter sollten dabei anschlussfähig sein, sprich in ihren Zielen zueinanderpassen (Kolhoff 2017).

Für die Umsetzung eines Fundraisingprojektes braucht es im Grunde keine Stiftung, wie häufig angenommen wird. Dennoch sollen hier zur Abgrenzung der Begrifflichkeiten auch Stiftungen Erwähnung finden, da von den ca. 22.000 in Deutschland bestehenden Stiftungen, ca. 15 % im Gesundheitskontext aktiv sind, bspw. Stiftung Deutsche Schlaganfallhilfe, Robert Bosch Stiftung oder Deutsche Herzstiftung (Bundesverband Deutscher Stiftungen 2014). Stiftungen stellen wiederum sozialen Einrichtungen Mittel gemäß ihrem Zweck zur Verfügung. Stiftungen entstehen dabei aus einem juristischen Akt, in dem die Stiftung eingerichtet wird. Dabei wird ein Vermögenswert in das Stiftungsvermögen überführt, das fortan als finanzielle Basis der Stiftung fungiert und dabei die Finanzierung zukünftiger Stiftungsaktivitäten sicherstellt. Stiftungen werden auf unbestimmte Dauer geschaffen und sind von ihrem ursprünglichen Geldgeber unabhängig. Die Mittelvergabe richtet sich nach den Zielen der Stiftung, daher müssen Förderantragsteller mit ihrem Vorhaben zum Ziel der Stiftung passen (Kolhoff 2017).

Somit kann Fundraising definiert werden als „die systematische Analyse, Planung, Durchführung und Kontrolle sämtlicher Aktivitäten einer steuerbegünstigten Organisation, welche darauf abzielen, alle benötigten Ressourcen (Geld-, Sach- und Dienstleistungen) durch eine konsequente Ausrichtung an den Bedürfnissen der Ressourcenbereitsteller (Privatpersonen, Unternehmen, Stiftungen, öffentliche Institutionen) zu möglichst geringen Kosten zu beschaffen." (Urselmann 2014). Bei der grundsätzlichen Gewinnung oder Beschaffung (raising) von Finanzmitteln bzw. Kapital (fund) handelt es sich demnach um eine Art (Beschaffungs-)marketing, das – gezielt umgesetzt – unterstützende finanzielle Ressourcen zur Verfügung stellt, die im Krankenhaus zu einer optimierten Patientenversorgung beitragen können.

In diesem Beitrag soll es darum gehen, dass aufgrund der zunehmenden wettbewerblichen Situation und der damit einhergehenden, teilweise zu beobachtenden Unterfinanzierung einiger Strukturen im Gesundheitssystem zukünftig jedes Krankenhaus in einem noch stärkeren Ausmaß gefordert sein dürfte, eigene Anstrengungen in Richtung Fundraising zu diskutieren und eigene Umsetzungskonzepte zu entwickeln. Dazu werden zunächst Hintergründe (Abschn. 14.2) zum Thema vorgestellt, es folgen fünf Grundregeln des Fundraising (Abschn. 14.3), um anschließend mehrere erfolgreiche Wege und gelungene Beispiele aus dem Klinikbereich zu Fundraisingstrukturen (Abschn. 14.4) aufzuführen. Eine Diskussion (Abschn. 14.5) mit Potenzialen und Hürden des Fundraising ergänzen die Ausführungen, sodass ein Ausblick (Abschn. 14.6) und gesundheitspolitische Empfehlungen des Fundraising in Krankenhäusern (Abschn. 14.7) diesen Beitrag beenden.

14.2   Hintergründe zum Fundraising im Krankenhaus

Innovative Ansätze kommen oft aus den USA und lassen sich mitunter auch in Deutschland adaptieren. Auch wenn die Versorgungsstrukturen und die Spendenmentalität unterschiedlich aussehen, ein Blick nach Nordamerika lohnt sich. Eine Fundraisingabteilung ist in US-amerikanischen Krankenhäusern ebenso selbstverständlich vorhanden, wie die Buchhaltung und sie beschäftigt dort i. d. R. zahlreiche Fundraisingexperten, um für die Einrichtung direkt bzw. für einzelne Projekte zu werben und um über Events, kommunikative Spezialveranstaltungen Groß- oder Firmenkunden zu erreichen (Steiner und Fischer 2012).

Zweifelsohne hat das deutsche Gesundheitssystem im internationalen Vergleich in vielerlei Hinsicht Vorbildfunktion, aber dennoch wird deutlich, mit welchen effektiven Instrumenten, professionellen Ausstattungen und Managementstrukturen jenseits der nationalen Grenzen umgegangen wird. Diese sind optimal auf den Spendenerwerb ausgerichtet, sodass die USA als Lernbeispiel fungieren können, wenn dort bis zu 15 % des Umsatzes in Kliniken durch Fundraising erwirtschaftet werden. Solche Dimensionen werden national nicht erreicht (Steinrücke 2015).

Diese Erkenntnis haben sich die Initiatoren der deutschen Fundraisingstudie („Privat statt Staat") zunutze gemacht. Mitte 2016 wurde deshalb eine zweite Fundraisingstudie des Deutschen Fundraising Verbandes e. V. und der Unternehmensberatung Roland Berger veröffentlicht und insgesamt als ein „Erfolgsmodell" proklamiert (Roland Berger Gmbh 2016). Daraus geht hervor, dass inzwischen 60 % aller deutschen Krankenhäuser Fundraising betreiben, die im Durchschnitt 500.000 EUR einwerben bei einem auffälligen Return on Investment von über 1:4. Das bedeutet, dass für einen investierten EUR in Fundraisingaktivitäten 4 EUR an Mitteln zurückfließen und damit eine gute Kosten-Nutzen-Relation hergestellt wird. Hinzu kommt das geringe finanzielle Risiko, sodass eine mögliche Fundraisingidee einen signifikanten Beitrag zur Finanzierung von strategisch wichtigen Projekten leisten kann.

Zwar sind finanzielle Zuschüsse über Spenden keine Mittel, mit denen Krankenhäuser kontinuierlich rechnen können, da keine Verpflichtung zur Spendenleistung existiert. Die Spendenbereitschaft in Deutschland ist jedoch relativ hoch, wie die Ergebnisse des Spendenmonitors zeigen: Die Spenderquote betrug in den letzten 20 Jahren zwischen 35 und 50 % (TNS Infratest 2015) und die Spendenhöhe lag in der letzten Dekade bei durchschnittlich über 100 EUR pro Spender und Jahr (TNS Infratest 2015). Generell ist aber davon auszugehen, dass eine Spende eher erfolgt, wenn diese für ein konkretes Projekt vorgesehen ist. So spendeten bspw. 2002 (im Jahr der Hochwasserkatastrophe an Elbe und Oder) 47 % sowohl der ost- als auch westdeutschen Bevölkerung (TNS Infratest 2015).

Eine zweite zusätzliche Finanzierungsquelle sind Stiftungen. Allein in deutschen Stiftungen werden Vermögenswerte in Höhe von mehr als 100 Mrd. EUR verwaltet, die dieser philanthropischen Nutzung vorbehalten sind (Bundesverband Deutscher Stiftungen 2014). Soziale Zwecke dominieren die Anteile, aber auch das öffentliche Gesundheitswesen stellt einen relevanten Teil dar (Bundesverband Deutscher Stiftungen 2016). Die Förderung des öffentlichen Gesundheitswesens ist als gemeinnütziger Zweck gemäß Abgabenordnung anerkannt (§ 52 Abs. 2 AO 2017). So verstanden, kann der gezielte Zugang auf die aktuelle Generation 50+, die vielfach in der Lage ist, aus im Verhältnis hohen Bezügen im dritten Lebensalter, größere Beiträge zu leisten, als potenzielle Spender anvisiert werden.

Ein weiterer sensibler Aspekt erscheint relevant: Speziell beim Fundraising im Gesundheitswesen stellt sich die Frage, ob es ethisch „vertretbar" ist, einen Teil der Gesundheitsversorgung über Spenden zu finanzieren. Dabei stellt sich die generelle Frage, ob ein Gesundheitssystem nicht derart finanziert und ausgestaltet sein sollte, dass keine zusätzlichen finanziellen Mittel benötigt werden? Fakt ist jedoch, dass aufgrund der Unterfinanzierung vieler Krankenhäuser finanzielle Unterstützung dringend benötigt wird. Wenn ein Krankenhaus durch Fundraising Spendengelder erhält und bei dem gesamten Verfahren die „19 Grundregeln für eine gute, ethische Fundraising-Praxis" (Deutscher Fundraising Verband e. V. 2013), die vom Deutschen Fundraising Verband aufgestellt wurden, beachtet, warum sollte es dann nicht zum Wohle seiner Patienten- und/oder Belegschaft diese Mittel verwenden, um die Versorgung zu verbessern, bzw. um bestimmte Summen für Projekte zur Verbesserung der Patienten- und Mitarbeiterzufriedenheit zu nutzen? Die eigentliche Frage ist daher nicht „ob" ein Krankenhaus diese Spendengelder aktiv einwerben darf, sondern „von wem" es Spendengelder annehmen darf und „wie" der Kontakt zu den Spendern hergestellt und gepflegt wird.

Alle Unternehmen, und somit auch Krankenhäuser, welche im Rahmen des Fundraising um Spenden bitten, dürfen dabei nicht an Glaubwürdigkeit verlieren, denn damit schaden sie sich selbst in einem höheren Maße, als dies durch die erworbene Spende kompensiert wird (Urselmann 2014; Gahrmann 2012). Die Glaubwürdigkeit kann beeinträchtigt werden, wenn das Unternehmen Gelder von Personen und/oder Unternehmen annimmt, die im Interessenkonflikt zu den eigenen Unternehmensleitlinien stehen. Daher gibt es Unternehmen, die grundsätzlich bestimmte Spendergruppen (bspw. Privatpersonen) oder aber bestimmte Vertriebskanäle, über die Spenden generiert werden können, ausschließen (Urselmann 2014). Krankenhäuser in einem norddeutschen Stadtstaat gerieten bspw. 2016 in die Kritik, da sie Spenden von Pharmaunternehmen angenommen hatten und hiervon Klinikpersonal bezahlt haben, welches auch für die Verordnung von Arzneimitteln zuständig war. Ein norddeutscher Klinikverbund räumte daraufhin ein, dass ein Großteil der Medikamente für die ambulante Versorgung von Hämophiliepatienten von zwei Pharmaunternehmen bezogen wurde, die hohe fünfstellige EUR-Beträge an die Bluterambulanz gespendet hatten. Zudem wurden die Spenden in den jährlichen Spendenberichten zwar ausgewiesen, dabei wurde allerdings nicht angegeben, wofür diese Spenden verwendet wurden (Ziegler 2016). An diesem Beispiel ist zu erkennen, von welch großer Wichtigkeit die Transparenz der Spendenherkunft für die Krankenhäuser sein kann, um mit Blick auf dieses Beispiel zu verdeutlichen, dass die Patientenversorgung nicht von Entscheidungen von Großspendern beeinflusst wird.

Zudem sollten potenzielle Spender nicht unter Druck gesetzt werden. Dabei können zum Einwerben von Spendengeldern Emotionen dennoch genutzt werden. Diese sollten die potenziellen Spender jedoch „überzeugen und nicht überrumpeln" (Wilke 2011). Insgesamt sind auch – oder gerade – beim Fundraising die Regeln des Datenschutzes zu beachten, um eine Vertrauensbasis zu schaffen, die ebenfalls andere potenzielle Spender überzeugen könnte. Hierzu gehört neben der Verschwiegenheit der Spenderdaten gegenüber Dritten auch, dass Spender nur dann kontaktiert werden, wenn sie hierzu ihr Einverständnis gegeben haben (Urselmann 2014).

14.3   Grundregeln zum Fundraising

Fundraising kann nur gelingen, wenn die notwendigen Voraussetzungen dafür hergestellt werden. Eine strategische Ausrichtung im Krankenhaus, die passende organisatorische Umsetzung und eine professionelle Kommunikation sind die zentralen Erfolgsfaktoren, sodass folgende wichtige Grundregeln für funktionierendes Fundraising beachtet werden sollten:

1. Professionalität
2. Akquise
3. Anlass bzw. Sachbezogenheit
4. Verstetigung
5. Nachhaltigkeit

Diese 5 Kriterien sollen nachfolgend kurz vorgestellt und erläutert werden.

14.3.1 Professionalität

Fundraising als zusätzliche Stelle innerhalb einer bereits bestehenden Verwaltungsstruktur („Add On" innerhalb der Krankenhausadministration) wird nicht das erhoffte und benötigte Potenzial erbringen. Im schlimmsten Fall wird eine derartige Organisation sogar – wegen unprofessioneller Ansprache bzw. wenig durchdachtem Management – für einen Imageschaden des Krankenhauses sorgen. Bevor die Idee für das Fundraising in einer Klinik reift, sollte ein Fundraisingkonzept erstellt werden, das spezielle strategische Ziele der Aktivitäten anvisiert und dabei z. B. das benötigte Kapitalvolumen und die Zeitspanne als feste Zielgrößen beinhaltet.

Für Krankenhäuser der Maximalversorgung kann sich die Investition in eine eigene Stabsstelle „Fundraising" (mit einem Stelleninhaber) über das Volumen der Einnahmen selbst finanzieren und über professionelles Vorgehen das komplette Leistungsvermögen dieser Finanzierungsart ausschöpfen (Steiner und Fischer 2012). Kleineren Krankenhäusern wäre zu empfehlen, in eine Agenturleistung zu investieren, da sich für solche Organisationen eine eigene Mitarbeiterstelle kaum refinanzieren lassen dürfte. Es bleibt zudem zu prüfen, ob ausreichend Projekte generiert werden, die über Fundraising abgewickelt werden können.

14.3.2 Akquise

Das Einwerben von Finanzmitteln kann ausschließlich nur für nicht durch die Krankenkassen finanzierte Anlässe oder Projekte erfolgen. Die Akquise kann dabei über Patienten bzw. Kunden vollzogen werden, die das Krankenhaus aufsuchen oder aufgesucht haben und die auf die Möglichkeit einer Unterstützung „ihrer" Heilstätte angesprochen werden (können). Alternativ können sich auch vermögende Mäzene oder sozial engagierende Gesellschaften oder Clubs als passende Adressaten für größere monetäre Volumina erweisen. Fundraising kann ebenso über gemeinsame Events initiiert werden, die dann darauf ausgerichtet sind, beim Event vor Ort Gelder zu akkumulieren, die dann später dem Förderzweck zugeleitet werden. Hier sind als lokale Beispiele zu nennen Entenrennen vom Lions Club oder von Rotary Clubs (Göttinger Entenrennen 2017) oder sportliche Betätigungen für die Allgemeinheit mit Startgebühren, die später gespendet werden. Immer wieder wird berichtet, dass ein elementarer Bestandteil beim Einwerben von Finanzen mit Erfolgsgeschichten der Krankenhäuser einhergeht, um Mehrwerte zu generieren. Auf diese Weise werden bei den Spendern Emotionen geweckt, die wiederum die Spendenbereitschaft positiv beeinflussen.

Das Fundraising aus Erbschaften kann ein nächster Schritt sein. Eine weitere wichtige Quelle für die Generierung größerer Spendensummen stellt die gezielte Ansprache vererbender Generationen dar. Zum ersten Mal seit den Brüchen des frühen 20. Jahrhunderts (Hyperinflation, zwei Weltkriege und Währungsreform) werden auch in Deutschland nicht unerhebliche Vermögensmengen vererbt, die in Teilen für wohltätige Zwecke oder bei einem Nichtvorhandensein von Erben ggf. sogar vollständig für das Fundraising erschlossen werden können (WELT 2011). Das Management von Nachlassverfügungen bedarf einer erheblichen rechtlichen Erfahrenheit, wie auch einer guten Vernetzung mit potenziellen Mittlern, wie Banken, die nur professionell agierende Stelleninhaber aufbauen bzw. vorweisen können.

14.3.3 Anlass bzw. Sachbezogenheit

Wollen Krankenhäuser über Fundraising zusätzliche Mittel einwerben, so sollten sie dies tun, indem sie für konkrete Projekte (Becker 2016) (z. B. für die Ausstattung der Eltern-Kind-Zimmer einer Kinderstation) um Spenden bitten, da dies erfolgsversprechender ist, als die Bitte um eine allgemeine unspezifische Spende. Eine andere Möglichkeit, an finanzielle Unterstützung zu gelangen, ist der Weg über das sogenannte „Charity-Shopping". Durch „pay per sale" erhalten eingetragene Vereine von Unternehmen eine Prämie, wenn Kunden über die Plattformen bei Partnerunternehmen Einkäufe getätigt haben. Den Kunden entstehen dadurch keine direkten jedoch indirekte Kosten, da sie vor dem Einkauf auf der jeweiligen Plattform den Shop auswählen müssen und sich dies etwas zeitaufwendiger darstellt. Hierbei könnten jedoch auch die Mitarbeiter eines Krankenhauses für „ihr" Krankenhaus spenden, indem sie ihre Interneteinkäufe ebenfalls darüber abwickeln. Vereinzelt wird dieser Weg bereits von Fördervereine von Krankenhäusern in Anspruch genommen (Steiner und Fischer 2012).

14.3.4 Verstetigung

Soll Fundraising zu einer dauerhaften Quelle der Finanzierung herangezogen werden, reicht ein einzelnes Projekt oder Event (bspw. eine Gala, o. a.) nicht aus, da über diese Wege immer nur punktuell Mittel generiert werden können. Konsequentes, längerfristig erfolgversprechendes Fundraising braucht verlässliche Medien (wie bspw. Flyer, Homepage, u. a.) und vor allem einen „Kümmerer", der sich kontinuierlich und beharrlich diesem Thema widmet. Die Entwicklung von guten Spenderbeziehungen hat dabei oberste Priorität und auch regelmäßige Zielgruppenanalysen eröffnen Möglichkeiten, „Gutes" für die Klinik zu tun. Eine regelmäßige Ansprache und passende Impulse an potenzielle Geldgeber sind hier notwendig, um ggf. auch denkbare „Türöffner" zu erreichen.

14.3.5 Nachhaltigkeit

Erst wenn auf Resultate, in Form einer erfolgreichen Co-Finanzierung, verwiesen werden kann, ist eine Nachhaltigkeit erreicht. Die Akzeptanz von neuen Mittelgebern wird über die sinnvolle und transparente Verwendung der Mittel der bisherigen Unterstützer erreicht. Hier spielt die Presse- und Öffentlichkeitsarbeit eine zentrale Rolle. Prinzipiell sollte das Ziel ein professionelles Donor Relationship Management (DRM) sein, welches in Analogie zum (Kunden-)Beziehungsmanagement (CRM) eine individuelle Kontaktpflege in den Fokus rückt. Ggf. kann auch eine Kooperation mit NPOs z. B. aus dem (professionellen) Selbsthilfebereich lohnenswert sein, um eine größere Akzeptanz und Reichweite innerhalb der Zielgruppen zu erreichen.

14.4 Beispiele aus dem Krankenhaussektor

Immer mehr Krankenhäuser betreiben mit großem Erfolg Fundraising (Krause 2012). Der Ansatz will Menschen gewinnen und diese zu einem freiwilligen Handeln zu bewegen, für die Gemeinschaft Gutes zu tun. Aufgrund der vorangehend genannten Hintergründe gilt es für Projekte, die nicht von den Erstattungen der Krankenkassen profitieren bzw. aus Mitteln der öffentlichen Hand finanziert werden, anderweitige Mittelgeber zu akquirieren. Aus diesem zunächst vernachlässigten Feld, ist mittlerweile eine größere Aktivität wahrzunehmen. Nachfolgend sollen Beispiele aus unterschiedlichen Krankenhäusern vorgestellt werden – die Best-Practice-Ansätze – wie diese Maßnahmen betrieben werden können.

14.4.1 Stiftung des Uniklinikums der RWTH Aachen

Das Uniklinikum der RWTH Aachen wählte anstelle von typischem Fundraising die Etablierung einer eigenen Stiftung (Stiftung Universitätsmedizin Aachen 2017). Diese dient der zusätzlichen Mittelakquise in Form von Fundraising. Bereits im Vorfeld existierten Fördervereine rund um die Uniklinik. Mit dem Weg der Stiftungsgründung sollte eine Kanalisierung dieser Aktivitäten erreicht werden. Gerade für die Anbahnung von innovativen Forschungsprojekten wurden die Vereine als inadäquate und zu dezentrale Form angesehen. Akquirierte Mittel der Stiftung fließen deshalb nun zukünftig in konkrete Projekte, die den Transfer aus der Forschung in die Versorgung sicherstellen sollen. Schon vor der Stiftungsgründung wurden gerade für die Bereiche Pädiatrie, Palliativmedizin und Onkologie von Vereinen, aber auch Privatpersonen, zweckgebunden große Summen gespendet. Solche zweckgebundenen Mittelgaben bleiben auch mit einer Stiftung im Hintergrund erhalten. Die Stiftung ist zudem in der Lage, über alle Bereiche hinweg unter ihrem Dach eine Landkarte der förderfähigen Projekte zu erstellen. Auch die Ansprache ehemaliger Patienten kann erst auf deren Initiative auf eine vorherige Information erfolgen. Die Vermischung von zu erstattender Krankenversorgungsleistung mit einer philanthropischen Mittelbereitstellunggabe darf allerdings zu keinem Zeitpunkt erfolgen (Jencke und Brandstädter 2016). Unternehmen sind häufig an der Bereitstellung größerer Summen interessiert, allerdings sollte als Gegenleistung eine entsprechende Bekanntmachung erfolgen (Jencke und Brandstädter 2016). Hier kann das Sponsoring ein interessantes Betätigungsfeld bieten.

14.4.2 Praxisbeispiele für gelungenes Sponsoring

Ähnlich wie das Fundraising kann Sponsoring hilfreich sein, wobei hier ein anderer Adressatenkreis infrage kommt. Beim Fundraising kommen primär private Geldgeber in Betracht, wohingegen das Sponsoring primär von Unternehmungen vorgenommen wird, die sich spezifische Gegenleistungen erhoffen (z. B. öffentlichkeitswirksame Corporate-Social-Responsibility-Projekte, abgekürzt: CSR-Projekte). Das Sponsoringverhältnis soll in der Regel medienwirksam genutzt werden. Im Krankenhausbereich dient es dazu auf-zuzeigen, dass der Sponsor gesellschaftliche Verantwortung übernimmt. Über die Defini-tion von Leistungen und Gegenleistungen ist auch der Ausschluss der Einflussnahme des Sponsors auf die wirtschaftlichen Handlungen des Gesponserten zu regeln. Fundraising und Sponsoring kann sich auch vermischen, wie folgende Praxisbeispiele zeigen sollen:

14.4.2.1 Unterstützung von Krebspatienten, Selbsthilfegruppen und Demenzkranken

Im Bereich der Onkologie – als Beispiel für viele andere Segmente der Krankenversor-gung – gibt es ergänzende Angebote für Erkrankte, die allerdings nicht von den Erstat-tungen der Krankenkassen erfasst werden. Dies kann gänzlich unterschiedliche Bereiche betreffen, insbesondere aber solche Maßnahmen, die nicht originär in den medizinischen Kontext fallen, sondern im Sinne des durch das SGB V definierte Leistungsrecht als komplementäre Angebote zu beurteilen sind. Tatsächlich können aber solche Angebote durchaus die Heilung beschleunigen bzw. zukünftige Behandlungskosten senken.

14.4.2.1.1 Finanzierung der Beratung von Krebspatienten

Eine Chance, den betroffenen Patienten solche Angebote ohne deren finanzielle Betei-ligung bereitzustellen, bieten Sponsoring-Verträge oder Maßnahmen des Fundraising. Dabei wird ein Projekt definiert, welches mit einer anderweitigen externen Finanzierung durchgeführt werden soll. Hierbei können dann Elemente des Fundraising, wie auch des Sponsorings, zur Anwendung kommen.

Als Beispiel für ein solches Projekt ist die Implementierung einer beratenden spezi-ell ausgebildeten Fachkrankenschwester für Krebserkrankte zu nennen. Diese ambulante sogenannte „Breast- and Cancer Care Nurse (aBCN)" berät über Hilfsmittel aller Art, vermittelt Versorgungsangebote und überbrückt den Übergang von immer kürzer wer-denden akutstationären Aufenthalten in ambulante Versorgungsstrukturen. Als ein Bei-spiel, wie so eine Mitarbeiterstelle gemeinsam finanziert und damit zur Verbesserung des Versorgungsangebots unterstützend „aktiviert" werden kann, kann die aBCN des UniversitätsKrebszentrums Göttingen (G-CCC) herausgestellt werden. In diesem Fall wurde die Fachausbildung aus Mitteln einer Selbsthilfegruppe geleistet, die Einstellung und Beschäftigung erfolgte über Spendengelder aus einem Charity Lauf, bei dem sich die Läufer und auch Großspender im Rahmen des Fundraising beteiligt hatten (Lauf fürs Leben 2017). Zur Verstetigung der Mitarbeiterstelle wurde ein eigenes Spendenpro-jekt im Bereich Fundraising des Krankenhauses initiiert, welches für eine regelmäßige

Finanzierung sorgen soll (Universitätsmedizin Göttingen 2017). Erst diese erfolgreiche Zusammenführung mehrerer alternativer Finanzierungsquellen hat die Implementierung und Verstetigung des Angebots in Göttingen ermöglicht.

14.4.2.1.2 Unterstützung von Selbsthilfegruppen durch Begegnungsstätten

In einem Krankenhaus sind Räumlichkeiten eine knappe Ressource. Durch ineffiziente Vergabemechanismen und nicht ausreichende Nutzungsentgelte bzw. Umlagen erfolgt keine effiziente Belegung. Wenn ein Raum zur Nutzung durch Dritte zur Verfügung gestellt werden soll, bedarf dies einer besonderen Anstrengung. Es muss herausgearbeitet werden, warum die Außendarstellung für die Klinik so erheblich profitiert, dass diese Räumlichkeiten für eine Verwendung außerhalb des Kernauftrages der Krankenversorgung vorgehalten werden, wo sie in der Folge auch nicht zur Verbesserung der Wirtschaftlichkeit dienen können. Der Marketingeffekt überwiegt dabei einen reinen Nutzungswert. Die Integration einer Selbsthilfegruppe in die Strukturen des Krankenhauses beinhaltet gute Informations- und Austauschmöglichkeiten. Es dient zudem der Vertrauensförderung zwischen Patienten in den Gruppen und der Einrichtung der Krankenversorgung. Selbsthilfegruppen wünschen sich zu Recht Unabhängigkeit. Aufgrund der vielfach schwachen finanziellen Ausstattung der Gruppen, haben diese aber auch keine Mittel für Raummieten, die in vielen Städten und Gemeinden aber typischerweise verlangt werden. Die kostenlose Bereitstellung von Räumen hilft, Begegnung, Austausch und Information zu realisieren. Die Krankenhäuser können, wenn sie solche Räume bereit stellen, vom positiven Renommee profitieren und erreichen eine engere Bindung dieser Gruppen und fördern derart den (Ideen-)Austausch.

Für die Renovierung und die Ausstattung einer Begegnungsstätte für Selbsthilfegruppen wurde in Göttingen erneut ein Charity Lauf veranstaltet (Lauf fürs Leben 2017). Ferner gingen Möbelstücke als Sachspenden von regionalen Möbelhäusern ein (Trümper und Schumacher 2017). Im Ergebnis ist die Begegnungsstätte ein Aushängeschild und positiv belegtes Angebot der Klinik (Trümper und Schumacher 2017). Der Folgefinanzierungsbedarf ist überschaubar und kann aus Hausmitteln gewährleistet werden. Dieser Raum wiederum kann für Gruppentreffen, aber auch für Patientengespräche des Sozialdienstes, von der aBCN oder von den Psychoonkologen genutzt werden. Eine deutliche Verbesserung der Rahmenbedingungen für die Betreuung der aktuell Erkrankten und der Patienten, die sich schon länger in Behandlung befinden, wird so parallel erreicht.

Diese beiden Projektbeispiele aus Göttingen zeigen auf, welche Kombinationen alternativer Finanzierungsquellen zu einer Realisierbarkeit wichtiger Projekte im Krankenhaus beigetragen haben. Die Relevanz von Fundraising und Sponsoring im Klinikalltag sollen damit nachgewiesen werden.

14.4.2.1.3 Hilfe für Demenzkranke

Auch spezielle Angebote für besonders belastete chronisch Erkrankte können eine sinnvolle Option sein. Ein Beispiel dafür stellt die Spendenoption für Anschaffungen und Angebote für Demenzerkrankte in einem konfessionellen Krankenhaus in Hannover dar (Diakovere 2017). Konkret ist das Projekt mit mehreren Perspektiven versehen, die verschiedene Aspekte des Krankheitsalltags abdecken. So sollen zum einen Wohngemeinschaften im Bereich der Gerontopsychiatrie aus den Mitteln geschaffen werden (Diakovere 2017). Zum anderen wurde ein Bewegungsparcours eingerichtet, der der Unruhe begegnen soll, die sich typischerweise als ein Symptom der Erkrankung manifestiert (Diakovere 2017). Auch ein Sommerball als Tanzveranstaltung für Menschen mit und ohne demenziellem Syndrom sowie die Unterstützung der Arbeit der vielen ehrenamtlichen Mitarbeiter werden als Spendenzwecke explizit ausgewiesen (Diakovere 2017). Als Letztes werden Angebote wie Klinikclowns, Musik- und Maltherapie, die für die Betroffenen in Wohngruppen eine Abwechslung im Alltag bieten, in den Spendenfokus genommen (Diakovere 2017).

14.4.2.2 Einbezug sportlicher Veranstaltungen zur Spendengenerierung

Wie zuvor bereits ausgeführt, können eigens initiierte Veranstaltungen (bspw. Charity-Läufe) genutzt werden, um Finanzmittel vor Ort zu generieren. Es besteht aber auch die Möglichkeit, die Präsenz von Personal in Form von Teams auf Volksläufen (z. B. in Form eines City Marathons oder in Form von Staffelläufen, die in Gruppen angegangen werden) zur Bekanntmachung eigener Spendenprojekte zu nutzen (Lauf fürs Leben 2017). Neben der Projektionsfläche (z. B. auf den Laufshirts) bieten sich Konzepte der Co-Finanzierung an. Wenn eine bestimmte Summe durch die eigenen Mitarbeiter „erlaufen" und gespendet wird, erhöht oder verdoppelt der Arbeitgeber dieses Engagement. Eine weitere Variante bietet die Nutzung von Extremsporterfolgen. Am Beispiel eines Mitarbeiters eines Krankenhauses, der an Extremläufen teilnimmt und dabei für die Finanzierung karitativer Behandlungsmöglichkeiten wirbt, wird dies deutlich (Diakovere 2017). Über die Einschaltung eines eigens gegründeten Fonds, der Krankenhausleistungen für Nicht-Versicherte aus Krisenregionen ermöglicht, erfolgt so eine Spendensammlung hoher Summen, die nicht direkt an das Laufereignis gekoppelt ist, aber den Sportsgeist nutzt, um derart das Bewusstsein der Spender anzusprechen und auf den Finanzierungsengpass entsprechender Hilfemaßnahmen hinzuweisen, die ohne diese Spenden nicht möglich gewesen wären (Diakovere 2017).

14.5 Diskussion

Die vorgenannten Beispiele zeigen, dass verschiedenste Ansätze je nach zu förderndem Projekt zum finanziellen Erfolg führen können. Gerade im Krankenhaus sollte die Ansprache von (ehemaligen) Patienten sehr behutsam erfolgen und unterliegt strengen Vorgaben. Es gibt aber auch viele Engagierte, die aufgrund eigener oder familiärer Betroffenheit gern in Krankenhausprojekte investieren. Diese Bereitschaft gilt es, planvoll aufzugreifen und für sinnvolle Projekte zu gewinnen. Dafür bedarf es eines stringenten Vorgehens. Erst durch professionelles, auch personell stark forciertes und sensibles Verfolgen des

Themas Fundraising, kann die benötigte Nachhaltigkeit erzeugt werden. Das Kontaktmanagement sollte kontinuierlich erfolgen und die Abwicklung hochprofessionell sein. Dabei sollten auf der Homepage des Krankenhauses über aktuelle sowie realisierte Projekte ausführlich berichtet und ein kundiger Ansprechpartner genannt werden. Die Nutzung von Spendenbuttons kann zu einer guten Niedrigschwelligkeit führen, da bei bereits erreichter inhaltlicher Überzeugung des Spenders keine Hürden mehr aufgebaut werden sollten, um dann direkt die Spendenaktivität zu realisieren. Dabei steht das Fundraising für soziale Einrichtungen im Allgemeinen und für Krankenhäuser im Besonderen in Konkurrenz zu anderen Einrichtungen innerhalb aber auch außerhalb der Branche. Da jeder Spenden-Euro nur einmal gespendet werden kann, muss es daher Ziel sein, die hohe Emotionalität der zu fördernden Projekte auch präzise herauszustellen, um sich hier im Wettbewerb mit den eigenen Projekten erfolgreich durchzusetzen. Durch die Möglichkeit, eine besondere Betroffenheit zu erzeugen, stehen die Chancen für das zukünftige Einwerben von Finanzmittel in den Fällen recht gut, in denen ein solcher Ansatz professionell verfolgt wird. Gelingt dies nicht, kann ansonsten keine Nachhaltigkeit erreicht werden. Dabei ist das Beziehungsmanagement das A und O des langfristig erfolgreichen professionellen Krankenhausfundraisings. Hier kann nur durch konsequente Arbeit und langem Atem der Vorsprung zu anderen Einrichtungen aufgebaut und erhalten werden.

14.6 Ausblick

Dass das Fundraising einen wichtigen Beitrag für zusätzliche Finanzierungsoptionen der Krankenhäuser darstellen kann, sollte mit diesem Beitrag skizziert werden. Die wachsende Bedeutung dieser Option wird zum einen anhand der permanent abnehmenden öffentlichen Investitionsfinanzierung der Gesundheitseinrichtungen klar. Zum anderen ist eine als altruistisch zu bezeichnende Motivation der sogenannten Erbengeneration zu erkennen, was gute Möglichkeiten beinhalten dürfte, Vermögensteile in Gesundheits- und Sozialeinrichtungen zu lenken. Dies zeigt auf, wie hochrelevant dieses Betätigungsfeld derzeit ist.

Zukünftig kann sich diese Lage durchaus ändern, da absehbar ist, dass kommende Generationen im Alter aufgrund der schlechteren Absicherung durch Betriebsrenten und mangelnder Möglichkeiten und Verzinsung eigener Vorsorge, deutlich weniger Mittel für „Selbstlosigkeit" zur Verfügung haben werden. Auch die Möglichkeiten für Staats„geschenke" könnten bei schlechterer Krankenkassenlage abnehmen, sodass Sparrunden die Folge wären, wie sie bereits aus den 1990er-Jahren bekannt sind. Eine Möglichkeit könnte es deshalb sein, trotz der derzeitigen historischen Niedrigzinsfiskalpolitik mehr Stiftungen zu gründen, um die aktuell vorhandenen Ressourcen für zukünftige Innovations- und Finanzierungsprojekte zu verstetigen. Ebenso sollten in diesen Zeiten Investitionen mit externer Finanzierung vorgenommen werden, die viele Jahre in die Zukunft wirken und somit potenzielle Reduktionen im Aufkommen von Spenden und Sponsoring abfedern.

14.7   Gesundheitspolitische Empfehlungen

Den Vertretern der Gesundheitspolitik ist zu raten, noch stärker auf die Nachhaltigkeit der Finanzierung der Systeme der sozialen Sicherung, inklusive des Systems der Gesundheits- und Krankenversorgung, zu fokussieren. Die Regelwerke der umlagefinanzierten gesetzlichen Krankenversicherung laden aktuell dazu ein, konjunktur- und beschäftigungsbedingte Überschüsse großzügig zu verteilen und damit für den Moment die Anspruchsgruppen in den verschiedenen Leistungsbereichen des Gesundheitswesens zufrieden zu stellen. Dennoch bleiben die zukünftigen Herausforderungen im deutschen Gesundheitswesen hoch. Der demografische Wandel in den westeuropäischen Staaten wird trotz der aktuellen stärkeren Migration finanzielle Herausforderungen für die Krankenversorgung nach sich ziehen. Ob das Abwenden des Fachkräftemangels im ärztlichen und pflegerischen Bereich gelingt, ist dabei weit über einen unternehmensinternen Diskurs hinaus fraglich und wird deswegen dringlich und regelmäßig die gesundheitspolitische Agenda der Zukunft bestimmen. Noch kompensieren ehrenamtliche Mitarbeiter mit ihren altruistischen und freiwilligen Leistungen bereits bestehende Versorgungslücken. Hinzu treten Geldgeber die im Sinn des Fundraisings helfen, finanzielle Lücken zu schließen. Darauf ist aber kein Verlass, weil sich diese Quellen nicht verstetigen lassen und damit als nicht planbar einzustufen sind. Damit soll den Akteuren wiederum geraten sein, das aktuelle Momentum zu nutzen. Es besteht die Möglichkeit, wenn schnell gehandelt wird, für die eigene Einrichtung Mittel zu erschließen, welche ggf. nicht dauerhaft bestehen werden. Viele Einrichtungen haben das bereits erkannt und nutzen diese Chance. Zur Generierung fundierter Informationen und zur Umsetzung der gemachten Handlungsempfehlungen, bedarf es aber eines professionellen Vorgehens mit eigens dafür abgestelltem Personal. Das Thema eignet sich nicht als Zusatzaufgabe des Chefarztsekretariats, wenn es für die eigene Einrichtung zum „Erfolgsmodell Fundraising" werden soll. Wenn aber die Voraussetzungen stimmen, kann es gerade im aktuellen Umfeld zu einer weiteren Säule der Finanzierung entwickelt werden. Konkret heißt dies im Krankenhaus eine eigene Abteilung aufzubauen, die sich professionell ausschließlich dem Thema widmet und ein langfristiges nachhaltiges Beziehungsmanagement zu Spendern und Sponsoren aufbaut. Auch die strukturierte Ansprache der eigenen Patienten nach einem erfolgreichen Aufenthalt im Rahmen der gesetzlichen Möglichkeiten wäre sinnvoll, um dieses Potenzial zu erhalten. Das Gesundheitsministerium sollte den eingeschlagenen Weg des Innovationsfonds weiter gehen und dabei auch Projekte fördern, die Generationengerechtigkeit und nachhaltige Finanzierungserfordernisse in den Mittelpunkt rücken. Auch bei guter Krankenkassenlage in einem Umlagesystem können gezielt Ansätze für mehr Nachhaltigkeit ermöglicht werden. Neben der steuerlichen Absetzbarkeit von privater Förderung könnte bspw. ein ergänzender Fonds ins Leben gerufen werden, der privaten Mitteln staatliche Fördergelder hinzufügt, um dann insgesamt größere Fundraisingprojekte umsetzen zu können.

Übersicht über die gesundheitspolitischen Empfehlungen

1. Gesundheitspolitik sollte noch stärker auf die Nachhaltigkeit der Finanzierungssysteme der sozialen Sicherung fokussieren. Wichtige Säulen sind dabei ehrenamtliches Engagement und Aktivitäten rund um das Fundraising.
2. Innerhalb der Organisationen ist ein professionelles Vorgehen, nicht zuletzt mit eigenem Personal oder einer eigenen Abteilung, zu fordern, das sich um den Aufbau langfristiger Beziehungen zu Spendern und Sponsoren kümmert.
3. Der Innovationsfonds wird begrüßt und könnte zudem genutzt werden, um auf Projekte mit den Aspekten „Generationengerechtigkeit" und „nachhaltige Finanzierung" zu fokussieren. Ggf. könnte zudem ein ergänzender Fonds ins Leben gerufen werden, der den privaten gegebenen Mitteln noch weitere, staatliche Fördergelder hinzufügt, um dann insgesamt größere Projekte zur Umsetzung zu bringen.

Literatur

AO. (2017). Abgabenordnung vom 16.03.1976 in der Fassung vom 13.04.2017.

Becker, A. (2016). Formen des Fundraisings – Individualspenden. Einmalspenden. In Fundraising Akademie (Hrsg.), *Fundraising: Handbuch für Grundlagen, Strategien und Methoden* (S. 459–462). Wiesbaden: Springer Fachmedien.

Bundesverband Deutscher Stiftungen. (2014). Stiftungen in Zahlen 2013. https://www.stiftungen.org/fileadmin/bvds/de/Presse/Pressematerial/DST_PK_2014/BvDS_Stiftungen_in_Zahlen_2013_plus_HH.pdf. Zugegriffen: 21. Apr. 2017.

Bundesverband Deutscher Stiftungen. (2016). Stiftungen in Zahlen 2015. https://stiftungen.org/fileadmin/bvds/de/Presse/Pressemitteilungen/JahresPK_2016/Stiftungen_in_Zahlen_2015.pdf. Zugegriffen: 21. Apr. 2017.

Deutscher Fundraising Verband e. V. (2013). 19 Grundregeln für eine gute, ethische Fundraising – Praxis für Einzelmitglieder, Organisationen und Dienstleister. http://fundraisingverband.de/assets/verband/Mitgliederbereich/MV/MV%20April%202013/Ethische%20Grundregeln_Synopse_130313_Versand_Mitglieder.pdf. Zugegriffen: 7. März 2017.

Diakovere. (2017). Fundraising und Spenden bei der Diakovere – Ihre Hilfe ist in guten Händen. https://www.diakovere.de/fundraising. Zugegriffen: 9. Mai. 2017.

Gahrmann, C. (2012). *Strategisches Fundraising*. Wiesbaden: Gabler.

Göttinger Entenrennen. (2017). https://www.goettinger-entenrennen.de/. Zugegriffen: 9. Mai 2017.

Jencke, I., & Brandstädter, M. (2016). Nachhaltige Mittelakquise und Fundraising-Plattform Uniklinik RWTH Aachen gründet die Stiftung Universitätsmedizin Aachen. *KU Gesundheitsmanagement, 85*(6), 43–45. (Kulmbach: Mediengruppe Oberfranken – Fachverlage).

Kolhoff, L. (2017). *Finanzierung der Sozialwirtschaft: Eine Einführung*. Wiesbaden: Springer Fachmedien.

Krause, A. (2012). Auf Nebenwirkungen ist zu achten – zur Praxis des Krankenhaus-Fundraisings. In O. Steiner & M. Fischer (Hrsg.), *Fundraising im Gesundheitswesen. Leitfaden für die professionelle Mittelbeschaffung* (S. 125–129). Stuttgart: Schattauer.

Krzykowski. (2015). Professionelles Fundraising – Geduld zahlt sich aus. *Führen und Wirtschaften im Krankenhaus: F&W, 2015*(10), 840–842 (Melsungen: Bibliomed).

Laufen fürs Leben – Göttinger Lauf gegen Krebs. (2017). http://www.goettinger-lauf-gegen-krebs.de/. Zugegriffen: 9. Mai 2017.

Roland Berger GmbH. (2016). Erfolgsmodell Fundraising. Pressemitteilung vom 4. Juli 2016. https://www.rolandberger.com/de/press/Erfolgsmodell-Fundraising.html. Zugegriffen: 21. Apr. 2017.

Steiner, O., & Fischer, M. (2012). *Fundraising im Gesundheitswesen. Leitfaden für die professionelle Mittelbeschaffung*. Stuttgart: Schattauer.

Steinrücke, V. (2015). Alternative Finanzierungsquellen für Krankenhäuser. *Das Krankenhaus, 2015*(3), 268–270. (Stuttgart: Kohlhammer).

Stiftung Universitätsmedizin Aachen. (2017). Unser Auftrag – Die Idee der Stiftung Universitätsmedizin Aachen. https://www.stiftung-universitaetsmedizin-aachen.de/index.html#about. Zugegriffen: 9. Mai 2017.

TNS Infratest. (2015). *Deutscher Spendenmonitor 2015. Pressefassung*. München: TNS Infratest.

Trümper, L., & Schumacher, H. K. (2017). Spenden und Fördern. http://www.ccc.med.uni-goettingen.de/de/content/986.html. Zugegriffen: 9. Mai 2017.

Universitätsmedizin Göttingen. (2017). Eine große Hilfe – die ambulante Breast and Cancer Care Nurse des UniversitätsKrebszentrums Göttingen. http://www.med.uni-goettingen.de/de/content/service/21348.html. Zugegriffen: 9. Mai 2017.

Urselmann, M. (2014). *Fundraising: Professionelle Mittelbeschaffung für steuerbegünstigte Organisationen*. Wiesbaden: Springer Fachmedien.

WELT. (2011). Deutsche vererben bis 2020 rund 2,6 Billionen EUR, veröffentlicht 15.06.2011. https://www.welt.de/finanzen/verbraucher/article13430784/Deutsche-vererben-bis-2020-rund-2-6-Billionen-Euro.html. Zugegriffen: 9. Mai 2017.

Wilke, B. (2011). Mit Herz und Verstand: Ethik und Transparenz im Fundraising. In K. Bangert (Hrsg.), *Handbuch Spendenwesen: Bessere Organisation, Transparenz, Kontrolle, Wirtschaftlichkeit und Wirksamkeit von Spendenwerken* (S. 92–103). Wiesbaden: VS Verlag.

Ziegler, H. (2016). Spenden der Pharmaindustrie. Bremer Geno verschärft Regeln gegen Korruption. http://www.radiobremen.de/politik/themen/antikorruption-krankenhaus100.html. Zugegriffen: 14. Apr. 2017.

Über die Autoren

Dr. Helge Knut Schumacher, geb. 1976 in Stade, ist der Leiter des Bereichs Krankenhausprojekte bei der Diakovere Krankenhaus gGmbH in Hannover und als Lehrender an der APOLLON Hochschule tätig. Zuvor war er Geschäftsführer des Göttinger UniversitätsKrebszentrums, Market Access Manager in der Ophthalmologie und Onkologie sowie vorangehend wissenschaftlicher Mitarbeiter an der Universität Bielefeld im Bereich Gesundheitsökonomie und Gesundheitsmanagement, wo er auch promovierte. Er hat Wirtschaftswissenschaften in Hannover studiert.

Prof. Dr. Johanne Pundt, MPH, geb. 1958 in Hamburg, ist seit 2009 Dekanin für den Fachbereich Gesundheitswirtschaft und seit 2017 Präsidentin der APOLLON Hochschule in Bremen. Zuvor war sie fast 10 Jahre als Geschäftsführerin der gesundheitswissenschaftlichen Fernstudiengänge an der Fakultät für Gesundheitswissenschaften der Universität Bielefeld tätig. Sie promovierte an der Technischen Universität Berlin und war dort wiss. Mitarbeiterin. An der TU Berlin absolvierte sie den Master of Public Health und an der Freien Universität Berlin das Studium Soziologie, Ethnologie und Politikwissenschaften.

Dipl.-Volksw. Birte Schöpke, geb. 1977 in Bremen, ist seit 2015 wissenschaftliche Mitarbeiterin im Dekanat Gesundheitswirtschaft an der APOLLON Hochschule in Bremen und seit 2016 Studiengangsleiterin für den Masterstudiengang Angewandte Gerontologie (M.A.). Nach ihrem Diplom in Volkswirtschaftslehre an der Technischen Universität Berlin arbeitete sie als wiss. Mitarbeiterin an der Universität Vechta im Institut für Gerontologie.

Akquise von Drittmitteln als Einnahmequelle für Krankenhäuser

15

Inhaltsverzeichnis

Zusammenfassung

Krankenhäuser und Kliniken müssen aufgrund der engen Finanzierungsbedingungen vermehrt auf zusätzliche, ergänzende Finanzmittel zugreifen. Diese außerhalb des standardmäßigen Etats generierten Mittel dienen der komplementären Finanzierung,

M. W. Schwabe (✉)
Stabsstelle Technologietransfer & Wissensmanagement, Universitätsmedizin Mainz, Mainz, Deutschland
E-Mail: schwabe@uni-mainz.de

© Springer Fachmedien Wiesbaden GmbH 2018
H.-R. Hartweg et al. (Hrsg.), *Aktuelle Managementstrategien zur Erweiterung der Erlösbasis von Krankenhäusern*, https://doi.org/10.1007/978-3-658-17350-0_15

aber auch der strategischen Gewinnung von neuen Patienten. Bei der Generierung der Finanzmittel sind wichtige Rahmenbedingungen (Gesetze, Verträge, Qualität, Organisation, Finanzen, strategische Ausrichtung usw.) unbedingt zu beachten.

15.1 Einführung

Neben den etablierten, etatmäßigen Mitteln versuchen Krankenhäuser und Kliniken zusätzliche Mittel zu akquirieren. In Hochschulen, deren Aufgaben Forschung, Lehre, Studium und Weiterbildung sind (§ 2 Hochschulrahmengesetz 1999), spricht man dabei von Drittmitteln („Mitteln Dritter"; § 25 Hochschulrahmengesetz 1999).

„Drittmittel sind Mittel, die zur Förderung von Forschung und Entwicklung sowie des wissenschaftlichen Nachwuchses zusätzlich zum regulären Forschungseinrichtungshaushalt (Grundausstattung) von öffentlichen oder privaten Stellen eingeworben werden."

Diese Drittmittel können der Einrichtung einer der (Fach-)Abteilungen oder einzelnen Spezialisten zur Durchführung von konkreten Projekten zur Verfügung gestellt werden. Das Drittmittelsystem in Deutschland ist Komplex und für unerfahrene Personen schwer durchschaubar. So werden diese zusätzlichen Mittel in der Praxis meist aufgrund ihrer Herkunft unterschieden. Nicht nur aus wirtschaftlichen und steuerrechtlichen Gründen werden diese in öffentliche und private Mittel kategorisiert. Die öffentlichen Mittel werden dabei vor allem Mittel der EU, den Bundesministerien, den Länderministerien sowie öffentlichen Stiftungen zugeordnet. Unter privaten Mitteln versteht man Drittmittel der Industrie, aus Zusammenarbeiten mit Kleinen- und Mittelständischen Unternehmen (KMU) aber auch aus privaten Stiftungen sowie Spenden.

Unabhängig vom privaten oder öffentlichen Bereich steht die Höhe der Förderwahrscheinlichkeit oft im engen Zusammenhang mit dem Wettbewerb, welcher bei der Akquise dieser Mittel geführt wird. So hat die Bewerbung um regional bezogene Mittel, bei der man mit Unternehmen und Forschungseinrichtungen der Region konkurriert, oft eine höhere Förderwahrscheinlichkeit im Vergleich z. B. zu EU-Mitteln, bei denen der Wettbewerb EU-weit und oft sehr administrativ ist. Neben der Unterscheidung nach Herkunft der Mittel, werden die Mittel nach ihrem Verwendungszweck kategorisiert. Im Folgenden werden die für Krankenhäuser und Kliniken bedeutenden Bereiche kurz dargestellt.

15.2 Studien

In den letzten Jahren wurden die Rahmenbedingungen für die Entwicklung von pharmazeutischen Produkten aber auch von Medizinprodukten auf Grund geänderter regulatorischer Vorgaben weiter ausgebaut. Sowohl die Anzahl als auch der Umfang der für einen Markteintritt notwendigen Studien hat sich erhöht und wird auch in nächster Zeit auf einem weiterhin hohen Niveau bleiben.

Die oft internationale Umsetzung der Studien wird meist nicht mehr von den Hersteller Unternehmen direkt durchgeführt, sondern von auf klinische Studien spezialisierten Unternehmen – welche als Contract Research Organisation (CRO) also Auftragsforschungsinstitute bezeichnet werden. Über diese erfolgt meist auch die Ansprache der Krankenhäuser, wie auch die Steuerung und Qualitätssicherung der Studie.

In den Krankenhäusern haben sich die eingeworbenen Mittel für Studien in den letzten Jahren erhöht. Studien können für Krankenhäuser und Kliniken eine Chance sein, wenn diese professionell aufgestellt sind, ein professionelles Projektmanagement etabliert haben und die hohen qualitativen Anforderungen neben dem Tagesgeschäft umgesetzt werden können. Für die interne Planung, Organisation und Studienbegleitung empfiehlt sich eine Etablierung, fachbezogener lokaler Studienzentren. Durch diese sollten sowohl die Prüfung und Planung einer möglichen Teilnahme an den Studien, die Begleitung während der Durchführung wie auch die Endabrechnung incl. Abschlussberichte erfolgen.

15.2.1 Klinische Studien

Als klinische Prüfungen werden wissenschaftliche Studien bezeichnet, bei denen durch Vorgaben, z. B. zu den Einschlusskriterien für die Patienten, die Einfluss- oder Störfaktoren weitgehend reduziert werden. Die klassische Form von klinischen Studien erfolgt in Deutschland auf der Grundlage des Arzneimittelgesetzes (AMG) für pharmazeutische Produkte und des Medizinproduktegesetzes (MPG) für die Medizinprodukte. Beide Gesetze wurden und werden im Rahmen der weltweiten Harmonisierung der Durchführung und Zulassung von klinischen Studien in regelmäßigen Zeiträumen aktualisiert und weiterentwickelt.

In klinischen Studien werden mehrere, oft weltweit, Studienzentren eingeschlossen, welche vor dem Hintergrund einer übergreifenden Datenauswertung vergleichbar sein müssen. Dadurch ist eine Änderung der Vorgaben in Protokollen und Verträgen in den meisten Fällen kaum möglich. Die Durchführung der Studien muss nach den internationalen Qualitätsmaßstab der „Guten klinischen Praxis" (GCP) erfolgen (ICH Harmonised Tripartite Guideline 1996). Die Realisierung der Studien wird in der Praxis durch die genaue jeweiligen Häuser vorfinanzieren, da erst nach Abschluss der Rekrutierungsphase die Anzahl der eingeschlossenen Patienten bekannt ist. Üblicherweise werde erst, wenn alle Unterlagen vollständig vorliegen und das Projektmanagement abgeschlossen ist, die Gelder durch die Auftraggeber freigegeben. Eine genaue vorherige Planung des standortbezogenen Patientenpotenzials hat sich in der Praxis oft als sehr schwierig erwiesen. Die mit den Studien verbundenen Risiken sind standortbezogen zu prüfen und zu bewerten.

Jede klinische Prüfung muss von den zuständigen Behörden genehmigt und von einer Ethik-Kommission zustimmend bewertet werden. Eine besondere Form von klinischen Studien sind Investigator-initiierte Studien (IIT).

15.2.2 Investigator initiierte Studien (IIT)

Die Nicht-kommerziellen klinischen Prüfungen bzw. nicht-kommerziellen klinischen Studien werden oft auch Prüfer-initiierte Studien (IIT, investigator initiated trials) genannt (BfARM et al. 2009). IIT werden in der Regel nicht von einem pharmazeutischen Unternehmer (als Sponsor), sondern von universitären Einrichtungen, nicht-universitären Kliniken oder anderen primär nicht kommerziellen Forschungseinrichtungen veranlasst, die somit auch die Pflichten eines Sponsors nach GCP übernehmen (Genehmigung bei der zuständigen Behörde, Ethik-Kommission, Versicherungen usw.) (ICH Harmonised Tripartite Guideline 1996). Jedes Krankenhaus sollte sich der damit verbundenen Risiken bewusst sein und ein professionelles Projektmanagement etabliert haben.

Das primäre Ziel der IIT ist nicht die Arzneimittelzulassung, sondern eine Verbesserung der medizinischen Behandlung aufgrund der in der Studie gewonnenen Erkenntnisse. Durch diese spezielle Form der klinischen Studien hat der Gesetzgeber eine Möglichkeit geschaffen, dass hoch innovative Ideen schneller durch die Wissenschaftler auf klinische Wirksamkeit getestet werden können. Oft ist dadurch die Anzahl der einzuschließenden Patienten und damit verbunden das Finanzvolumen, im Vergleich zu den zulassungsrelevanten klinischen AMG/MPG-Studien, geringer.

Eine spezielle Definition für IIT (nicht-kommerzielle klinische Prüfungen) ist weder im nationalen Recht (AMG, GCP-Verordnung, GCP-V2, Sozialgesetzbuch, Fünftes Buch, SGB V) noch im EU-Recht vorhanden. Auf nationaler wie auf EU-Ebene konnte trotz intensiver und breiter Erörterungen keine Definition gefunden werden, mit der „nicht-kommerzielle" Eigenschaften klinischer Prüfungen (IIT) eindeutig charakterisiert werden könnten. Die klinische Prüfung ist in § 4 Absatz 23 Satz 1 AMG in Übereinstimmung mit dem EU-Recht (Richtlinie 2001/20/EG, Art. 2 Buchstabe a) definiert. Ob die Prüfung kommerziell oder nicht-kommerziell ist, ist für die Charakterisierung als klinische Prüfung nicht von Bedeutung. Daher fallen auch die IIT Studien unter die Definition des Gesetzes.

15.2.3 Nicht interventionelle Studien (NIS)

Es gibt Studientypen, die nicht unter die Definition einer klinischen Studie fallen, und für die in Deutschland oft der Begriff „Anwendungsbeobachtung" verwendet wurde. Mit der Umsetzung der EG-Richtlinie zur „Harmonisierung klinischer Prüfungen in der EU" in deutsches Recht wurde im August 2004 die folgende Definition für nicht-interventionelle Studien (NIS) neu in das deutsche Arzneimittelgesetz (AMG) in § 4 Nr. 23 aufgenommen:

„…Nicht-interventionelle Prüfung ist eine Untersuchung, in deren Rahmen Erkenntnisse aus der Behandlung von Personen mit Arzneimitteln gemäß den in der Zulassung festgelegten Angaben für seine Anwendung anhand epidemiologischer Methoden analysiert werden; dabei folgt die Behandlung einschließlich der Diagnose und Überwachung nicht einem vorab festgelegten Prüfplan, sondern ausschließlich der ärztlichen Praxis."

Im Gegensatz zu klinischen Prüfungen betreffen NIS in der Regel bereits zugelassene Arzneimittel und folgen meist einem sogenannten Beobachtungsplan, der u. a. die zu beobachtende Fallzahl (wie viele Patienten sollen beobachtet werden), die Auswertungsmethoden und die Beobachtungsfragen festlegt. Vorgaben für die Behandlung der Patienten im Rahmen einer NIS werden dabei aber nicht gemacht: Die Patienten werden unter normalen Praxisbedingungen behandelt. NIS verfolgen daher das Ziel, eine möglichst große Anzahl von Patienten bei einer Arzneimittelanwendung zu beobachten, zu dokumentieren und auszuwerten

Innerhalb der NIS werden folgende Studienarten unterschieden (VfA 2007):

1. Anwendungsbeobachtungen

   Anwendungsbeobachtungen werden fast ausschließlich von pharmazeutischen Herstellern für die zugelassenen Arzneimittel durchgeführt. Der Begriff „Anwendungsbeobachtung" kommt im Arzneimittelgesetz (AMG) vor, aber es gibt hierfür keine Legaldefinition: In § 67 Abs. 6 AMG ist die Verpflichtung des pharmazeutischen Unternehmers enthalten, „… Untersuchungen, die dazu bestimmt sind, Erkenntnisse bei der Anwendung zugelassener „, Arzneimittel zu sammeln… " den Krankenkassen, kassenärztlichen Bundesvereinigungen sowie der zuständigen Bundesoberbehörde anzuzeigen. „Dabei sind Ort, Zeit und Ziel der Anwendungsbeobachtung anzugeben sowie die beteiligten Ärzte namentlich zu benennen."

2. Kohorten-Studien

   Kohorten-Studien werden meist prospektiv durchgeführt. Bei einer Kohorten-Studie wird eine ganz bestimmte Kohorte (Gruppe von Personen) bezüglich ihrer Wahrscheinlichkeit und dem Auftreten möglicher unerwünschter Wirkungen über einen festgelegten Zeitraum beobachtet.

3. Fall-Kontroll-Studien

   In Fall-Kontroll-Studien werden im Nachhinein Patientendaten ausgewertet, also sind Fall-Kontroll-Studien retrospektive Studien. Diese Art von Studien wird typischerweise eingesetzt, um Zusammenhänge zwischen Risikofaktoren und einer Erkrankung zu untersuchen.

4. Registerstudien

   Eine weitere retrospektive Untersuchung ist die Register-Studie. Hierbei werden praxisbezogene Daten zu Diagnose und Therapie bei einer, in einem Register vollständig erfassten Population, in einem definierten Indikationsgebiet erhoben. Die Ergebnisse zeigen, wie randomisierte klinische Studien auf die langfristige Routinebehandlung übertragbar sind und wie sich die Sicherheit der Therapie unter Alltagsbedingungen darstellt.

5. Post-Authoristaions-Safety-Studien (PASS)

   Eine Post-Authorisation Safety Study (PASS) stellt einen Sonderfall dar, da eine PASS – je nach Ausrichtung, Planung und Zielsetzung – als NIS oder als klinische Prüfung der Phase IV aufgesetzt werden kann.

Da bei NIS im Vergleich mit klinischen Studien, „nur Informationen" zusammen getragen werden, ist die Vergütung in den meisten Fällen nicht mit klinischen Studien nach AMG und MPG bzw. IIT vergleichbar. Auch bei diesen Studien ist ein verhältnismäßig hoher Aufwand notwendig, die Dokumentationsmenge wie auch die Qualität der Daten muss gewährleistet werden. Aus diesem Grund sollte jeder Standort vor Beginn der Teilnahme an jeder Studie eine standortbezogene Kosten-Nutzen-Kalkulation durchführen.

15.3 Technologietransfer

Unter dem Begriff Technologietransfer werden Initiativen zusammengefasst, welche zu einer Entwicklung von innovativen, neuen Ideen, Produkten und Methoden führen und vermarktet werden. Dieser Bereich ist in den meisten Häusern leider in den letzten Jahren oft vernachlässigt worden. In einigen Krankenhäusern wurde dieses Gebiet oft als betriebliches Verbesserungsmanagement dem Qualitätsmanagement zugeordnet. Dabei wird, in den meisten Fällen, das Potenzial dieses Bereiches derzeit nicht genutzt. Die Umsetzung innerhalb eines Hauses sollte professionell betreut werden; Transferstellen, Projektmanagementbüros (PMO), Studienzentralen bzw. Qualitätsmanagementbüros haben sich oft diesem Thema intern angenommen.

Im folgenden Abschnitt soll auf drei zentrale Bereiche eingegangen werden: Erfindungen, Entwicklungen und Ausgründungen. In allen Fällen sollte unbedingt mit Geheimhaltungsvereinbarungen (GHV) und Vereinbarungen zum Materialtransfer (Material Transfer Agreements = MTA) gearbeitet werden. Auch innerhalb des Krankenhauses sollte ein Passus der Verschwiegenheit in jedem Fall in alle Arbeitsverträge aufgenommen werden.

15.3.1 Erfindungen und Patente

Eine zentrale Säule des Technologietransfers sind die neuen, oft praxisnahen, Ideen der Mitarbeiter. Hierbei werden Chefärzte genauso angesprochen wie das Pflegepersonal und Hausmeister. In der Praxis entstehen oft die besten Ideen durch gemischte Teams, da jeder eine andere Sichtweise und Expertise einbringt. Diese Erfindungen sollten zu Schutzrechten weiter entwickelt und später vermarktet werden. Unter Schutzrechte versteht man Patente, Gebrauchsmuster, Geschmacksmuster und Marken. In der Praxis werden diese in enger Zusammenarbeit mit oder durch externe, spezialisierte Partner zu marktreifen Produkten entwickelt. Durch Lizenzen, Meilensteinzahlungen oder Übertragungen fließen den Einrichtung dann, neben der Reputation, Rückflüsse (finanzielle Mittel) zu. Sind die rückfließenden Mittel höher als der Return on Investment (ROI), so stellen diese zusätzliche Einnahmequellen dar.

Den Umgang mit Ideen regelt das Arbeitnehmererfindungsgesetz (ArbnErfG). Hierbei werden die Arbeitgeber nicht nur zur Umsetzung verpflichtet, sondern den Arbeitnehmererfindern wird ein Provisionsanteil an den Einnahmen personenbezogen zugesichert. Dies motiviert nicht nur die Einrichtungen, sondern auch die Ideengeber.

15.3.2 Produktentwicklungen

Gemeinsame Produktentwicklungen mit KMU oder industriellen Unternehmen haben sich in den letzten Jahren weiter etabliert. Bundesweite Unterstützung erhält diese Initiative durch die Förderung von Industrie-in-Klinik-Plattformen (BMBF). Früher wurden die Produkte nur innerhalb einer Firma entwickelt und dann auf den Markt gebracht. Oft folgte dieser Markteinführung eine lange und kostenintensive Zeit der Anpassung an die praktischen Gegebenheiten wie auch weitere Optimierungen. In der heutigen Zeit werden immer mehr Produkte gemeinsam mit den Anwendern und Kunden entwickelt. Hierbei fließt oft auch das Know-how der jeweiligen Anwender direkt mit ein. Die Produkte sind in den meisten Fällen praxisrelevant einsetzbar, ohne spätere zulassungsrelevante und somit kostenverursachende Änderungen.

Die praxisrelevante, innovative Produktentwicklung gemeinsam mit KMU oder industriellen Unternehmen kann für die Krankenhäuser interessant sein. Die Zusammenarbeit, besonders die Einbindung bei der Generierung möglicher Schutzrechte wie auch die Geheimhaltung, sollte am Beginn der Zusammenarbeit bereits vertraglich geregelt werden. Ein Teil dieser Entwicklungskosten, kann ggf. durch spezielle (öffentliche) Förderprogramme gedeckt werden.

Neben der reinen Produktentwicklung hat sich in den letzten Jahren auch eine Entwicklung von (Management-)Prozessen etabliert. Ziel sollte es sein Prozesse in der Krankenversorgung zu optimieren (Zeit, Kosten), ohne den Erfolg der Behandlungen zu beeinträchtigen. Diese Optimierungen führen oft zu konkreten finanziellen Einsparungen, wovon die (beteiligten) Häuser aber auch die Krankenkassen partizipieren können. Neben der aktiven Zusammenarbeit, u. a. in Form von Pilotprojekten, mit den Krankenkassen wurde in den letzten Jahren der Innovationsfond durch den Gemeinsamen Bundesausschuss (G-BA) ins Leben gerufen. Hierbei sollen vor allem „neue Versorgungsformen, die über die bisherige Regelversorgung hinausgehen, und Versorgungsforschungsprojekte, die auf einen Erkenntnisgewinn zur Verbesserung der bestehenden Versorgung in der gesetzlichen Krankenversicherung ausgerichtet sind" gefördert werden. In den Jahren 2016 bis 2019 werden durch den Innovationsfond über 300 Mio. EUR jährlich zur Umsetzung innovativer Projekte zur Verfügung gestellt.

15.3.3 Ausgründungen

Als besondere Form der Verwertung haben sich Ausgründungen, sogenannte Spin offs, in der Praxis bewährt. In neu gegründete Unternehmen kann eine Produktentwicklung, oft mit Unterstützung externer Partner, fokussiert durchgeführt werden. Durch die Überführung von Produktentwicklungen oder neuen Lösungen/Angeboten in eigene Unternehmen kommt es sowohl zu einer finanziellen aber auch juristischen Begrenzung der Risiken.

Die Entwicklung von pharmazeutischen wie auch medizintechnischen Produkten erfolgt in der Regel über mehrere Jahre. Da erst nach langen Entwicklungszeiträumen (pharmazeutische Produkte > 10 Jahre) erste direkte Einnahmen generiert werden, ist eine Firmenbeteiligung der Häuser zu überlegen. In der heutigen Zeit ist eine Produktentwicklung ohne finanzielle Beteiligung sowie das Know-how von externen Partnern in der Regel nicht mehr möglich. Die finanziellen Partner (u. a. Business Angel, Venture-Capital-Geber, Banken) beteiligen sich oft mit Investitionen an Unternehmen. Zusammen mit der Produktentwicklung steigt so der Wert des Unternehmens. Über einen vorzeitigen Verkauf der Firma (Firmenübernahme) oder einem Ausstieg aus der Firmenbeteiligung (Exit) können Einnahmen generiert werden.

15.4 Fundraising

Wie bereits in einem der vorherigen Abschnitte ausführlich dargestellt, ist das Fundraising eine weitere, künftig noch wichtiger werdende, zusätzliche Einnahmequelle. Ging es in der vorherigen Darstellung im Wesentlichen darum, Projektmittel für einzelne wirtschaftliche und soziale Realisierungsvorhaben zu generieren bzw. die dauerhafte Erbringung von zusätzlichen Leistungen zu ermöglichen, sollen nun weitere Möglichkeiten kurz dargestellt werden, wie zusätzliche Mittel vor allem für Forschung und Entwicklung aber auch sozial ausgerichtete Projekte eingeworben werden können.

Fundraising als Form der Mittelgewinnung für die in diesem Abschnitt dargestellten Möglichkeiten der Forschung und Entwicklung zu nutzen, gibt der Finanzmittelgewinnung den Sinn einer Investitionsfinanzierung, die zu einem späteren Zeitpunkt bis zu einer dauerhaften Verzinsung des eingesetzten Kapitals führen kann, wenn die Forschung und Entwicklung-Ergebnisse wirtschaftlich verwertbar werden, wie es in Form von Lizenzgebühren oder Beteiligungen an Ausgründungen der Fall sein kann. In diesem Fall sind die über ein Fundraising eingeworbenen Mittel also eher als ein Investitionskostenbeitrag denn als ein Verbrauchskostenbeitrag zu sehen.

So können darüber hinaus über Stiftungen und Vereine Mittel im Rahmen einer Zusammenarbeit gewonnen werden. Hierbei decken sich die Interessen der Stiftungen und Vereine mit den Zielen der umzusetzenden Projekte. Der Einsatz dieser Mittel darf der jeweiligen Stiftungs- bzw. Vereinsatzung nicht widersprechen. Aufgrund der engen finanziellen Möglichkeiten haben sich in der Praxis Möglichkeiten des Sponsorings etabliert. So werden nicht nur Veranstaltungen mit Mitteln externer Partner finanziert. Mögliche Interessenkonflikte sind dabei zu beachten, vor allem auf die Unabhängigkeit gegenüber Firmen (Lieb und Brandtönies 2010; Lieb et al. 2011; Lieb und Koch 2013; Lieb und Scheurich 2014; Schott et al. 2010a, b).

Spenden, als weitere Möglichkeit, kommen in vielen Fällen von Privatpersonen. Diese haben aufgrund von eigenen Erfahrungen oft einen persönlichen Bezug zu den Häusern. Wie in anderen Ländern (u. a. Israel, USA) bereits üblich, werden immer mehr Geräte und sogar Gebäude(teile) den Kliniken durch gezielte Spenden zur Verfügung gestellt. Die (presserelevante) Darstellung des Spenders setzt sich nun auch in Deutschland weiter durch.

Aktuell hat sich ein weiterer Trend zur Finanzierung konkreter Projekte nun auch in Deutschland etabliert. So können über Crowdfunding nicht nur Entwicklungsprojekte und Ausgründungen, sondern auch soziale Projekte finanziert werden. Dabei gibt es spezielle Arten von Finanzierungsmodellen, welche über unterschiedliche Plattformen angeboten werden.

15.5 Vorträge und Veranstaltungen

Über Veranstaltungen und Vorträge können weitere Mittel eingeworben werden. In den meisten Häusern sind die Patienteninformationsveranstaltungen wie auch interne Weiterbildungen bereits umgesetzt. Die mögliche Vermietung der vorhandenen Räumlichkeiten wurde bereits in einem der vorherigen Abschnitte dargestellt.

Darüber hinaus ermöglicht das Angebot von offenen Veranstaltungen (u. a. Fort-, Aus- und Weiterbildung, Qualifikation) weitere finanzielle Einnahmequellen. Diese Veranstaltungsangebote müssen aber professionell organisiert sein und eine gute Qualität aufweisen. Vor allem für regionale Niedergelassene sind diese Angebote aufgrund der räumlichen Nähe wie auch der Vernetzung mit Kollegen sehr interessant. Auch eine verbesserte Verbindung von Zuweisern mit dem jeweiligen Haus ist hierbei nicht zu unterschätzen. Bei der Durchführung der Veranstaltungen können Kammern wie auch Fachgesellschaften und Vereine oft als Partner gewonnen werden. Das Angebot von bezahlten, externen (Fach-)Vorträgen bzw. (Fach-)Gutachten durch Mitarbeiter kann dieses Finanzierungsmodell abrunden.

Überdies ist eine Zusammenarbeit mit Patientenvereinen und -verbänden zu empfehlen. Hierbei stehen oft nicht die finanziellen Aspekten in Fordergrund, sondern vor allem zum Aufbau und Bindung eines speziellen Patientenkollektives an das Krankenhaus. Durch das kostenfreie Überlassen von Räumen für Treffen von Patientenorganisationen und –verbänden wird eine Identifikation mit dem Haus erleichtert, wodurch meist weitere Patienten gewonnen werden. Ferner tragen vor allem die (Informations-)Veranstaltungen und Krankenhausführungen für Patienten zu einer weiteren Patientenbindung wie auch einer positiven Reputation für das Krankenhaus bei.

15.6 Nachwuchsförderung

In den letzten Jahren ist die Nachwuchsförderung aufgrund der hohen Arbeitsbelastung leider oft in den Hintergrund getreten. Viele Krankenhäuser sehen hierbei oft nur die Arbeit in der Ausbildung, weniger die damit verbundenen Möglichkeiten. Neben der Entwicklung von eigenem hervorragenden Personal, welches bereits seit Jahren das Haus kennt, wird die Vernetzung mit anderen Häusern, Praxen und Forschungseinrichtungen oft unterschätzt. Eine dadurch gewonnene positive Reputation führt oft zu weiteren Folgeprojekten und zur positiven Patienten-Akquise.

Hierbei ist eine kooperierende und standortübergreifende Zusammenarbeit mit anderen, führenden Standorten und Forschungseinrichtung unbedingt zu empfehlen. Nicht nur neues Wissen und Methoden können für das Haus generiert werden, sondern die Nachwuchswissenschaftler haben die Chance sich mit anderen Fachspezialisten auszutauschen und von diesen praxisrelevant zu lernen. Oft können größere Projekte auch nur im Verbund umgesetzt werden.

Auch für die Nachwuchsförderung können zusätzliche, externe Mittel eingeworben werden. Dies erfolgt in den meisten Fällen durch Stipendien aber auch durch Preise. Beides führt zu einer positiven Reputation und Außendarstellung für das jeweilige Haus. Stipendien können für die unterschiedlichsten Ausbildungsstufen eingeworben werden. Hierbei kommen nicht nur die öffentlichen Geldgeber als möglicher Partner in Betracht, sondern auch private. Neben den industriellen Partnern unterstützen oft auch Stiftungen und Vereine den Bereich der Nachwuchsförderung. Diese Zusammenarbeiten sind oft an konkrete Projekte über einen fest gelegten Zeitraum gebunden. Eine mögliche Kombination mit den anderen Elementen der Drittmittelakquise ist dabei zu bedenken.

15.7   Diskussion

Zum Abschluss dieses Kapitels soll noch einmal auf wichtige Punkte hingewiesen werden, welche bei der Akquise von Drittmitteln zu beachten sind. So erstreckt sich der Nutzen der Drittmittel weit über den finanziellen Bereich hinaus. Es werden neueste Produkte nicht nur vor Ort unter den tatsächlichen Bedingungen geprüft, sondern ein direkter Vergleich zu anderen, im Haus etablierten Produkten, ermittelt. Darüber hinaus ist eine Produktentwicklung auch mit einer positiven Reputation für das Krankenhaus verbunden, es kann nicht nur über das Produkt berichtet werden, sondern oft wird in den Publikationen auf die an der Produktentwicklung beteiligten Häusern hingewiesen. Dies zeigt nicht nur die Innovationsfähigkeit des Hauses, sondern bindet den einen oder anderen Patienten bzw. generiert sogar neue Kunden (u. a. Patienten, Produktentwickler).

Um langfristig bei der Drittmittelakquise erfolgreich zu sein, müssen professionelle Strukturen etabliert werden. Neben engagierten Fachansprechpartnern ist ein professionelles Projektmanagement bei der Planung und Umsetzung der jeweiligen Projekte essenziell. Fachspezifische Studienzentralen sind in vielen Häusern bereits eingerichtet und ein Ansprechpartner für mögliche Kooperationen. Besonders die Beteiligung an größeren Projekten (u. a. EU-Projekte, BMBF, DFG) bedarf einer fachkundigen Umsetzung. Die rechtlichen Aspekte sind hierbei nicht zu vernachlässigen. Nur erfolgreich durchgeführte Projekte bieten die Möglichkeit für zusätzliche Einnahmen und sind die entscheidende Voraussetzung für weitere (oft größere und langfristigere) Folgeprojekte.

Alle Drittmittelprojekte benötigen eine administrative Unterstützung (z. B. Anträge, Vertragserstellung und -prüfung; finanzielle Abwicklung; Einstellung zusätzlichen Personals), welche durch das Krankenhaus zur Verfügung gestellt wird. Zur Deckung dieser

Kosten hat sich die Einführung eines sogenannten „Overheads" in einigen Häusern bereits durchgesetzt. Unter Overhead (auch Projekt- oder Programmpauschale genannt) versteht man einen pauschalen Anteil für die mit der Projektumsetzung betrauten administrativen Fachabteilungen (u. a. Finanzabteilung, Rechtsabteilung, Personalabteilung) sowie die genutzten Flächen, Geräte und andere Ressourcen. Da diese Fachabteilungen in den meisten Fällen der Zentralverwaltung zugeordnet werden, die durchführenden Abteilungen meist in den unterschiedlichen Einrichtungen angesiedelt sind, hat sich in der Praxis eine (standardmäßige) Aufteilung des Overheads zwischen Zentralverwaltung und durchführender Abteilung bewährt.

Der Overhead wird bereits in der Projektplanung mit berücksichtigt und von den externen Auftraggebern bezahlt. Die in der Praxis übliche Höhe des pauschalen Overheads variiert deutschlandweit derzeit noch sehr stark. Hausspezifisch sollte hierbei die tatsächliche Größenordnungen ermittelt werden. Die Befürchtung, dass es durch die Einführung eines Overheads zu weniger Kooperationen kommen kann, hat die Praxis nicht gezeigt. Auch im öffentlichen Bereich (u. a. durch BMBF und DFG) hat sich die Zahlung eines Overheads bereits seit einigen Jahren etabliert.

Neben den bereits angesprochenen juristischen Punkten gibt es weitere rechtliche Aspekte, welche unbedingt Beachtung finden müssen. Der Aufbau einer professionellen, juristischen Prüfung, welche diese Aspekte umfassend prüfen kann, hat sich bereits heute in den meisten Krankenhäusern durchgesetzt. So müssen mögliche Interessenkonflikte, Geheimhaltung, Materialaustausch, Antikorruptionsvorgaben, Datenschutz wie auch die Anzeige von Nebentätigkeiten der Mitarbeiter Beachtung finden. In diesem Zusammenhang soll noch einmal auf mögliche Interessenkonflikte im Rahmen der „Auftragsforschung" hingewiesen werden. Jedes Krankenhaus sollte sich dem bewusst sein und einer möglichen Korruption durch klare und transparente Vorgaben wie auch Projektumsetzungen aktiv entgegen wirken.

Zur positiven Unterstützung der Drittmittelakquise haben einige Krankenhäuser Anreizsysteme etabliert. Diese basieren oft auf dem System der Leistungsorientierten Mittelvergabe (LOM), welches in der Hochschulmedizin bereits seit einigen Jahren aktiv umgesetzt wurde. Die einwerbenden Abteilungen oder Gruppen bekommen einen Bonus zur Verfügung gestellt, welcher z. B. zusätzlich zum Budget jahresbezogen ausgeschüttet wird oder für bedeutende strategische Projekte genutzt werden kann.

15.8 Ausblick

Zukünftig werden Krankenhäuser und Kliniken, aufgrund der engen Finanzierungsbedingungen, vermehrt zusätzliche, ergänzende Finanzmittel akquirieren. Diese außerhalb des standardmäßigen Etats generierten Mittel, dienen der komplementären Finanzierung aber auch der strategischen Gewinnung von neuen Patienten sowie einer positiven Reputation. Bei der Generierung der Finanzmittel sind wichtige und jeweils aktuelle Rahmenbedingungen (Gesetze, Verträge, Qualität, Organisation, Finanzen, strategische

Ausrichtung usw.) wie auch eine professionelle Planung und Umsetzung (Projektmanagement, Studienzentrum) der Projekte unbedingt zu beachten.

15.9 Gesundheitspolitische Empfehlungen

Zusammenfassend können aus den bisherigen Kapiteln die folgenden drei Empfehlungen abgeleitet werden. So sollten die Krankenhäuser darauf achten, professionelle Strukturen aufzubauen. Dazu gehören neben der Etablierung klinischer Studienzentren auch juristische und finanzielle Prüfungen, ein professionelles Projektmanagement, ein zentraler Ansprechpartner für den Technologietransfer (sowohl für interne wie auch für externe Forschung und Entwicklung). Darüber hinaus sollten hausintern weitgreifende Maßnahmen ergriffen werden, die darauf abstellen, Interessenskonflikten entgegenzutreten und Korruption zu vermeiden. Zu guter Letzt sollte bei der Berechnung des Overheads genau auf die regional sehr unterschiedlich ausfallenden Kostenstrukturen geachtet werden. Hier können ressourcenintensive Fallstricke liegen, die hausintern einer genauen Prüfung zugeführt werden sollten.

Übersicht über die gesundheitspolitischen Empfehlungen
1. Es sollte krankenhausinterne darauf geachtet werden, möglichst professionelle Strukturen aufzubauen. Dazu gehört
   a) die Etablierung klinischer Studienzentren,
   b) juristische und finanzielle Prüfungen,
   c) ein professionelles Projektmanagement
   d) ein zentraler Ansprechpartner für den Technologietransfer (für interne wie auch für externe Forschung und Entwicklung).
2. Es sollten hausintern Maßnahmen ergriffen werden, die darauf abstellen, Interessenskonflikten und Korruption entgegenzutreten.
3. Mit Blick auf die regional sehr unterschiedlichen Kostenstrukturen sollte die Kosten des Overheads von Projekt zu Projekt geprüft werden.

Literatur

Bekanntmachung des Bundesinstituts für Arzneimittel und Medizinprodukte, des Paul-Ehrlich Instituts, & des Bundesministeriums für Gesundheit. (2009). Nicht-kommerzielle klinische Prüfungen, Zusammenfassung der regulatorischen Voraussetzungen (www.bfarm.de).
Hochschulrahmengesetz (HRG) in der Fassung der Bekanntmachung vom 19. Januar 1999 (BGBl. I S. 18), letzte Änderung durch Artikel 6 Absatz 2 des Gesetzes vom 23. Mai 2017 (BGBl. I S. 1228).
ICH Harmonised Guideline. (2016). *Guideline for good clinical practice E6(R2)*. International Conference on Harmonisation of Technical Requirements for Registration of Pharmaceuticals for Human Use (ICH E6(R2), 9. Nov. 2016).
Lieb, K., & Brandtönies, S. (2010). Eine Befragung niedergelassener Fachärzte zum Umgang mit Pharmavertretern. *Deutsches Ärzteblatt International, 107*, 392–398. (Köln: Deutscher Ärzteverlag).

Lieb, K, & Koch, C. (2013). Einstellungen und Kontakte von Medizinstudierenden zur pharmazeutischen Industrie. Eine Befragung an acht deutschen Universitätskliniken. *Deutsches Ärzteblatt International, 110,* 584–590 (Köln: Deutscher Ärzteverlag).

Lieb, K., & Scheurich, A. (2014). Contact between doctors and the pharmaceutical industry, their perceptions, and the effects on prescribing habits. *PLoS One, 9*(10), e110130. doi: 10.1371/journal.pone.0110130 (eCollection).

Lieb, K., Klemperer, D., & Ludwig, W.-D. (Hrsg.). (2011). *Interessenkonflikte in der Medizin: Hintergründe und Lösungsmöglichkeiten.* Berlin: Springer.

Schott, G., Pachl, H., Limbach, U., et al. (2010a). Finanzierung von Arzneimittelstudien durch pharmazeutische Unternehmen und die Folgen. Teil 1: Qualitative systematische Literaturübersicht zum Einfluss auf Studienergebnisse, -protokoll und –qualität. *Deutsches Ärzteblatt International, 107,* 279–285 (Köln: Deutscher Ärzteverlag).

Schott, G., Pachl, H., Limbach, U., et al. (2010b). Finanzierung von Arzneimittelstudien durch pharmazeutische Unternehmen und die Folgen. Teil 2: Qualitative systematische Literaturübersicht zum Einfluss auf Autorschaft, Zugang zu Studiendaten sowie auf Studienregistrierung und Publikation. *Deutsches Ärzteblatt International, 107,* 295–301 (Köln: Deutscher Ärzteverlag).

Verband Forschender Arzneimittelhersteller e. V. (2007). Nicht-interventionelle Studien – Arten, Einsatzgebiete und Erkenntniswert. (www.vfa.de).

Über den Autor

Dr. Matthias W. Schwabe, studierte von 1990–1995 an der Humboldt Universität Berlin. Nach dem erfolgreichen Abschluss des Studiums promovierte er an der FU Berlin. In der Zeit von 2000–2005 arbeitete er in Industrieunternehmen (Hoechst, Intervet Innovation, BFC) beginnend als Clinical Manager und entwickelte sich später zum Projektmanager. Im Jahr 2005 wechselte er an die Universitätsmedizin Mainz. Nach seiner Tätigkeit als Leiter des kardiologischen Studienzentrums unterstützte er das Ressort des Wissenschaftlichen Vorstandes, anfangs (2007) als Referent Forschung & wissenschaftliche Nachwuchsförderung. Von 2009–2016 leitete er die Abteilung Forschung. Seit 2016 ist er Leiter der neu gegründeten Stabsstelle Technologietransfer & Wissensmanagement.

Neben seiner beruflichen Tätigkeit engagiert sich Dr. Schwabe seit 2003 ehrenamtlich aktiv in der Deutschen Gesellschaft für Projektmanagement GPM e. V. Seit 2006 leitet er die Fachgruppe PM HealthCare und ist seit 2013 Mitglied des Ausschusses für Facharbeit. Durch sein langjähriges Engagement als Lehrkraft in verschiedenen Studiengängen gibt er sein Wissen an die Studierenden weiter.

Stichwortverzeichnis

© Springer Fachmedien Wiesbaden GmbH 2018
H.-R. Hartweg et al. (Hrsg.), *Aktuelle Managementstrategien zur Erweiterung der Erlösbasis von Krankenhäusern*, https://doi.org/10.1007/978-3-658-17350-0

Printed in the United States
By Bookmasters